Golfo de Vizcaya
antander
BRIA
Bilbao
Vizcaya
San Sebastián
Irún
Guipúzcoa
PAÍS VASCO
Álava
Vitoria
Pamplona
NAVARRA
Burgos
Logroño
LA RIOJA
Burgos
ANDORRA
Huesca
Huesca
Lérida
Gerona
Costa Brava
Soria
Soria
Zaragoza
Gerona
CATALUÑA
Lérida
Zaragoza
ARAGÓN
Barcelona
Badalona
Barcelona
L'Hospitalet
Tarragona
Tarragona
Guadalajara
Guadalajara
Alcalá de Henares
Teruel
Teruel
MAR MEDITERRÁNEO
Cuenca
Cuenca
Castellón
TILLA-
Castellón de la Plana
ISLAS BALEARES
Menorca
Valencia
Valencia
VALENCIA
Palma de Mallorca
Mallorca
Real
Albacete
MANCHA
Albacete
Ibiza
Islas Baleares
Formentera
Alicante
Benidorm
Alicante
Costa Blanca
ÍA
MURCIA
Murcia
Granada
Cartagena
ISLAS CANARIAS
OCÉANO ATLÁNTICO
Lanzarote
Almería
Almería
La Palma
Tenerife
Fuerteventura
Santa Cruz de la Palma
Santa Cruz de Tenerife
Las Palmas de Gran Canaria
La Gomera
Santa Cruz de Tenerife
Las Palmas
El Hierro
Gran Canaria
Islas Canarias
Melilla (España)

Margit Dietz
Javier Navarro González
Pilar Pérez Cañizares
María Victoria Rojas Riether
Matthias Ruiz Holst
Beate Stascheit
Ina Steggewentz
María Wagner Civera

Línea amarilla 4

Ernst Klett Verlag
Stuttgart · Leipzig

Línea amarilla 4

von
Margit Dietz, Bielefeld; Javier Navarro González, Erlangen; María Victoria Rojas Riether, München; Dr. Pilar Pérez Cañizares, München; Matthias Ruiz Holst, Berlin; Beate Stascheit, Berlin; Ina Steggewentz, Hannover; María Wagner Civera, Darmstadt.

Zusatzmaterialien für Schülerinnen und Schüler zu diesem Band:
Cuaderno de actividades mit Audio-CD, Klett-Nr. 536931
Grammatisches Beiheft, Klett-Nr. 536935
Vokabellernheft, Klett-Nr. 536936

1. Auflage 1 5 4 3 2 1 | 13 12 11 10 09

Alle Drucke dieser Auflage sind unverändert und können im Unterricht nebeneinander verwendet werden. Die letzte Zahl bezeichnet das Jahr dieses Druckes.

Internetadresse: www.klett.de

Redaktion: Miguel Freire Gómez, Dr. Monika Türk

Gestaltung: Thomas Gremmelspacher
Illustrationen: Beate Klauder, Esslingen; Sabine Koch, Stuttgart; Marlene Pohle, Stuttgart;
Umschlaggestaltung: Anne Bäßler
Umschlagfotos: iStockphoto (rest), Calgary, Alberta, shutterstock (RF / Yuri Arcurs), New York, NY
Reproduktion: Meyle + Müller, Medien-Management, Pforzheim
Druck: Druckhaus Götz GmbH, Ludwigsburg

Printed in Germany
ISBN 978-3-12-536930-6

9 783125 369306

Inhalt

* fakultative Zusatzlektion

Anhang

Karten und Pläne

Wegweiser durch Línea amarilla 4

Zeichenerklärungen

S Eine Aufnahme des Textes befindet sich auf der CD im *Cuaderno de actividades* (Klett-Nr. 536931).

L Den Hörtext oder das Video spielt euch euer Lehrer / eure Lehrerin vor.

Übungen für Partner- oder Gruppenarbeit, darunter auch Aufgaben, bei denen die Partner jeweils die Lösung des anderen vor sich haben und einander gegenseitig kontrollieren

Übungen mit diesem Zeichen macht ihr am besten schriftlich in euer Heft.

Übungen zum Erkennen von Gesetzmäßigkeiten der spanischen Sprache. Eure Ergebnisse könnt ihr im Grammatischen Beiheft (Klett-Nr. 536935) überprüfen.

Lern- oder Arbeitstechniken und Lerntipps sowie Übungen dazu

Vermischte Übung zur Anwendung mehrerer gelernter Pensen

Das Resultat dieser Übungen eignet sich besonders zum Sammeln in einer eigenen Mappe. In diesem *Portfolio* könnt ihr im Laufe der Zeit euren Lernfortschritt erkennen und nachweisen.

Wiederholungsübung

[ ] Fakultative Aufgabe, die auch entfallen kann

Andere Kennzeichnungen

(§ + *Zahl*) Verweis auf den entsprechenden Paragraphen im Grammatischen Beiheft

536830-0000 Online-Link mit Hinweis auf Internet-Adressen, die für das Lösen der jeweiligen Aufgabe hilfreich sind. Zu den Links kommt ihr, wenn ihr unter www.klett.de/online die bei der Aufgabe genannte Nummer eingebt.

Mit verschiedenen Gelbtönen unterlegte Wortschatz-Kästchen:

- Lernwortschatz, der in den folgenden Lektionen vorausgesetzt wird und auch im lektionsbegleitenden Vokabular verzeichnet ist
- Zusammenfassung von bereits bekanntem und für das Lösen der Aufgabe besonders wichtigem oder nützlichem Wortschatz
- für die jeweilige Aufgabe hilfreiche zusätzliche Wörter und Ausdrücke, deren Kenntnis im folgenden nicht vorausgesetzt wird

Weitere Rubriken

Mirada afuera: Jede Lektion enthält eine Seite mit authentischen Texten, z. B. Lieder, eine Filmszene oder interessante Auszüge aus spanischen Jugendbüchern.

Repaso: Im Anschluss an die Lektionen 3, 6 und 8 stehen jeweils vier Seiten mit Aufgaben zur Wiederholung des bisherigen Lernstoffs. Die Lösungen dazu könnt ihr von der Internet-Seite www.klett.de herunterladen; der Online-Link ist jeweils auf der ersten Seite des *Repaso* angegeben.

Glosario cultural: Auf den Seiten 140 – 147 findet ihr kurze Erläuterungen zu wichtigen Orten oder Persönlichkeiten aus Spanien und Lateinamerika, die im Laufe der Lektionen genannt werden.

Das *Vocabulario* (S. 148 – 163) verzeichnet alle neuen Vokabeln, nach Lektionen geordnet und in der Reihenfolge ihres Vorkommens. Es enthält auch Verweise auf ähnliche Wörter in anderen Sprachen, bereits bekannte spanische Wörter aus der gleichen Wortfamilie, Synonyme und Antonyme (Wörter mit der gleichen oder entgegengesetzten Bedeutung) sowie Beispielsätze. Diese solltet ihr immer mitlernen, denn im Satzzusammenhang prägt man sich die Wörter besser ein.

Im lektionsbegleitenden Vokabular befinden sich auch Übersichts-Kästchen zu allen grammatischen Strukturen. Angegeben ist auch der Paragraph im Grammatischen Beiheft, in dem ihr die Regeln nachlesen könnt.

Das *Diccionario* (S. 164 – 192) listet den gesamten Lernwortschatz aus den Lektionen aller vier Bände, d. h. alle Wörter aus dem *Vocabulario*, noch einmal in alphabetischer Reihenfolge auf (Spanisch-Deutsch und Deutsch-Spanisch). Es enthält zusätzlich weitere im Buch vorkommende Wörter, die ihr nur erkennen und verstehen solltet. Dort könnt ihr also nachschlagen, wenn ihr die Bedeutung eines Wortes vergessen habt oder nicht sicher seid, ob ihr es richtig verstanden habt.

1 Unidad

¡Vamos a Ecuador!

A

B

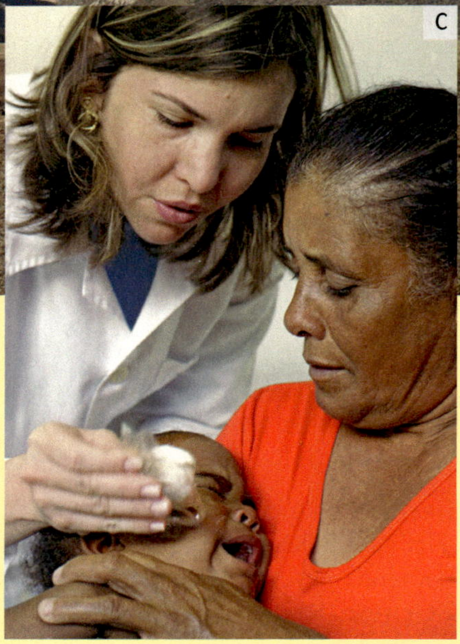
C

D

E

F

G

H

I

Gente que va a Ecuador

a Mirad las fotos y explicad cuáles pueden ser las razones por las que la gente va a Ecuador.

b Escuchad el texto del cedé y apuntad por qué las dos personas que hablan están en Ecuador, qué (no) les gusta del país en concreto y de los viajes al extranjero en general.

Explicar razones y planes

- porque *(+ indicativo)*
- por *(+ sustantivo)*
- para *(+ infinitivo)*
- para que *(+ subjuntivo)*

Busco habitación en Quito

Se alquila casa en calle Santa Prisca, junto al Parque Alameda. 110 m².
Tel. 5932 508 540

Se alquilan apartamentos de dos y tres dormitorios, cocina y baño, calle Cochapata, Quito Norte.
Tel. 5932 524 575

Se alquila habitación en apartamento compartido, Avda. 12 de Octubre. Tel. 5932 432 729

Llaman a la puerta y Martín abre.

Martín: Hola, eres la que llamaste anoche, ¿no? ¡Qué puntual eres! Todavía no estamos todos, pero pasa, pasa. Mira, ésta es una compañera de piso.

Anele: Hola, ¿cómo te va? Ahora te traigo algo para beber. Siéntate ahí, en el sofá.

Betty: Hola, soy Betty.

Martín: Mira, yo soy Martín y llevo un año en Quito. Estoy trabajando en un banco español.

Anele: Cierto, no me presenté, ¡cómo soy! Me llamo Anele, y soy estudiante de arte. En realidad me llamo Elena, pero todos me llaman Anele. Toma, aquí tienes: un jugo de aguacate y piña. Es una creación mía. ¿Nos cuentas ahora sobre ti?

Martín: Espera, Anele, primero tiene que conocernos. Aquí viven dos más, y son muy simpáticos. La verdad es que, si buscas gente que sea divertida, este piso es lo que buscas.

Betty: Sí, claro y …

Anele: Sí, divertidos, pero muy caóticos. Por ejemplo Yasmín, que es mesera. A ella le encanta cuidar las mascotas de sus amigos y el apartamento a veces parece un zoológico.

Betty: Pero…

Martín: ¿Y qué me dices de Santi? Con él todavía era peor.

Anele: ¡Ay, Santi: un chileno bien simpático! Tocaba siempre el acordeón por la noche. Una noche llegó el viejo de arriba, un vecino que había sido policía, ya vas a conocerlo, y entró en el apartamento con una pistola en la mano. ¡Parecía una telenovela y no te imaginas qué miedo pasamos! El viejo tiene muy mal carácter y se necesita un poco de paciencia con él.

Betty: Bueno…

Martín: Al final Santi ya no tuvo paciencia y por eso ahora su habitación está libre. Es bastante pequeña y, además, tiene un problema: en ella duerme a veces Gustavo, que…

Betty: ¡¿Gustavo?! Entonces la habitación…

Anele: ¡No te preocupes! Gustavo es nuestro gato y en el barrio no hay ningún gato que sea tan lindo. A veces está aquí, y a veces… con las gatas del barrio. Además, es muy especial y sólo duerme en la habitación de Santi.

Betty: ¿Y ésta es…?

Martín: Otra cosa: te hablo rápido del alquiler. Para que lo sepas, la habitación cuesta 90 dólares y…

Anele: Está bien, ¿verdad que sí?

Martín: Anele, por favor, no me interrumpas todo el tiempo. Mira, los fines de semana se limpia el piso. Cocinamos sólo por la noche, porque durante la comida no hay nadie en el piso.

Betty quiere decir algo, pero no tiene tiempo para abrir la boca.

Anele: Habla del almuerzo. Es que Martín, como es de España, a veces habla bien raro. A lo que bebes lo llama «zzzumo» y cosas así.

Martín: Vale, ya, vale, ya lo sé. A ver, ¿qué más? Sobre el barrio, no sé si lo conoces, pero aquí hay de todo: supermercados, tiendas, y, si no quieres cocinar a mediodía y necesitas un lugar donde puedas comer, aquí cerca hay muchos bares y restaurantes.

Anele: Y los autobuses se pueden tomar aquí al lado.

Martín: Sí, Anele. Bueno, yo creo que no hay nada más que necesites saber de momento. Ahora... espero que tú también nos cuentes algo.

Anele: Sí, no dices nada. Háblanos de ti. ¿Estás en Quito para aprender español? ¿Cuánto tiempo te quedas? ¿Y qué buscas exactamente? A ver, di algo, o ¿te comió la lengua el gato?

1 Una casa en Quito

a Decid en pocas frases lo que pasa en el texto «Busco habitación en Quito».

b Decidid qué anuncio de los tres de la página 10 es el que han puesto Martín, y sus compañeras.

c Apuntad en una tabla toda la información que hay en el texto «Busco habitación en Quito» sobre las personas que viven o vivieron en la casa y sobre la habitación libre.

2 Háblanos de ti, ¿o te comió la lengua el gato?

Al principio Martín y Anele casi no dejan hablar a Betty y tampoco cuentan muchas cosas sobre ellos mismos. Pero después sí intercambian información personal.

- ¿me puedes / podéis decir …?
- quiero / necesito saber …
- me interesa…

a Repartid en clase los papeles (Anele, Betty, Martín). Mirad la información sobre vuestra persona y completadla con lo que ya sabéis sobre ella.

A

Apellido:	Smith
Lugar de nacimiento:	Michigan
Nacionalidad:	estadounidense
Edad:	18
Profesión:	estudiante de español
Familia:	dos hermanas
Carácter:	tranquila
Aficiones:	pintar, leer
Lo que no le gusta:	los perros pequeños
Idiomas que habla:	inglés y español (3 años)
Razones para viajar a Latinoamérica:	aprender bien la lengua
Tiempo que desea quedarse en Latinoamérica:	todavía no sabe
Planes futuros:	volver a Estados Unidos, terminar los estudios y ser profesora

B

Apellidos:	Puyo Estrada
Lugar de nacimiento:	Tulcán
Nacionalidad:	?
Edad:	19
Profesión:	?
Familia:	no tiene hermanos
Carácter:	alegre y simpática
Aficiones:	la cocina, hablar con sus amigos, dibujar
Lo que no le gusta:	no hacer nada
Idiomas que habla:	español
Razones para vivir en Quito:	los estudios
Planes futuros:	ser una dibujante de cómics famosa

C

Apellidos:	Freire Díaz
Lugar de nacimiento:	El Ferrol
Nacionalidad:	?
Edad:	25
Profesión:	?
Familia:	2 hermanos y 3 hermanas
Carácter:	serio, pero simpático
Aficiones:	viajar, el deporte
Lo que no le gusta:	que lo interrumpan cuando habla
Idiomas que habla:	español, un poco de inglés
Razones para viajar a Latinoamérica:	?
Tiempo que desea quedarse en Latinoamérica:	3 años
Planes futuros:	trabajar en diferentes países del mundo

b Preparad preguntas para vuestros compañeros sobre su papel.

c Formad grupos de tres (una Betty, una Anele, un Martín) y haced el diálogo con lo que habéis preparado en los ejercicios 2a y b.

d Inventaos una persona que os gustaría ser *(die ihr gerne wärt)*. Para eso haced una lista con la información sobre esa persona, como en la tabla del ejercicio 2a. Guardad la información, la vais a necesitar en el ejercicio de la página 20.

3 Los dibujos de Anele

A Anele le gusta mucho dibujar y siempre hace caricaturas de la gente. Aquí tenéis las que ha hecho de sus compañeros de piso y sobre ella. Describid cómo los ve.

A

B

C

4 Manías, tics, costumbres raras o supersticiones *(... Gewohnheiten und Aberglaube)*

a No sólo la gente de la casa del texto «Busco habitación en Quito» tiene costumbres raras. Alguna gente famosa también es especial. Aquí hay unas cosas que se dicen sobre ellos. Completad las frases con *para, para que, por* y *porque*.

A

Angel Nieto, 1 ejemplo, siempre dice 12 + 1, 2 no quiere decir el número 13 3 no le pasen cosas raras.

Shakira nunca deja su bolso en el suelo 4 miedo a quedarse sin dinero. 5 cantar siempre se quita los zapatos.

B

C

Fernando Alonso 6 la mañana siempre se pone primero el zapato del pie izquierdo y no sube al coche 7 el lado izquierdo.

8 no estar nervioso, **Enrique Iglesias** juega al billar antes de subir al escenario[1].

D

b Aquí tenéis más manías. Formad frases como en el ejemplo. Usad las expresiones de la casilla.

Ejemplo: Me molesta que mi hermana nunca ordene la habitación.
Odio que la gente muchas veces ...

1. No apagar la luz para dormir
2. Tener todo en perfecto orden
3. Meterse el dedo / el pelo en la boca
4. Hacer dibujos cuando habla por teléfono
5. Morderse[2] las uñas
6. Lavarse las manos continuamente
7. No querer estar nunca solo, -a
8. Comprar muchas veces cosas innecesarias
9. Mirar varias veces si ha apagado los aparatos eléctricos
10. No hacer nada importante los martes y 13
11. Odiar algún color (¿cuál?)
12. Tener un talismán

- Me molesta que
- Odio que
- No me gusta que
- No soporto que
- Quiero que (no)
- Es importante que (no)
- ...

(+ subj.)

c Buscad para la persona que habéis creado en el ejercicio 2d unas manías y apuntadlas también.

Martes y 13

En muchos países la gente cree que los viernes que caen en día 13 son días de mala suerte. En España y Latinoamérica, sin embargo, los días de mala suerte son los martes y 13. Un refrán *(Sprichwort)* popular dice:
«Si es 13 y martes
ni te cases ni te embarques.»
(embarcarse = viajar)

[1] **el escenario** die Bühne – [2] **morder(se) las uñas** Fingernägel kauen

5 La habitación libre

Después de hablar, Martín y Anele le muestran a Betty el piso.

a Mirad el siguiente dibujo y apuntad las palabras que necesitáis para describir una habitación.
Si hay palabras que no recordáis, mirad el *Diccionario* de las páginas 164 – 192 o usad un diccionario alemán – español. Guardad el papel, lo vais a necesitar.

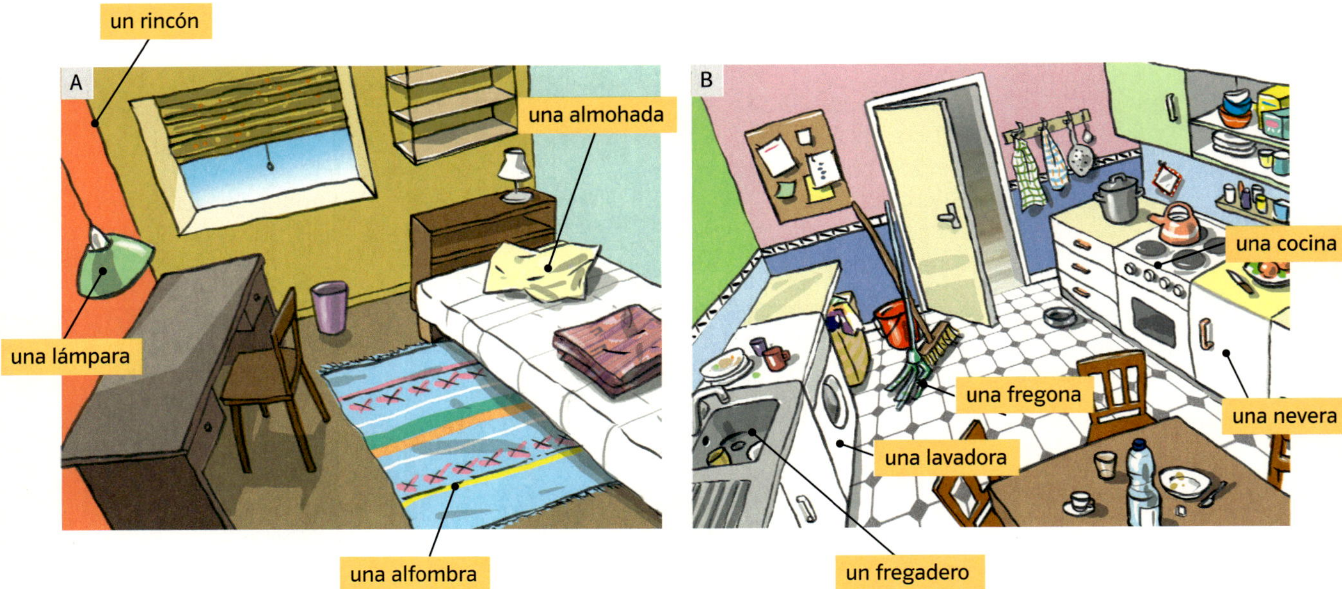

b Con los resultados del ejercicio 5a y las palabras de la casilla describid los dibujos.

Verbos útiles
- hay
- estar
- encontrarse
- tener
- ver

Preposiciones de lugar
- cerca de
- a la derecha de
- a la izquierda de
- junto a / al lado de
- delante de
- enfrente de
- detrás de
- encima de / sobre
- debajo de
- en
- en el rincón
- en el centro

6 Busco una habitación que ... (§ 1)

a Éstas son las ideas que Betty tiene sobre la habitación que busca y sobre los compañeros con los que va a compartir el piso.
Usad oraciones de relativo (*Relativsätze*) en subjuntivo para transformar las frases como en los ejemplos.
Empezad las frases con *Busco*, *Quiero* o *Necesito* y usad las palabras de la casilla.

Ejemplo: Quiero que la habitación tenga mucha luz.
→ Busco una habitación que tenga mucha luz.
Es necesario que me entienda con los compañeros de piso.
→ Necesito a compañeros de piso con los que me entienda.

- que
- *(preposición +)* el / la / los / las que
- donde

1. Deseo que el piso esté cerca del centro.
2. Espero que la habitación no sea cara.
3. Prefiero que la habitación tenga muebles.
4. No quiero que en el piso haya animales.
5. Espero que en el piso no vivan otros estadounidenses.
6. Quiero hablar sólo español con mis compañeros de piso.
7. No me gusta que ellos sean tan caóticos.
8. Es importante para mí que la habitación sea tranquila y que pueda dormir bien.

b Con la información del ejercicio 6a y lo que sabéis sobre el piso decid:

1. ¿Creéis que Betty quiere vivir allí?
2. ¿Por qué (no)?

Anuncios de apartamentos

Mientras que en alemán siempre se habla del número de cuartos que tiene un piso o una casa, los españoles y latinoamericanos cuentan los dormitorios. En general hay, además de los dormitorios, una sala de estar y, claro, cocina y cuarto de baño. A un piso de un cuarto se le llama estudio.

7 Es difícil elegir

Betty se acaba de ir. Martín y Anele se sientan en la cocina para hablar. Escuchad el texto del cedé y contestad las siguientes preguntas.

1. ¿De qué hablan Martín y Anele?
2. ¿Qué tipo de persona buscan?
3. ¿De qué se ríen al final los dos?

8 El gato también opina (§ 1)

a Mirad las siguientes oraciones de relativo y explicad por qué se usa el indicativo en las frases de la columna A y el subjuntivo en las de la columna B.

A	B
Betty busca el piso donde viven Anele y Martín. Todos quieren ver una película que pasa hoy en la tele. En el piso vive Gustavo que es un gato muy lindo.	Betty busca un piso donde viva gente simpática. Todos quieren ver una película que sea muy divertida. En el barrio no vive ningún gato que sea tan lindo como Gustavo.

b El gato Gustavo tiene ideas muy especiales sobre el asunto de la habitación libre. Completad el siguiente texto con la forma correcta de los verbos en subjuntivo o indicativo presente.

Necesito un lugar donde me [1] **(poder)** esconder. Ahora viene toda esa gente que [2] **(buscar)** una habitación, y los tres que [3] **(vivir)** conmigo en este apartamento dicen que tenemos una habitación libre. ¡¿Libre?! ¿Cómo puede estar libre la habitación en la que [4] **(dormir)** yo? Es una habitación que no [5] **(ser)** muy grande, pero que [6] **(tener)** una cama genial, la mejor de todo el apartamento. Como soy muy generoso, la comparto con los seres humanos[1], por ejemplo con Santi, el chico que [7] **(acabar)** de mudarse. Pero la habitación es mía, sólo que ellos no lo entienden. La peor es Yasmín, que siempre [8] **(traer)** los perros de sus amigos! ¡Qué horror! Yo quiero a un compañero o una compañera que [9] **(odiar)** los perros, como yo. En este piso también necesitamos a alguien que [10] **(saber)** cocinar y que me [11] **(preparar)** mis platos favoritos. No como Anele, que siempre [12] **(hacer)** creaciones que nadie [13] **(poder)** comer. Pero sobre todo tiene que ser un compañero o una compañera que [14] **(traer)** una gatita muy guapa para mí. Pero los que [15] **(poder)** decidir son estos chicos y ellos están completamente locos y no entienden lo que [16] **(ser)** realmente importante en la vida.

[1] **un ser humano** ein Mensch

9 ¿Cómo se dice? (§ 3)

a Mirad las siguientes ilustraciones y los anuncios al principio del texto «Busco habitación en Quito» de la página 10. Decid lo que significa *se* + *verbo* (= la pasiva refleja).

1

2

3

b Con ayuda de las frases del ejercicio 9a explicad cuándo hay que usar el singular y cuándo el plural en las frases con pasiva refleja.

c Con ayuda de las fotos y palabras formad frases con pasiva refleja.

Ejemplo: → El guacamole se hace con aguacates y tomates.

A

El guacamole • hacerse • con aguacates y tomates. Comerse • con pan o tortillas de maíz.

B

Un lavaplatos • usarse • para lavar los platos.

C

Para hacer una tortilla • necesitarse • 6 patatas y 5 huevos.

D

La palabra «cocinar» • escribirse • con «c» después de la «o». En España • pronunciarse • [koθi'nar] y en Latinoamérica [kosi'nar].

E

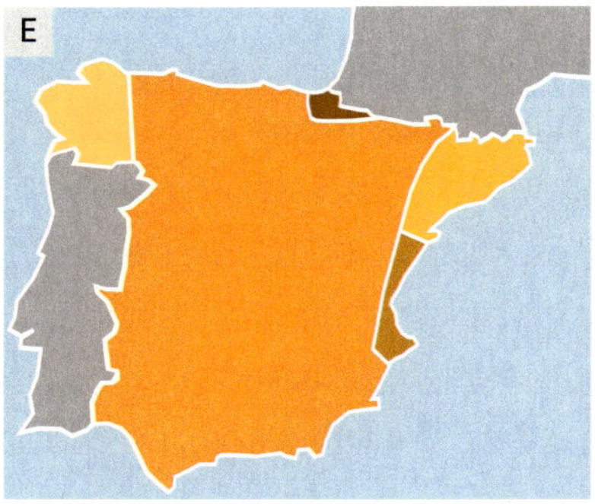

En España • hablarse • 5 idiomas.

F

Las Islas Galápagos • descubrirse • en 1535.

10 Las reglas del piso (§ 3)

Anele y Martín han apuntado las reglas del piso para explicárselas a la gente que viene a ver la habitación. Reescribidlas y usad la pasiva refleja como en el ejemplo.

Ejemplo: Los fines de semana se lava el cuarto de baño.

Reglas generales
- Nunca dejar los platos sucios[1] en la mesa de la cocina lavarlos enseguida y ponerlos en el armario
- Siempre cerrar con llave[2] la puerta del apartamento
- No poner la música muy alta
- No hacer ruido de noche
- Dar de comer a Gustavo

Martes y viernes
- Tirar la basura
- Tirar las botellas vacías

Los fines de semana
- Lavar el cuarto de baño
- Limpiar la cocina
- Pasar la aspiradora
- Hacer la compra
- Probar las creaciones de Anele

Una vez por semana
- Cocinar y cenar juntos
- Hablar de los problemas
- Comprar las latas[3] de comida de Gustavo

11 Discusión entre los compañeros de apartamento

Cuando Betty se ha ido, llega Yasmín que quiere saber todo sobre la conversación con la persona que acaba de ver el piso. Martín se lo está explicando.
Completad el siguiente diálogo con los pronombres correctos. Pueden ser pronombres de objeto directo o indirecto *(me, te, …)* o pronombres después de preposiciones (preposición + *mí, ti, él, …*).

Yasmín
Bueno, cuénta **1**. ¿Cómo es la chica? ¿Qué dijo? ¿Va a vivir con **2**.
No **nos/me** ha dicho nada concreto.
Habéis sido simpáticos con **4**, ¿no?
Claro, claro. Anele **le** ha contado muchas cosas y, además, **le** ha dado un zumo, una de sus creaciones, ya sabes.
¡¡Qué!! Pobre chica. ¿Y **7** bebió?
No **te** preocupes. El zumo **le** gustó.
¿Y qué ha dicho de Gustavo? ¿**10** gustan los gatos o **11** odia?
No **lo** conoció. Gustavo se había escondido, pero no **me** parece que tenga problemas con los animales.
Pues, para **14** eso es importante, que **15** quiera cuidar en las próximas vacaciones, porque no **16** podemos llevar a ningún lado.
A **mí me** parece importante que no sea otra chica. Aquí sólo hay chicas. Estoy rodeado de **ellas**.
¡Pobre Martín! ¿Qué **20** hemos hecho para que pienses tan mal de **21**? Además, también está Gustavo…
Bueno, bueno, … Yo **os/te** propongo que **la** invitemos a otra entrevista[4].
Vale, **24** llamamos otra vez.

Martín
Bueno, cuénta**me**. ¿Cómo es la chica? ¿Qué dijo? ¿Va a vivir con **nosotros**?
No **3** ha dicho nada concreto.
¿Habéis sido simpáticos con **ella**, ¿no?
Claro, claro. Anele **5** ha contado muchas cosas y, además, **6** ha dado un zumo, una de sus creaciones, ya sabes.
¡¡Qué!! Pobre chica. ¿Y **lo** bebió?
No **8** preocupes. El zumo **9** gustó.
¿Y qué ha dicho de Gustavo? ¿**Le** gustan los gatos o **los** odia?
No **12** conoció. Gustavo se había escondido, pero no **13** parece que tenga problemas con los animales.
Pues, para **mí** eso es importante, que **lo** quiera cuidar en las próximas vacaciones, porque no **lo** podemos llevar a ningún lado.
A **17** **18** parece importante que no sea otra chica. Aquí sólo hay chicas. Estoy rodeado de **19**.
¡Pobre Martín! ¿Qué **te** hemos hecho para que pienses tan mal de **nosotras**? Además, también está Gustavo…
Bueno, bueno, … Yo **22** propongo que **23** invitemos a otra entrevista[4].
Vale, **la** llamamos otra vez.

[1] **(estar) sucio, -a** schmutzig (sein) – [2] **una llave** ein Schlüssel
[3] **una lata** eine Konservendose – [4] **una entrevista** ein Vorstellungsgespräch

12 Anuncios (§§ 1, 3)

a Aquí tenéis un formulario que varias personas ya han rellenado (*ausgefüllt*) para publicar su anuncio en el periódico. Escribid los anuncios. Usad la pasiva refleja y oraciones de relativo (con subjuntivo o indicativo).

Rúbrica
☐ Búsqueda ☐ Alquiler ☒ Venta ☐ Compra

¿Qué? o ¿Quién?
dos apartamentos modernos

Más información
centro de Quito

Contacto
Inmobiliaria «Mi hogar», Tel. 22 89 13 18

Ejemplo: Se venden dos apartamentos modernos que están en el centro de Quito.
Inmobiliaria «Mi hogar», Tel. 22 89 13 18

A

Rúbrica
☐ Búsqueda ☐ Alquiler ☒ Venta ☐ Compra

¿Qué? o ¿Quién?
cámara de fotos

Más información
digital, 10 megapix., casi nueva
precio: 50 $

Contacto
Tel. 33 19 177

B

Rúbrica
☒ Búsqueda ☐ Alquiler ☐ Venta ☐ Compra

¿Qué? o ¿Quién?
2 chicas para compartir apartamento

Más información
ellas tienen que ser simpáticas, extranjeras y hablar inglés; nosotras somos dos quiteñas, estudiantes de idiomas

Contacto
Tel. 22 25 47 70

C

Rúbrica
☐ Búsqueda ☒ Alquiler ☐ Venta ☐ Compra

¿Qué? o ¿Quién?
habitación

Más información
amueblada, Internet

Contacto
Tel. 29 22 740

D

Rúbrica
☐ Búsqueda ☐ Alquiler ☐ Venta ☒ Compra

¿Qué? o ¿Quién?
fotos antiguas de la ciudad

Más información
de los años 20–70

Contacto
Tel. 33 42 689

b Escribid también un anuncio en el que la persona que habéis inventado en el ejercicio 2d busque u ofrezca una habitación en un piso compartido. Tomad el anuncio B como ejemplo.

Estrategia

Die eigene Leistung einschätzen

In Spanisch haben ein neues Schuljahr und ein neues Lehrbuch für euch begonnen. Sicher denkt ihr, dass ihr vieles vergessen habt – und nun kommt nochmal Neues hinzu! Deshalb ist es wichtig zu überprüfen, was ihr bereits könnt, und euch gleichzeitig Ziele für das neue Schuljahr zu setzen. Die folgenden Tipps helfen euch dabei.

Überprüfen, was ihr könnt

In den Sprachen, die ihr lernt, seid ihr sicher schon auf Checklisten gestoßen, in denen ihr ankreuzen sollt, was ihr schon könnt. Das sieht dann zum Beispiel so aus:

¿Qué sabes?

En este curso has aprendido muchas cosas. Marca aquí tu propia valoración *(Bewertung)*.

Ya sé …	☺	😐	☹	Aquí puedes comprobarlo:
reaccionar, decir si algo me parece bien, mal, dar una opinión, formular un deseo				**SB** U6: 6, 7, 8, 12, 13; U7b: 8, 9, 10 **CDA** U6: 6, 7, 8b, 8c
dar y entender órdenes, prohibiciones y recomendaciones				**SB** U8: 2, 3, **CDA** U8: 4, 5
expresar una intención o finalidad				**SB** U7: 6, 7, 9, **CDA** U7: 4, 5, 6, 8
mucho sobre Guatemala: su geografía, su historia, su gente				**SB** U8: Primer Paso, 2, 4, 5 Taller; Un paso más 3
reconocer palabras de la misma familia				**SB** U6: Estrategia **CDA** U6: 2

Diese Tabellen beziehen sich auf Inhalte und Wortschatz, Situationen und Grammatik sowie Fertigkeiten, die in den vorausgehenden Lektionen wichtig waren. Es gibt auch Checklisten, die viel umfassender sind und wichtige orthographische und grammatische Phänomene der Sprache verzeichnen (z. B. *Cuaderno de actividades* S. 60). Mit ihrer Hilfe könnt ihr euch einen Überblick über euren gesamten Kenntnisstand verschaffen.

Wichtig ist, dass ihr bei der Einschätzung eurer Kenntnisse und Fertigkeiten ehrlich zu euch seid. Denn wenn ihr schummelt, nehmt ihr euch die Möglichkeit, an euren Schwächen zu arbeiten und eure Leistungen zu verbessern.

Wenn ihr euch unsicher seid, ob ihr eure Stärken und Schwächen richtig erkennt, könnt ihr eure Einschätzungen auch mit Mitschülern oder dem Lehrer / der Lehrerin besprechen. Denkt auch daran, dass euch die Korrekturen an schriftlichen Arbeiten oder in Klassenarbeiten wichtige Hinweise geben, in welchen sprachlichen Bereichen ihr nicht so fit seid.

Schwächen gezielt angehen

Arbeitet an den Punkten, von denen ihr erkannt habt, dass ihr sie nicht so gut beherrscht. Macht z. B. Übungen noch einmal, die euch schwergefallen sind, und versucht, die Fehler vom ersten Mal zu vermeiden.

Nutzt auch die Möglichkeiten, die euch das Lehrwerk bietet, zum Beispiel die Wiederholungsübungen hier im Schülerbuch und im *Cuaderno de actividades* oder die Hörverstehensübungen auf der CD im *Cuaderno*.

Setzt euch realistische Ziele für einen festgelegten Zeitraum. Das kann ein Monat sein oder bis zur nächsten Klassenarbeit oder auch ein Schulhalbjahr. Nehmt euch dafür nicht zu viel vor (aber auch nicht zu wenig!). Wer alles auf einmal verbessern will, läuft Gefahr, bald entmutigt aufzugeben. Ein oder zwei kurz- und mittelfristige Ziele und eventuell ein längerfristiges sind genug. Setzt Prioritäten, z. B. „Was ist besonders wichtig, um meine Noten zu verbessern?"

Formuliert eure Ziele konkret und haltet sie schriftlich fest. (z. B. „Ich möchte mir beim Hören eines spanischen Textes Notizen machen und dann das Wichtige wiedergeben können.") Überprüft das Erreichte in regelmäßigen Abständen oder bei passenden Gelegenheiten. (Das kann die nächste Klassenarbeit sein oder auch der nächste spanische Kinofilm.) So werdet ihr motivierter an eurer Sprachkompetenz weiterarbeiten und bald auch (kleinere oder größere) Erfolge sehen.

Ihr könnt auch ein Lerntagebuch führen, in das ihr euch Ziele und Ergebnisse eintragt sowie besonders gelungene Arbeiten einheftet. Mehr zum Lerntagebuch erfahrt ihr im nächsten Kapitel.

Nuestro piso compartido

Formad vosotros un piso compartido. Antes de empezar con el trabajo, leed **todas** las siguientes instrucciones.

- Ya os habéis inventado una persona (ejercicios 2d y 4c). Leed otra vez la descripción que habéis apuntado, añadid otros detalles si queréis o corregid lo que ya no os guste porque vosotros vais a hacer de esta persona en el juego que sigue.
- Reuníos en grupos / pisos y presentaos. Tomad el texto de las páginas 10 – 11 y el ejercicio 2 como modelo.
- Recibís la información sobre vuestro piso y los muebles del profesor / de la profesora. Repartid las habitaciones y amuebladlas. Si os faltan muebles, tenéis que hablar con los otros grupos / pisos. A lo mejor a ellos les sobra *(sie haben übrig)* lo que a vosotros os falta.
- Formulad reglas para vuestro piso con el ejercicio 10 como modelo.

Participar en una conversación

Escuchad atentamente e intentad comprender bien las ideas de los otros. Sólo así podéis reaccionar adecuadamente. (Pero no es necesario que entendáis todas las palabras.)
Si no estáis seguros de lo que los otros han dicho,
- pedid que os lo expliquen.
- repetid con vuestras palabras lo que habéis entendido.

Si queréis participar en la conversación, mostrad vuestro interés.
Decid claramente y en pocas palabras lo que pensáis.
Si os faltan palabras para decir algo, intentad parafrasearlo *(umschreiben)* o usad gestos y mímica.
Respetad siempre la opinión de los demás.

Ya sé en español ...

pedir ayuda si no he entendido

- ¿Puedes hablar más despacio *(langsamer)*, por favor?
- ¿Qué significa ...?
- ¿Qué quieres decir cuando dices ...?
- No comprendo / entiendo | la palabra ... / lo que acabas de decir.
- ¿Puedes repetir, por favor?
- ¿Puedes explicarlo con otras palabras?

resumir la conversación o la opinión de alguien

- Ya hemos decidido que *(+ ind.)*
- Todos pensamos que *(+ ind.)*
- Si he entendido bien a X, él / ella | piensa que *(+ ind.)* / quiere que *(+ subj.)* / propone que *(+ subj.)*
- Según X tenemos que ...
- Me ha llamado la atención lo que X ha dicho sobre ...

señalar aspectos que todavía no se han discutido

- Todavía | no hemos hablado de ... / tenemos que discutir si ...
- Nos falta / No olvidéis | organizar ...
- Nos queda solucionar / Creo que es importante que discutamos | el problema / el asunto | de ...

pedir que me dejen hablar

- No me interrumpáis, por favor.
- ¿Puedo seguir?
- Dejadme hablar, ya estoy terminando.

¿Cómo se hace un cómic?

1. Explicad qué tiene que hacer Nik, un dibujante argentino, para crear un cómic de Gaturro.
2. Buscad la parte del trabajo que os parezca más difícil y decid por qué.

❶ Primero durante un rato largo hay que pensar la idea del chiste. Una vez que la idea está, se boceta rápidamente el dibujo para «ponerlo en página».

❷ Luego viene el proceso de pasado a tinta. Aquí hay que dibujar más lentamente y ser cuidadoso con los detalles. También en esta etapa se pueden cambiar los detalles que nos parezcan más interesantes.

❸ La tercera etapa es la de pintado. Aquí el dibujo se scanea, y en la computadora se comienza a poner los colores. Lo bueno de la compu es que se pueden cambiar los colores cuantas veces quieras hasta llegar al que más te guste.

❹ Aquí el dibujo ya está pintado en su totalidad, se vuelven a controlar los colores, los detalles, los textos y que todo esté en orden para ser publicado.

❺ Éste es el dibujo terminado. Se envía por Internet a La Nación listo para ser publicado.

un chiste ein Witz – **bocetar algo** etw. entwerfen – **lento,-a** langsam – **una compu(tadora)** ***(lat.am)*** un ordenador – **La Nación** un periódico de Argentina

2 Unidad

¿Como un animal?

A un perro

B un burro

C un gato

D un ratón

E una gallina

F una vaca

G un cerdo

H

un caballo

I

un león

1 ¿Qué se dice de los animales?

a Mirad las fotos y las palabras de las casillas. Después decid qué se dice normalmente de estos animales o qué asociáis con ellos.

Ejemplo: Normalmente / En los cuentos los gatos son muy inteligentes.

- gracioso, -a
- tranquilo, -a
- inteligente
- fuerte
- peligroso, -a
- independiente
- comprensivo, -a
- tímido, -a
- gordo, -a
- vago, -a

limpio, -a	sauber, reinlich
sucio, -a	schmutzig
sumiso, -a	gehorsam, unterwürfig
oler *(irr.)* (bien / mal)	(gut) riechen / stinken
dar asco a alguien	jdn. abstoßen, sich ekeln vor

b Elegid tres de los animales. ¿Qué creéis?: ¿cómo se va a sentir una persona si la comparamos con esos animales? Pensad también en las características que habéis atribuido *(zugeschrieben)* a estos animales en el ejercicio 1a.

Ejemplo: Si le decimos a alguien que es (gordo) como una vaca, creo que va a estar deprimido.

2 ¿Qué va a pasar en el texto?

Antes de leer el texto, mirad los dibujos y el título del texto en las páginas 24 y 25. Escribid tres frases sobre lo que pensáis qué puede pasar en el texto.

El ratoncito

María es una joven española que vive sola con su padre, al que llama Tijeras. Su padre ha venido a Bolivia por trabajo y María ha tenido que dejar Madrid para venir con él. Ella está enfadada con su padre porque él no le ha pedido su opinión.

Poco después de la llegada de María y su padre a La Paz empieza a trabajar en su casa Casilda, una joven indígena. Esto hace que los problemas se hagan más grandes.

Casilda llamó a nuestra puerta una mañana tan tímidamente que pensé que había sonado sólo en mi imaginación. Por si acaso fui a abrir la puerta, y allí estaba. Era un poco mayor que yo: catorce años, quince como mucho. [...]

Creí que se había equivocado de puerta hasta que llegó Padre [...].
—Tú debes de ser Casilda —dijo.
[...]
—Soy, sí señor.

Desde aquel día tuvimos un ratoncito en la casa. Así la llamé yo con bastante mala idea: *el Ratoncito* [...]. El Ratoncito limpiaba, lavaba, hacía la compra, cocinaba. [...]
Yo estaba muy enfadada con Tijeras por haber traído a Casilda a casa sin avisar. Pero era inútil enfadarse con Tijeras [...]. Así que llevé mi enfado a Casilda, y la odié por estar allí, y por ser tan tímida y sumisa, y por lo de la sopa.
Nunca me ha gustado la sopa. [...] Pues bien, con Casilda, nuestro régimen cambió a régimen de sopa. Lunes: sopa. Martes: sopa. Miércoles: sopa... Y así hasta el infinito.
—Qué te apuestas a que hoy el Ratoncito nos ha hecho sopa —dije enfadada aquel día [...].
Casilda trajo la sopa nuestra de cada día y se retiró.
—¿Ves? —[...]—. ¡Estoy hasta las narices de sopa!
—Si quieres que haga otra cosa, ¿por qué no le enseñas?
Padre sabía perfectamente que mi única especialidad en la cocina era recalentar comida en el microondas. Y aquí no teníamos microondas. [...]

un ratoncito *diminutivo de* ratón – 9 **por si acaso** falls, vorsichtshalber – 12 **equivocarse** sich irren – 20 **avisar** Bescheid sagen – 22 **una sopa** eine Suppe – 24 **el régimen** *hier:* der Speiseplan – 26 **apostar (-ue-)** wetten – 28 **retirarse** irse – 32 **un microondas** eine Mikrowelle – 35 **una uña** ein Fingernagel – **tocar algo** etw. anfassen – 36 **coger** *hier:* bekommen – **saber a algo** nach etw. schmecken – 37 **el sudor** der Schweiß – 40 **callarse** dejar de hablar – **estar avergonzado, -a** sich schämen – 41 **gringo, -a** (persona) de los Estados Unidos *(se dice en Latinoamerica también de otros extranjeros blancos)* – 42 **arder** brennen – **un frasco** ein Fläschen, ein Flakon – 43 **doler (-ue-)** schmerzen, weh tun – 44 **marearse** übel / schwindelig werden – **un trufi** *(en Bolivia)* un pequeño autobús – 49 **de un redepente** de repente *(error de Casilda)* – 50 **una chola** mujer indígena de Bolivia – **una pollera** *(en algunos países latinoamericanos)* una falda – 51 **de enaí** de ahí (= por eso; *error de Casilda*) – 52 **zonzo, -a** *(lat. am)* dumm – **hacerse la burla** sich lustig machen – 54 **un pollo** ein Hühnlchen – **una pluma** eine Feder – 55 **golpear a alguien** jdn. schlagen – 57 **orgulloso,-a** stolz – 58 **trajeado, -a** que lleva un traje tradicional

—¡Mira! ¡Un pelo! —grité mientras miraba mi plato—. ¡Qué asco! Y esto no es lo peor. Nunca se lava las manos. ¿Le has mirado las uñas? Y con esas manos toca nuestra comida… ¡Un día cogemos una enfermedad! Desde que llegó, todo me sabe raro, todo me huele raro. Me huele como huele Casilda. Así como a sudor, a animal, a… No sé. […]

Ninguno se había dado cuenta de que el Ratoncito estaba junto a la mesa, y esperaba para quitar los platos de sopa. Quién sabe qué parte de nuestra conversación había escuchado. Nos callamos. Yo, avergonzada; Padre, avergonzado y furioso. […]

Yo me olía y no sentía nada. Pero pensaba en lo que había dicho la señorita gringa de mi olor y me ardía la cara. […] Fui al baño, que estaba lleno de frascos, y me puse de uno para oler como la señorita. El perfume ese me hizo doler mi cabeza todo el día y hasta me mareé en el trufi cuando volvía a casa. A la mañana siguiente el señor olía a lo mismo porque resulta que el perfume había sido de él. Yo no sabía que los hombres se ponían perfume […].

Yo soy limpia pues, sólo que cambiarme de ropa mucho no puedo […], no como la señorita gringa que ella tenía todo un armario lleno de ropa y pantalones más de cinco. Y de un *redepente* tuve ganas de llevar pantalones yo también y dejar de ser cholita de pollera, porque de *enaí* viene todo lo malo, que sólo por ser chola hay muchos que te creen sucia y zonza y se hacen la burla. Por eso de mis amigas ya casi ninguna lleva pollera. Esa misma noche […] soñé que llevaba pantalón y me sentía como pollo sin plumas […] y al verme mi mamá se avergonzaba de mí y me golpeaba. Por eso fue que en la mañana pensé que iba a seguir con mi pollera, que, además, mi tía dice que hay que estar orgullosa de ser chola y que una chola bien trajeada es mil veces más elegante que una señora de vestido.

Paloma Bordons. *La tierra de las papas*, Madrid: sm, 1996, p. 33 – 38 (fragmentos simplificados)

1 ¿Qué pasa en el texto?

a Resumid en pocas frases lo que pasa en el texto «El ratoncito». Comparad vuestros resultados con los resultados del ejercicio 2 de la página 23.

b Decid quiénes son los narradores (*Erzähler*) en el texto. Explicad, además, por qué lo sabéis.

c Contestad las siguientes preguntas sobre el texto.

1. ¿Qué hace Casilda en casa de María y su padre?
2. ¿Cómo llama María a Casilda y por qué?
3. ¿Por qué no le gusta a María que Casilda esté en su casa?
4. ¿Por qué están avergonzados María y su padre (l. 40)?
5. ¿Por qué le arde la cara a Casilda (l. 42)?

Las anotaciones de palabras

El texto de estas dos páginas es un texto original, es decir viene de un libro escrito para españoles. Por eso hay bastantes palabras desconocidas. Vais a comprender muchas de ellas porque son parecidas a palabras alemanas o inglesas, porque conocéis otra palabra de la misma familia o por el contexto. Para que entendáis mejor el texto, lleva, además, explicaciones debajo. No es necesario que aprendáis todas estas palabras. (Encontráis todas las que vais a aprender en el *Vocabulario* de las páginas 148 – 163).

2 «Como pollo sin plumas»

Elegid uno de los siguientes ejercicios. Trabajad en parejas o grupos. Después explicad a vuestros compañeros y compañeras los resultados de vuestra discusión.

1. En su sueño Casilda se siente como pollo sin plumas (l. 54). Explicad qué quiere decir con esta comparación.

2. Según la tía de Casilda, «una chola bien trajeada es mil veces más elegante que una señora de vestido.» (l. 58–59) Explicad por qué recuerda Casilda esta frase y qué quiere decir con ella.

3 Los reproches de María *(Die Vorwürfe ...)*

a Apuntad lo que María dice sobre Casilda (l. 34–37) y las reacciones de Casilda a los reproches de María (l. 41–52) en el texto de las páginas 24 y 25.

Lo que dice María	Reacción de Casilda
Hay un pelo en la sopa.	–

b ¿Qué creéis?: ¿por qué piensa María tan mal de Casilda? Justificad (*Belegt*) vuestra opinión con frases del texto.

4 El conflicto entre María y Casilda

a Transformad la parte del texto entre las líneas 16 y 40 en una obra de teatro:

1. Apuntad lo que están diciendo, haciendo y pensando las personas del texto. No escribáis frases completas, sólo palabras clave (= las palabras importantes).
2. Elegid a la persona que queréis ser (María, Casilda, el padre). Preparad vuestro papel con ayuda de los apuntes que acabáis de hacer. (No es necesario que aprendáis las palabras exactas del texto, pero la idea tiene que ser la misma.)
3. Reuníos en grupos de tres y practicad la escena.

b Formad nuevos grupos: en un grupo todas las Casildas, en otro, todas las Marías y en el tercero, todos los padres. Hablad de cómo os habéis sentido cuando habéis hecho de esta persona.

Cuando he	oído, dicho, visto,	he sentido *(+ subst.)* me he sentido *(+ adj.)* he estado *(+ adj.)*

c Contad en clase vuestros resultados del ejercicio 4b.

d ¿Qué pueden hacer el padre, María o Casilda para cambiar la situación? Pensad en soluciones al problema y tomad notas. Trabajad en grupos.

- (no) creo que ...
- es necesario / importante / ... / que ...
- recomendamos que ...

e Escuchad las soluciones de los otros grupos y dad vuestra opinión sobre ellas.

5 El intruso

Mirad las siguientes formas verbales. En cada línea hay una que no va con las otras. Decid cuál es y por qué. Las letras delante de las soluciones correctas os dan el nombre de la capital de Bolivia.

Ejemplo: fui – corrimos – pensamos – coma → Coma no va con las otras formas porque es presente de subjuntivo; los otros son pretérito indefinido.

1.	E debía	S terminamos	A llamaba	R avisaba
2.	P murió	U mostrábamos	I nací	L bajaron
3.	L sumen	Z aprendan	D solucionen	C estudian
4.	X se quedó	O se encontraron	R os levantábais	E me acosté
5.	E cociné	R lavemos	G limpies	T compren

6 «La sopa nuestra de cada día» (§ 8)

A María no le gusta la sopa. Eso es lo que pasa a muchas otras personas también.

a Mirad el siguiente texto. Explicad qué tiempos verbales hay que usar y por qué.

b Completad el texto con la forma correcta de los verbos.

Cuando [1] **(ser)** pequeña y [2] **(estar)** enferma, siempre [3] **(pasar)** lo mismo. Lo primero y más importante [4] **(ser)** decírselo a mi madre. Mi madre me [5] **(mirar)** preocupada y con amor y me [6] **(hacer)** la pregunta del millón: Ratoncito, ¿crees que estás tan enfermita como para no ir al colegio? Ese [7] **(ser)** el momento más importante: [8] **(tener)** que ser la mejor actriz del mundo y en segundos [9] **(tener)** que decidir entre ir al colegio y estudiar o quedarme en casa y comer sopa. Mi hermano y yo [10] **(odiar)** la sopa y siempre que [11] **(estar)** enfermos mi madre nos [12] **(hacer)** sopa. Pero el colegio me [13] **(parecer)** peor y yo [14] **(preferir)** quedarme en casa, por eso siempre [15] **(hacer)** un poco de teatro. Pero un día [16] **(hacer)** tan bien el papel de enferma, que mi madre [17] **(hacer)** venir al médico. Claro, el médico no me [18] **(creer)** ni una palabra y mi madre, que [19] **(saber)** que yo [20] **(odiar)** la sopa, me la [21] **(hacer)** comer toda una semana.

c Mafalda también odia la sopa. Mirad el siguiente cómic y contad la historia. Trabajad con el diccionario. Cuidado con los tiempos verbales (pretérito imperfecto, pretérito indefinido, …). Para ayudaros: el niño es el hermano de Mafalda, se llama Guille (Guillermo) y todavía no sabe hablar muy bien.

7 Lo más interesante de la historia (§ 7)

Formad frases sobre el texto «El ratoncito» con *lo* + adjetivo como en los ejemplos.

Ejemplos: Lo más interesante de la historia es la reacción de Casilda.
Lo triste es que la historia puede ser verdad.

duro · mejor · peor · divertido · bonito · difícil · fuerte · raro · terrible · positivo

8 Ella dijo que … (§ 5)

a Mirad la primera y la segunda columna *(Spalte)* de la siguiente tabla y explicad los cambios cuando el estilo directo (*die direkte Rede*) pasa al estilo indirecto.

Estilo directo	Estilo indirecto	Estilo indirecto
María explica: «Nunca me ha gustado la sopa.»	María explica que nunca le ha gustado la sopa.	María explicó que nunca le había gustado la sopa.
Casilda piensa: «Voy a seguir con mi pollera.»	Casilda piensa que va a seguir con su pollera.	Casilda pensó que iba a seguir con su pollera.
El padre le pregunta a María: «¿Por qué no le enseñas?»	El padre le pregunta a María por qué no le enseña.	El padre le preguntó a María por qué no le enseñaba.

b Comparad la segunda y la tercera columna del ejercicio 8a y decid qué diferencias hay. Después apuntad los cambios para el estilo indirecto.

La frase principal está en pretérito indefinido.

Si en el estilo directo tenemos …	En el estilo indirecto usamos …
presente	

c Mirad las líneas 9, 12, 31 / 32, 46, 54/55 y 56 del texto de las páginas 24 y 25. Transformad el estilo indirecto en estilo directo. Después completad la tabla del ejercicio 8b con la nueva información.

Ejemplo: Creí que se había equivocado de puerta. → María creyó: «(Ella) se ha equivocado de puerta.»

9 El padre habla con María (§ 5)

El padre está enfadado con María porque ella ha hablado muy mal de Casilda. María se queja en una carta a una amiga de Madrid. Leed lo que le ha dicho su padre y escribid lo que dice María en su carta. Usad el estilo indirecto.

1. «Tú no tenías que decir esas cosas de Casilda.»
2. «Tú ya no estás en España y aquí las cosas son distintas.»
3. «Casilda no tiene que cambiar sus costumbres[1]. Tú eres la que tiene que cambiar.»
4. «Antes teníamos que hacer nosotros el trabajo, y ahora Casilda nos ayuda mucho. Tienes que estar contenta por eso y darle las gracias.»
5. «¿Qué te ha hecho Casilda? Nunca te ha gustado. La odiaste desde el primer día. No entiendo qué te pasa.»
6. «¿Por qué no hablas con ella e intentas ser su amiga? La vida en Bolivia te va a ser más fácil si tienes amigos.»

- decir
- comentar
- quejarse de
- explicar
- preguntar
- contar

[1] **las costumbres** die Gewohnheiten

10 María se da cuenta de algo

Algún tiempo después, María está en el ascensor *(Aufzug)* con algunas vecinas. A una de ellas María le ha dado el apodo (*Spitzname*) la Cacatúa. Además, está una empleada indígena con un perro. Cuando la indígena ha salido, las vecinas empiezan a hablar sobre ella.

a Mirad el dibujo de al lado. Decid qué opinión creéis que tienen las dos señoras de la empleada que acaba de salir.

b Escuchad el texto del cedé y comprobad *(überprüft)* vuestros resultados del ejercicio 10a.

c Explicad por qué María se va corriendo a su habitación al final del texto.

d Escribid lo que piensa María cuando está en su habitación.

11 Casilda cuenta (§§ 8, 5)

Con el tiempo María se hace amiga de Casilda y poco a poco ésta le cuenta su vida.

a Con ayuda de las siguientes ideas, escribid lo que cuenta Casilda. Usad los tiempos del pasado.

Ejemplo: nace en un pueblo del Altiplano → Nací en un pueblo del Altiplano.

1. Sus padres no tienen mucho dinero.
2. Cuando Casilda todavía es pequeña, tiene que cuidar las ovejas[1].
3. Algunos años más tarde también cuida a su hermano pequeño.
4. La madre no lo puede hacer porque ayuda al padre en el campo, lava, cocina, cuida a los otros hermanos y hace muchas cosas más.
5. A Casilda le gustar estar con las ovejas.
6. Pero un día llega un zorro[2] y se lleva la oveja más pequeña.
7. Sus padres la golpean por eso.
8. No puede ir a la escuela, porque está lejos y porque su padre piensa que una chica no necesita estudiar.
9. Cuando Casilda tiene unos 12 años, son muchas personas en la familia y no hay comida para todos.
10. Entonces un día los padres le dicen a Casilda que tiene que irse a La Paz para vivir con su tía.
11. Ahora ayuda a su tía en la casa y con los primos pequeños.
12. Echa mucho de menos a su familia y el Altiplano.

b Al día siguiente María le explica a su padre lo que aprendió sobre Casilda. Usad el estilo indirecto.

Ejemplo: Casilda me contó que había nacido en un pueblo del Altiplano.

[1] **una oveja** ein Schaf – [2] **un zorro** ein Fuchs

12 María se pone enferma (§ 6)

Un día el padre tiene que ir al Altiplano por trabajo y María va con él. Pero allí se pone enferma.

a Transformad las siguientes frases. Usad las preposiciones *sin* o *por* + infinitivo.

Ejemplo: El padre organiza un viaje y no se lo dice a María. → El padre organiza un viaje sin decírselo a María.
María está contenta porque va a salir de La Paz. → María está contenta por salir de La Paz

1. María y su padre caminan por el Altiplano y no hacen ningún descanso[1].
2. María se siente mal porque está mucho tiempo al sol.
3. María se pone muy enferma porque bebe poca agua.
4. El padre se siente culpable[2] porque ha llevado a María al desierto.
5. El médico no puede venir porque está muy lejos del Altiplano.
6. María está todo el tiempo en cama y no se puede levantar.

b Completad el siguiente texto con las palabras de las casillas.

María se queja porque le **1** la cabeza. No se puede levantar de la cama porque está **2**. Además, tiene **3**. Éstos son algunos de los **4** del **5**. Y es que están a una altitud de unos 4000 metros. Pero a lo mejor es sólo por el sol. Como están en el Altiplano, no pueden ir al **6** o a algún **7** porque en el Altiplano hay muy pocos. María tiene que dormir mucho y tomar alguna **8**. Por suerte, al día siguiente ya está mejor.

un médico / una médica	ein Arzt / eine Ärztin	el soroche	die Höhenkrankheit
		la diarrea	der Durchfall
un / una paciente	ein Patient, eine Patientin	la gripe	die Grippe
el dolor	der Schmerz	una medicina	ein Medikament
estoy mareado, -a	mir ist übel / schwindlig	un síntoma	ein Symptom

- un hospital
- un enfermero / una enfermera
- una enfermedad
- caer enfermo, -a
- ponerse enfermo, -a
- marearse
- doler (-ue-)
- la fiebre

c Mirad el dibujo de la izquierda y decid el nombre de las partes del cuerpo numeradas. Después imaginaos que estáis en un hospital. Trabajad en parejas e imaginad un diálogo entre un médico y un paciente con ayuda de las palabras del ejercicio 12b, de los dibujos y las siguientes instrucciones:

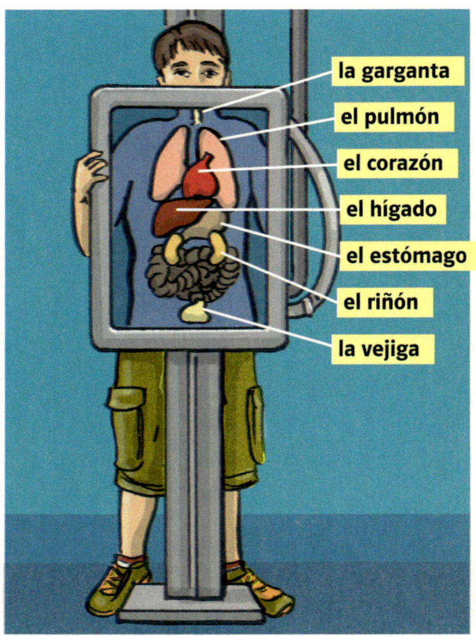

El médico:

Hace preguntas sobre la enfermedad del paciente y le da consejos (en imperativos).

El paciente:

Describe la enfermedad y expresa su preocupación (tengo miedo de que … / no creo que …)

[1] **un descanso** eine Pause
[2] **culpable** schuldig

13 La realidad social de Bolivia

A María le llama la atención la diferencia entre ricos y pobres en Bolivia. Con ayuda de lo que acabáis de aprender y de las siguientes fotos, escribid un pequeño texto sobre cómo vive la gente en Bolivia. Pensad también en lo que ya sabéis sobre otros países latinoamericanos, por ejemplo Guatemala.

Preparar un texto

1. Apuntad vuestras ideas.
2. Elegid las que sean adecuadas para el tema.
3. Ordenadlas, por ejemplo en una red.
4. Buscad información adicional *(zusätzlich)* si es necesario.
5. Decidid el orden *(Reihenfolge)* de los subtemas *(Unterthemen)* y escribid el texto.

A

B

C

D

14 Lo que pasó ayer

a Escuchad el texto del cedé y decid qué tipo de texto es.

1. una conversación entre amigos
2. las noticias en la radio
3. un vídeo con información turística
4. una película

b Escuchad el texto sobre Bolivia otra vez y sacad la información sobre

1. su geografía
2. su población
3. su economía
4. su política

A

B

C

15 Prejuicios *(Vorurteile)*

Mucha gente en Bolivia y otros países tiene prejuicios sobre los indígenas, como por ejemplo las dos señoras del ejercicio 10. ¡Pero no sólo ellas!

a Leed los siguientes chistes *(Witze)* e intentad entenderlos con ayuda de los dibujos.

b Explicad cuáles son los prejuicios sobre los habitantes de Cataluña, Galicia y el País Vasco *(Baskenland)* que se pueden ver en estos chistes.

c En alemán existen chistes parecidos. Seguro que conocéis algunos. Decid sobre quiénes se cuentan. Después elegid uno que os guste y contádselo en español a vuestros compañeros con vuestras propias palabras. Usad un diccionario si os faltan palabras importantes.

Contar o explicar algo en español

Si tienes que hablar, no te preocupes si no puedes decir todo de forma rápida y perfecta. Lo importante es que los demás comprendan lo que quieres decir.

16 ¿Cómo vemos a los demás?

¿Qué creéis?: ¿por qué tenemos prejuicios sobre ciertos grupos de personas? Discutid en grupos o en clase.

Estrategia

Ein Lerntagebuch führen

In Unidad 1 konntet ihr sehen, dass ihr bereits viele und ganz unterschiedliche Bereiche der spanischen Sprache erarbeitet habt. Mit Hilfe der Tipps zur Selbsteinschätzung habt ihr euch dort auch einen Überblick über euren individuellen Lernstand verschafft. Ein Lerntagebuch ist eine gute Methode, mit diesem Ergebnis weiterzuarbeiten. Es hilft euch, eurer persönliches Lernverhalten über einen längeren Zeitraum zu beobachten und einzuschätzen.

Wie sieht ein Lerntagebuch aus?

- Geeignet ist ein einfaches Heft, das ihr zum Unterricht mitbringt.
- Pro Eintrag solltet ihr eine halbe Seite einplanen.
- Schreibt zu jedem Eintrag das Datum. So behaltet ihr einen Überblick zum Beispiel über Fristen, die ihr euch setzt.
- Legt in das Heft ein loses Blatt, um während des Unterrichts kurze Notizen machen zu können.
- Legt auf den letzten Seiten eine Liste mit euren Zielen an. Übertragt dazu diejenigen Vorhaben aus den einzelnen Einträgen, die ihr nicht gleich ausführen könnt. So verliert ihr sie nicht aus den Augen und könnt sie nach Erledigung abhaken.

Was schreibe ich in das Lerntagebuch?

Am Anfang solltet ihr eure Einträge nach einem festen Schema vornehmen und das auch deutlich durch Überschriften kennzeichnen.

09.10.2009

1. Thema: Vorurteile gegenüber Indígenas in Bolivien
2. Was ich gelernt habe:
3. Was ich schon wusste:
4. Was mir noch nicht klar ist:
5. Wie zufrieden bin ich? Ziemlich. Ich konnte gut mit Luisa zusammenarbeiten und die Präsentation unseres Dialogs fand ich lebendig und witzig.
6. Vorhaben: Ich will mich ab der nächsten Stunde mehr melden.

Hausaufgaben: Ich habe die Aufgabe nicht genau verstanden, habe es jetzt so gemacht, wie es mir am logischsten erschien.

Berücksichtigt jeweils folgende Punkte:

- Was ist das Thema (der Unterrichtsstunde, Hausaufgaben etc.)?
- Was habe ich gelernt, was wusste ich schon?
- Was ist mir nicht klar? (Hier solltet ihr konkrete Fragen formulieren.)
- Wie zufrieden bin ich mit meiner Arbeit / meinem Lernergebnis und woran liegt das?
- Was nehme ich mir vor und bis wann will ich das tun?

Fertigt zu jeder Spanisch-Stunde einen Eintrag an. Darüber hinaus könnt ihr Einträge zu den Hausaufgaben, zur Vorbereitung auf eine Klassenarbeit usw. machen.

Macht eure Aufzeichnungen möglichst noch am gleichen Tag. Denn je länger ein Ereignis zurückliegt, desto ungenauer ist die Erinnerung daran. Gestaltet die Eintragungen knapp (Stichwörter oder kurze Sätze), aber verständlich, damit ihr sie auch nach einem längeren Zeitraum noch nachvollziehen könnt.

Da es sich bei einem Lerntagebuch um persönliche Aufzeichnungen handelt, müssen sich die Einträge nicht nur auf den Unterricht beziehen. Ihr könnt dort auch interessante Erlebnisse in der Freizeit festhalten, die mit der spanischen Sprache oder mit Spanien und Lateinamerika zu tun haben.

Meine Ziele	wann?
Ich will mich mehr am Unterricht beteiligen	ab 10.10.
~~unregelmäßige Indefinidoformen wdh.~~	7.11. ✓
Informationen zu Bolivien suchen	...

Los prejuicios de los vecinos *(Die Vorurteile …)*

El piso compartido que habéis formado en el ejercicio de la página 20 tiene problemas con los vecinos porque no les gusta vuestra forma de vivir. Para cambiar la situación, organizáis una reunión a la que invitáis a todos los vecinos.
Preparad una discusión con ellos. Pensad
1. cuál puede ser el problema que tienen los vecinos con vosotros.
2. cómo podéis eliminar sus prejuicios.
3. qué podéis hacer para mejorar la convivencia *(Zusammenleben)* en el edificio.

Ya sé en español …

hacer suposiciones *(Vermutungen)*
- Creo que …
- Pienso que …
- Me parece que …
- Puede ser que …
- ¿Qué os apostáis a que …?
- Sin duda …
- Me puedo imaginar que …

expresar causas y razones
- porque
- por *(+ sust./inf.)*
- por eso
- Como

resumir observaciones
- Me he dado cuenta de *(+ sust.)* / de que *(+ ind.)*
- He visto / oído / notado / observado que …
- Me ha llamado la atención *(+ sust.)* / que *(+ ind.)*…

expresar enfado
- Estoy harto, -a de *(+ sust.)* / de que *(+ subj.)*
- Estoy hasta las narices de *(+ sust.)* / de que *(+ subj.)*
- Estoy enfadado, -a porque …
- Ni siquiera han …
- Al menos pueden …

reaccionar a reproches *(Vorwürfe)*
- No es verdad que *(+ subj.)*
- No es justo que *(+ subj.)*
- En realidad …
- Por desgracia / desgraciadamente …
- Tenemos que | explicar por qué … / buscar una solución al problema.
- Entendemos su enfado, pero …
- En el futuro vamos a *(+ inf.)*

hacer propuestas
- ¿Qué os parece si …?
- ¿Por qué no …?
- Propongo | que *(+ subj.)*
- Es | necesario / importante | que *(+ subj.)*
- Recomiendo | que *(+ subj.)*

resumir la conversación o la opinión de alguien
ver p. 20

señalar aspectos que todavía no se han discutido
ver p. 20

No quiero ser una turista normal

Esther, una joven española, pasa las vacaciones con su padre y su hermana en Perú. Ahora están haciendo el Camino Inca, un camino bastante difícil a unos 4000 metros de altura. Acaban de parar en un pequeño lugar donde van a pasar la noche.

Esther sale del hotel y da un paseo. Ahora, al final de la tarde, las montañas parecen más grandes. Ve a un chico joven, más o menos de su edad, que está sentado y mira el paisaje. Lo conoce: es uno de los porteadores. Esther se acerca a él.

—Hola, soy Esther.

El joven la mira y no sonríe.

—¿Cómo te llamas? —pregunta Esther, y ella sí sonríe.

El peruano mira las montañas en silencio. Esther hace un último intento:

—Perdona, ¿te molesto? ¿Por qué no quieres hablar?

—Yo hago mi trabajo, y hago mi trabajo bien, pero no es mi obligación hablar con los gringos.

Esther no sabe qué decir. Con los otros porteadores Esther ha hablado y se ha reído mucho, pero él es diferente.

—Perdona. Me voy, no quiero molestarte —dice Esther.

—¿Molestarme? —el chico se levanta, y habla rápido, enfadado—. No, la gente con plata no molesta. Ustedes pueden hacer lo que quieren, pero nosotros… ¿Qué somos los peruanos para ustedes? En España somos trabajadores baratos. Aquí, porteadores. Cocinamos para ustedes, les enseñamos nuestras ruinas. Para ustedes nosotros somos todavía los pobres indios, como siempre en nuestra historia.

—No, para mí no —dice Esther seria.

—¿No? ¿Qué haces tú aquí? ¿Qué han hecho ustedes, los españoles, siempre? Por culpa de ustedes ya no tenemos plata en el Perú, ya no tenemos una cultura de miles de años…

Esther no le responde. No quiere discutir con él. Se despide y anda hacia el hotel. «Tiene algo de razón —piensa—. En estos viajes organizados nosotros pagamos y ellos trabajan, y eso es todo. Pero… yo quiero algo más, yo no quiero viajar así. Es papá, papá: él es así, yo no».

Esa noche no es fácil para Esther. Se acuesta cansada, pero no puede dormir. Todo el tiempo piensa en su conversación con el chico peruano. Se pregunta por qué todo en la vida es siempre complicado. Ella sólo quiere hablar con la gente, conocerla. Esther no es un conquistador español. Es sólo una turista que quiere conocer el país, y Perú es un país que le gusta, un país fascinante.

Javier Navarro, *Las estatuas de Machu Picchu*. © Javier Navarro and EASY READERS, Copenhagen 2005, – a subsidiary of Lindhardt og Ringhof Forlag A/S, an Egmont company (fragmentos)

a Leed el texto y decid
1. con quién habla Esther.
2. de qué tema(s) hablan.

b Contad qué quiere hacer Esther en Perú.

c Explicad la reacción del chico peruano cuando Esther quiere hablar con él.

d Elegid uno de los siguientes ejercicios:

1. Antes de acostarse, Esther habla con su padre sobre la conversación con el chico. El padre piensa que no es posible no ser un turista normal. En parejas haced la conversación.
2. Por la noche el chico peruano habla con un amigo sobre la conversación con Esther. El amigo piensa más o menos como el chico, pero reconoce los esfuerzos *(Anstrengungen)* de Esther. En parejas haced la conversación.
3. ¿Qué pensáis?: ¿es posible ser algo más que un turista normal y conocer de verdad a la gente de un país que se visita? Discutid en grupos.

10 **un porteador** ein (Lasten-)Träger – 12 **sonreír** lächeln – 19 **una obligación** eine Verpflichtung – 26 **la plata** *(lat. am.)* el dinero – 35 **la culpa** die Schuld – 36 **la plata** das Silber – 39 **andar** ir – 49 **un conquistador** ein Eroberer

De camino a España

A

B

1 El 56 % de las tiendas tradicionales del centro de Madrid está en manos de inmigrantes.

C

D

E

2 250 inmigrantes en seis pateras en las costas de Granada, Almería y Málaga.

3 LA MAYORÍA DE LOS INMIGRANTES SIN PAPELES ENTRAN POR EL AEROPUERTO DE BARAJAS.

4 Más de 60 inmigrantes intentan cruzar la frontera entre Melilla y Marruecos.

F

Extranjeros en España según la nacionalidad

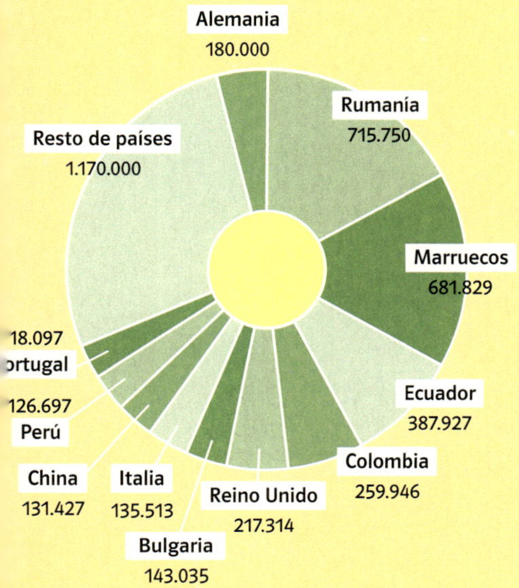

La población de extranjeros en España

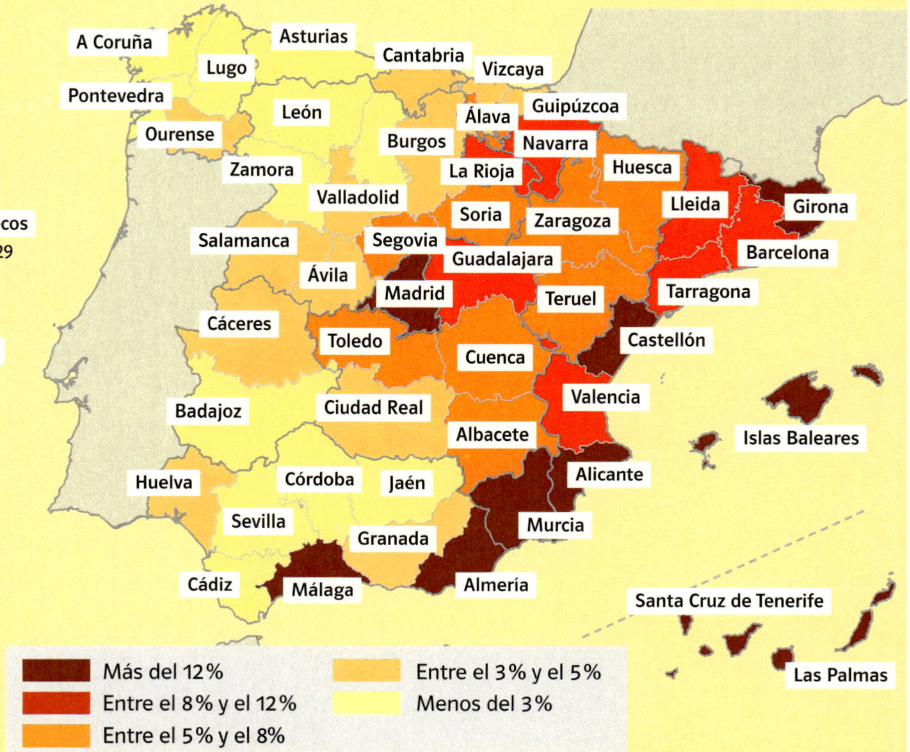

5

Más de 7.500 mujeres de Europa del Este con contrato para los campos de fresas en Andalucía.

6

Turistas españoles se sienten extranjeros en las playas del Mediterráneo.

un contrato	ein Vertrag
un campo	ein Feld
un/una inmigrante	ein Einwanderer, eine Einwanderin
una patera	ein kleines Boot
extranjero, -a	fremd, ausländisch
tradicional	traditionell
estar en manos de alguien	in Händen von jdm. sein
el Mediterráneo	das Mittelmeer, der Mittelmeerraum

Un país de todos

a Leed las noticias de estas páginas y decid con qué foto va cada una.

b Mirad los gráficos de arriba y con ayuda de las fotos y de lo que sabéis de España contestad las siguientes preguntas.

1. ¿De qué países llegan los inmigrantes a España?
2. ¿Por qué razones creéis que van los inmigrantes a España?
3. ¿A qué regiones de España van? ¿Por qué creéis que eligen esas zonas?
4. ¿Pensáis que todos los inmigrantes que llegan están en la misma situación? Justificad vuestras respuestas.

c Escuchad la noticia del cedé y comprobad si vuestras ideas son ciertas.

La despedida

Dajla, 13 de diciembre

Querida Isabel:

Te escribo para despedirme. A las cinco y media me voy a ir con mi primo Mohamed y estoy deseando que llegue ese momento. Cruzaremos primero el desierto en un todoterreno y en la costa unos conocidos de Mohamed nos esperarán con una patera y saldremos hacia España. Si todo termina bien, y así será, dentro de unos días dormiré en Fuerteventura o Lanzarote.

Isabel, ya sé que a ti no te gusta que sea un ilegal en España. Por eso quiero explicarte todo y espero que me comprendas. Aquí, en el campo de refugiados, no puedo quedarme. Tú vienes de un país rico y trabajas en la daira voluntariamente como profesora. Yo, en cambio, no puedo elegir. Recibí la semana pasada la carta en la que pone que no podré estudiar en ninguna universidad de Argelia. Desde entonces mi padre, que normalmente es un hombre tan alegre, está muy preocupado. Yo soy su hijo mayor y, como él no quiere que pase más años aquí, le ha dado todos sus ahorros a Mohamed para que me lleve con él. Por eso me voy a España, ahora lo sabes. Allí encontraré trabajo rápidamente porque, como soy saharaui, hablo muy bien español, no como los marroquíes o los subsaharianos que van a España. Después mi prometida Zawra y yo nos casaremos, como quieren nuestras familias y como queremos nosotros dos. Tendremos una casa de verdad, y desde la ventana de nuestra casa veré un gran jardín, y no buscaremos agua en el pozo: en nuestra casa habrá agua potable. Todo será diferente en España. Y tú y tu novio nos visitaréis e iremos juntos al mar, como tantas veces he soñado.

Isabel, no quiero escribir más porque mis padres ahora están nerviosos. Ya son más de las cinco y se preguntan si Mohamed será puntual. ¿Tendrá algún problema? Yo, en cambio, estoy tranquilo, y te pido que no te preocupes. El viaje es peligroso, pero Alá está conmigo y sé que no me pasará nada. Además, llevaré conmigo la foto de Zawra: está preciosa con su melfha y eso me dará fuerzas.

Despídeme de Mariem, ¿sí? ¿Me harás ese favor? Te escribiré pronto con mi dirección en España. ¿Responderás entonces mi carta?

Tu alumno Erradi

Palabras árabes: 10 **una daira** un barrio – 26 **Alá** Dios – 28 **una melfha** *ver foto*

1 Una noticia para Isabel

Isabel acaba de leer la carta de Erradi y le cuenta a su compañera Mariem la despedida de Erradi. Resumid en dos o tres frases lo que Isabel le dice a Mariem.

2 La vida de Erradi

a Leed otra vez el texto «La despedida», buscad toda la información sobre Erradi y apuntadla. Comparad los resultados con los de vuestro compañero o compañera.

b Mirad el mapa de al lado y explicad el camino que toma Erradi para llegar a España.

c Explicad qué quiere decir Erradi con la frase «como saharaui, hablo muy bien español, no como los marroquíes o los subsaharianos». Tenéis más información sobre el Sáhara Occidental en el *Glosario cultural* de las páginas 140–147.

d Explicad cómo se siente Erradi con este viaje. Justificad vuestras respuestas.

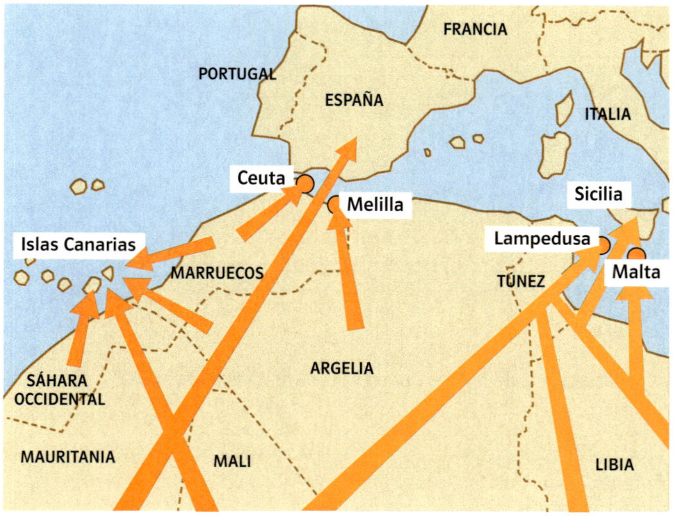

3 Los sueños de Erradi (§ 9)

a Apuntad en una tabla como la siguiente qué quiere Erradi para su futuro. Escribid los verbos en infinitivo.

	Erradi quiere ...	
la semana que viene	– cruzar el desierto en todo terreno – ...	
en España	– tener una casa con jardín – ...	

b Buscad las formas de futuro que usa Erradi en la carta y escribidlas en la tabla del ejercicio 3a al lado de las frases correspondientes.

c Mirad las terminaciones de las formas de futuro del ejercicio 3b y explicad cómo se forma el futuro de los verbos regulares.

d Algunos de los verbos son irregulares. Decid cuáles son y qué diferencias hay con las formas regulares.

4 ¿Cómo será la forma correcta? (§ 9)

a Formad el futuro de los siguientes verbos. Usad un dado. Éste os dice qué persona es.

1. ver	6. viajar	11. crecer
2. alquilar	7. dejar	12. reír
3. dormir	8. descubrir	13. funcionar
4. ir	9. soñar	14. ser
5. comprender	10. luchar	15. divertirse

⚀ 1. pers. sing.	⚃ 1. pers. pl.
⚁ 2. pers. sing.	⚄ 2. pers. pl.
⚂ 3. pers. sing.	⚅ 3. pers. pl.

Ejemplo: ⚃ + vivir → viviremos

b Formad también el futuro de estos verbos. Tened cuidado, son irregulares.

1. salir 2. tener 3. poder 4. haber 5. venir 6. querer 7. hacer

5 Erradi y Zawra (§ 9)

Antes de irse a España, Erradi habla con Zawra sobre lo que puede pasar en el futuro. En parejas completad el diálogo con las formas del futuro.

Zawra

¿Estás seguro de que te quieres ir? ¿Y no te **(pasar)** nada malo?

No te preocupes, **tendré** mucho cuidado. Si tengo suerte, en tres o cuatro días **estaré** en Lanzarote o en Fuerteventura.

En España seguro que tú **(conocer)** a otras chicas y te **(olvidar)** de mí.

Zawra, aquí no tenemos futuro. Si me quedo aquí, no **podré** ir a la universidad y **viviré** para siempre en un campo de refugiados.

Pero si te quedas, por lo menos **(vivir – tú)** con tu familia y **(estar)** conmigo.

En España seguro que **encontraré** un trabajo enseguida y entonces tú **vendrás** también.

Pero ¿y si no encuentras trabajo? Además, ¿qué te **(pasar)** si te pilla la policía? Seguro que **(ir)** a la cárcel.

No, la policía no me **pillará**. Tú y yo **nos casaremos** en España y **compraremos** una casa con un jardín.

Y nunca más **(tener – nosotros)** que sacar agua del pozo. Y nuestras familias también **(venir)**.

Sí, Zawra, sólo así nuestros hijos **tendrán** una vida mejor. Así nunca les **faltará** nada.

Erradi

¿Estás seguro de que te quieres ir? ¿Y no te **pasará** nada malo?

No te preocupes, **(tener – yo)** mucho cuidado. Si tengo suerte, en tres o cuatro días **(estar)** en Lanzarote o en Fuerteventura.

En España seguro que tú **conocerás** a otras chicas y te **olvidarás** de mí.

Zawra, aquí no tenemos futuro. Si me quedo aquí, no **(poder)** ir a la universidad y **(vivir)** para siempre en un campo de refugiados.

Pero si te quedas, por lo menos **vivirás** con tu familia y **estarás** conmigo.

En España seguro que **(encontrar – yo)** un trabajo enseguida y entonces tú **(venir)** también.

Pero ¿y si no encuentras trabajo? Además, ¿qué te **pasará** si te pilla la policía? Seguro que **irás** a la cárcel.

No, la policía no me **(pillar)**. Tú y yo **(casarse)** en España y **(comprar)** una casa con un jardín.

Y nunca más **tendremos** que sacar agua del pozo. Y nuestras familias también **vendrán**.

Sí, Zawra, sólo así nuestros hijos **(tener)** una vida mejor. Así nunca les **(faltar)** nada.

6 Los planes de futuro (§ 11)

a Erradi lleva planeando mucho tiempo su futuro. Con ayuda de estas ideas haced frases como en el ejemplo.

A
El todoterreno • funcionar bien
yo • llegar a tiempo a la costa
subirse en la patera

B
hacer • buen tiempo
nosotros • no tener problemas en el mar
la patera • llegar en pocos días a Lanzarote

C
llegar a Lanzarote
yo • intentar ir a Andalucía
ser más fácil encontrar trabajo

D
yo • encontrar trabajo
ganar dinero
buscar una habitación para vivir

E
yo • ganar suficiente dinero
mi familia • recibir el dinero
Zawra • irse también

F
trabajar mucho
nosotros • comprar una casa
mis padres • vivir con nosotros

Ejemplo: Si el todoterreno funciona bien, llegaré a tiempo a la costa. Si llego a tiempo a la costa, …

b ¿Qué pasará si alguno de estos planes no sale bien? Escribe para cada caso del ejercicio 6a una frase en la que los planes no salen bien. Usad verbos diferentes de los del ejercicio 6a.

Ejemplo: Si el todo terreno no funciona bien, necesitaré más tiempo para llegar a la costa y la patera no me esperará.

7 ¿Cómo son? ¿Cómo están? (§ 10)

a Leed la siguiente frase y las líneas 12/13, 23/24 y 25 del texto «La despedida» de la página 38. Explicad qué diferencia hay entre *ser* y *estar* con los adjetivos.

Normalmente él no es nervioso. Pero ahora está nervioso porque busca trabajo y no lo encuentra.

b Escribid frases como en el ejemplo del ejercicio 7a con ayuda de las palabras de abajo. Cuidado con los verbos *ser* y *estar* con los adjetivos.

A
Erradi
normalmente tranquilo, -a
pero … porque …

B
La madre de Erradi
normalmente
gordito, -a
ahora … porque …

C
Sus padres
nunca serios
hoy … porque …

D
Los inmigrantes
normalmente
alegres
ahora … porque …

8 ¿Será la patera de Erradi? (§ 9)

Isabel todavía no sabe nada de Erradi y se está haciendo muchas preguntas.

a Con ayuda de las siguientes ideas formulad las hipótesis *(Vermutungen)* que se hace Isabel. Usad las formas de futuro.

- ser la patera de Erradi
- estar ya en Canarias
- estar Erradi bien
- poder llamar pronto

Para formular hipótesis

- *futuro*
- creo que … *(+ indicativo)*
- me parece que … *(+ indicativo)*
- me puedo imaginar que… *(+ indicativo)*
- a lo mejor … *(+ indicativo)*
- puede ser que … *(+ subjuntivo)*
- es posible que … *(+ subjuntivo)*

b Mirad las siguientes fotografías y formulad hipótesis sobre lo que veis. Haced frases con las expresiones de la casilla.

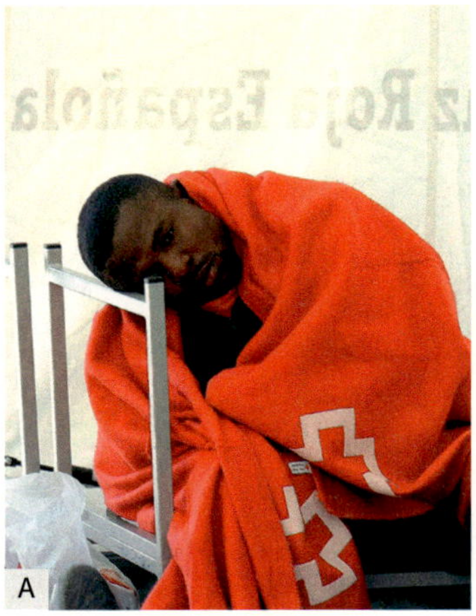
A

B

C

9 Un viaje peligroso

El viaje desde la costa de África hasta las Islas Canarias es un viaje muy peligroso. En el cedé tenéis dos vídeos con noticias sobre inmigrantes que llegan a Canarias.

a Mirad el primer vídeo del cedé y anotad lo que habéis entendido con palabras clave en una red de ideas.

Ejemplo:

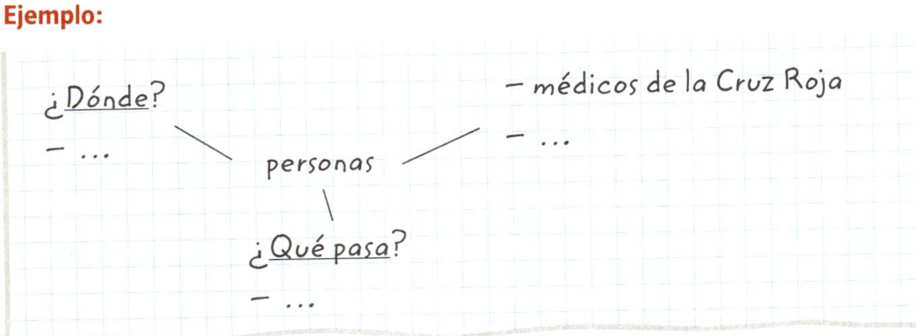

b Con ayuda de vuestras notas del ejercicio 9a escribid un resumen *(Zusammenfassung)* de la noticia para la televisión alemana.

c El segundo vídeo del cedé no tiene texto, sólo imágenes. Con ayuda de la red de ideas del ejercicio 9a escribid el texto de la noticia en español. Después presentadla a la clase y elegid las que os parezcan mejores.

10 Los problemas en España

a Mirad los siguientes gráficos y explicad qué piensan los españoles de los emigrantes.

Cómo leer los gráficos

68,6 % = sesenta y ocho coma seis por ciento
Ns/Nc = No sabe / No contesta

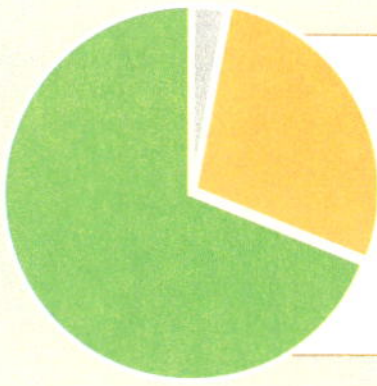

1. ¿Crees que hay demasiados inmigrantes en España?
Sí = 68,6% No = 28,1% Ns/Nc = 3,3%

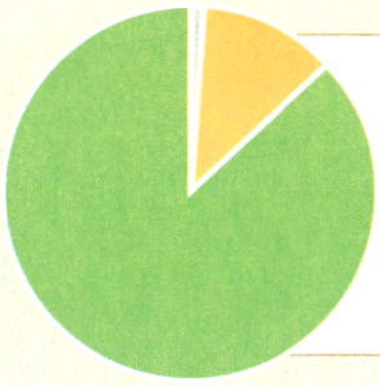

2. ¿Crees que los inmigrantes tienen que aprender español?
Sí = 86,5% No = 12,5% Ns/Nc = 1,1%

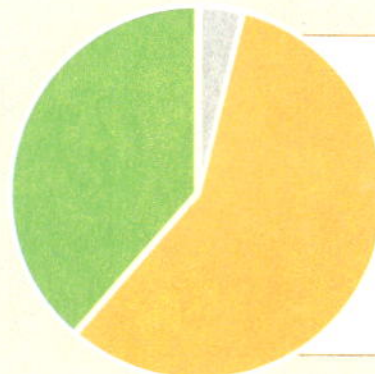

3. ¿Crees que los inmigrantes quitan el trabajo a los españoles?
Sí = 39,9% No = 59% Ns/Nc = 4,2%

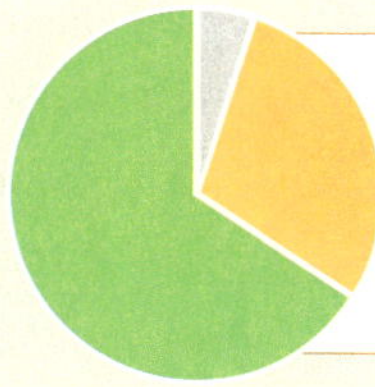

4. ¿Crees que existe una relación entre los inmigrantes y la criminalidad?
Sí = 66,4% No = 28,7% Ns/Nc = 4,8%

Fuente: *El Mundo*, 17 de agosto de 2008

b Explicad estas caricaturas con ayuda de los datos del ejercicio 10a y de las fotos y gráficos de la página 37.

A

B

C

D

c Buscad información sobre la inmigración en Alemania y escribid un pequeño artículo. Comparad en él la situación en España y en Alemania.

mecagoendiez verdammt – **el rumbo** der Kurs – **la hipotermia** die Unterkühlung – **la deshidratación** Flüssigkeitsverlust – **un tiburón** ein Haifisch – **la incomprensión** die Verständnislosigkeit – **el blanco** das Ziel

11 El negro

a Habéis encontrado este artículo en Internet. Decid de qué habla. No os es necesario entender todas las palabras. El dibujo también os ayuda. Usad un diccionario sólo para las palabras clave.

Estamos en el comedor estudiantil de una universidad alemana. Una alumna toma su bandeja con el menú en el autoservicio y luego se sienta en una mesa. Entonces se da cuenta de que ha olvidado los cubiertos y vuelve a levantarse para cogerlos. Al volver, descubre que un chico negro, probablemente subsahariano por su aspecto, se ha sentado en su lugar y está comiendo de su bandeja. Al principio, la chica se siente desconcertada y agredida; pero rápidamente corrige su pensamiento y piensa que el africano no conoce el sentido de la propiedad privada, o que no tiene dinero suficiente para pagarse la comida. De modo que la chica decide sentarse y sonreírle. El africano contesta con otra blanca sonrisa. Entonces la alemana comienza a comer de la bandeja y la comparte con el chico negro. Y así, él toma la ensalada, ella toma la sopa, los dos comen del mismo plato de estofado hasta acabarlo y uno toma el yogur y la otra, la fruta. Todo ello lleno de múltiples sonrisas. Al acabar el almuerzo, la alemana se levanta en busca de un café. Y entonces descubre, en la mesa detrás de ella, su propio abrigo sobre una silla y una bandeja de comida intacta.

Dedico esta historia, que, además, es auténtica, a todos aquellos españoles que, en el fondo, recelan de los inmigrantes y les consideran individuos inferiores. Será mejor que nos libremos de los prejuicios o corremos el riesgo de hacer el mismo ridículo que la pobre alemana, que creía ser el colmo de la civilización mientras el africano, él sí la dejaba de comer de su bandeja y tal vez pensaba: «Pero qué chiflados están los europeos».

Rosa Montero. «El negro», *El País* 17-05-2005 (texto simplificado)

b Poneos en el lugar de estas personas. ¿Qué hacéis si alguien viene a comer de vuestro plato? Trabajad en grupos. Presentad los resultados en clase.

c Imaginad un diálogo entre la chica y el subsahariano cuando ella se da cuenta de que se ha equivocado. Escribidlo en parejas y representadlo en clase.

d La autora Rosa Montero nos presenta aquí su versión de esta historia. Explicad qué quiere decirnos la autora con ella.

12 La realidad

Escuchad la noticia en la radio y contestad las siguientes preguntas.

1. ¿De qué trata *(handelt)* la noticia?
2. ¿Qué pasa con los inmigrantes? ¿Qué problemas tienen?
3. ¿Qué solución se les da a los inmigrantes?

13 ¿Qué será?

a Antes de leer el cuento «Inmigración», mirad la foto y decid

1. quiénes pueden ser las personas del dibujo y dónde están.
2. qué creéis que están diciendo.
3. qué creéis que va a pasar.

b Leed ahora este cuento corto con ayuda de un diccionario si lo necesitáis y explicad

1. cuál puede ser la «tragedia personal» del inmigrante.
2. qué quiere decir el aduanero con «total no creo que le vaya a servir para nada».

Inmigración

El aduanero abrió la maleta de cuero gastado, comprobó que ese inmigrante portaba en ella únicamente su pesada tragedia personal, la cerró con mucho cuidado, y murmuró. «Pase, total no creo que le vaya a servir para nada».

Jorge Timossi. «Inmigración». *Cuentecillos y otras alteraciones*. Editorial Letras Cubanas 1997

14 La vida en España

a Llegar a España es un gran problema para los inmigrantes, pero todavía quedan muchos otros. Decid qué problemas van a tener ahora los que ya están en España. Podéis usar las ideas de abajo u otras que tengáis vosotros. Pensad si tenéis que usar presente de indicativo o de subjuntivo.

- no encontrar trabajo
- tener que esconderse de la policía
- la gente no aceptar a los inmigrantes
- encontrar casa rápidamente
- no tener dinero
- la gente no ayudar
- tener hambre
- adaptarse[1] al nuevo país
- poder traer a su familia pronto
- tener un buen trabajo

- (No) creo que ...
- (No) me parece que ...
- A lo mejor ...
- Pienso que ...
- Es difícil que ...
- No va a ser fácil que ...
- No es verdad que ...

b Preparad ahora una discusión en clase con lo que habéis aprendido en esta lección. Para eso:

1. Trabajad en dos grupos.
2. Un grupo busca las ventajas *(Vorteile)* de vivir en España para los inmigrantes y otro grupo busca las desventajas *(Nachteile)*. Podéis usar las ideas del ejercicio 14a.
3. Presentad vuestras ideas y defendedlas ante el otro grupo.

[1] **adaptarse a** sich anpassen an

Estrategia

Gemeinsam lernen und üben

Nicht jeder versteht und kann alles sofort! Gemeinsam kommt man oft weiter – sei es, dass man zu zweit ein Problem lösen kann, weil jeder etwas zur Lösung beiträgt, oder dass einer das Pensum schon verstanden hat und es den anderen erklären kann. Wer anderen hilft, profitiert im Übrigen auch selbst davon, denn hierfür, muss man das Pensum selbst noch einmal genau durchdenken, und so prägt es sich gut ein.

Gelegenheiten zur Zusammenarbeit gibt es viele. Im Folgenden stellen wir euch zwei Möglichkeiten vor, bei denen die gemeinsame Arbeit besonders effizient ist.

Texte von Mitschülern überprüfen

Unstimmigkeiten oder Fehler in einem Text fallen einem leichter auf, wenn man den Text nicht selbst geschrieben hat. Vor allem bei längeren und anspruchsvolleren Texten solltet ihr daher die Möglichkeit nutzen, sie zur Kontrolle untereinander auszutauschen.

Geht dabei folgendermaßen vor:
Lest den Text zunächst ausschließlich mit Blick auf den Inhalt (sonst konzentriert man sich zu sehr auf das Auffinden von Fehlern). Merkt an, wo etwas unklar ist. Achtet erst beim zweiten Lesen auf die Sprache. Arbeitet hierfür z. B. mit der Fehlercheckliste im *Cuaderno* S. 56 y 57. Korrigiert aber nicht den Text, sondern weist auf fehlerhafte Stellen hin, damit der Schreiber selbst die Möglichkeit hat, diese zu verbessern. Verwendet z. B. Symbole oder Abkürzungen für den Wortschatz / Ausdruck, Tempusfehler oder falsche Präpositionen. Sprecht dann über den Text und eure Anmerkungen.

Übungen selbst erstellen

Zum Üben und Wiederholen könnt ihr auch Übungen für eure Mitschüler schreiben – z. B. als gezielte Vorbereitung auf eine Klassenarbeit. Denn da ihr eure Mitschüler kennt, wisst ihr natürlich auch, welche Aufgaben ihnen besonders Spaß machen oder was noch einmal geübt werden sollte.

Verfahrt dabei so:

1. Legt den Schwerpunkt eurer Übung fest.
2. Entscheidet, welche Übungsform ihr verwenden wollt. Ihr könnt dafür die Übungen im Schülerbuch und *Cuaderno* als Modell nehmen. Leicht zu erstellen sind z. B.
   - für Vokabeln: Kreuzworträtsel, Buchstabensuppen; wenn ihr gut zeichnen könnt, auch Zeichnungen, die beschriftet werden müssen
   - für Grammatik: Lückentexte, Zuordnungs- und Umwandlungsübungen
   - zum Textverstehen: Multiple Choice-Aufgaben, wahr/falsch-Aussagen, Fragen zum Text
3. Stellt passende Sprachmittel zusammen (z. B. eine Liste von Verben, wenn ihr eine Tempus-Übung erstellen wollt). Nutzt bereits vorhandene Arbeitsergebnisse, etwa Mind maps für Vokabelübungen, oder selbst formulierte Regeln für Grammatik-Themen.
4. Schreibt zuerst die Lösung und überprüft sie genau, damit sie keine Fehler enthält. So habt ihr später ein Lösungsblatt zur schnellen Überprüfung der Ergebnisse. Wandelt dann die Lösung entsprechend der gewählten Übungsform um. Hierfür gibt es auch Computerprogramme. Weitere Tipps dazu findet ihr im Internet (Online-Link 536930-0001).
5. Verseht die Übung mit einer Arbeitsanweisung, damit eure Mitschüler auch wissen, was sie tun sollen. Zusätzlich könnt ihr noch Hilfen für die Bearbeitung nennen (z. B. auf welche Lektion oder Grammatik sich die Aufgabe bezieht) und euch einen passenden Titel ausdenken.

Hebt eure Übungen auf, so dass ihr sie später auch selbst zur Wiederholung benutzen könnt.

15 Nuestros ejercicios

Para practicar la estrategia de la página 46 haced por lo menos dos de los siguientes ejercicios.

a Elegid un campo semántico *(Wortfeld)* o una red de vocabulario que ya habéis hecho. Podéis usar, por ejemplo, palabras para describir una habitación (p. 14) o las partes del cuerpo y las enfermedades (p. 30). Con las palabras haced un ejercicio de vocabulario para vuestros compañeros.

b Haced un ejercicio de respuestas múltiples o de verdadero / falso sobre el texto de la página 35 o 38.

c Aquí tenéis el relato *(Bericht)* de un joven subsahariano que la policía encontró en una playa de Tarifa. Imaginad que es la solución de un ejercicio. Transformad el texto en un ejercicio de tiempos verbales.

Un terrible final de viaje

Salimos de un pequeño puerto cuando ya era de noche. Éramos 30 personas. Yo estaba con mi hermano, 3 años más joven que yo. A los otros los habíamos conocido en el puerto. Todos nos contaron que habían cruzado el desierto y que habían pagado mucho dinero a los que los iban a llevar a España. La patera era pequeña, pero como el mar estaba tranquilo, no había problemas.

Cuando ya veíamos las luces de la costa, el patrón[1] de la patera apagó el motor y nos dijo que teníamos que abandonar la patera y nadar hasta la costa. Ninguno de nosotros sabía nadar y, claro, se lo dijimos al patrón. Pero éste, junto con otro hombre que estaba en la patera, nos tiró al agua. ¡Incluso tenía una pistola! Qué miedo pasamos.

Cuando yo ya estaba en el agua, vi caer a mi hermano. Intenté llegar hasta él, pero no lo conseguí. Tuve suerte porque una ola[2] me llevó a la playa. Pero hasta ahora no he encontrado a mi hermano. ¡Dios mío!, si ha muerto, ¿cómo se lo explicaré a mis padres?

16 Una carta para Isabel

Después de un tiempo Isabel recibe una carta de Erradi. Imaginaos cómo le ha ido a Erradi en España y contádselo a Isabel en la carta.

Querida Isabel:

Desde la semana pasada estoy en … El viaje fue … porque …

17 Mi futuro

¿Cómo creéis que será vuestra vida dentro de 10 años? Escribid al menos 10 frases sobre vosotros mismos con temas como la familia, los estudios o los amigos. Escribid después otras 10 frases sobre el futuro de un compañero. Después leeos vuestras frases y mirad en qué coincidís (*übereinstimmt*).

[1] **un patrón** ein Schiffsführer – [2] **una ola** eine Welle

¿Podemos ayudar a los inmigrantes?

En el piso compartido que habéis formado en el ejercicio de la página 20, uno de vuestros vecinos quiere ayudar a un inmigrante sin papeles y quiere traerlo a vivir al piso.

Preparad una discusión entre vosotros. Pensad

1. si ésa es una buena forma de ayudar al inmigrante.
2. cómo va a ser vivir con una nueva persona. Pensad que esa persona puede tener una cultura y unas costumbres muy diferentes a las vuestras.
3. qué cosas positivas o negativas puede tener.
4. otras formas de ayudar a los inmigrantes.

Ya sé en español ...

hacer suposiciones *(Vermutungen)*

- *futuro*
- Seguramente ...
- Seguro que ...

Para más expresiones ver p. 34.

hacer propuestas

- *imperativo*
- ¿Por qué no ...?
- Tengo una idea. ¿Y si ...?
- ¿Qué os parece si *(+ indicativo)*?
- ¿No creéis que es una buena idea que *(+ subjuntivo)*?

mostrar interés

- ¡Genial!
- ¡Fantástico!
- ¡Me encanta la idea!
- ¡Está muy bien lo que habéis dicho!
- ¡Bien dicho!
- ¡Bien pensado!
- ¡Estoy con vosotros!

mostrar duda *(Zweifel)*

- No sé, no sé.
- No estoy muy seguro, -a.
- No estoy muy seguro, -a de que *(+ subjuntivo)*
- No estoy muy seguro, -a de si *(+ indicativo)*
- Por una parte sí, pero por otra parte ...
- Dejadme que lo piense.
- Necesito tiempo para pensarlo.

expresar rechazo *(Ablehnung)*

- ¡Ni hablar!
- ¡Ni pensarlo!
- ¡Ni soñarlo!
- ¡De eso nada!
- No me parece una buena idea.
- ¡No es una buena idea!
- No penséis en mí para eso.

reaccionar a rechazos *(Ablehnung)*

- ¡No seáis así!
- ¡No seáis tan negativos!
- Mirad el lado bueno.
- Si lo piensáis bien, veréis que *(+ indicativo)*
- Dejadme que me explique mejor.

Extranjero Soy

www.culcha.de

CULCHA CANDELA

NEWS DATES BLOG SHOP MEDIA CONTACT

Extranjero Soy

Por un barrio voy caminando
Con mi maleta y con mi tumbao voy andando
Y siento que todo el mundo me está mirando
No vengo de acá y no entiendo de qué están hablando.

Esquinas voy conquistando
Con mi sombrero mi tierra representando
«extranjero soy» mantengo siempre luchando por un futuro
Por un futuro mejor
Duro me toca trabajar – pero no me voy a quejar
Sueños quiero realizar – siento que lo voy a lograr
Cien por ciento voy a dar – te lo juro, voy a triunfar
Antes no voy a regresar
Por un futuro mejor – si Dios quiere
Por un futuro mejor – Él me protege
Por un futuro mejor – yo sé qué quiere
Para un futuro mejor
Duro me toca trabajar ...

Señor, te doy las gracias
Por darme las fuerzas
Para luchar y superarme
Cada día más
En este país tan lejos
De mi tierra natal
Soy inmigrante
Latino

a Haced un resumen de la canción. Decid quién es el protagonista *(Hauptperson)* y explicad cuál es su situación ahora y qué esperanzas tiene.

b Haced un collage para representar la canción y después explicadlo a la clase.

---

3 **el tumbao** die Coolness – 6 **conquistar** erobern – 7 **un sombrero** ein Hut – **representar** vertreten – 8 **mantener (-g-)** behaupten – 11 **lograr** conseguir – 12 **jurar** schwören – 13 **regresar** volver – 15 **proteger** schützen – 19 **el Señor** Dios – 21 **superarse** sich selbst übertreffen – 24 **la tierra natal** die Heimat, der Geburtsort

1 Compartir piso no siempre es fácil (§ 2)

Imagidad que compartís piso. Decid qué cosas os gustan de vuestros compañeros y cuáles no. Para ello unid elementos de las columnas. Poned en subjuntivo los verbos que están en infinitivo.

(No) me molesta que Odio que (No) me gusta que No soporto que (No) quiero que (No) me parece *(+ adj.)* que Me encanta que	+	uno de mis compañeros una de mis compañeras mis compañeros de piso	+	escuchar olvidar hacer preguntar dejar estar pasar comer	+	mucho tiempo en el cuarto de baño música muy alta limpiar la cocina ruido si llegan tarde todos juntos por la noche antes de hacer una fiesta la nevera vacía el cuarto de baño sucio mucho tiempo delante de la tele

Ejemplo: Odio que mis compañeros de piso pasen mucho tiempo en el cuarto de baño.

2 Una encuesta *(Umfrage)*

Se ha hecho una encuesta a algunos jóvenes españoles que comparten piso. Leed primero las frases de abajo y después escuchad en el cedé lo que cuentan. Corregid en vuestro cuaderno las frases que no son correctas.

1. Ahora mismo en el piso hay una habitación libre.
2. Quieren encontrar a un compañero nuevo que no fume.
3. El segundo chico tiene más trabajo ahora que antes.
4. Al segundo chico le molesta que la casa esté sucia.
5. Hasta ahora nunca han tenido problemas.
6. Al último chico le gusta que sus compañeros lleven a casa a sus amigos.

3 Una habitación libre (§1)

Manuel y sus compañeros de piso hablan sobre la habitación libre. Con ayuda de las siguientes palabras haced el diálogo. Formad las frases de relativo como en el ejemplo. Pensad si tenéis que usar el indicativo o el subjuntivo.

1. **Lucía:**	querer • encontrar • un chico	que	chico • hacer deporte
2. **Antonio:**	yo • tener • un mensaje		mensaje • escribir • una chica
3. **Lucía:**	Esa chica • necesitar • una habitación		la habitación • tener muebles
4. **Antonio:**	¡Es verdad! ella • ser • la chica		esa chica • llamar por teléfono • ayer
5. **Manuel:**	Además, nosotros • buscar • una persona		no • fumar
6. **Lucía:**	Yo • querer • encontrar • un compañero		cocinar • bien
7. **Antonio:**	¡Claro! Y yo • querer • un compañero		ese compañero • limpiar • el baño • siempre
8. **Lucía:**	Así no • ser fácil • encontrar • una persona		esa persona • nos • gustar

Ejemplo:
Antonio: conocer • hoy • chico + **que** + el chico • buscar • habitación
→ **Antonio:** He conocido hoy a un chico que busca habitación.

4 Anuncios

Un amigo vuestro de Ecuador llega a Berlín y está buscando piso. Ha encontrado los siguientes anuncios en Internet, pero no los entiende. Explicádselos.

www.amarilla-cuatro.de/wohnungen

Suche WG-Zimmer
(bis 250 €)

Hallo, ich bin Sarah und suche ganz dringend ein Zimmer in einer freundlichen WG. Zu meiner Person: Ich komme gerade ganz frisch aus Hannover und wohne momentan in einer Wohnung, in der sehr oft viele Leute übernachten (das macht keinen Spaß!) Hat irgendjemand in der Nähe von Pankow ein Zimmer für mich? Die Mitbewohner sollen nett, humorvoll und aufgeschlossen sein. Bin auch unkompliziert!!!
Sarah

14 qm-Zimmer in
Altbauwohnung

Die gemütliche Wohnung befindet sich im 3. Stock, hat 4 Zimmer (2 Mitbewohner) und ist ruhig gelegen. Es gibt eine Bus- und U-Bahn-Haltestelle vor dem Haus und einen Supermarkt gleich um die Ecke. Die Wohnung verfügt auch über ein ganz neues Bad mit Waschmaschine. Das Zimmer ist mit Bett, Schrank und Fernseher teilmöbliert. Du solltest nett, umgänglich und verantwortungsbewusst sein und auch Spaß verstehen können.

Miete: 190 EUR

Sonniges Zimmer in WG
Preis: 250 €

Wir (2 w und 1 m) suchen zum 01.04. nette/-n Mitbewohner/-in für ein schönes Zimmer mit 24 m² in Pankow. Die Frühstücksbrötchen gibt es unten im Haus, zwei Parks sind nicht weit entfernt und was man sonst noch so braucht (Bibliothek, usw.) liegt auch in der Nähe.
Wir sind unkompliziert und kommunikativ, berufstätig und schön wäre, wenn es nicht nur eine reine Zweck-WG werden würde …

Kontakt unter gomoel@berlin.de

5 El nuevo compañero de piso (§ 5)

Vuestro amigo ecuatoriano ha encontrado piso con tres chicos españoles y cuenta en un e-mail a un amigo la conversación que tuvo con sus nuevos compañeros. Escribid vosotros el e-mail con lo que le dijeron. Usad el estilo indirecto. Cuidado con los tiempos.

Te vas a sentir muy bien con nosotros.
Sé cocinar muy bien.
No voy a poder ayudarte a traer tus cosas porque tengo clase.

¿Has visto muchos pisos antes que éste?
Vamos a hacer una fiesta; así puedes conocer a nuestros amigos.
¿Conoces algún plato típico de Ecuador?

¿Cuándo llegaste a Berlín?
¿Dónde has vivido hasta ahora? Yo empecé a vivir en este piso hace dos años.
Los viernes salimos siempre los tres juntos.

A
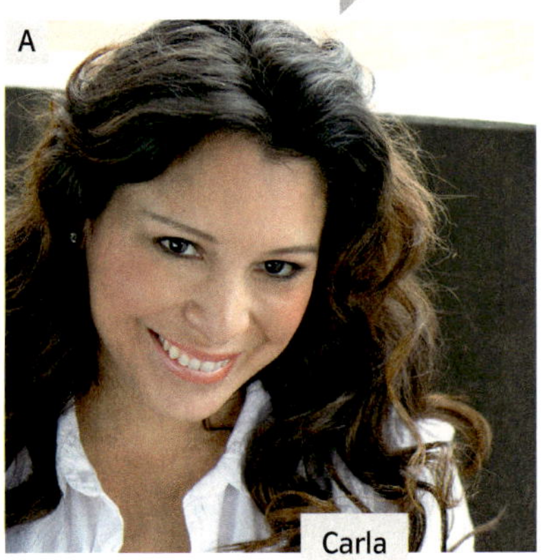

B

C

6 Así son y así están (§ 10)

Mirad las siguientes fotos y completad las frases con los verbos *ser* o *estar*.

A

B

C

—¡Mira al niño! ¡Qué sucio 1 !
¿Con qué ha jugado?
—¡Oh no! La ropa que lleva 2 nueva. ¡Qué horror!

—He visto a tu hermana
¡Qué blanca 3 ! ¿ 4 enferma?
—No, ella 5 muy blanca, y nunca toma el sol porque cree que 6 peligroso.

Aunque Gloria y Elena 7 hermanas gemelas[1], 8 chicas muy distintas. Gloria 9 muy alegre y Elena 10 muy tímida. Pero hoy Elena 11 muy comunicativa y Gloria 12 muy enfadada.

7 ¿Por o sin? (§ 6)

Un grupo de inmigrantes cuenta sus experiencias en España. Transformad las siguientes frases. Usad las preposiciones *sin* o *por* + infinitivo.

1. Llegamos a España y no sabemos si vamos a encontrar trabajo pronto.
2. Tenemos miedo de la policía porque no tenemos los documentos necesarios.
3. A veces no nos dan trabajo porque no somos españoles.
4. Trabajamos muchas horas y no podemos hacer casi ninguna pausa.
5. Nuestras familias están preocupadas porque no tienen muchas noticias nuestras.
6. Muchos otros inmigrantes quieren venir y no saben que la vida aquí es difícil.
7. Algunos inmigrantes viven muchos años en España y no consiguen los papeles.
8. Muchos españoles no nos comprenden porque no conocen la situación en nuestros países.

8 ¿Cómo fue todo? (§ 8)

Leed la vida de Rachid, un marroquí que lleva muchos años en España.
Completad las frases con los tiempos de pasado adecuados.

Rachid 1 **(ser)** uno de los primeros marroquíes que 2 **(llegar)** a España en 1990. 3 **(Salir)** de su país a los 19 años y 4 **(dejar)** allí a sus padres y a siete hermanos. Primero 5 **(llegar)** a Barcelona, donde no 6 **(conocer)** a nadie. Nunca 7 **(estar)** antes fuera de Marruecos y Barcelona le 8 **(parecer)** otro mundo. Como en Barcelona las cosas no 9 **(ser)** fáciles, 10 **(irse)** a Alicante y 11 **(empezar)** a vender alfombras por las calles en Alicante. Allí 12 **(vivir)** en una casa abandonada, 13 **(esconderse)** sin muchos problemas de la policía y 14 **(comer)**, cuando 15 **(tener)**, arroz[2]. 16 **(Querer)** volver a Marruecos, pero como no 17 **(tener)** dinero, 18 **(decidir)** quedarse. 19 **(Seguir)** vendiendo alfombras y 20 **(irse)** a Extremadura donde todo 21 **(ser)** más fácil: 22 **(empezar)** a trabajar en la agricultura y su jefe lo 23 **(ayudar)** a conseguir papeles. Allí 24 **(conocer)** a su mujer, con quien 25 **(casarse)**. Ahora ya está completamente integrado.

[1] **gemelo, -a** Zwillings- – [2] **el arroz** der Reis

9 Un inmigrante (§ 9)

Diego, un chico ecuatoriano quiere irse a España. Ha recibido una carta de otro ecuatoriano que ya está en Madrid y quiere animarlo. Completad la carta con la forma correcta del futuro de los verbos entre paréntesis *(in Klammern)*.

Hola, Diego:

¿Preparado para venir a España? Todo va a salir bien, ya **1** **(ver)** tú. Yo te **2** **(esperar)** en el aeropuerto y te **3** **(llevar)** a mi casa. Los primeros días **4** **(tener – tú)** un poco de miedo y **5** **(sentirse)** solo, pero enseguida **6** **(conocer)** a gente. Los ecuatorianos que vivimos en la ciudad te **7** **(ayudar)** a encontrar una habitación donde vivir y **8** **(ser)** como una familia para ti. **9** **(Tener – tú)** que traer un poco de dinero para los primeros días. **10** **(Necesitar)** un trabajo y, aunque en muchos sitios no **(querer – ellos)** trabajadores que no sean españoles, **11** **(encontrar – tú)** uno rápidamente. Seguro que **12** **(tener)** problemas, pero por lo menos no **13** **(tener)** que aprender español como otros. Algunas cosas **14** **(ser)** muy diferentes para ti, pero después de unos meses ya **15** **(querer)** traer a tu familia aquí.

Muchos saludos, tu amigo Jairo

Para controlar los resultados

Encontráis las soluciones del Repaso 1 en Internet (Online-Link 536930-0002).

10 ¿Por qué serán así las cosas? (§ 9)

Un amigo vuestro os está haciendo algunas preguntas. Vosotros no estáis seguros de las respuestas, pero podéis hacer suposiciones (*Vermutungen*). Con ayuda de los dibujos contestad las preguntas de vuestro amigo.

Ejemplo:

¿Qué está haciendo tu hermano?

No sé. Estará en la cocina y hará la cena.

A

¿Por qué no ha ido Rosa hoy a clase?

B

¿Dónde está tu hermana?

C

¿Por qué está Julián tan raro con Andrea?

D

¿Por qué no compra Juan un ordenador nuevo?

E

¿Por qué Isabel sabe siempre tantas cosas?

F

¿Dónde pasan tus vecinos las vacaciones?

4 Unidad

¿Qué música escucháis?

1 Música y músicos

a Haced una red de vocabulario con palabras que sirvan para hablar de música.

b Mirad la postal con las ovejas *(Schafe)* que hacen diferentes tipos de música. Elegid uno que conozcáis bien y decid, según vuestra opinión, si el dibujo describe bien ese tipo de música o a las personas que la hacen. Justificad vuestra respuesta en una o dos frases.

c Mirad también las fotos de estas páginas y relacionad a las personas con su tipo de música.

d Buscad vuestros propios ejemplos de música que conocéis, por lo menos para tres de los tipos de música de la postal.

2 La música que nos gusta

a Pensad qué tipo de música escucháis en qué momento y por qué. Apuntad vuestras ideas.

b Formad pequeños grupos y discutid sobre vuestros resultados del ejercicio 2a.

c Haced una lista en clase con todas las posibles razones que habéis encontrado para escuchar música y los estados de ánimo *(Stimmungen)* en la que la escucháis.

Más palabras útiles para hablar de música

el ritmo	der Rhythmus
lento, -a	langsam
sencillo, -a	einfach
un / una cantante	ein Sänger, eine Sängerin
cantar	singen
la voz	die Stimme
un instrumento	ein Instrument
la música	die Melodie
la letra	der Text
el estribillo	der Refrain

La mejor forma de expresar lo que siento

¿Qué música escuchan los jóvenes?

Dicen las encuestas que los jóvenes de hoy son más pasotas, pero hay un grupo, cada vez más grande, de rebeldes, solidarios e inconformistas. La música está ahí para todos, sigue siendo un elemento importantísimo en sus vidas. Creo que hay un gran afán de escuchar cosas nuevas y desde luego hay un nuevo vehículo para encontrarlas: Internet. La música sigue siendo el lenguaje del alma, como decía Platón. Tal vez a algunos padres y profesores les gustaría un lenguaje más clásico, más Mozart y menos hip-hop, pero es que, a lo mejor Mozart fue el hip-hop del siglo XVIII y no podemos vivir todo el tiempo en el pasado. A la mayoría de los músicos aficionados les cuesta mucho componer una canción y nunca trascenderán el tiempo como Wolfgang Amadeus, pero lo intentan, y otros no lo intentan, pero viven con la música en la oreja todo el día y eso es estupendo: ¿o no?

Beatriz Pécker: «¿Qué música escuchan los jóvenes?», *Padres y Maestros* 301 (fragmento simplificado)

LA OPINIÓN DE LOS JÓVENES

David, 17 años

Sin la música yo no podría vivir, no podría entender la vida y las cosas que me pasan. A mí me encanta la música rock porque es un estilo musical que critica los problemas del mundo y de la sociedad como el racismo y las guerras.

Adriana, 16 años

La música es algo muy importante. Sin ella, ¿quién nos ayudaría cuando estamos deprimidos o enamorados? La música llega a nosotros más directamente que las palabras de los adultos. Los jóvenes nos sentiríamos desorientados sin música. Para mí la música es algo que no puede faltar nunca.

Germán, 15 años

Para relajarme y olvidarme de todo, para eso sirve la música. Además, con la música podemos expresar más fácilmente sentimientos, que no seríamos capaces de decir con palabras.

Carmen, 15 años

Yo expreso mejor lo que siento con la música. Para evadirme de los problemas, soñar, estar conmigo misma, escucho música. Y cuando digo música, hablo de la música en general: rock, salsa, música clásica. Por ejemplo, imaginaos que vosotros estáis tristes, ¿escucharíais música salsa?, o todo lo contrario, estáis supercontentos. ¿Pondríais entonces música de Bach? ¿Verdad que no? Yo creo que hay un tipo de música para cada momento que ayuda a expresar lo que sentimos.

Olga, 16 años

Los cantantes o grupos con más éxito no son necesariamente los mejores. En Internet o en los conciertos de tu ciudad encuentras muchas veces cosas que son mucho más interesantes.

2 **una encuesta** eine Umfrage – **pasota** cool – 3 **inconformista** unangepasst – 5 **el afán** die Sehnsucht – 6 **un vehículo** *hier:* ein Mittel – 7 **el lenguaje** die Sprache, die Ausdrucksform – 11 **aficionado, -a** Hobby-, -liebhaber – 12 **componer** escribir (música) – **trascender** *hier:* überdauern – 14 **una oreja** ein Ohr – 22 **la sociedad** die Gesellschaft – 32 **relajarse** sich entspannen – 34 **un sentimiento** ein Gefühl – **capaz** fähig – 37 **evadirse** fliehen, entkommen

Lo que la quiero

Por ella yo daría una vuelta al universo
Por ella robaría al viento su canción
Por ella la violencia se muere y nace un beso
Ella ha empapado de miel mi corazón.

Por ella cambiaría el sentido de la lluvia
Por ella mi locura se vuelve libertad
Con ella entendería aquello que no entiendo
Por ella los naranjos regalan azahar.

Por ella lo daría todo
Por ella y por su compañía
Yo me rendiría sin condición.
Es que la quiero más que «ojú»
«Ojú» lo que la quiero

Ella me dice ven pa' ca
Y el camino me lo bebo
La canción que más me gusta
El sonido de sus besos
No sé lo que me pasa
«Ojú» lo que la quiero
Nunca me supe expresar
Y menos con mis sentimientos
Pero te juro que es grande
Esto que yo estoy sintiendo
Tú pregúntale a las calles
Pregúntale a los vientos
Al poyete de su casa
Si es verdad que yo la quiero.

54 **querer** (-ie-) lieben – 55 **una vuelta a** eine Rundfahrt durch – 56 **robar** stehlen – 58 **empapar** durchtränken – **la miel** der Honig – **el corazón** das Herz – 59 **el sentido** die Richtung – 60 **volverse** (empezar a) ser – 62 **un naranjo** ein Orangenbaum – **un azahar** eine Orangenblüte – 64 **la compañía** el estar con alguien – 65 **rendirse (-i-/-i-)** sich ergeben – **la condición** die Bedingung – 66 **ojú** *(fam.; se dice en Andalucía)* Mann o Mann – 68 **pa' ca** *(fam.)* para aquí – 69 **beberse el camino** ir muy rápido – 71 **un sonido** ein Laut, ein Geräusch – 76 **jurar** schwören – 80 **un poyete** eine Sitzbank

1 La música y los jóvenes

Leed el texto «¿Qué música escuchan los jóvenes?» y buscad la respuesta correcta. Justificad vuestra respuesta con la frase adecuada del texto.

1. En la vida de los jóvenes la música es …

a) muy importante.
b) más o menos importante.
c) nada importante.

2. A los padres lo que escuchan los jóvenes …

a) les encanta.
b) no les importa.
c) no les gusta mucho.

3. Wolfgang Amadeus Mozart …

a) escribe música hip-hop.
b) vivió hace mucho tiempo y escribió música que entonces era muy moderna.
c) intentó escribir música buena, pero no lo consiguió.

4. Es estupendo que …

a) actualmente se escuche más música clásica.
b) todos intenten componer una canción.
c) cada uno escuche la música que le guste.

2 Los jóvenes opinan

a Completad la siguiente tabla en vuestro cuaderno con la información de los textos «¿Qué música escuchan los jóvenes?» y «La opinión de los jóvenes» de la página 56.

¿Cómo son los jóvenes?	¿Qué música oyen los jóvenes?	¿Qué razones dan para oír algo?
pasotas	hip-hop	La música es el lenguaje del alma.
...	...	...

b Buscad en los comentarios de los jóvenes frases que confirmen o contradigan *(bestätigen oder widersprechen)* lo que dice Beatriz Pécker sobre los jóvenes y la música.

Ejemplo:
La música ... sigue siendo un elemento importantísimo en sus vidas. (l. 4 y 5)
= Sin la música yo no podría vivir. (David, l. 18)

c Añadid a vuestra red de vocabulario sobre la música (p. 55, ejercicio 1) las palabras adecuadas que habéis encontrado en los textos de la página 56.

d Comparad las ideas de Beatriz Pécker y los comentarios de los jóvenes con vuestros resultados del ejercicio 2 de la página 55. Pensad con qué aspectos estáis de acuerdo *(einverstanden)* y en cuáles tenéis ideas diferentes. Con estas ideas

– escribid vuestro propio comentario sobre la música que escucháis y la importancia de la música en vuestra vida.

o

– elegid el comentario de la página 56 que más / menos os guste y escribid una respuesta.

3 La canción

a Escuchad la canción «Lo que la quiero» en el cedé. Con ayuda de las palabras de vuestra red de vocabulario describid la canción y decid con qué tipo de música de la página 54 la relacionaríais.

b Según los jóvenes del texto «La opinión de los jóvenes» de la página 56, la música es una forma de expresar sus sentimientos. Decid en pocas palabras cuáles son los sentimientos que expresa la canción «Lo que la quiero».

Empezad así: El «yo» de la canción se siente ...

c Haced una lista de las cosas que el «yo» haría por «ella». Con ayuda de esta lista (y otras frases del texto, si queréis) discutid en parejas o en pequeños grupos lo que significa todo esto y si el «yo» de la canción la quiere de verdad a «ella».

4 Lo que hace la gente por amor

¿Qué hace la gente por las personas que quieren? Apuntad vuestras ideas. Con éstas y las primeras líneas de la canción «Lo que la quiero» como modelo escribid una nueva estrofa y presentadla a la clase.

Por ella yo daría ...

Por ella robaría ...

Por ella ...

Ella ha ...

5 El condicional (§ 12)

a Buscad en el texto «La opinión de los jóvenes» de la página 56 las formas del condicional.
- Escribidlas en una tabla en vuestros cuadernos.
- Marcad con un color la terminación y con otro la raíz *(Stamm)*.
- Comparad las dos con formas verbales que ya conozcáis.
- Después formulad una regla para la formación del condicional.

	condicional
yo	podría
nosotros	sentiríamos

b Leed estos cómics y explicad en pocas frases el contenido *(Inhalt)*.

c Con ayuda de vuestras listas del ejercicio 5a y los cómics explicad cuándo se usa el condicional.

6 Un foro (§ 12)

Estos son algunos de los comentarios en un chat sobre el texto «¿Qué música escuchan los jóvenes?». Completad el texto con las formas de los verbos en condicional. Cuidado con los verbos irregulares.

Querida Beatriz:
Leí su artículo en «Padres y maestros» y yo le **1** recomendar lo siguiente: yo le **2** proponer hacer encuestas a los padres, a los maestros. Estoy seguro de que usted **3** tener otros resultados y no **4** usar la palabra «música» para eso que escuchan los jóvenes. Si como decía Platón «la música es el lenguaje del alma», ¿**5** poder explicarme usted cómo es el alma de los jóvenes de hoy? Le **6** querer hacer una última pregunta: ¿vivir con la oreja todo el día con música, no es tal vez una forma de evadirse de la realidad?
Raúl (músico de profesión, padre y maestro)

Bueno, nosotros **7** preferir no ser tan negativos como Raúl, pero creemos que **8** ser importante decir que muchos jóvenes escuchan y tocan música clásica. ¿**9** Poder tú decirnos dónde podemos encontrar la encuesta? Nos **10** gustar hacerla en nuestro instituto.
Luis y Marta

¿**11** Poder vosotros contarnos algo más de la encuesta? Nos **12** interesar saber dónde la hicisteis, de qué edad eran los encuestados, etc.
Yaya y Yoyo

un lavavajillas eine Geschirrspülmaschine – **poner en marcha** encender – **partir** *aquí:* doler – **un techo** *aquí:* una casa – **la protección** der Schutz – **el bienestar** das Wohlergehen

7 ¡Cuántas cosas cambiaría yo! (§ 12)

Pensad en vuestra realidad, vuestros gustos, etc. y completad las frases. Usad las formas correctas del condicional.

1. Como profesor de música, yo (cambiar) …
2. Como padres, vosotros (dejar escuchar) …
3. Como director de instituto, yo (hacer) …
4. Como cantante, tú (tener) …
5. Como Dj., mis padres (poner) …
6. Como políticos nosotros (decir) …

8 Entrevista a un grupo musical

a Escuchad en el cedé la entrevista *(Interview)* con el grupo Panteón Rococó durante una pausa en un concierto. Apuntad en un formulario la información más importante para poder presentar al grupo.

- País de origen: …
- Países en los que han dado conciertos: …
- Temas de sus canciones: …
- Número de personas del grupo: …
- Experiencia del grupo en Alemania.
  ¿Gusta su música? ¿Por qué (no)? ¿Qué han aprendido aquí?: …

b Buscad más información sobre el grupo y decid, por ejemplo, si os gustaría ir a uno de sus conciertos, si compraríais un cedé, …

9 La música que más éxito tiene en España y Latinoamérica (§ 13)

a Informaos sobre los éxitos musicales actuales en España y Latinoamérica. Para ello, mirad en Internet (Online-Link 536930-0003). Trabajad en grupos. Cada grupo se informa sobre un país. Apuntad los resultados.

b Formad nuevos grupos con un «experto» de cada país por grupo. Presentad vuestros resultados al resto del grupo.

Ejemplo:
El número uno de Colombia es …
… es el quinto / la quinta de la lista en España.

c Seguid en los mismos grupos y hablad de los resultados de vuestra búsqueda. Comparadlos entre ellos y con el *hit parade* actual de Alemania. Usad el comparativo o superlativo de los adjetivos y sustantivos.

Ejemplos:
El cedé más vendido en Colombia es …
… es más famoso en España que en Alemania.

d Probablemente no conozcáis a todos los cantantes y grupos de las listas. Elegid uno de los siguientes ejercicios.

1. Escuchad algunas de las canciones en las páginas web de «Los 40 principales» y decid cuál os gusta más y por qué.
2. Buscad información sobre uno de los cantantes o grupos que no conocéis y haced un formulario como el del ejercicio 8a. Con ayuda de vuestra información, presentad al grupo o cantante a la clase.

40 PRINCIPALES

- bueno, -a
- conocido, -a
- famoso, -a
- interesante
- popular *(bekannt)*
- vendido, -a
- tener éxito
- vender cedés

- El | más …
- La | menos …
- … más que …
- … menos que …
- … tan … como

10 La música como condena *(Strafe)*

a Leed la siguiente noticia y resumid su contenido en pocas palabras.

Castigados a escuchar música que no les gusta

Curiosa condena la que un juez[1] de Estados Unidos impone a los jóvenes que escuchan música a todo volumen sin tener en cuenta[2] al vecindario. Los obliga[3] a oír, también a volumen muy elevado, música que no les gusta durante una hora al día. Desde la aplicación de esta sentencia[4], los jóvenes se lo piensan más a la hora de disfrutar escuchando música en casa.

El País, 19/02/2009

b Decid qué os parece la decisión del juez y por qué creéis que ha tenido éxito.

c ¿Hay algún tipo de música que para vosotros sería una condena escuchar? (¿Cuál?) ¿Qué haríais en un caso como el de los chicos de la noticia? Preparaos y después discutid en pequeños grupos.

11 ¿Cómo te gustaría ser y qué te gustaría hacer? (§ 12)

Los músicos u otras personas conocidas o no tan conocidas son para muchos de nosotros ejemplos que nos gustaría seguir.

a Mirad las siguientes fotos y decid con quién os identificáis más y con quién menos. Explicad también por qué.

Ejemplo: Me gusta la persona de la foto A. Me encantaría tener un tatuaje como ella. Sería más pequeño que ése, pero nunca llevaría un piercing. Tampoco me gustaría …

b Empezad una lista sobre cómo os gustaría ser y qué os gustaría hacer (a vosotros personalmente o a los jóvenes de vuestra generación en general). En otra lista apuntad lo que os dicen otras personas sobre cómo tendríais que ser. En los siguientes ejercicios vais a encontrar más ideas sobre este tema. Apuntadlas cada vez que algo os parezca interesante o importante.

[1] **un juez, una jueza** ein Richter, eine Richterin – [2] **sin tener en cuenta** ohne Rücksicht – [3] **obligar a** zwingen zu – [4] **una sentencia** ein Urteil

12 Más fácilmente (§ 14)

Un padre habla con su hijo sobre su futuro y le da consejos. Completad el diálogo con el comparativo o superlativo de los adverbios de la casilla. Algunos hay que usarlos más de una vez.

- atentamente
- duramente
- fácilmente
- positivamente
- rápidamente
- tranquilamente
- bien
- mal
- mucho

Comparativo del adverbio
- … tan + *adv.* (+ como …)
- … más + *adv.* (+ que …)
- … menos + *adv.* (+ que …)
- mejor (que …)
- peor (que)

Superlativo del adverbio
- *adj.* + -ísimamente
- muy + *adv.*

Padre: Pablo, ya sabes que mamá y yo nos preocupamos por ti.
Pablo: Pues no os preocupéis, así os sentiréis [1].
Padre: Tendrías que trabajar [2] en la escuela, y así en el futuro encontrarás [3] trabajo.
Pablo: Falta mucho para que yo sea mayor[1].
Padre: El tiempo pasa [4] de lo que crees. No sé como puedes estar sentado [5] sin hacer nada. Además, tendrías que llevar otra ropa, y ese piercing …
Pablo: No seas tan negativo. Tienes que pensar [6]. Yo quiero hacer lo que me guste.
Padre: Sólo quiero que en la vida te vaya [7] que a mí y que ganes dinero. No sé dónde está el problema.
Pablo: El problema es que no puedo ver la tele [8] como hace cinco minutos. Además, el dinero no es importante para mí.
Padre: Tendrías que escucharme [9]. Es importante.
Pablo: Ay, papá, Yo me sentiría [10] sin esos consejos tuyos.

13 Lo importante es cómo se dice

a Leed las siguientes frases y ordenadlas, de la más a la menos cortés *(höflich)*. Después escuchad el cedé y comparadlo con vuestros resultados.

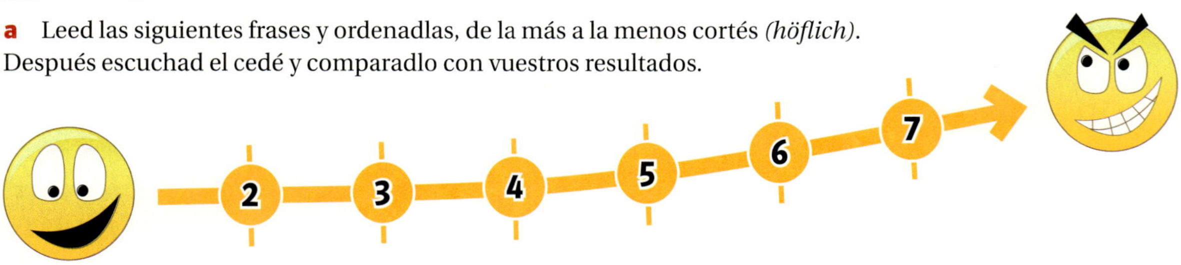

A ¿Podrías poner, por favor, la música un poquito más baja? Es que estoy estudiando.
B Oye, pon la música más baja.
C ¡Esa música! ¿Estás sordo o que te pasa? Hay más gente en el mundo.
D Pon la música más baja, ¿sí? Por favor.
E ¿Pones esa música más baja? No puedo concentrarme.
F Perdona que te moleste. Quería pedirte un favor y es si podrías poner la música un poquito más baja. Sería muy amable de tu parte.
G Haz el favor de poner esa música más baja ahora mismo.
H Oye, ¿puedes poner la música más bajita?

Para pedir algo

La forma más normal de pedir algo en español es el imperativo. Lo importante es el tono en el que se dice. Es decir: la misma frase puede ser cortés o bastante descortés. Además del tono, hay también otras formas de suavizar o reforzar *(abmildern oder verstärken)* una orden. Veis ejemplos en el ejercicio de al lado.

[1] **mayor** volljährig

b Decid como le pediríais a un compañero o una compañera las siguientes cosas:

1. quieres que mañana te traiga un diccionario de español.
2. quieres que deje de flirtear con el chico / la chica que te gusta.
3. quieres que te ayude con los deberes.
4. quieres que vaya contigo a hablar con el director de la escuela.
5. quieres que te deje su móvil para hacer una llamada muy importante a Australia.
6. quieres que se calle porque no oyes al profesor.

14 Rebelde

a Explicad cómo es una persona rebelde o qué hace.

b Escuchad la canción en el cedé y leed el texto de la canción «Rebelde» del grupo mexicano RBD. Después decid por qué el «yo» de la canción se cree rebelde. Usad el diccionario si es necesario.

c ¿Os parece que la música expresa bien el contenido *(Inhalt)* de la canción? Justificad vuestra respuesta.

Rebelde

Mientras mi mente viaja donde tú estás
Mi padre grita otra vez
Que me malgasto mi futuro y su paz
Con mi manera de ser ...
Aunque lo escucho, ya estoy lejos de aquí.
Cierro los ojos y ya estoy pensando en ti.

Y soy rebelde
Cuando no sigo a los demás.
Sí, soy rebelde
Cuando te quiero hasta rabiar.
Y soy rebelde
Cuando no pienso igual que ayer.
Y soy rebelde
Cuando me juego hasta la piel.
Sí, soy rebelde.
Es que quizás nadie me conoce bien.
Alguno de estos días voy a escapar
Para jugarme todo por un sueño.
Todo en la vida es a perder o ganar.
Hay que apostar, hay que apostar sin miedo.
No importa mucho lo que digan de mí.
Cierro los ojos y ya estoy pensando en ti.

15 Pasotas, inconformistas, rebeldes ...

a Escuchad la canción «Junge» del grupo alemán Die Ärzte. Imaginaos que estáis con un chico español que no habla alemán. Explicadle de qué habla esta canción.

b Explicad qué creéis que es lo más importante en la vida para el joven de la canción, qué sueños puede tener, qué metas *(Ziele)*.

c Con todas las ideas que habéis reunido en los ejercicios anteriores *(vorigen)* preparad un trabajo sobre el tema «Los jóvenes en Alemania: cómo nos gustaría ser y cómo nos dicen que tendríamos que ser». Elegid una de las siguientes formas:
– un artículo para la revista de un colegio español con el que estáis en contacto.
– un juego de rol o una discusión entre un grupo de jóvenes y un grupo de políticos.
Trabajad en parejas o pequeños grupos.

Estrategia

Einen Filmauszug verstehen

Einen spanischsprachigen Film oder Filmausschnitt zu sehen ist ein bisschen, wie Gast in Spanien oder Lateinamerika zu sein: Ihr hört und seht, was vor sich geht, und versucht es zu verstehen. Zwar könnt ihr bei einem Film nicht rückfragen, wenn euch etwas unklar ist, aber mit der richtigen Technik – die ihr auch bei Kino- oder Fernsehfilmen in deutscher Sprache nutzt, ohne euch dessen bewusst zu sein – werdet ihr auch bei einem spanischsprachigen Film das Wesentliche verstehen.

1 Vor dem Sehen

Wie ihr bereits aus der Arbeit mit Texten wisst, helfen Vorinformationen beim Verständnis.
Bei einem Film sind dies zum Beispiel der Titel, das Werbeplakat oder die Kurzbeschreibung auf der DVD-Hülle. Überlegt auch, um welche Art von Film es sich handelt (Dokumentarfilm, Krimi, Unterhaltungsfilm, etc.), denn dies gibt ebenfalls Hinweise auf den zu erwartenden Inhalt. Haltet eure Überlegungen stichpunktartig fest. Als sprachliche Vorbereitung könnt ihr darüber hinaus zu den so erarbeiteten zentralen Themen ein Mindmap mit wichtigen Begriffen anfertigen. Mehr Informationen zum Nutzen von Vorinformationen findet ihr im Internet (Online-Link 536930-0004).

2 Während des Sehens

Für den Inhalt eines Films liefern nicht nur die Sprache, sondern auch die Bilder sowie Geräusche und Musik wichtige Informationen. Oftmals werden die Informationen sogar doppelt übermittelt, z. B. in Wort und Bild. Dies ist bei fremdsprachigen Filmen besonders hilfreich, denn diese richten sich ja nicht an deutsche Schülerinnen und Schüler, d. h. sie berücksichtigen auch nicht, welche Wörter und Ausdrücke ihr kennt. Konzentriert euch deshalb keinesfalls ausschließlich auf den Text, sondern denkt daran, dass ein Film Inhalte vermitteln will. Auf welche Weise ihr sie versteht, ist unerheblich. Ihr werdet sehen: sobald ihr mit der Situation und den handelnden Personen vertraut seid und euch etwas eingehört habt, werdet ihr auch mehr vom Text verstehen. Wenn möglich solltet ihr euch deshalb einen Film(ausschnitt) immer mehrmals ansehen.

3 Nach dem Sehen

Lasst eure Eindrücke und Gefühle während des Sehens Revue passieren. Nehmt eure Notizen zur Hand und ergänzt oder korrigiert sie, wenn nötig. Haltet auch fest, was euch besonders aufgefallen oder nicht klar ist. Vergleicht dann eure Ergebnisse mit eurem Nachbarn oder der Klasse und versucht gemeinsam, offene Fragen zu klären. Bedenkt aber auch, dass besonders Spielfilme manche Aspekte bewusst offenlassen oder unterschiedliche Interpretationen zulassen.

16 ¿Qué pasa en la escena?

Para saber cómo las imágenes os ayudan a entender una película, haced los siguientes ejercicios:

a Mirad la foto e imaginad que es una escena de una película. Decid quiénes creéis que son las personas y qué les pasa. Inventad también una o dos frases para el bocadillo *(Sprechblase)*.

b Mirad el vídeo del cedé, primero sin tono, y apuntad toda la información sobre las personas y sus sentimientos que podéis sacar de las imágenes. Después miradlo otra vez, ahora con tono y comprobad vuestros resultados.

c Hablad en pequeños grupos o en clase sobre cómo las imágenes os han ayudado a entender la escena.

Fiesta latina

El piso compartido que habéis formado en el ejercicio de la página 20 organiza una fiesta latina en vuestro barrio.

- Discutid entre vosotros cuál va a ser el lema *(Motto)* de la fiesta (por ejemplo, México, el Caribe…).
- Pensad cada uno en cómo queréis hacer la fiesta. Después tenéis que discutir vuestras ideas con los demás.
  Organizad alguna actividad especial para la fiesta (actividades culturales, talleres, etc).
- Pensad y luego discutid la comida que queréis ofrecer.
- Pensad en qué música vais a poner. Podéis usar los resultados del ejercicio 9. Tienen que coincidir *(übereinstimmen)* con el lema de la fiesta.
- Preparad una invitación para vuestros vecinos con fotos y el programa de actividades para hacer publicidad de vuestra fiesta.

Ya sé en español …

hacer propuestas

- Podemos *(+ inf.)*
- Podríamos *(+ inf.)*
- Preferiría *(+ inf.)*
- ¿Qué tal si *(+ presente)*?

Para más expresiones ver p. 34 y 38

poner algo de relieve *(etwas betonen)*

- Lo primero es *(+ inf./sust.)*
- *(+ inf./sust.)* está para mí en primer lugar.
- Esto me parece de gran importancia: «…»
- Este punto me parece muy importante: «…»
- A mí me parece especialmente importante *(+ inf./sust.)*
- Lo principal para mí es | *(+ inf.)* / que *(+ subj.)*
- Lo mejor de todo sería *(+ inf./sust.)*
- Sería | fantástico / genial | *(+ inf./sust.)*

expresar preferencia *(Vorlieben)*

- Me gusta mucho más / menos … que …
- Prefiero … a …
- Prefiero … y no …
- Para mí … es más / menos *(+ adj.)* que …
- Para mí … es tan *(+ adj.)* como …
- Para mí … es mejor / peor que *(+ inf./sust.)*
- Para mí lo mejor / lo peor es *(+ inf./sust.)*

repartir el trabajo

- ¿Quién hace …?
- ¿Quién puede …?
- ¿A quién le gustaría …
- ¿Querríais vosotros *(+ inf.)*?
- ¿Os importaría a vosotros *(+ inf.)*?
- Yo podría *(+ inf.)*
- Yo preferiría *(+ inf.)*
- A mí me gustaría *(+ inf.)*

Encuentro en el desierto

La película «Diarios de motocicleta» cuenta el viaje que Alberto Granado, 29 años, y Ernesto Guevara de la Serna, 23 años, hacen en 1952. Los dos amigos viajan por toda Sudamérica, desde Argentina hasta Venezuela (más de 10 000 kilómetros) porque quieren conocer el continente y sus habitantes. Empiezan el viaje en la vieja moto de Alberto y más tarde, cuando ésta está rota deciden seguir el viaje como pueden. En el desierto de Atacama encuentran a dos campesinos con los que pasan la noche.

1 Antes de ver la película

a Imaginad que tenéis la posibilidad de hacer un viaje de varios meses por un país o todo un continente. ¿Lo haríais? Explicad vuestras razones.

b ¿Qué creéis?: ¿qué experiencias tendríais en un viaje así?

c Antes de ver el vídeo y leer el texto, mirad las fotos de ésta y la siguiente página. Después
– describid lo que veis (lugar, personas, …).
– imaginad de qué están hablando las personas.
Apuntad vuestras ideas en pocas palabras.

Ernesto: Buenas tardes.
La mujer: Buenas tardes.
Ernesto: ¿Qué tal?
El hombre: ¿Cómo se llama?
Ernesto: Ernesto.
El hombre: Mucho gusto.

La pareja, Ernesto y Alberto han hecho un fuego. El hombre les enseña algo en un mapa.

El hombre: Sí, ahí mismo. De ahí somos. No teníamos mucho, sólo unas tierras secas y difíciles.
La mujer: Eran de sus abuelos.
El hombre: Eran nuestras. Hasta que un terrateniente nos sacó a patadas.
La mujer: Y a eso le llaman progreso.
El hombre: Entonces tuvimos que dejar a nuestro hijo con la familia y empezar a viajar, encontrar trabajo, tratando de escapar de la policía de González Videla que nos quería meter presos.
Alberto: ¿Por qué?
La mujer: Porque somos comunistas.
El hombre: Ahora vamos a las minas. Si tenemos suerte, encontraré trabajo allí. Parece que son tan peligrosas que ni siquiera se fijan de qué partido es uno.
La mujer: ¿Ustedes andan buscando trabajo?

Ernesto: No, nosotros no estamos buscando trabajo.
La mujer: ¿No? ¿Entonces por qué viajan?
Ernesto: Viajamos por viajar.
La mujer: Bendito sean. Bendito sean sus viajes.
Ernesto (le da a la pareja su manta): Mira, tomá.
El hombre: Gracias.
Ernesto: De nada.
Alberto: ¿Hierba mate?
La mujer: Gracias.

C

Ernesto (voz en off): Esos ojos tenían una expresión oscura y trágica. Nos contaron de unos compañeros que habían desaparecido en circunstancias misteriosas y que al parecer terminaron en alguna parte en el fondo del mar. Esa fue una de las noches más frías de mi vida. Pero conocerlos me hizo sentirme más cerca de la especie humana – extraña, tan extraña para mí.

D

Diarios de motocicleta. ITN Source/Channel 4 (fragmento)

2 Después de ver la escena

a Pensad un momento en lo que acabáis de ver. Después comparad vuestras ideas sobre las personas y la conversación (ver ejercicio 1c de la página 66) con el contenido del texto. Corregid vuestros apuntes si es necesario.

b Decid las razones que tienen las personas para viajar.

c Resumid en pocas palabras las condiciones de vida y los problemas de la pareja.

d Imaginaos qué piensa la pareja cuando Ernesto dice: «Viajamos por viajar». (Mirad también la expresión de su cara en la foto C.)

3 Más allá del texto

a Cuando Alberto y Ernesto comenzaron su viaje, Alberto le prometió a la madre de Ernesto: «… volverá para ser el médico que todos queremos que sea». ¿Creéis que, después de muchos encuentros y experiencias como los que cuenta la escena que acabáis de ver, Ernesto de verdad siguió siendo la misma persona que era antes del viaje? Justificad vuestra opinión
– con frases del texto.
– con la vida de Ernesto Guevara de la Serna («Che Guevara»). Si no conocéis su vida, buscad información en el *Glosario cultural* de las páginas 140–147 o en una enciclopedia *(Lexikon)*.

b Años después, el Che usó la violencia para realizar su sueño de un mundo mejor. Haced un debate con el tema: ¿El fin justifica los medios? *(Heiligt der Zweck die Mittel?)*

12 **seco, -a** trocken – 15 **un terrateniente** ein Großgrundbesitzer – **sacar a patadas a alguien** jdn. rauswerfen – 20 **escapar** entkommen – 21 **un preso** ein Gefangener – 24 **las minas** ein Bergwerk – 27 **fijarse en** interesarse por – 28 **un partido** eine (politische) Partei – 35 **bendito, -a sea** gesegnet sei – 41 **la hierba mate** der Mate-Tee – 51 **extraño, -a** fremd

5 Unidad

Cuba: La perla del Caribe

A – Música en un bar

B – Jóvenes jugando al béisbol

C – Una calle en La Habana

D – La política tiene mucha importancia

E – Una tienda de alimentos

1 Impresiones de Cuba

a Mirad las fotos de estas páginas y hablad sobre vuestras impresiones de Cuba.

b Empezad una red de información y de vocabulario sobre Cuba. Por el momento apuntad las palabras clave de los diferentes aspectos que saquéis de las fotos. En las siguientes páginas vais a aprender más sobre la isla. Añadid esta información a vuestra red.

el Caribe	die Karibik
un cubano, una cubana	ein Kubaner, eine Kubanerin
los alimentos	die Lebensmittel
la cosecha	die Ernte
hacer cola	Schlange stehen
trabajar en el campo	auf dem Feld arbeiten

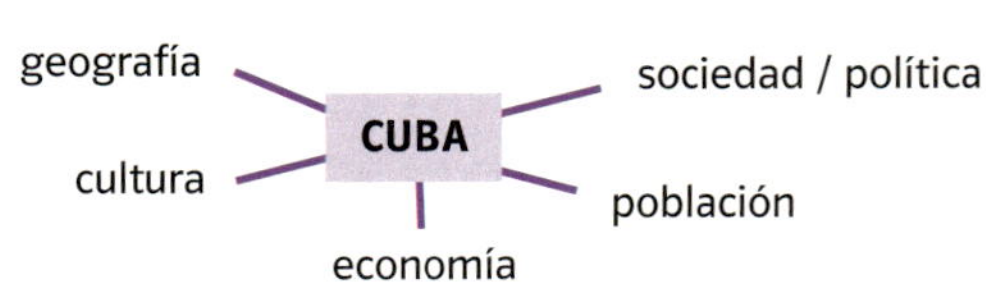

F

Cosecha de caña de azúcar

G

Edificios coloniales en La Habana

H

Un hotel en la playa

2 Lista de espera

Ahora vais a ver una escena de una película cubana con el título «Lista de espera».

a Decid qué es una lista de espera y pensad dónde se necesita.

b Mirad el vídeo del cedé una vez sin tono y describid lo que veis. Después haced hipótesis sobre lo que está pasando en la escena.

Entender una película

Para saber más sobre este tema, mirad la página 64

La terminal

En una terminal de autobuses del centro de Cuba espera un grupo de pasajeros. Pero no pueden subir a ningún autobús. Todos los que pasan por la estación están llenos. Su única posibilidad es arreglar el viejo autobús (que los cubanos llaman guagua) de la terminal.

Jaquelín: ¿El último?

Regla: Si la próxima que pasa no entra y recoge pasajeros me voy a alzar. Eso es lo que yo voy a hacer.

Jaquelín: El último, por favor.

Regla: Yo. Pero hija, mira como está esto. Aquí no hay esperanza de irse ni en tres días.

Jaquelín: Ay, no me diga eso. Yo tengo que llegar esta noche.

Señora 2: ¿Esta noche? Si no alquilas un cohete …

Avelino: Yo estoy aquí desde la mañana bien temprano.

Jaquelín: ¡Ay Dios mío!

Emilio: Perdona, perdona. El último soy yo.

Jaquelín: No, eso no puede ser. Esa señora me dio a mí el último.

Emilio: Sí, yo lo oí. Lo que pasa es que ya lo había pedido antes…

Jaquelín: ¿Verdad, señora?

Emilio: … y nadie me respondió porque en ese momento paró una guagua.

Jaquelín: No, no. Tú vas detrás de mí.

Emilio: No te pongas así.

Jaquelín: Tú vas detrás de mí.

Emilio: Está bien, pero no te pongas así.

Regla: Un momento. No discutan. A ver, ¿para dónde van ustedes?

Jaquelín: Para La Habana.

Emilio: Para Santiago.

Regla: Bueno, miren, para Santiago la última soy yo, y para La Habana… Señor, oiga, el de la caja grande, ¿usted no va el último para La Habana? ¡Oiga! No oye, chico. Tantos años haciendo cola y no acaban de aprender.

Señor 1: Sí, soy yo. Pero aquí las guaguas no entran ni paran. Esto no se sabe ni para cuándo.

Jaquelín sale de la terminal.

Emilio: ¿Te vas? No te arrepientas tan pronto. Mira, las terminales son así. A veces están llenas, pero después se vacían. Emilio.

Jaquelín: Encantada.

Emilio: Perdóname por lo que acaba de pasar. No quiero dejarte una mala impresión. Si hubiera ido para La Habana, no te hubiera discutido el último. Puedes estar segura.

Jaquelín: Gracias.

Emilio: ¿Tu nombre?

Jaquelín: Jaquelín. Con tu permiso.

En la terminal entra un ciego y se cae sobre una caja.

Señora 2: ¡Ay, el pobre!

Avelino: ¡Válgame Dios! Venga, venga conmigo, compañero.

Rolando: Gracias. ¿El último de los impedidos físicos?

Señor 1: Eso tiene que verlo en taquilla.

Avelino: Por favor, sígame, sígame por aquí. Venga con cuidado, así, muy bien.

Señora 2: ¿Y éste no irá para La Habana?

Señora 3: Cualquiera sabe.

Avelino: Aquí, compañera.

Vendedora: Sí, dígame.

Avelino: El compañero es un caso social.

Vendedora: A ver, deme el carné.

Rolando: Me robaron. Aquí está la denuncia.

Vendedora: Pero aquí no dice nada de carné de ciego. Tome.

Jaquelín: Pero compañera. Eso es un caso social evidente.

Jaquelín: Señores, ¿quién es el primero para La Habana?

Señora 2: Aquí.

Señora 3: Y yo el dos.

Señora 2: Pero un momento, un momento. Yo, aunque no lo parezca, yo tengo más de 60 años y cinco operaciones y llevo dos días en esta cola. Y él será ciego, pero se ve que tiene una salud de hierro.

Jaquelín: Abuela, ¿usted cree que podemos poner este compañero no vidente aquí con usted? ¿Sí?

Señora 3: Bueno, póngalo aquí.

Señora 4: Psssi, eh, eh, eh. Yo estoy aquí desde ayer y con un niño, y un niño es peor que un ciego.

Rolando: ¡Dios mío!

Vendedora: Yo no puedo hacer nada. Sin el carné él no puede viajar, y él lo sabe.

Emilio: Chica, ¿tú no puedes hablar con el administrador?

Vendedora: Mira, que hable él con la cola. Si la cola se conduele y lo autoriza, yo le vendo el pasaje.

Avelino: Que hable con la cola, no. Busque al administrador.

Vendedora: Yo no tengo que buscar a nadie. Yo conozco el reglamento. Si yo le vendo el pasaje, entonces ustedes mismos se ponen a protestar. Que hable él con la cola. La cola es la máxima autoridad en estos casos.

Rolando: ¡Que Dios se lo pague, compañerita!

Jaquelín: Mire, venga por aquí.

Emilio: Con cuidado, que hay muchos paquetes.

Jaquelín: ¿Para dónde usted va?

Rolando: Para La Habana, mi'jita. Por favor señores, ¿dónde está la cola de La Habana?

Señora 5: Bueno, está bien, que se ponga.

Señor 1: Ey, de eso nada.

Jaquelín: Oiga, pero oiga señor…

Señor 1: No puede ser. No, no, no. Yo soy el 16 y la guagua que están arreglando tiene 16 asientos. Si lo ponen a él, me quedo fuera.

Jaquelín: Pero es que él es ciego.

Señor 1: A bueno, sí, pero aquí todo el mundo tiene sus problemas, compañera.

Regla: A ver, a ver. Un momento. Señora, ¿usted es la primera de la cola de La Habana?

Señora 2: Sí.

Regla: ¿Ah sí? Pues él se va a poner aquí en el primer lugar y yo voy a ver quién me lo quita de aquí. Parece mentira. ¿Esto es un país socialista o un país capitalista?

Lista de espera. Por cortesía de TORNASOL FILMS, S. A. (fragmentos)

1 **una terminal** *(lat.am.)* una estación – 2 **arreglar** reparieren – 6 **alzarse** enfadarse, protestar – 13 **un cohete** eine Rakete – 15 **temprano** *(adv.)* früh – 34 **una caja** eine Kiste – 41 **arrepentirse** (-ie-/-i-) *aquí:* aufgeben – 46 **si hubiera ido … no hubiera …** wenn ich gefahren wäre …, hätte ich … – 51 **con tu permiso** wenn du gestattest – 54 **válgame Dios** Dios mío – 55 **un compañero** *aquí:* ein Genosse – 56 **un impedido físico** ein Körperbehinderter – 57 **una taquilla** lugar donde se venden billetes – 61 **cualquiera sabe** wer weiß – 64 **un caso social** *(en Cuba)* persona que necesita ayuda – 65 **un carné** ein Ausweis – 66 **robar a alguien** jdn. berauben – **una denuncia** eine Strafanzeige – 76 **condolerse** (-ue-) Mitleid haben – **un pasaje** *aquí:* un billete – 78 **un administrador** ein Verwalter – 80 **el reglamento** die Vorschriften – 96 **tener una salud de hierro** kerngesund sein – 98 **no vidente** que no ve, ciego – 107 **un asiento** ein Sitz, ein Platz – 117 **parece mentira** das darf doch nicht wahr sein

1 En la terminal

a Resumid en pocas frases el texto «La terminal» de las páginas 70 y 71. Decid qué pasa, dónde y qué personas hay. Comparad vuestros resultados con los del ejercicio 2b de la página 69.

b El señor 1 dice «aquí todo el mundo tiene sus problemas» (l. 110–111). Decid cuáles son los problemas de las personas y cuánto tiempo llevan en la terminal.

c Elegid a una de las personas en una situación concreta del texto de las páginas 70 y 71. Pensad en lo que hace, dice y eventualmente piensa o siente en este momento. Transformaos en estatua. Los otros adivinan quién sois y buscan en el texto las líneas adecuadas.

2 Entre líneas

a Explicad qué quieren decir las personas cuando dicen:

1. Si no alquilas un cohete … (l. 13)
2. ¡Ay Dios mío! (l. 16)
3. No te pongas así. (l. 28)
4. Tantos años haciendo cola y no acaban de aprender. (l. 36–37)
5. La cola es la máxima autoridad. (l. 82)
6. … y un niño es peor que un ciego. (l. 101)
7. Parece mentira. ¿Esto es un país socialista o un país capitalista? (l. 117–118)

b Decid, con lo que habéis visto en las fotos de las páginas 68–69 y el texto «La terminal», cómo vive la gente en Cuba. Añadid vuestros resultados a vuestra red del ejercicio 1b de la página 68.

3 ¿Qué pasará…?

a En el cedé está el trailer, es decir la publicidad para la película. Miradlo e intentad imaginar qué pasará.

b Discutid en parejas o grupos sobre vuestras ideas. Decid también si os gustaría ver la película completa y por qué (no).

c Presentad las ideas de vuestro grupo en clase y elegid la versión más plausible.

A

B

C

D

E

4 ¡Haga esto, por favor! (§ 15)

a En el texto «La terminal» de las páginas 70 y 71, las personas piden a otras muchas cosas. Mirad, por ejemplo, las líneas 11, 29, 33 y 34 y formulad una regla de cómo se forma el imperativo (positivo y negativo) de usted/ustedes.

b Todos tienen que pasar la noche en la estación y una persona quiere poner un poco de orden. Completad las frases con las siguientes ideas. Usad el imperativo de usted / ustedes.

1. El ciego tiene sed. Por favor, señora …
2. Hay que tener paciencia, señores. Por favor, no …
3. Aquí hay mucha gente. Compañero administrador …
4. El niño está durmiendo. Por favor, señores no …
5. El administrador va a decir algo. Señores, por favor, …
6. Lo siento, señora, no la escucho bien. …
7. Yo no puedo hacer todo sola. Señores, por favor, …
8. Señora, ya verá como salimos de aquí. No …

A hacer ruido
B discutir
C escuchar
D traer un poco de agua
E organizar otro autobús
F ayudar un poco
G preocuparse
H hablar más alto

5 Consejos para visitar la isla (§ 15)

Imaginad que estáis haciendo unas prácticas en una agencia de viajes. Unos señores quieren ir a Cuba.

a Tenéis esta información sobre el país. Formulad consejos con el imperativo de ustedes como en el ejemplo.

Ejemplo: Cuba es uno de los países más seguros de América, pero se recomienda no perder de vista los objetos de valor. → Cuba es un país seguro, pero no pierdan de vista los objetos de valor.

CUBA

1 Especialmente en septiembre y octubre llueve mucho. En esos meses es importante llevar ropa contra la lluvia.

2 Aunque el agua es potable en casi todo el país, se recomienda beber agua de botella.

3 Se pueden hacer muchas excursiones, por eso se recomienda llevar zapatos adecuados para caminar.

4 En las tiendas para turistas se puede comprar artesanía. Pero para algunos objetos de artesanía se tiene que preguntar por un permiso de exportación.

5 El peso cubano es la moneda[1] oficial, pero en muchos lugares se puede pagar con euros. No se recomienda llevar dólares porque los bancos cobran más dinero al cambiarlos.

6 El sistema de gobierno de Cuba es una dictadura, por eso es importante no participar en actos políticos para no tener problemas con la policía.

7 Por la crisis económica y el embargo de Estados Unidos, faltan muchas cosas necesarias en la isla, por eso hay que comprender que los hoteles no son siempre como los europeos.

8 Como la gente gana muy poco dinero, muchos quieren ayudar a los turistas para conseguir más dinero, pero se recomienda no confiar en todo el mundo.

[1] **la moneda** die Währung

b Con ayuda de las siguientes fotos seguid dándoles consejos. Podéis añadir más ideas vuestras.

Ejemplo: Cuba está en el Caribe y tiene un clima cálido. Por eso lleven ropa de verano.

A

B

C
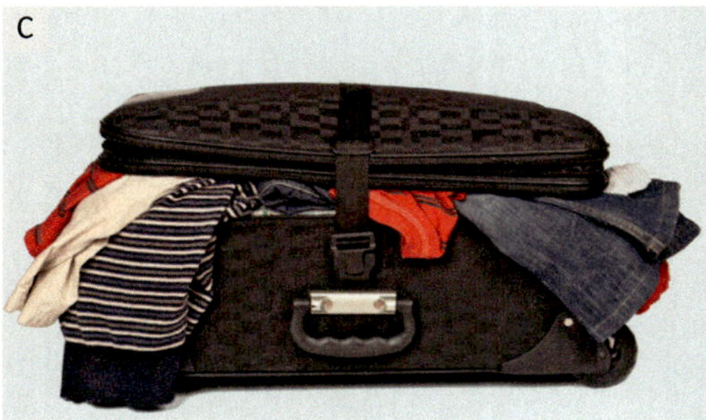

D

E

F

c Completad la red del ejercicio 1b de la página 68 con la información sobre Cuba que podéis encontrar en los ejercicios 5a y 5b.

6 Te deseo muchas cosas (§ 16)

a Las personas en la estación están hablando de muchas cosas. Imaginad cómo reaccionarían los demás a lo que cuentan. Relacionad cada situación con el deseo adecuado. A veces hay varias posibilidades.

1. Jaquelín cuenta que va a casarse pronto.
2. Ella dice que va a irse con su marido a España.
3. Emilio dice que está buscando trabajo.
4. Avelino cuenta que va a hacer un viaje para ver a sus hijos.
5. La abuela dice que quiere acostarse un rato.
6. Uno de los niños dice que va a jugar.

A ¡Que te diviertas!
B ¡Que lo pases bien!
C ¡Que seas muy feliz!
D ¡Que tengas suerte!
E ¡Que tengas buen viaje!
F ¡Que duermas bien!

b Ahora contadles a vuestros compañeros algunos planes que tengáis y ellos reaccionan y os desean algo adecuado. Usad *que + subjuntivo*.

7 Conversación en la estación (§§ 15, 16)

Jaquelín habla con una de las señoras de la estación sobre su situación. Completad las frases del diálogo con las formas correctas del imperativo de tú o usted y del subjuntivo. Trabajad en parejas.

Jaquelín
A ver señora, **(sentarse)** aquí a mi lado.
Muchas gracias, chica. **Pon** mis maletas ahí detrás, por favor.
(Decir / me) usted, ¿no sabrá cómo puedo llegar hoy a La Habana? Hoy llega mi novio de Madrid. Nos vamos a casar y me voy a ir con él a España.
¡Fantástico! ¡Que **seas** muy feliz y que **tengas** mucha suerte! **Toma** un taxi. Es lo más rápido.
Ya hablé con el taxista y me pide 60 dólares. No tengo tanto dinero. ¿Sabe? **(Hablar)** con los demás y **(preguntar)** si alguien me puede ayudar.
¡**Olvídalo**!, hija. Aquí nadie tiene dinero. Ves, tú misma te vas de Cuba y eso es una lástima.
Sí, pero ya sabe cómo está aquí la situación. **(Mirar)** usted cómo estamos. Ni siquiera hay autobuses. **(Escuchar)** a la gente. Todo el mundo está harto.
Ten paciencia. **Llama** por teléfono y **di** que llegarás tarde. Él lo comprenderá.
Ya llamé, pero no pude hablar con él. Pero gracias por sus consejos. ¡Que **(tener)** un buen día!
De nada, chica. Y tú, ¡que **tengas** suerte!

Señora
A ver señora, **siéntese** aquí a mi lado.
Muchas gracias, chica. **(Poner – tú)** mis maletas ahí detrás, por favor.
Dígame usted, ¿no sabrá cómo puedo llegar hoy a La Habana? Hoy llega mi novio de Madrid. Nos vamos a casar y me voy a ir con él a España.
¡Fantástico! ¡Que **(ser)** muy feliz y que **(tener)** mucha suerte! **(Tomar)** un taxi. Es lo más rápido.
Ya hablé con el taxista y me pide 60 dólares. No tengo tanto dinero. ¿Sabe? **Hable** con los demás y **pregunte** si alguien me puede ayudar.
(Olvidar / lo), hija. Aquí nadie tiene dinero. Ves, tú misma te vas de Cuba y eso es una lástima.
Sí, pero ya sabe cómo está aquí la situación. **Mire** usted cómo estamos. Ni siquiera hay autobuses. **Escuche** a la gente. Todo el mundo está harto.
(Tener) paciencia. **(Llamar)** por teléfono y **(decir)** que llegarás tarde. Él lo comprenderá.
Ya llamé, pero no pude hablar con él. Pero gracias por sus consejos. ¡Que **tenga** un buen día!
De nada, chica. Y tú, ¡que **(tener)** suerte!

8 Generaciones diferentes

a Escuchad en el cedé la conversación de una abuela con su nieta sobre la situación en Cuba y explicad de qué fiesta están hablando y por qué discuten las dos.

b Haced una lista con los argumentos que usa cada una para defender sus ideas.

c Explicad qué aspectos de los que hablan la abuela y la nieta ya habéis visto en esta unidad.

d Explicad el final del diálogo. Decid por qué la abuela quiere que la nieta no hable.

9 Deseos y esperanzas (§§ 2, 8 y 9)

a Aquí tenéis un fragmento del diario que la abuela escribió poco después del triunfo de la Revolución cubana en 1959. Completad el texto con la forma correcta de los verbos de la casilla en presente, futuro, tiempos del pasado o el subjuntivo presente.

La Habana, 8 de enero de 1959

¡Por fin la victoria! Hoy **1** *un gran día. Ya hace una semana que Fulgencio Batista* **2** *del país y que Fidel Castro* **3** *el poder[1]. ¡Por fin triunfó la Revolución! Pronto* **4** *un nuevo gobierno que* **5** *nuestro gobierno. ¡No puedo decir qué feliz* **6**! *¡Basta con la dictadura de Batista, basta con los tiempos terribles, con la policía y el terror.* **7** *tantas ganas de vivir como no* **8** *desde hace mucho tiempo. ¡Qué* **9** *la Revolución, el Che y Fidel! ¡Ay, cómo* **10** *la vida a partir de hoy! Todos nosotros* **11** *algo que comer y una casa con electricidad. La mayor parte de nosotros* **12** *a la escuela, incluso a la universidad.* **13** *ser profesores o médicos y siempre* **14** *trabajo.* **15** *ir al médico si es necesario y* **16** *medicinas suficientes para todos.* **17** *todos nuestros productos como el azúcar y el tabaco y nuestro Estado nunca* **18** *deudas. A partir de hoy* **19** *libres de decir todo lo que* **20**, **21** *discutir todo públicamente.* **22** *felices,* **23** *todo lo que* **24**. **25** *todos amigos y nos* **26** *siempre.*

1. ser
2. irse
3. tomar
4. tener – nosotros
5. ser
6. estar – yo
7. tener – yo
8. tener
9. vivir
10. cambiar
11. tener
12. ir – nosotros
13. poder
14. tener
15. poder
16. haber
17. exportar
18. tener
19. ser – nosotros
20. pensar
21. poder
22. vivir
23. compartir
24. tener
25. ser
26. ayudar

b Comparad los resultados del ejercicio 8 con lo que escribió la abuela hace 50 años y explicad si sus ideas y esperanzas se han hecho realidad.

c Añadid a vuestra red la información principal sobre Cuba que hay en los ejercicios 8 y 9.

10 ¿Y Cuba hoy?

Leed las siguientes noticias de periódicos y explicadlas en pocas frases. Usad la información que tenéis sobre Cuba en vuestra red.

A (Diario HOY, 29-10-08)

La ONU reclama a EEUU poner fin al embargo contra Cuba

B (El País, 02-01-09)

Medio siglo después, Cuba no tiene mucho que mostrar

C (El Mundo, 02-01-2009)

Raúl Castro: «50 años de revolución son un éxito frente al odio enfermizo de EEUU»

D (El Mundo, 09-11-2008)

LOS CUBANOS SUFREN DIFICULTADES PARA LLENAR SUS DESPENSAS[2]

En Cuba existe un mercado clandestino[3] reconocido por todos

[1] **tomar el poder** die Macht ergreifen – [2] **una despensa** eine Speisekammer – [3] **un mercado clandestino** ein Schwarzmarkt

11 Mi tierra

a Escuchad la canción y apuntad 5 – 10 palabras que entendáis. Después comparad vuestros resultados con un compañero o una compañera.

b Con ayuda de vuestros apuntes del ejercicio 11a intentad saber en qué situación vive la persona de la que habla la canción y cómo se siente.

c Gloria Estefan, la cantante de «Mi tierra», nació en Cuba en 1957. La familia tuvo que abandonar el país en 1959 y se mudó a Estados Unidos. Relacionad esta información con la canción para precisar o corregir vuestros resultados del ejercicio 11b.

d Decid según vuestra opinión por qué la canción tiene una música tan alegre para un tema tan triste.

e Los padres de Gloria Estefan les escriben una carta desde los EE.UU. a unos amigos que han quedado en la isla. Poneos en lugar de los padres y escribid la carta.

12 La pequeña Habana

Habéis encontrado en una guía turística este pequeño artículo sobre «La pequeña Habana». Explicad en español de qué trata *(handelt)*.

LITTLE HAVANNA

Spanische Aufschriften an den Geschäften, spanisches Sprachgewirr – wenn man hier durch die Straßen schlendert, mag man kaum glauben, dass man sich auf dem Boden der USA befindet. Little Havanna heißt das Stadtviertel im Südwesten von Miami, in dem sich seit 1959 kubanische Einwanderer niedergelassen haben, die vor der Diktatur Fidel Castros flohen. Ein weiterer großer Einwandererstrom kam mit der schweren kubanischen Wirtschaftskrise 1993 hierher.
In Miami leben über 1 Million Exilkubaner. Viele von ihnen haben es zu bescheidenem Wohlstand oder sogar zu Reichtum gebracht. Auch der politische Einfluss ist nicht unbeträchtlich. Einwanderer aus Kuba genießen aus politischen Gründen einen Sonderstatus: Sie bekommen finanzielle Hilfen vom Staat und können schon nach relativ kurzer Zeit die US-amerikanische Staatsangehörigkeit erhalten.
Inzwischen leben auch zahlreiche Einwanderer aus anderen lateinamerikansichen Ländern (v. a. Nicaragua und Honduras) in Little Miami.

13 Balseros *(Bootsflüchtlinge)*

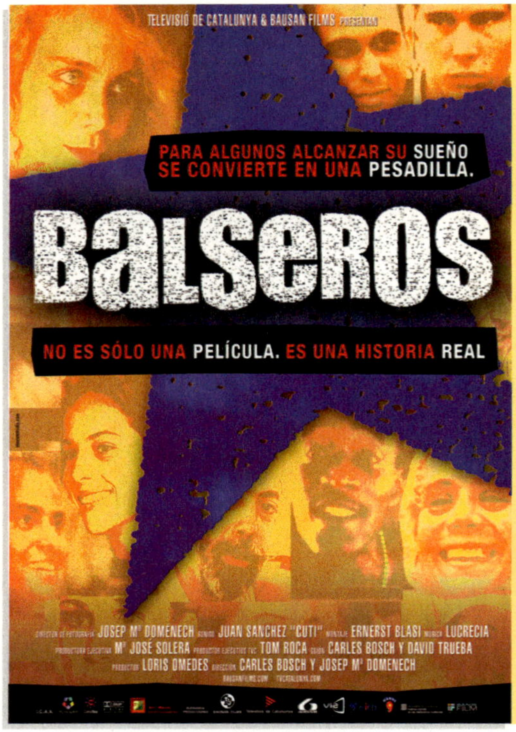

Verano de 1994: dos reporteros de la televisión catalana llegan a La Habana para rodar un reportaje sobre el éxodo de los cubanos debido a las dificultades económicas que hay en el país después de la desaparición de la Unión Soviética. Siguen a siete personas y a sus familias desde el momento en el que deciden hacer el peligroso viaje en pequeños barcos (que ellos mismos han hechos y que llaman balsas) hasta Florida. Algún tiempo después encuentran de nuevo a esas mismas personas en la base militar de Guantánamo, adonde las autoridades llevan a los balseros que rescatan en el mar. Visitan, además, a las familias que se han quedado en Cuba sin noticias de los refugiados y hablan con los que los esperan en Estados Unidos. También se suben a un avión con aquéllos que después de varios meses han conseguido por fin un visado para Estados Unidos. Siete años más tarde, los buscan otra vez para saber si sus sueños se han hecho realidad. De estos reportajes y con ayuda del director de cine David Trueba, se crea una película llena de emoción que muestra con mucha sensibilidad la vida de los inmigrantes.

a Leed el texto y decid de qué trata *(handelt)* la película.

b Explicad
- qué intentaron hacer los balseros y por qué.
- de cuántos años es el periodo que cuenta la película.

c Intentad explicar la frase del cartel «Para algunos alcanzar *(verwirklichen)* su sueño se convierte en una pesadilla» *(wird zu einem Alptraum)* con lo que sabéis sobre Cuba.

d Explicad cómo los reporteros catalanes hicieron la película «Balseros». Cuidado con los tiempos del pasado.

Empezad así: En el verano de 1994 dos reporteros … llegaron a La Habana.

14 Para saber más sobre Cuba

a Elegid uno de los siguientes temas:

- Cuba – paraíso del Caribe (el turismo en Cuba)
- El alma del Caribe (la música cubana)
- Etnias diferentes en Cuba
- La Cuba actual

Buscad información sobre vuestro tema (en Internet, agencia de viajes, etc). En grupos preparad una presentación para vuestros compañeros de clase.

b Escuchad las presentaciones de los otros grupos y apuntad la información principal en vuestra red.

3 **el éxodo** der Exodus, die Flucht – 8 **una balsa** ein Floß – 11 **rescatar** retten – 16 **un visado** ein Visum

Estrategia

Wortschatz wiederholen

«¿Cómo se dice … Fahrrad?» Oh je … wie hieß denn das nochmal? Wenn Vokabeln nicht regelmäßig wiederholt werden, fallen sie einfach aus dem Kopf, so als wären sie nie dagewesen. Wie ärgerlich! Aber wie kann ich vergessene Vokabeln wieder zurückholen?

Vor allem gilt: Niemals aufgeben! Auch wenn man sich irgendwann erschlagen fühlt von der Vielzahl der Vokabeln, die man nicht weiß: Alles ist lernbar, besonders Vokabeln! Schaut nicht auf das, was ihr nicht könnt, sondern setzt bei euren Kenntnissen an, und arbeitet daran, euch immer besser auf Spanisch auszudrücken. Konkret könnt ihr z. B. folgendes tun:

- Sinnzusammenhänge vergisst man nicht so schnell wie Einzelwörter. Übt deshalb Vokabeln immer im Kontext (Beispielsätze, Vokabelnetze). Nutzt auch zum Wiederauffrischen die Techniken des Vokabellernens.
- Seht regelmäßige Übungszeiten vor. Jeden Tag 10 Minuten bringen mehr als einmal die Woche eine Stunde. Haltet eure Pläne im Lerntagebuch fest und hakt den Punkt nach Erledigung ab (siehe dazu auch S. 33).
- Fangt mit einem einfacheren Thema wie Familie, Einkaufen, Möbel o. Ä. an. Oder beginnt mit dem Thema, das ihr gerade im Unterricht behandelt. So seht ihr den Erfolg sofort.
- Viele hilfreiche Arbeitsmaterialien habt ihr bereits erstellt! Nehmt euch z. B. einmal die Vokabelnetze vor, die ihr in den vergangenen Jahren angefertigt habt. Wörter, an die ihr euch nicht mehr erinnert, schlagt ihr im *Diccionario* S. 164 – 192 oder im Wörterbuch nach und prägt sie euch erneut ein. Ähnlich könnt ihr mit Texten und Übungen verfahren, die in euren „alten" Heften stehen.
- Wenn ihr mit einem Karteikasten arbeitet, dann holt auch ältere Karten immer mal wieder hervor und überprüft, ob ihr die Wörter noch beherrscht.
- Vergesst beim Lernen und Wiederholen die verschiedenen Merkmale der Wörter nicht (z. B. das Geschlecht der Substantive, Besonderheiten der Konjugation, etc.)

- Es ist wichtig, auch die Schreibung zu trainieren, z. B. durch Notieren auf Karteikarten, bei einem Dosen- oder Laufdiktat, oder beim Schreiben eines Textes.
- Wenn ihr euch mit wichtigen Wörtern zu einem Thema wieder vertraut gemacht habt, dann geht dieses in Gedanken durch (z. B. anhand eures Vokabelnetzes), als ob ihr es jemandem erklären müsstet. Ihr könnt auch mit einem Partner oder einer Partnerin ein echtes Gespräch führen oder einen kleinen Text schreiben.
- Erstellt selbst Vokabelübungen (siehe S. 46). Wenn ihr euch dafür in einer Gruppe zusammentut, habt ihr schnell einen großen Fundus von Übungen.
- Beim Lernen und Wiederholen können euch auch auf das Lehrwerk abgestimmte Computer- oder Trainingsprogramme unterstütze

Unter dem Online-Link 536930-0005 findet ihr die Lerntechniken sowie Informationen zu den Computer- und Trainingsprogrammen.

15 Un juego para recordar palabras

Junto con un compañero o una compañera elegid un tema. Apuntad cada uno durante cinco minutos todas las palabras que recordáis. Después comparad vuestras listas y tachad *(streicht durch)* las palabras que hay en las dos listas. Intercambiad las listas y aprended las palabras que vuestro compañero / vuestra compañera recordaba y vosotros no.

¿Cuba – un destino turístico? (... *Reiseziel* ...)

En vuestro piso compartido habéis encontrado una oferta *(Angebot)* estupenda de un viaje a Cuba. Pero cada uno de vosotros tiene una idea diferente de lo que es pasar las vacaciones: turismo de playa, turismo cultural, turismo de aventura y deporte, etc. Entre vosotros hay algunos que no quieren ir a un país sin democracia. Elegid el papel con el que más os identifiquéis y buscad argumentos para defender vuestras opiniones. Usad la red que habéis hecho en esta unidad.

Intentad llegar a un acuerdo y contad a los demás grupos si vais a ir de vacaciones juntos o no. Explicad por qué.

Ya sé en español ...

hacer suposiciones *(Vermutungen anstellen)*
ver p. 34 y 48

hacer propuestas
ver p. 48 y 65

expresar interés, preferencia *(Vorliebe)*, rechazo *(Ablehnung)*, duda
ver p. 48 y 65

salir de una discusión
- Creo que así no vamos a llegar a ninguna parte. Propongo lo siguiente ...
- Me parece que estamos discutiendo siempre lo mismo. Lo mejor es que *(+ subj.)*
- Antes de seguir discutiendo, tendríamos que ...

intentar conseguir un acuerdo *(Einigung)*
- Tenemos que encontrar una solución. ¿Qué os parece si ...?
- Para encontrar una solución, | cada uno de nosotros tiene que *(+ inf.)* / es importante que *(+ subj.)* / es justo que *(+ subj.)*
- Si yo hago ..., ¿podríais vosotros ...?
- Aunque no soy 100 % de esa opinión, / Aunque no comparto esa opinión al 100 %, | podría ... / sería capaz de ...

Ven y vívelo

www.desdecuba.com/generaciony

Inspirada en una de esas tantas propagandas turísticas, se me ha ocurrido una idea para atraer visitantes a la Isla. No se trata de un viaje ecológico para apreciar la naturaleza o de un tour histórico por las plazas y monumentos del país. «Ven y vívelo» podría ser el *slogan* de esta campaña turística.

El hospedaje no se parecería a las habitaciones de lujo que muestran los hoteles de Varadero o Cayo Coco, pues nuestros turoperadores recomendarían cuartuchos en Centro Habana, solares en Buena Vista y un abarrotado albergue de damnificados por los huracanes.

Los turistas que compren este paquete contarían con el salario medio de un mes: trescientos pesos cubanos. De esta forma, no podrían subirse a taxis, ni conducir un auto alquilado; el uso del transporte público sería obligatorio. Los restaurantes les estarían vedados y recibirían un pan de ochenta gramos cada día. Para moverse a otras provincias tendrían la opción de Viazul, aunque en lugar de estar tres días en la cola para un boleto, podría dárseles la ventaja de comprarlo después de sólo un día de espera. Tendrían prohibido el subirse a un yate o contratar una tabla de surf, no fuera a ser que terminen su estancia a noventa millas y no en nuestro «paraíso» caribeño.

Al finalizar su estancia, los arriesgados excursionistas obtendrían un diploma de «conocedores de la realidad cubana», pero tendrían que venir algunas veces más para ser declarados «adaptados» a nuestro absurdo cotidiano. Se irán más flacos, más tristes, con una obsesión por la comida que saciarán en los supermercados de sus países y, sobre todo, con una alergia ante los anuncios turísticos. Esas propagandas que muestran una Cuba de mulatas, ron, música y bailes no podrán esconder el panorama de derrumbes y frustración que ellos ya han conocido y vivido.

Yoani Sánchez: «Ven y vívelo» (texto simplificado)

a Dadle un título a cada párrafo del texto o resumidlo en una frase.

b Decid cómo es, según la autora, la publicidad turística normal para Cuba y qué, en lugar de todo esto, tendría que conocer la gente (en general).

c Elegid uno de los siguientes ejercicios:

1. Describid cómo se imagina la autora del blog esa nueva forma de turismo.
2. Elaborad *(Stellt zusammen)* un folleto para el turismo que propone la autora.

d Explicad sobre qué intenta llamar la atención la autora. Pensad en lo que acabáis de aprender sobre Cuba.

Trabajar con el texto

En este texto hay un montón de palabras que no conocéis. Pero no os preocupéis: algunas se explican abajo, otras podéis comprenderlas y otras no es necesario conocerlas para comprender la idea de la frase.

1 **ocurrirse a alguien** jdm. einfallen – 2 **atraer** hacer venir – 5 **el hospedaje** die Unterbringung – **el lujo** der Luxus – 6 **un turoperador** ein Reiseveranstalter – **un cuartucho** una habitación muy mala – 7 **un damnificado** ein Geschädigter – 9 **el salario medio** der Durchschnittslohn – 13 **vedado, -a** verboten – 15 **Viazul** compañia de autobuses que usan sobre todo los turistas; los billetes son muy caros – 16 **una ventaja** ein Vorteil – 17 **prohibido, -a** verboten – **un yate** eine Yacht – 19 **una estancia** ein Aufenthalt – **una milla** eine Meile – 20 **arriesgado, -a** tollkühn – 21 **obtener** recibir – 23 **cotidiano, -a** (all)täglich – 24 **flaco, -a** delgado, -a – 25 **saciar** stillen, befriedigen – 27 **un mulato** ein Mulatte, ein Mischling – **el ron** der Rum – 28 **el derrumbe** der Verfall

6 Unidad

Esto no tendría que pasar

A

B

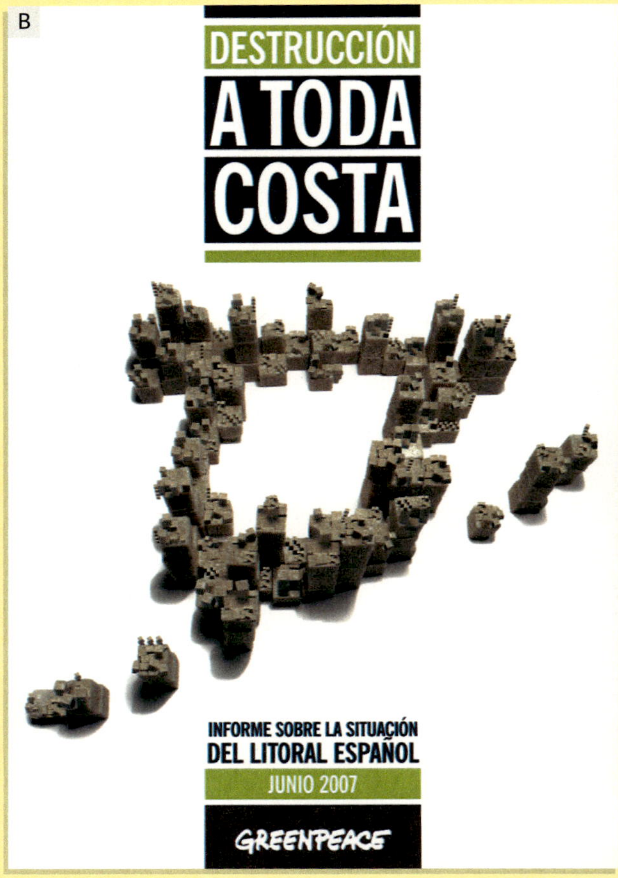

Un problema de todos

a Mirad los carteles y folletos de estas dos páginas y describid lo que veis.

b Explicad sobre qué tema quieren llamar la atención las ilustraciones y qué quieren conseguir.

c Decid cuáles son los problemas concretos que ilustran.

d Discutid en parejas o en pequeños grupos:

1. ¿Cuáles de estos problemas existen también en vuestro país?
2. ¿Qué problema os parece el más fácil / más difícil de solucionar? ¿Por qué?

Para hablar del medio ambiente

- la contaminación
- contaminado, -a
- el tráfico
- un coche
- el agua (potable)
- un animal
- causar algo
- cuidar
- tirar
- la basura
- el calor
- el frío

C

D

E

Más palabras para hablar del tema

el medio ambiente	die Umwelt
medioambiental	umwelt-
el cambio climático	der Klimawandel
un efecto	eine (Aus-)Wirkung
afectar a algo / alguien	sich auf etw. / jdn.auswirken, etw. / jdn. betreffen
la sequía	die Dürre, die Trockenheit
(estar) seco, -a	trocken (sein)
una inundación	eine Überschwemmung
destruir algo	etw. zerstören
la naturaleza	die Natur
el aire	die Luft
la emisión	der Ausstoß, die Emission
reciclar	recyceln
proteger	schützen

Ya está cambiando el mundo

http://www.blog-de-elena.es/inicio

26 de abril

La Isla del Calentamiento

Nombre: Elena
Vivo en: Madrid
Ver todo mi perfil

Archivo
marzo 2009
febrero 2009
enero 2009
diciembre 2008
noviembre 2008
octubre 2008
septiembre 2008
agosto 2008
julio 2008
junio 2008
mayo 2008
abril 2008

Deja un comentario

Acabo de leer que en 2005 se descubrió la Isla del Calentamiento en Groenlandia. Bueno, la isla había estado siempre allí, pero sólo al derretirse el hielo se sabía que era una isla. ¿Por qué os cuento esto? Es que no sólo el Polo Norte está cambiando: el cambio climático también afecta a España. Viviremos en un mundo con temperaturas más altas, con más inundaciones y más sequías.

La semana pasada un ecologista en la tele dijo que pronto el 37% de España tendría sequía, advirtió que muchas especies animales desaparecerían, y, para vivir, tendríamos que buscar zonas más frías. También contó que el mar subiría un metro hasta finales de siglo. Un metro no parece mucho, pero – según él – así quedaría, por ejemplo, la costa en la provincia de Murcia donde me gusta pasar las vacaciones. Aquí veis dos fotos: una es como es ahora y la otra es como quedará el litoral si sigue subiendo el nivel del mar. ¿Os lo imagináis?

1 **el calentamiento** die Erwärmung – 3 **derretirse** schmelzen – **el hielo** das Eis – 8 **advertir** hinweisen – 12 **el litoral** la costa – 13 **el nivel del mar** der Meeresspiegel

http://www.blog-de-elena.es/inicio

17 de mayo

Benidorm, ¿lo más ecológico?

Ya sabéis que me gusta viajar mucho y que paso las vacaciones en el Mediterráneo. También sabéis que, como buena ecologista, me he quejado de que están destruyendo la costa. Sé que el turismo es bueno para la economía porque crea puestos de trabajo, mejora las infraestructuras, el intercambio de ideas, etc. Pero siempre había criticado esos enormes hoteles, que consumen muchísima agua, justo allí donde no la hay y que hacen desaparecer los pocos bosques que quedan. Ahora he descubierto que hay nuevos estudios que dicen lo contrario. Algunos expertos nos dicen que vayamos a sitios como Benidorm. Ahí os dejo un artículo que explica por qué. Os recomiendo que lo leáis y os pido que me digáis vuestra opinión.

La mayor parte del turismo no es sostenible, y lo más sostenible es lo que aparentemente no lo es. Benidorm, con el gran número de hoteles, apartamentos y cerca de medio millón de turistas en el mes de agosto en unos 12 kilómetros de costa, es mucho más sostenible que ese mismo número de turistas de forma dispersa (el llamado turismo de calidad) que afecta a decenas de kilómetros de costa. Si hay que destruir el litoral, cuanto menos se destruya, mejor. Lo ecológico son los rascacielos. Cuanto más altos, mejor, y lo antiecológico son los chalés y las urbanizaciones dispersas con jardín y piscina.
Lo más insostenible es ese turismo rural y de aventura en todoterrenos, el ecoturismo a países lejanos o ese turista del mundo rico que no quiere ser turista, sino viajero o aventurero que hace miles de kilómetros en avión (el medio de transporte con mayores emisiones y consumo de energía por viajero y kilómetro) para pasar un par de semanas o el mes de vacaciones en Vietnam, Zimbabue, Namibia, Irán o China.

José Santamarta: «Turismo y medio ambiente», *World Watch 2000*, p. 53 (fragmento simplificado)

15 **el Mediterráneo** die Gebiete um das Mittelmeer – 16 **un / una ecologista** ein Umweltschützer, eine Umweltschützerin – 19 **consumir** verbrauchen – 21 **un estudio** eine Studie – 24 **sostenible** nachhaltig – **aparentemente** anscheinend – 27 **disperso, -a** verstreut – **llamado, -a** sogenannt – 28 **una decena** unos diez – 29 **un rascacielos** ein Wolkenkratzer – 30 **un chalé** ein Ferienhaus – **una urbanización** eine Siedlung – 31 **una piscina** ein Schwimmbad – 32 **rural** ländlich

1 El blog de Elena

a ¿De cuáles de estos problemas habla Elena en su blog? Buscad en el texto las partes que justifican vuestra opinión.

A La contaminación del aire

B LA SEQUÍA

C El calentamiento global

D La destrucción de los bosques

E La falta de agua potable

F El turismo ecológico

G El reciclado de papel

H Las emisiones de los aviones

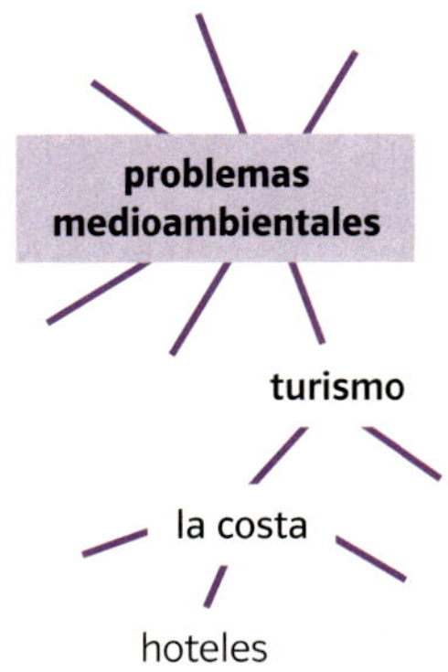

b Ordenad los temas que habéis encontrado en el ejercicio 1a en una red. Añadid también otros temas que menciona (*erwähnt*) Elena en el blog.

c Buscad en el blog de Elena de las páginas 84 y 85 las palabras del tema «el medio ambiente» y escribidlas en el lugar adecuado de vuestra red del ejercicio 1b. Haced lo mismo con las palabras de la casilla de la página 82. Si conocéis más palabras que os parezcan importantes para el tema, escribidlas también.

Trabajar con una red

Para hablar del medio ambiente se necesitan bastantes palabras especiales. Con una red de vocabulario las tenéis a mano para los siguientes ejercicios.

2 El cambio climático

a Elegid el texto de la página 84 o el de la página 85 y buscad a 3 ó 4 compañeros o compañeras que quieran trabajar sobre el mismo texto. En estos grupos haced el ejercicio correspondiente:

1. El texto del 26 de abril: Buscad en él las causas y consecuencias del cambio climático y apuntadlas en dos listas. Añadid a vuestras listas otras causas y consecuencias del calentamiento global que conozcáis.

2. El texto del 17 de mayo: Buscad en él las ventajas (*Vorteile*) y los inconvenientes (*Nachteile*) del turismo y apuntadlas en dos listas. Añadid a vuestras listas otras ventajas e inconvenientes del turismo que conozcáis.

b Preparaos y después explicad los resultados de vuestro trabajo al resto de la clase.

c En la página de Elena se puede dejar un comentario. Elegid un aspecto del blog que os parezca interesante o uno con el que no estéis de acuerdo y escribid un comentario.

3 El ecologista dijo que … (§ 17)

En el blog Elena habla de lo que dijo un ecologista en un programa de tele que vio.

a Leed otra vez cómo Elena informa sobre las teorías del ecologista (líneas 7–11) y escribid lo que dijo el experto.

Ejemplo: Un ecologista … dijo que pronto el 37% de España tendría sequía. (estilo indirecto)
→ El ecologista dijo: «Pronto el 37% de España tendrá sequía.» (estilo directo)

b Comparad el texto del blog y las frases que acabáis de escribir. Observad cómo han cambiado los tiempos verbales y formulad una regla. Añadid vuestras observaciones a la tabla del ejercicio 8 de la página 28.

4 Un experto del medio ambiente habla. (§§ 5, 17)

En el programa el experto dijo más cosas importantes sobre el tema. Alguien que también ha visto el programa quiere llamar la atención sobre estas ideas y escribe un comentario en el blog de Elena.

a Escribid este comentario con las siguientes ideas. Usad el estilo indirecto.

Ejemplo: «Morirán más personas por el calor.»
→ El ecologista dijo que morirían más personas por el calor.

1. Las temperaturas subirán muchísimo en España.
2. La subida del nivel del mar afectará no sólo al Mediterráneo. Dentro de algunos años, por ejemplo, las Islas Maldivas desaparecerán.
3. En España lloverá menos y por eso faltará agua para la agricultura.
4. Los hoteles ya no ofrecerán todos los servicios.
5. Los turistas, por ejemplo, no siempre se podrán duchar al volver de la playa.
6. Los turistas irán a países más fríos y no pasarán las vacaciones en España.

b En el programa no sólo se habló del futuro. Aquí tenéis más frases del diálogo entre el experto y la periodista. Añadidlas al comentario del ejercicio 4a. Usad también el estilo indirecto y tened cuidado con los tiempos verbales.

Ejemplo: «¿Cuál es en su opinión el problema más serio?»
El periodista le preguntó cuál era en su opinión el problema más serio.

1. «En estos momentos el problema más serio es la sequía.»
2. «¿Han hecho los gobiernos algo para solucionar los problemas medioambientales?»
3. «Se habla mucho, pero los gobiernos sólo toman pequeñas medidas[1]. Eso tendrá que cambiar.»
4. «¿Qué soluciones concretas hay para estos problemas?»
5. «Eso es una pregunta complicada, pero una cosa es segura: si todos hacemos algo, los problemas serán menos.»

[1] **una medida** eine Maßnahme

5 Vendrán días terribles. (§ 17)

a Escuchad el texto del cedé y decid
1. qué impresión os da el texto, sobre todo el principio. Explicad también cómo la consigue.
2. qué tipo de organización creéis que hizo el texto.

b Apuntad algunas de las predicciones (*Vorhersagen*) que hay en él.

c Con ayuda de vuestros apuntes del ejercicio 5b hablad sobre las predicciones. Formulad frases en estilo indirecto. Completad vuestros apuntes con la información que os den vuestros compañeros.

Ejemplo: En el texto los autores advirtieron de que los bosques se convertirían en / serían / se volverían desiertos.

6 Consejos prácticos para ayudar al medio ambiente (§ 18)

Mirad el siguiente cartel con algunos consejos para ayudar al medio ambiente.

a Con ayuda de los dibujos intentad comprender cada uno de los consejos.

b En el cartel hay palabras que no conocéis (pero que entretanto, seguro, habéis comprendido). Copiad la tabla de abajo en vuestro cuaderno y completadla.

c Formulad frases sobre lo que la organización ecologista nos aconseja. Usad *decir / pedir / recomendar* + subjuntivo.

Ejemplo:
Los ecologistas nos dicen que utilicemos / usemos el transporte público.

palabra	sinónimo o traducción	¿P or qué la he entendido?

7 Nosotros y el medio ambiente (§ 2)

Aquí tenéis algunas afirmaciones (*Behauptungen*) sobre el medio ambiente y la actitud (*Haltung*) de la gente hacia problemas medioambientales.

a Decid qué os parecen con ayuda de los verbos de la casilla. Cuidado con el modo de los verbos (indicativo o subjuntivo presente).

Ejemplo: Los gobiernos hacen todo lo necesario para cuidar el medio ambiente.
→ No creo que los gobiernos hagan todo lo necesario para cuidar el medio ambiente.

1. La gente no recicla basura.
2. Hay mucha gente que no sabe que el problema es serio.
3. A veces reciclar basura puede contaminar también mucho.
4. Los países necesitan mucho dinero para solucionar los problemas.
5. Los españoles dentro de unos años vivirán en un desierto.
6. En un futuro tendremos mucha menos agua que ahora.
7. Pensamos todos los días en que hay gente que no tiene agua.
8. La gente no participa en campañas ni ayuda a las organizaciones.
9. Mucha gente no quiere proteger el medio ambiente si los demás tampoco lo hacen.

- (no) molestar que
- (no) creer que
- (no) preocuparse que
- le / les parece que
- (no) me gusta que
- pensar que
- alegrarse de que
- es una lástima que
- me parece importante que

b Haced una encuesta en clase sobre vosotros y el medio ambiente. Podéis usar las ideas de los ejercicios 4 y 7a u otros si queréis. (Para facilitar el análisis de los resultados, se recomienda formular afirmaciones o preguntas a las que se responda con sí o no.)

c Analizad y resumid los resultados de la encuesta. Usad expresiones como «un xx %», «la mayoría», «la mitad» y los verbos de la casilla del ejercicio 7a.

8 Nuestra huella ecológica (... *Fußabdruck*)

Cada día producimos CO_2 en nuestra vida diaria. No podemos evitarlo (*vermeiden*), pero sí podemos hacerlo de forma responsable.

a Mirad la siguiente tabla y hablad sobre las emisiones de CO_2 que producen los habitantes de diferentes países.

Emisiones de CO_2 por habitante

país	cantidad
España	9,8 toneladas[1]
Alemania	11 toneladas
países industrializados	12 toneladas
Estados Unidos	21 toneladas
Mali	50 kilos

Fuente: José Santamarta Flórez: *Informe sobre la evolución de las emisiones de gases de efecto invernadero en España (1990 – 2007)*

- producir (-zco)
- emitir
- dos / tres / ... veces más que

- más / menos *(+ sust.)* que
- *(verbo +)* más / menos que
- el / la más *(+ sust.)*
- el / la que más / menos *(+ verbo)* es
- usar
- necesitar
- consumir

[1] **una tonelada** eine Tonne

b Nuestra influencia sobre el medio ambiente depende también de cómo pasamos las vacaciones. Mirad los siguientes gráficos y comparad los datos.

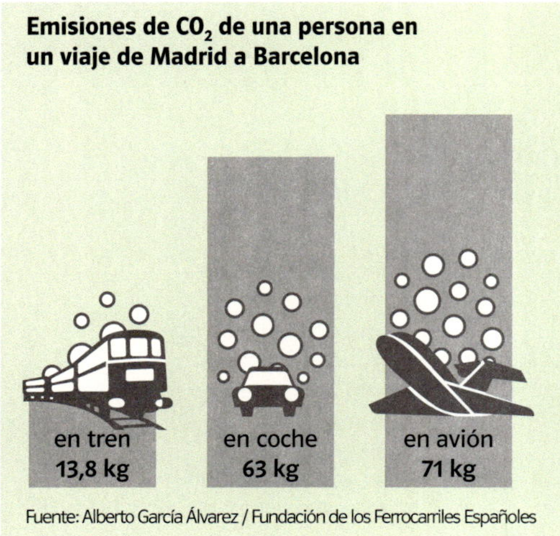

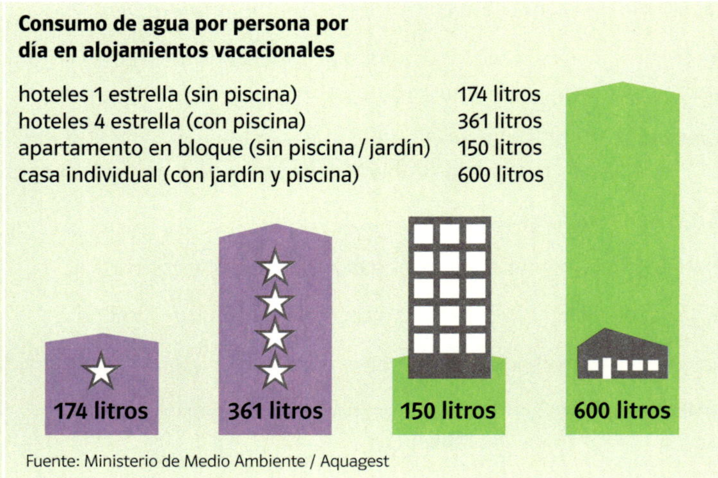

c Calculad la huella ecológica de vuestra vida diaria o de un viaje. En Internet encontráis calculadoras de CO_2 (Online-Link 536930-0006).

9 La vida ya no es lo que era.

a Mirad los siguientes dibujos y
1. describid lo que veis.
2. explicad por qué ha cambiado el paisaje entre el primer y el segundo dibujo de cada línea.

b ¿Creéis que se podría evitar (*vermeiden*) ese tipo de cambios? ¿Cómo? ¿Cuáles serían las consecuencias?

c Elegid uno de los siguientes ejercicios y escribid un pequeño texto o un diálogo en grupos de tres.
1. El oso polar les cuenta a sus hijos cómo era la vida antes.
2. El oso polar consigue hablar con una persona que trabaja en la plataforma.

- una fábrica
- la indústria
- un oso polar
- el petróleo
- una plataforma
- extraer

10 Benidorm: ¿turismo sostenible?

a Escuchad el texto del cedé y apuntad en una tabla lo que dicen Isaac, Marién y Fernando sobre

- tipos de vacaciones que les gustan
- la economía del lugar
- el turismo rural

b Unos vecinos vuestros quieren ir a España en las vacaciones y han encontrado en Internet la siguiente información. Como no hablan español, os preguntan si podéis ayudarlos. Resumidles en alemán la información del siguiente texto. Después habladles también de lo que habéis aprendido sobre Benidorm en esta unidad.

http://benidorm.comunitatvalenciana.com/benidorm.htm

Home > Zonas Turísticas > Benidorm

Benidorm

Una auténtica ciudad turística. Playas de esmerada calidad y limpieza, edificios modernos y calles anchas, establecimientos hoteleros para todos los gustos y posibilidades, un clima bondadoso y suave durante los 365 días del año, todo tipo de actividades y ofertas para ser disfrutadas a cualquier hora, unas noches tan intensas como los días … Y sobre todo, un pueblo acostumbrado a dar de sí para que el visitante se sienta como en casa.

Benidorm, con la oferta del Parque Temático Terra Mítica y otros parques como Terra Natura, Mundomar o Aqualandia se convierte en el espacio de las civilizaciones mediterráneas, de la fauna y la naturaleza. Un lugar para la cultura y la diversión sin límites de edad.

> Guía turística de Benidorm

Decir Benidorm es decir turismo, decir playa, decir kilómetros de arena fina y dorada. Decir Benidorm es decir ambiente, descanso, ocio. Es decir luz y fiesta. Pero Benidorm no se acaba en esto. Benidorm vive todo el año, con el mejor microclima del Mediterráneo europeo en un municipio que si antaño fue desestimado por su situación, perfecta para los ataques piratas, hoy goza de esta ubicación estratégica. Una ciudad moderna, completa en lo que se refiere a infraestructuras y servicios, que vive sus fiestas y comparte su privilegio con todo aquel que decide visitarla.

Accesos: El aeropuerto de Alicante se encuentra a 60 kilómetros, la autopista A7 tiene salida (65) directa al municipio, al que también se puede llegar por la N-332. Además existe servicio de autobuses y ferrocarril de vía estrecha.

Agència Valenciana del Turisme: «Benidorm» (fragmentos)

c Y vosotros, ¿elegiríais Benidorm como destino *(Reiseziel)*? ¿Por qué (no)?

11 Los diez mandamientos del turista responsable *(Die zehn Gebote ...)*

Varias organizaciones han publicado ideas para un turismo responsable. Aquí tenéis 10 mandamientos para el turista responsable.

a Leed el texto y explicad con ejemplos concretos qué (no) tiene que hacer un turista responsable y por qué.

LOS TURISTAS TENDRÍAN QUE

1

Informarse sobre la historia y cultura del lugar al que viajen para no perjudicarlo[1].

2

Elegir instalaciones hoteleras que cuiden el medio ambiente.

3

Ahorrar agua y energía en sus viajes.

4

Hacer sus excursiones en el lugar de vacaciones a pie, en bicicleta o a caballo.

5

Producir menos basura en sus viajes y sobre todo no dejar basura en zonas naturales.

6

Comer productos naturales de la zona que visiten (en los países donde no sea peligroso para la salud).

7

Comprar artesanía local y productos regionales, pero de ninguna forma plantas ni animales, ni vivos, ni muertos.

8

Viajar en tren o autobús siempre que sea posible – y no en coche o avión.

9

Hacer turismo rural porque cuida la naturaleza y ayuda a la economía de regiones sin industria.

10

Recordar que, para disfrutar de unas buenas vacaciones, no siempre hay que ir muy lejos.

b Un español / una española que quiere ser un/una turista responsable le ha enviado un e-mail a una organización ecológica para informarse. Imaginad que trabajáis en esta organización y escribid la respuesta con ayuda de los diez mandamientos del ejercicio 11a. Usad el imperativo de usted.

c ¿Qué más puede hacer un turista responsable? Añadid más ideas a la lista. Trabajad en grupos.

[1] **perjudicar** (be-)schädigen

Estrategia

In Diskussionen argumentieren

Im Unterricht müsst ihr immer wieder eure Meinung zu einem bestimmten Thema vertreten. Ihr könnt dann natürlich spontan drauflosreden. Erfolgreicher seid ihr aber, wenn ihr gut vorbereitet in die Diskussion geht.

Vor der Diskussion

Überlegt euch zunächst, welche Meinung ihr zu der Fragestellung habt und wovon ihr die anderen Diskussionsteilnehmer überzeugen wollt. Ausgehend von diesem Ziel bereitet ihr euch vor:

- Sammelt alle Argumente, die euch einfallen, und ordnet sie inhaltlich – wie ihr es auch für eine schriftliche Arbeit machen würdet. Kennzeichnet ausschlaggebende Argumente, die ihr in entscheidenen Phasen der Diskussion einbringen könnt. Benutzt eventuell verschiedene Farben, um unterschiedliche Gesichtspunkte voneinander zu unterscheiden.
- Berücksichtigt in der Vorbereitung auch Argumente, die gegen eure Position sprechen, und überlegt, wie ihr sie entkräften könnt. So seid ihr vorbereitet, wenn die Gegenseite sie in der Diskussion anführt.
- Notiert nur Stichwörter, denn in der Diskussion müsst ihr schnell reagieren und könnt nicht erst lange Sätze lesen.
- Überlegt, welche spanischen Vokabeln ihr für die Diskussion benötigt. Benutzt ggf. ein Wörterbuch.

Bei der Diskussion

- Nennt zu Beginn eure Position und begründet, warum ihr diese vertretet. Fangt mit einem wichtigen Argument an, aber spielt nicht alle eure Trümpfe sofort aus.
- Spult nicht einfach eure vorbereiteten Punkte ab. Reagiert auf die Argumente der anderen und versucht diese zu widerlegen. Ihr könnt auch die Gegenargumente zunächst einmal mit eigenen Worten wiederholen. So könnt ihr euch rückversichern, dass ihr alles richtig verstanden habt und gewinnt nötigenfalls auch Zeit, um die passende Erwiderung zu finden.
- Bleibt ruhig und vor allem immer sachlich. Lasst euch keinesfalls zu persönlichen Angriffen auf andere Diskussionsteilnehmer hinreißen. Weist unsachliche Angriffe ggf. höflich aber bestimmt zurück.
- Vor allem wenn es keine Diskussionsleitung gibt, müsst ihr gemeinsam darauf achten, dass alle zu Wort kommen, die etwas sagen möchten. Achtet auch darauf, dass niemand die Diskussion an sich reißt.

Am Ende und nach der Diskussion

Eine Diskussion ist kein Kampf mit Siegern und Verlierern! Bei vielen Problemstellungen kommt man im Austausch der Argumente oft zu einer neuen Sicht der Dinge, von der alle profitieren. Nehmt deshalb die Gegenargumente immer ernst und beharrt nicht gegen besseres Wissen auf eurer Position. Darüber hinaus lernt ihr in Diskussionen auch immer besser, auf Spanisch zu argumentieren – eine Fähigkeit, die ihr bei mündlichen Prüfungen gut gebrauchen könnt.

12 ¿El turismo más sostenible?

En el texto que Elena cita en su blog, el autor dice también:

«El turismo más sostenible es el que se hace en casa, leyendo un libro, delante del televisor o conectado a Internet, o paseando por el barrio.»

¿Qué pensáis vosotros?: ¿es justificable *(verantwortbar)* hacer turismo? Preparad una discusión sobre el tema y seguid los consejos de la página 92.

Una campaña para el medio ambiente

En vuestro piso compartido os habéis dado cuenta de que vosotros no siempre sois ecológicamente responsables.

a Discutid lo que podríais mejorar. Pensad en todo lo que habéis aprendido en esta unidad y lo que, además, sabéis sobre el tema. Formulad entre 5 y 10 ideas concretas.

b Queréis invitar a vuestros vecinos del edificio a compartir vuestras ideas. Planificad una pequeña campaña (póster, actividades, …) para explicarles qué pueden hacer.

c Presentad las campañas de todos los pisos compartidos en clase y elegid la mejor.

Ya sé en español …

presentar un tema

- Vamos a hablar sobre …
- Os vamos a explicar …
- El tema de nuestra presentación es …
- Nuestra presentación trata *(handelt)* de …
- En los próximos minutos vamos | a hablar … / a describir … / a explicar … / a presentar …

empezar una presentación

- Para | empezar / comenzar | queremos … / querríamos *(+ inf.)* / desearíamos *(+ inf.)*
- Querríamos llamar la atención sobre …
- Esto nos parece | interesante / importante | porque …

terminar una presentación

- Y para terminar …
- Queremos / Nos gustaría | terminar con …
- Antes de | terminar / despedirnos | queremos … / diremos que …
- Como punto y final sólo decir que …
- ¿Hay algo que queráis | preguntar? / criticar?
- ¿Hay algo que no ha quedado claro?
- Confiamos que / Esperamos que / Deseamos que | os haya gustado. / os haya interesado.

La tierra tiene fiebre

La tierra tiene fiebre necesita medicina
Y un poquito de amor que le cure la penita que tiene.
La tierra tiene fiebre
Tiembla, llora, se duele del dolor más doloroso
Y es que piensa que ya no la quieren.

Y es que no hay respeto por el aire limpio
Y es que no hay respeto por los pajarillos
Y es que no hay respeto por la tierra que pisamos
Y es que no hay respeto ni por los hermanos
Y es que no hay respeto por los que están sin tierra
Y es que no hay respeto y cerramos las fronteras
Y es que no hay respeto por los niños chiquininos
Y es que no hay respeto por las madres que buscan a sus hijos.

La tierra tiene fiebre …

Y es que no hay respeto y se mueren de hambre
Y es que no hay respeto y se ahoga el aire
Y es que no hay respeto y lloran más madres
Y es que no hay respeto y se mueren de pena los mares
Y es que no hay respeto por las cosas de los pueblos
Y es que no hay respeto desde los gobiernos
Y es que no hay respeto por los coches mininos
Y es que no hay respeto y el mundo se prendió …

a Escuchad y leed esta canción de la cantante Bebe. Haced una lista de los problemas que menciona *(erwähnt)*.

b Decid si conocéis a otros artistas preocupados como Bebe por los problemas del medio ambiente.

c En grupos, escribid una estrofa más para la canción de Bebe con otros problemas actuales.

2 **curar** heilen, lindern – **la pena** der Schmerz, der Kummer – 4 **temblar (-ie-)** zittern – 7 **un pajarillo** ein Vögelchen – 8 **pisar** laufen auf, betreten – 13 **chiquinino, -a** (muy) pequeño – 17 **ahogarse** ersticken – 19 **un pueblo** ein Volk –21 **minino, -a** pequeño – 22 **prenderse** in Flammen aufgehen

1 ¿Y tú qué harías? (§ 12)

Algunos de los chicos de vuestro instituto tienen problemas. Decid qué haríais en su lugar con las siguientes ideas. Escribid tres frases para cada uno y usad el condicional.

A

A Carla y a sus padres no les gusta la misma música.

B

A Tomás le gusta una chica.

C

María ha tenido malas notas en Matemáticas.

D

A Fernando le han regalado un cedé que ya tiene.

- escuchar música siempre con cascos[1]
- ayudarla a hacer los ejercicios en clase
- regalarle algo bonito
- dar el cedé a un amigo
- invitarla a salir
- intentar cambiarlo por otro
- venderlo en Internet
- estar en casa lo menos posible
- decirle que pregunte más en clase
- decírselo directamente
- hacer los deberes con ella
- intentar escuchar otros tipos de música

2 Consejos para un viaje sin problemas (§ 15)

Miguel trabaja como guía para turistas en Cuba. Como conoce muy bien los problemas que puede haber, ha escrito una lista de consejos para todos los que quieran visitar la isla. Escribid los consejos y usad el imperativo de usted / ustedes.

Ejemplo: No olvidar la crema de protección solar – *No olvide /olviden la crema de protección solar.*

1. No llevar una mochila que sea demasiado grande.
2. Usar siempre gorra.
3. Beber agua sólo de botellas.
4. Traer fotocopias del pasaporte y de todos los documentos.
5. Cambiar dinero sólo en los bancos.
6. No guardar todo el dinero en el mismo sitio. Ponerlo en dos o tres sitios diferentes.
7. No llegar tarde a las excursiones porque el autobús no espera.
8. No tomar el sol al mediodía, porque el sol es muy fuerte.
9. No tener miedo de salir solos, la mayoría de sitios del centro no son peligrosos.

[1] **los cascos** die Kopfhörer

3 Una experiencia en Cuba (§ 15)

Santiago, un chico de Madrid, ha estado de viaje por Cuba y ha escrito estos consejos en su blog. Completad las frases con el imperativo de segunda persona.

www.santiviajes.es/blog/

Si has decidido ir a Cuba, te puedo dar algunos consejos para tu viaje:

En primer lugar no 1 **(creer)** siempre lo que dicen las guías de viaje. 2 **(Buscar)** tú mismo los lugares interesantes. 3 **(Salir)** del hotel sin plano o sin mapa. He visto gente que miraba más el plano que el paisaje. Si no sabes dónde está algo, 4 **(preguntarlo)**.

No 5 **(tener)** miedo de la gente. No 6 **(ir)** sólo por los sitios llenos de turistas, no 7 **(entrar)** tampoco en las calles sin gente. 8 **(Buscar)** hotel sólo para los dos primeros días y después 9 **(preguntar)** a alguien que conozcas si hay habitaciones más baratas. No 10 **(pensar)** que Cuba es el hotel y la playa que tiene delante. Hay muchas cosas para ver y descubrir.

4 Hotel La Habana

Imaginaos que un amigo de vuestros padres quiere viajar a Cuba y necesita reservar un hotel, pero tiene problemas porque no habla español. Habéis encontrado la página web de este hotel. Explicadle en alemán dónde está el hotel, cuánto cuestan las habitaciones, etc.

Hotel La Habana

PASEO DEL PRADO 423 ESQ. SAN RAFAEL, LA HABANA, CUBA

Ubicación: El mejor ejemplo de la Habana colonial, el hotel es uno de los más antiguos de Cuba. Abrió sus puertas en 1885, el hotel La Habana es actualmente uno de los hoteles más clásicos de la capital cubana.

Tarifas: Habitación doble 85 euros.
Habitación individual: 56 euros
Júnior Suite: 105 euros

Distancia al Aeropuerto: 20 KM
El desayuno está incluido en el precio.

Servicios: Bar, Jardín, Servicios Médicos, Buró de Turismo, Restaurante

Promociones especiales: Noche de sábado a domingo 15% de descuento.

5 Buenos deseos (§ 16)

Escribid una frase de buenos deseos para cada situación con ayuda de las palabras de la casilla.

Ejemplo: Me voy a casa porque me duele la cabeza. (mejorarse)
→ ¡Que te mejores!

1 Estoy muy cansado. Me voy a la cama.
2 Me voy de vacaciones al Caribe.
3 Me voy al aeropuerto. Mi avión a Palma sale dentro de dos horas.
4 Mi novio y yo nos casamos la semana que viene.
5 Tengo un examen esta tarde.
6 Esta noche salgo con mis amigos
7 Me voy a la playa este fin de semana.

- tener suerte
- divertirse
- disfrutar
- ser muy feliz
- dormir bien
- tener buen viaje
- pasarlo bien

6 El Gato Verde

a Escuchad la noticia del cedé y decid a cuál de los siguientes carteles se refiere.

A

B

C

D

b Escuchad de nuevo la noticia y corregid en vuestro cuaderno las frases que no sean correctas.

1. El grupo ecologista El Gato Verde tiene ya cinco años.
2. El grupo El Gato Verde celebra una conferencia de expertos sobre el cambio climático.
3. El grupo El Gato Verde prepara un mercado de productos ecológicos.
4. Hay una fiesta con actividades para saber más sobre el medio ambiente de una forma divertida.
5. El grupo ecologista El Gato Verde ha conseguido parar la construcción de hoteles cerca de un parque natural.
6. El grupo El Gato Verde mira al futuro con pesimismo.
7. Según Asunción Rodríguez, presidenta del grupo ecologista, la gente joven se preocupa poco por el medio ambiente.
8. Según Asunción Rodríguez, España está cambiando y cada vez hay menos problemas medioambientales.

7 El mundo en 2050 (§ 17)

Ayer leísteis en una revista la siguiente noticia sobre cómo será el mundo en el año 2050. Contadla a vuestros compañeros y usad el estilo indirecto.

Empezad así: El experto dijo que en el año 2050 el mundo llegaría …

«La población mundial llegará a nueve o diez mil millones en el año 2050. Mientras que en los países ricos la población actual de 1.300 millones será casi la misma en 2050, en países pobres la población actual de 4.700 millones crecerá y probablemente llegará a los 7,7 mil millones. En el año 2050 el 86 por ciento de las personas vivirán en países pobres. Además, unos 1.600 millones de ancianos vivirán en los países en desarrollo[1]. Sólo África tendrá una población joven hasta 2050. La situación más difícil se vivirá en Japón porque aproximadamente la mitad de su población tendrá más de 65 años para 2050. En Europa, esa cifra será de 190 millones de habitantes, casi un 40 % de la población para ese periodo según el estudio de la ONU.»

Para controlar los resultados

Encontráis las soluciones del Repaso 2 en Internet (Online-Link 536930-0007).

8 Ayuda al clima (§ 18)

La organización «ecologistas en acción» ha dado una serie de consejos para proteger el medio ambiente. Leed la lista y escribid un texto. Usad el subjuntivo:

Ejemplo: Ecologistas en acción pide que produzcamos menos basura. Para eso dicen que…

1 PRODUCIR MENOS BASURA
- usar papel reciclado.
- separar la basura (plástico, papel, etc).
- comprar productos con pocos envases[2].

2 AHORRAR ENERGÍA
- apagar los aparatos (ordenadores, televisiones, …) si no se están usando.
- comprar productos de la región o de comercio justo.
- lavar en la lavadora con agua fría.
- usar la luz natural si es posible.
- ir en bicicleta y no en coche.
- no hacer viajes en avión si no es necesario.

3 NO GASTAR AGUA
- no dejar abierto el grifo al lavar los dientes.
- no poner la lavadora si no está llena.
- ducharse y no llenar la bañera[3].

9 ¿Has ganado el primero?

En una ciudad española se quiere hacer una campaña para proteger el medio ambiente y se hace un concurso *(Wettbewerb)* de carteles. Leed las reglas del concurso y escribid en vuestro cuaderno las cifras que aparecen.

1. El 1er premio será de 500 euros.
2. El 2º premio será de 250 euros.
3. El 3er premio será de 100 euros.
4. El 4º y 5º recibirán unas entradas gratis para el concierto de Bebe.
5. Los carteles pueden presentarse en el ayuntamiento[4], 2º piso.

[1] **un país en desarrollo** ein Entwicklungsland – [2] **un envase** eine Verpackung
[3] **una bañera** eine Badewanne – [4] **un ayuntamiento** ein Rathaus

7 Unidad

Una lengua y dos mundos

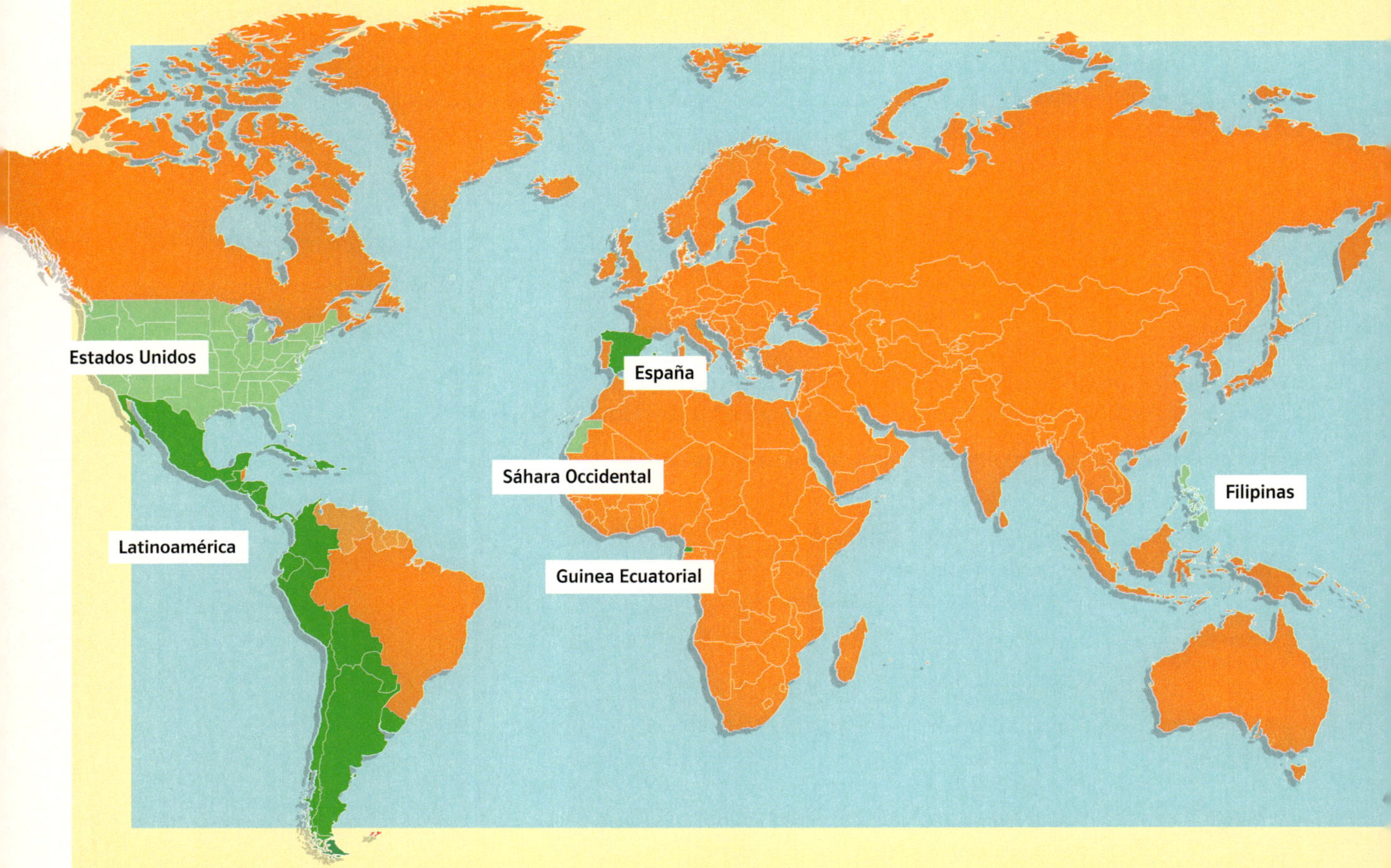

número de hablantes

- España: 45 millones
- América Latina: 350 millones
- Guinea Ecuatorial: 600.000
- Estados Unidos: 44 millones
- Filipinas: 3,5 millones
- Sáhara Occidental: 35.000

- lengua oficial
- lengua no oficial

1 El español en el mundo

a Mirad el mapa y decid en qué continentes y países se habla español. Pensad en lo que habéis aprendido en clase de Historia y explicad por qué es así.

b Comentad en clase por qué puede ser importante aprender una lengua como el español.

2 El comienzo de una nueva época

a Mirad el dibujo de esta página y decid qué os llama la atención (tipo de cuadro, escenas, personas, …).

b Con ayuda de esas ideas y de las palabras de la casilla describid el dibujo.

c Discutid en clase qué quiso mostrar el pintor con este dibujo.

Cómo describir un dibujo

Encontráis información en la estrategia de la página 107.

la Conquista	die Eroberung	un esclavo	ein Sklave	el oro	das Gold
un conquistador	ein Eroberer	una esclava	eine Sklavin	exótico,-a	exotisch
un europeo	ein Europäer	castigar	bestrafen	(estar) desnudo,-a	nackt (sein)
una europea	eine Europäerin	obligar a	zwingen zu	matar	töten
un monje	ein Mönch	una cruz	ein Kreuz		

Un nuevo mundo

El viaje a la India

Ya en el siglo XIII los europeos habían descubierto el camino a Asia y traían de allí productos exóticos, muy apreciados en Europa. Pero aquellas rutas, castigadas por las guerras, hacían el viaje cada vez más peligroso. Así que hombres aventureros buscaron otros caminos. Uno de ellos fue Cristóbal Colón. Durante años había intentado convencer de sus ideas a los Reyes de España y éstos finalmente le dieron el dinero después de conquistar Granada.

El 3 de agosto de 1492 su expedición, formada por tres barcos, salió del puerto de Palos en Andalucía. Pasaron por las Islas Canarias para tomar agua y alimentos antes de comenzar un viaje peligroso por mar, sin saber lo que les esperaría al final de él: en aquella época se creía que la Tierra era un disco rodeado por el océano y que, una vez llegado al final, se caía en la nada. Pero Colón, convencido de que la Tierra era redonda, pensaba que llegarían a la India. Nadie se podía imaginar entonces que lo que iban a encontrar era un continente desconocido.

Por fin, el 12 de octubre, después de muchas semanas en el mar, llegaron a una isla llamada Guanahani por los indígenas. Colón tomó posesión de ella en nombre de los Reyes de España y le dio el nombre de San Salvador.

El primer encuentro con los indígenas

En su diario Colón describió así el encuentro con los habitantes de la isla Guanahani:

Para conseguir su amistad les di a algunos de ellos unos bonetes rojos y unas perlas de vidrio y otras cosas de poco valor, de los que se alegraron muchísimo. Ellos nos traían papagayos y otras muchas cosas. En fin, tomaban todo y daban de lo que tenían de buena voluntad. Me pareció que era gente muy pobre. Ellos andan todos desnudos. Todos los que yo vi eran jóvenes, ninguno de más de 30 años, muy bien hechos, de muy hermosos cuerpos y muy buenas caras. Ellos deben ser buenos servidores. Y creo que fácilmente se harían cristianos.

Cristóbal Colón. *Diario de a bordo.* (fragmento simplificado y modernizado)

3 **apreciar** schätzen – 4 **una ruta** un camino – 6 **convencer** überzeugen – 13 **un disco** eine Scheibe – 15 **redondo, -a** rund – 19 **tomar posesión de algo** etw. in Besitz nehmen – 25 **la amistad** die Freundschaft – 27 **un bonete** una gorra – **el vidrio** das Glas – 29 **de buena voluntad** gern – 30 **andar** ir, estar – 32 **un cuerpo** ein Körper – 33 **deber** müssen– **un servidor** ein Diener – 38 **una cumbre** el punto más alto de una montaña – 40 **una papa** ***(lat.am)*** una patata *(Kartoffel)* – 42 **mudo, -a** que no puede hablar – **un peregrino** ein Pilger – 43 **poblar** besiedeln – 46 **manso, -a** sanft – 51 **una fuente** eine Quelle – **la juventud** die Jugend – 52 **un reino** ein Reich – **una esmeralda** ein Smaragd – **la canela** der Zimt – 54 **acaso** vielleicht – **semejante cosa** so etwas – 55 **exprimir** ausbeuten – **exterminar** ausrotten – **el prójimo** *aquí:* una persona – 59 **una violación** *aquí:* ein Überfall

¿Y los que allí vivían?

¿Cristóbal Colón descubrió América en 1492? ¿O antes que él la descubrieron los vikingos? ¿Y antes que los vikingos? Los que allí vivían, ¿no existían? Cuenta la historia oficial que Vasco Núñez de Balboa fue el primer hombre que vio, desde una cumbre de Panamá, los dos océanos. Los que allí vivían, ¿eran ciegos? ¿Quiénes pusieron sus primeros nombres al maíz y a la papa y al tomate y al chocolate y a las montañas y a los ríos de América? ¿Hernán Cortés, Francisco Pizarro? Los que allí vivían, ¿eran mudos? Nos han dicho, y nos siguen diciendo, que los peregrinos del Mayflower fueron a poblar América. ¿América estaba vacía?

Como Colón no entendía lo que decían, creyó que no sabían hablar.
Como andaban desnudos, eran mansos y daban todo a cambio de nada, creyó que no eran gentes de razón.
Y como estaba seguro de haber entrado al Oriente por la puerta de atrás, creyó que eran indios de la India.
Los conquistadores no veían lo que veían, sino lo que querían ver: la fuente de la juventud, la ciudad del oro, el reino de las esmeraldas, el país de la canela.

Hasta no hace mucho, el 12 de octubre era el Día de la Raza. Pero, ¿acaso existe semejante cosa? ¿Qué es la raza, además de una mentira útil para exprimir y exterminar al prójimo? Después, el Día de la Raza pasó a ser el Día del Encuentro. ¿Son encuentros las invasiones coloniales? ¿Las de ayer, y las de hoy, encuentros? ¿No habría que llamarlas, más bien, violaciones?

Eduardo Galeano: «¿Cristóbal Colón descubrió América en 1492?» (fragmentos)

1 El viaje a la India

a Explicad con pocas frases el título «Un nuevo mundo» y el subtítulo «El viaje a la India».

b Buscad en el texto «El viaje a la India» la siguiente información y apuntadla en una tabla como ésta en vuestro cuaderno.

razones de Colón para hacer el viaje	problemas que tuvo	información sobre el viaje

2 El primer encuentro con los indígenas

a Decid cómo son los indígenas según Colón.

b Con ayuda de vuestros resultados del ejercicio 2a explicad qué piensa Colón cuando escribe: «Ellos deben ser buenos servidores. Y creo que fácilmente se harían cristianos.» (l. 33–34)

c ¿Cómo se ven conquistadores e indígenas en la segunda ilustración de la página 102, un cuadro de finales del siglo XVI? Relacionad vuestras ideas con la imagen.

3 ¿Y los que allí vivían?

a Mirad la ilustración que está junto al texto «¿Y los que allí vivían?» y explicadla.

b Intentad dar una respuesta a las preguntas que aparecen en el texto «¿Y los que allí vivían?».

c Comparad vuestros resultados del ejercicio 3b con lo que dice sobre los indígenas el autor del texto «¿Y los que allí vivían?»

Conseguir más información

En el *Glosario cultural* de las páginas 140 – 147 encontráis información sobre los nombres propios del texto «¿Y los que allí vivían?».

4 La otra cara de la moneda

a Escuchad el texto del cedé y decid

1. quiénes son las personas que hablan y cuándo pasa la acción.
2. si creéis que es un documento histórico y por qué (no).

b Escuchad el texto otra vez y explicad

1. cómo reaccionaron los indígenas a la llegada de los españoles.
2. cómo describe la abuela a los españoles.
3. qué es lo que más les interesaba a los españoles.
4. qué quiere decir la abuela con la frase «Si la cosa empieza así, mal va a acabar».

c Elegid uno de los siguientes ejercicios. Después de hacerlo, buscad a alguien que ha hecho el otro e intercambiad los resultados.

1. Comparad lo que cuenta la abuela con lo que dice Colón en el texto «El primer encuentro con los indígenas». ¿Qué pensáis?: ¿qué nos quiere decir el autor del texto del cedé?
2. Mirad la viñeta *(Cartoon)* de al lado y describid lo que veis. ¿Qué pensáis?: ¿qué quiere criticar el dibujante de la viñeta?

5 Dicho y hecho (§ 19)

a En el primer texto hay unas frases que han sido acortadas *(verkürzt)*. Con ayuda de los siguientes ejemplos explicad con vuestras palabras cómo cambian cuando se escriben completas.

1. Pero aquellas rutas, castigadas por las guerras, hacían el viaje cada vez más peligroso. (l. 3 – 5)
   → Pero aquellas rutas, <u>que las guerras castigaban</u>, hacían el viaje cada vez más peligroso.
2. … su expedición, formada por tres barcos, salió del puerto de Palos en Andalucía. (l. 9 / 10)
   → … su expedición, <u>que formaban tres barcos</u>, salió del puerto de Palos en Andalucía.
3. … y que, una vez llegado al final, se caía en la nada. (l. 13 / 14)
   → … y que una vez, <u>cuando se llegaba al final</u>, se caía en la nada.

b Transformad las siguientes frases como en los ejemplos del ejercicio 5a.

1. Terminada la guerra de Granada, los Reyes Católicos ayudaron a Colón a hacer su viaje.
2. De los tres barcos llevados por Colón, sólo volvieron dos a España.
3. Los Reyes Católicos estaban asombrados con las cosas traídas por Colón de América.
4. Pasados pocos meses, Colón hizo otro viaje a América con 17 barcos y 1500 hombres.
5. Tomadas las tierras por los españoles, usaron a los indígenas como esclavos.

6 Un mundo global (§ 19)

Leed el siguiente texto y, para evitar frases largas, acortad las frases **en negrita** como las del ejercicio 5.

La llegada de los españoles a América es el comienzo de un mundo globalizado con intercambio de productos entre todos los continentes. ¿Cuáles fueron las cosas **que llevaron** y cuáles las **que trajeron los europeos** de América? En los viajes **que hicieron los europeos** llevaron animales como caballos, vacas, etc. También llevaron a América los plátanos[1], el azúcar o el café; también el hierro o la rueda[2] **que no conocían los pueblos americanos**. Lo peor fueron las enfermedades **que no se conocían en América** y de las que murieron muchos indígenas. También llevaron su cultura y la lengua **que se habla** hoy en día en la mayoría del territorio americano. Por otra parte los europeos, además de oro y plata[3], trajeron muchos productos de más valor como los tomates, la patata, el cacao o la vainilla, sin los que hoy nuestro mundo sería muy diferente.

7 Datos sobre la Conquista

Completad las siguientes frases con el verbo en pretérito indefinido. Trabajad en parejas.

A
¿En qué año **(llegar)** Cristóbal Colón a América?
Colón **llegó** a América en **mil cuatrocientos noventa y dos**.
¿Qué **(hacer)** España y Portugal en 1494?
España y Portugal **decidieron** repartir[4] el mundo entre ellos en el Tratado[5] de Tordesillas.
¿Qué **(descubrir)** Ponce de León?
Ponce de León **descubrió** Florida en **mil quinientos trece.**
¿Quién **(ser)** Hernán Cortés?
Fue la persona que **conquistó** el imperio azteca en mil quinientos veintiuno.
¿Qué **(hacer)** Juan Sebastián Elcano entre 1521 y 1522?
Juan Sebastián Elcano **dió** la vuelta al mundo por primera vez en barco.
¿Quién **(conquistar)** el imperio inca?
Francisco Pizarro **conquistó** el imperio inca en **mil quinientos treinta y tres**.
¿Qué **(hacer)** Francisco de Orellana en 1542?
Francisco de Orellana **fue** el primer europeo que **vio** y que **viajó** por el río Amazonas.

B
¿En qué año **llegó** Cristóbal Colón a América?
Colón **(llegar)** a América en 1492.
¿Qué **hicieron** España y Portugal en **mil cuatrocientos noventa y cuatro**?
España y Portugal **(decidir)** repartir[4] el mundo entre ellos en el Tratado[5] de Tordesillas.
¿Qué **descubrió** Ponce de León?
Ponce de León **(descubir)** Florida en 1513.
¿Quién **fue** Hernán Cortés?
(Ser) la persona que **(conquistar)** el imperio azteca en 1521.
¿Qué **hizo** Juan Sebastián Elcano entre **mil quinientos veintiuno** y **mil quinientos veintidós**?
Juan Sebastián Elcano **(dar)** la vuelta al mundo por primera vez en barco.
¿Quién **conquistó** el imperio inca?
Francisco Pizarro **(conquistar)** el imperio inca en 1533.
¿Qué **hizo** Francisco de Orellana en **mil quinientos cuarenta y dos**?
Francisco de Orellana **(ser)** el primer europeo que **(ver)** y que **(viajar)** por el río Amazonas.

[1] **un plátano** eine Banane – [2] **una rueda** ein Rad – [3] **la plata** das Silber – [4] **repartir** aufteilen – [5] **un tratado** ein Vertrag

8 Las grandes culturas americanas

a Escuchad el texto del cedé una primera vez. Decid cuántas grandes culturas americanas hubo y cómo se llaman.

b Mirad las siguientes fotos y decid a qué cultura pertenecen (*gehören*).

A – Machu Picchu

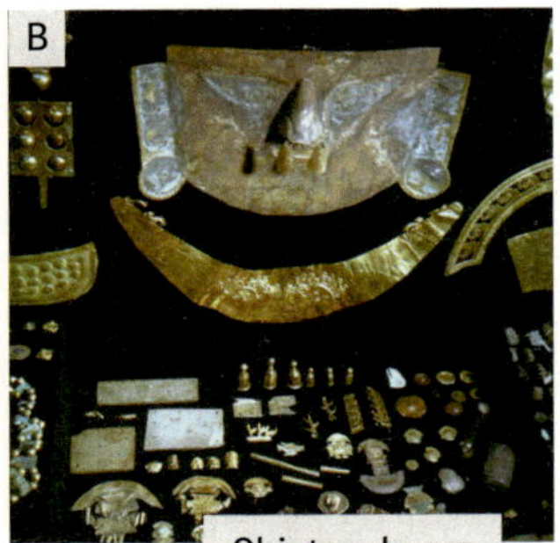
B – Objetos de oro

C – Palenque

D – Un mercado

E – Un calendario en piedra

F – Sacrificios humanos

c Elegid una de las culturas y escuchad la parte correspondiente del cedé otra vez. Apuntad la información que os parezca importante o interesante. Trabajad en grupos.

d Preparad una pequeña presentación para explicar a vuestros compañeros la cultura sobre la que habéis trabajado en el ejercicio 8c.

9 Fray Bartolomé de Las Casas (§ 8)

Completad este texto sobre Fray Bartolomé de las Casas con las formas correctas de los tiempos de pasado: pretérito indefinido, imperfecto y pluscuamperfecto.

Fray Bartolomé de Las Casas **(ser)** un monje, filósofo y jurista que **(luchar)** por los derechos de los indígenas durante la Conquista. **(Nacer)** en Sevilla en 1474 y, cuando **(ser)** niño, **(conocer)** a Cristóbal Colón, pues su padre **(hacer)** unos años antes un viaje con él a América. En 1502 Bartolomé de Las Casas **(viajar)** también a América y **(participar)** en la Conquista, pero **(volver)** a España triste con lo que **(ver)** en las colonias. Le **(explicar)** al Rey cómo los conquistadores **(castigar)** y **(matar)** a los indígenas. Gracias a su trabajo, en 1542 **(salir)** las Leyes Nuevas. Según estas leyes[1] los indígenas **(ser)** hombres libres y no esclavos y **(tener)** derechos. Por desgracia muchos conquistadores **(estar)** en contra de estas leyes y no las **(cumplir[2])**. A finales de 1542 Las Casas **(terminar)** de escribir su obra más famosa *Brevísima relación de la destrucción de las Indias*, que ya **(empezar)** a escribir en México, y en las que **(mostrar)** la crueldad[3] y destrucción que los conquistadores **(llevar)** a las colonias.

[1] **una ley** ein Gesetz – [2] **cumplir** befolgen – [3] **la crueldad** die Grausamkeit

Estrategia

Analyse von Bilddokumenten

Bilder enthalten – genau wie Texte – Botschaften, die allerdings nicht mit sprachlichen, sondern mit bildlichen Mitteln ausgedrückt werden. Hier ist ein kleiner Wegweiser, wie ihr bei der Analyse von Bilddokumenten vorgehen könnt.

1 Erste Eindrücke

So wie ihr einen Text erst überfliegt, um zu sehen, wovon er handelt, könnt ihr auch ein Bild erst einmal grob betrachten. Folgende Fragestellungen sind für eine erste Orientierung hilfreich:
- Um welche Art Bild handelt es sich (Foto, Zeichnung, Comic, Karikatur, Gemälde, Werbeanzeige)?
- Welche Situation wird dargestellt?
- Wer ist die Hauptperson? Was ist der Hauptgegenstand?
- Wie ist mein erster Eindruck von dem Bild?

2 Beschreibung des Bildes

Eine systematische Beschreibung von Bildern geht in der Regel von den Hauptelementen zum weniger Wichtigen, d. h. meist von der Bildmitte zu den Seiten und vom Vordergrund zum Hintergrund, gelegentlich auch von links nach rechts oder von oben nach unten.
Wichtig für die Beschreibung sind:
- die Personen (Aussehen, Kleidung, Gestik, Mimik) und Gegenstände
- der Schauplatz, die Situation, die Stimmung
- die Farben und der Lichteinfall
- bei Cartoons und Werbung: die Textelemente wie Bildunterschrift oder Sprechblasen

3 Interpretation/Analyse des Bildes

Ausgehend von der Beschreibung (also erst danach) solltet ihr das Bild z.B. anhand folgender Leitfragen interpretieren:
- Was bedeuten die einzelnen Elemente?
- Wie spielen diese (und eventuell auch der Text) zusammen?
- Welche Aussage oder Botschaft ergibt sich daraus? Welche Absicht verfolgt der Autor?

Bei Werken wie Karikaturen oder Gemälden ist es oft auch sinnvoll, den Maler oder Zeichner zu identifizieren und sich über ihn zu informieren.

4 Persönliche Wertung

Vor allem bei Karikaturen oder Gemälden könnt ihr euch abschließend dazu äußern, wie das Bild auf euch wirkt. Dazu könnt ihr z.B. auf die ersten Eindrücke zurückgreifen und sehen, ob ihr auch nach der Beschreibung und Analyse genauso denkt. Außerdem könnt ihr auch erwähnen, ob der Autor des Bildes eurer Meinung nach die gewünschte Wirkung erreicht und ob die Aussage für uns noch wichtig ist.

Das sieht nach viel Arbeit aus, aber ihr werdet sehen, wie spannend es sein kann zu erkunden, was alles in einem Bild steckt!

10 Descripciones

Ya conocéis bastantes palabras para describir imágenes. Escribid todas las que recordéis para
- decir dónde está algo (preposiciones, verbos, lugares)
- los típos de imágenes
- el aspecto de personas y cosas
- otras palabras que os parezcan importantes

Más palabras útiles para hablar de imágenes

una imagen	ein Bild
un dibujo	eine Zeichnung
una viñeta	ein Cartoon
tratarse de	sich handeln um
aparecer (-zco)	erscheinen, auftauchen
(azul, verde, …) claro	hell(blau, -grün, …)
(rojo, gris, …) oscuro	dunkel(rot, -grau, …)

11 La población de América Latina

a En el dibujo de Diego Rivera de la página 101 se ve en primer plano a una mujer con un bebé. Describidlos y explicad qué significado puede tener esa escena.

b Con lo que sabéis sobre países como Guatemala, Bolivia y Cuba, explicad cómo está formada la población de los países latinoamericanos. Podéis buscar también información en Internet (Online-Link 536930-0008).

12 La independencia de las colonias (§ 8)

a Escribid un texto sobre la independencia de las colonias americanas con ayuda de la siguiente información.

causas	**consecuencias**
– En 1766 Estados Unidos consigue su independencia. – En 1789 tiene lugar la Revolución francesa y nacen las ideas sobre la libertad y los derechos humanos. – Entre 1808 y 1814 España está bajo el poder[1] de Napoleón. Las colonias no lo aceptan y se hacen independientes. – Crecen los problemas entre criollos[2] y españoles por el poder en las colonias.	**para España** – Hay una crisis económica. **para América** – El poder político lo tienen los criollos. No hay cambios sociales. – Comienza una época de caos político. – Muchas regiones se vuelven pobres. – Hay guerras entre los nuevos países independientes. – Otros países como Inglaterra, Francia o Estados Unidos intentan imponer[3] sus intereses.

b Con la información del ejercicio 12a y lo que sabéis de América Latina, discutid en parejas qué significó para los indígenas la Independencia y si ésta trajo algo positivo para ellos.

13 Indígenas en la política

a Decidid sobre cuál de las siguientes personas queréis trabajar. Después buscad en el *Glosario cultural* de las páginas 140–147 o en Internet información sobre ellos y apuntadla en vuestro cuaderno.

A

Nina Pacari

B

Rigoberta Menchú

C

Evo Morales

b Todas las personas que hayáis buscado información sobre una misma persona, haced un grupo y compartid vuestra información. Cada uno de vosotros completa la información que le falte en su cuaderno.

c Haced ahora grupos de tres personas. Cada uno de vosotros ha trabajado con diferentes personajes del ejercicio 13a. Contaos entre vosotros lo que sabéis sobre esos personajes.

[1] **el poder** die Macht – [2] **criollo, -a** persona que ha nacido en las colonias, pero de padres europeos – [3] **imponer** duchsetzen

14 Los indígenas hoy

a Leed el siguiente artículo y decid en pocas frases de qué trata.

http://web.worldbank.org/

Pueblos indígenas, pobreza y desarrollo humano en América Latina: 1994 – 2004

WASHINGTON, 18 de mayo de 2005

A pesar de su creciente influencia política, los pueblos indígenas de América Latina han avanzado poco en materia económica y social durante la última década y continúan teniendo altos niveles de pobreza, menor educación y mayor incidencia de enfermedades y discriminación que otros grupos, señala un nuevo estudio del Banco Mundial.

El estudio considera cómo las condiciones sociales han evolucionado en los cinco países latinoamericanos con mayor población indígena (Bolivia, Ecuador, Guatemala, México y Perú) durante la década 1994-2004.
El estudio muestra que los pueblos indígenas son el grupo más desfavorecido de América Latina. A pesar de que la incidencia de pobreza en América Latina es alta, la misma es particularmente severa y profunda entre la población indígena.

En Bolivia y Guatemala, por ejemplo, más de la mitad del total de la población es pobre, pero casi tres cuartos de la población indígena lo es. La pobreza entre los indígenas en Ecuador es cerca del 87 por ciento y alcanza el 96 por ciento en las sierras rurales. En México, la pobreza extrema en 2002 era 4,5 veces mayor en las zonas predominantemente indígenas en comparación a las no indígenas. De todos los hogares pobres en Perú, 43 por ciento son indígenas. En particular, el estudio encuentra que:

- Hay poca reducción de la pobreza entre los indígenas.
- Los indígenas se recuperan más lentamente de las crisis económicas.
- Ser indígena aumenta la probabilidad de un individuo de ser pobre.
- Los indígenas continúan teniendo menos años de educación.
- Los indígenas, especialmente mujeres y niños, continúan teniendo menor acceso a servicios básicos de salud.

b Leed otra vez el texto y contestad las siguientes preguntas.

1. ¿En qué regiones del continente americano la proporción de población indígena es mayor?
2. ¿Cuáles son los mayores problemas que tiene la población indígena?
3. ¿En qué campos (*Bereichen*) tiene que haber cambios para que mejore la situación de los indígenas?

Culturas indígenas

En vuestro piso compartido queréis ayudar a las comunidades indígenas de América Latina.

1. Buscad en Internet (Online-Link 536930-0009) información sobre algún grupo indígena:
   - quiénes son.
   - dónde viven.
   - qué costumbres *(Bräuche und Gewohnheiten)* tienen.
   - cuáles son sus problemas actuales.
2. Discutid qué se puede hacer para solucionar los problemas. Pensad que también hay tipos de ayuda que pueden ser peligrosos.
3. Preparad un póster con la información sobre la comunidad indígena que hayáis elegido y vuestras propuestas de ayuda.
4. Haced con vuestro póster un puesto de información. Preparaos para responder a otras preguntas de vuestros compañeros.
5. Id de un puesto a otro e informaos sobre el trabajo de los otros grupos.
6. Discutid qué problemas tienen todos los grupos indígenas en común.

Ya sé en español ...

describir a un pueblo

- Los ... son un pueblo que vive en | el desierto. / el altiplano. / la costa. / la selva. / la sierra. / pequeños grupos.
- No viven siempre en el mismo sitio.
- Este pueblo vive | de la agricultura. / de la ganadería. / de la artesanía. / del turismo.
- Sus alimentos principales son...
- El trabajo dentro del grupo está así repartido *(aufgeteilt)*: los hombres ... / las mujeres ... / los niños ...
- Lo más interesante es su | música / ropa / lengua / artesanía / medicina tradicional | porque ...
- Su mayor problema | es | que se está destruyendo el medio ambiente / la selva. / la contaminación. / el cambio climático. / es la falta de unas buenas infraestructuras para su economía.

México y sus habitantes

Francisco es un joven de Madrid que ha vivido en países muy diferentes porque su padre es diplomático. Ahora está en Ciudad de México y allí empieza a conocer mejor la sociedad e historia del país.

Sus dieciséis años lo sorprendieron en la ciudad de México. Con unos problemas de tráfico fenomenales, un elevado nivel de criminalidad, una sobrepoblación y al mismo tiempo, una cultura fascinante y un mosaico de tipos humanos que pasaban delante de los ojos asombrados de Francisco cada vez que salía a la calle. Lo que no era fácil, porque debía salir con un guardaespaldas. Norberto Tecuhtli se llamaba el guardia, y era un hombre de cuarenta años de una familia agricultora del estado de Tlaxcala. Estaba acostumbrado a hablar con monosílabos y a ser considerado una estatua. A los pocos días de ser el guardia personal de Francisco, Norberto había caído en la red de preguntas llenas de interés que tendría el jóven.

Preguntando, Francisco se enteró de que Norberto salía temprano de su casita en Tlaxcala para hacer su trabajo de guardaespaldas, que tenía dos hijos que cursaban Primaria, que su mujer se quedaba en casa, que había hablado náhuatl y lo había olvidado, y que solamente lo recordaba cuando visitaba a su padre, don Ramón Tecuhtli: anciano y ciego. Que seguía siendo agricultor, y que dejaba los campos sembrados para ganar dinero en la ciudad de México con un trabajo peligroso.

—¿Peligroso?
—Hay muchos asaltos, sobre todo en las zonas donde vive la clase alta.
Y Francisco también se enteró de que la residencia diplomática se encontraba en una zona donde vive la clase alta.
—¿Qué es la clase alta para ti, Norberto?
— La clase rica, blanca y que ha estudiado— contestó Norberto.
—¿La clase alta habla náhuatl? —se interesó Francisco.
—Nunca.
—¿Y la baja?
—Tampoco.
—¿Quiénes hablan náhuatl?
—La gente de los pueblos. Pero lo hablan entre ellos. Cuando vienen a la capital todos hablan español.
—Entonces—concluyó Francisco—la gente de los pueblos es bilingüe.
Norberto dijo que nunca lo había pensado de esa manera. El término «bilingüe» se aplicaba más bien a quienes hablaban español e inglés. Nunca se había encontrado con nadie que considerara náhuatl un idioma.

María García Esperón. *Mi abuelo Moctezuma*. Zaragoza: Edelvives, 2009 (fragmento simplificado)

a Presentad a las personas que aparecen en el texto.

b En lo que dice Norberto se pueden ver algunas de las consecuencias de la Conquista e Independencia de América. Buscad los fragmentos en los que está esa información y explicadlos.

---

4 **sus 16 años lo sorprendieron** cumplió 16 años – 5 **la sobrepoblación** die Überbevölkerung – 7 **un guardaespaldas** ein Leibwächter – 9 **Tlaxcala** estado y ciudad de Mexico; la ciudad está a unos 120 kms de Ciudad de México – **con monosílabos** einsilbig – 10 **ser considerado, -a** algo für etw. gehalten werden – 13 **cursar** *aquí:* ir a la escuela – 16 **sembrar** säen – 19 **un asalto** ein Überfall – 20 **la clase alta / baja** die Ober-/Unterschicht – 22 **una residencia** *aquí:* una casa – 36 **concluir** schlussfolgern – 37 **aplicar a** anwenden auf

8 Unidad

Una joven democracia

1939–1975	20/11/1975	22/11/1975	1976
Dictadura bajo el Generalísimo Francisco Franco	Muerte del dictador Franco	Se proclama a Don Juan Carlos Rey de España.	Se celebra el referéndum sobre la ley de Reforma Política.

A

B

C

D

15/6/1977	1978	1986	2002
Se celebran las primeras elecciones libres después de 40 años.	Se vota la Constitución. España se convierte en una monarquía parlamentaria.	España entra en la Unión Europea.	El euro es la nueva moneda de España.

E

F

G

la democracia	die Demokratie
la dictadura	die Diktatur
proclamar (algo a alguien)	(jdn. zu etw.) ausrufen, proklamieren
celebrar un referéndum	(Wahlen etc.) abhalten ein Referendum, eine Volksabstimmung
una ley	ein Gesetz
una reforma	eine Reform
un partido	eine Partei
político, -a	politisch
una elección	eine Wahl
votar	wählen, abstimmen über
la Constitución	die Verfassung
convertirse en (-ie-/-i-)	werden zu
la monarquía	die Monarchie
parlamentario, -a	parlamentarisch
la Unión Europea	die Europäische Union
la moneda	die Währung

El camino de España hacia la democracia

a Decid qué foto de estas dos páginas va con qué fecha de la lista de datos.

b Explicad las etapas importantes del camino de España hacia la democracia. Usad la información de la lista de datos.

Ejemplo: Entre 1939 y 1975 hubo una dictadura bajo el Generalísimo Francisco Franco.

La noche más larga

«¡Otra vez, no puede ser!» piensa Ana cuando el profesor de inglés le devuelve el examen. Ha estudiado toda la semana, pero con el inglés es imposible: otro cuatro. Además, el profesor le ha dado una carta para sus padres. Cuando la lean, seguro que le echan la bronca.

A las seis y cuarto, cuando Ana entra en su casa, tiene suerte: su madre está sola. Está planchando y escuchando en la radio la elección del Presidente del Gobierno en el Congreso de los Diputados. Ana quiere hablar con ella antes de que vuelva su padre del trabajo. Pero de repente, durante la transmisión, pasa algo raro. El periodista en la radio habla nervioso:

Periodista 1: En estos momentos …

Periodista 2: Se ha oído un disparo.

Periodista 1: … se ha oído un muy fuerte golpe en la Cámara. No sabemos lo que es porque … porque se ve a la policía. La Guardia Civil entra en estos momentos en el Congreso de los Diputados. Hay un teniente coronel que con una pistola, sube hacia la tribuna. En estos momentos apunta … Es un guardia civil, está apuntando con la pistola. Entran más policías. Entran más policías. Está apuntando al presidente del Congreso de los Diputados con la pistola y vemos como …

Voz: ¡Silencio!

Periodista 2: ¡Cuidado la policía, la policía …

Voz: ¡Al suelo, al suelo!

Periodista: No podemos emitir más porque nos están apuntando con…

Voz: ¡Al suelo! ¡Al suelo todo el mundo! …

Cadena SER: «El golpe del 23-F: la noche en que la SER informó en directo» (fragmento)

A

Se oyen más disparos, voces, gritos, ruidos … y de repente sólo música. Finalmente un periodista en el estudio explica que no pueden continuar la transmisión en directo, que seguirán con ella cuando sea posible.

«Un golpe de estado, niña, un golpe de estado en Madrid» dice la madre. Está a punto de llorar. «Va a volver la dictadura, como en la época de Franco. Y papá va a ir a la cárcel, seguro.» Ana mira a su madre con miedo, pero ésta ya va al teléfono para hablar con la oficina del sindicato donde trabaja su padre: «Por favor, cuando llegue mi marido, decidle que me llame.» De repente la nota de inglés ya no tiene importancia y lo único importante es saber dónde está su padre.

1 Lo que pasó en «la noche más larga»

a El texto «La noche más larga» tiene dos acciones simultáneas *(gleichzeitig ablaufende Handlungsstränge)* diferentes. Decid cuáles son y qué personas aparecen.

b Mirad las fotos de estas dos páginas. Decidid con qué línea(s) del texto va cada foto y a cuál de las dos acciones pertenece (*gehört*).

c Inventad un título para cada foto.

Ella y su madre siguen escuchando la radio. Normalmente Ana no se interesa por la política. Claro, en el colegio ha aprendido algo sobre la Constitución, que España es una monarquía parlamentaria, que el Rey es el Jefe del Estado y del ejército y esas cosas. Pero eso no tiene nada que ver con ella. Esta noche es diferente. Ana siente que todo eso sí tiene que ver con ella – y no sólo por su padre. No se da cuenta de cómo pasa el tiempo. Y todavía no hay noticias de su padre.

Ana va a la ventana y mira a la calle: Valencia está vacía. De repente oye un ruido extraño: parece un tren en medio de la ciudad. Ana no puede creer lo que ve: se están acercando muchos camiones militares y detrás hay... tanques. No sólo uno, sino un montón. Ana tiene miedo y cierra rápidamente las cortinas.
Ana no quiere dormir hasta que sepa algo sobre su padre, pero está agotada y se duerme en el sofá de la sala de estar. Cuando se despierta, es la una y cuarto. Ve a su padre que está poniendo la tele. Está hablando el Rey.

2 **devolver (-ue-)** zurückgeben – 9 **el Presidente del Gobierno** der Regierungschef – 12 **una transmisión** eine (Radio-, Fernseh-)Übertragung – 16 **un disparo** ein Schuss – 19 **la Guardia Civil** die kasernierte Polizei *(ver también Glosario cultural p. 140)* – 20 **el Congreso de los Diputados** das Abgeordnetenhaus – 21 **un teniente coronel** ein Oberstleutnant – 22 **apuntar (hacia) algo** *aquí:* auf etw. zielen – 30 **emitir** senden – 38 **un golpe de estado** ein Staatsstreich, ein Putsch – 43 **una oficina** ein Büro – **un sindicato** eine Gewerkschaft – 52 **el Jefe del Estado** das Staatsoberhaupt – 53 **el ejército** die Armee – 59 **extraño, -a** raro, -a – 62 **un tanque** ein Panzer

2 Palabras y política

Trabajad en grupos: una persona explica una de estas palabras, las otras intentan saber qué palabra es.

una democracia | **un referéndum** | **un golpe de estado**

una ley | **una dictadura** | **una monarquía** | **una elección**

3 Dos historias paralelas

a Haced una tabla con una columna para cada acción que habéis identificado en el ejercicio 1a. Escribid las siguientes palabras en la columna correspondiente. Cuidado: algunas palabras pueden ir en las dos columnas.

UNA CÁRCEL | EL CONGRESO DE LOS DIPUTADOS | DISPAROS | UN SINDICATO | UNA CARTA | LA ELECCIÓN DEL PRESIDENTE DEL GOBIERNO | UN EXAMEN | UN GOLPE DE ESTADO | EL PADRE | UNA TRANSMISIÓN | EL MIEDO | LA RADIO | TANQUES | EL REY | UNA PISTOLA

b Con ayuda de las palabras del ejercicio 3a preparaos para resumir una de las acciones del texto.

c Buscad a un compañero o una compañera que ha preparado el resumen de la otra acción. Explicadle lo que pasa en la vuestra y escuchad las explicaciones de la suya.

d Seguid en parejas y discutid por qué Ana siente que lo que pasa en el Congreso de los Diputados tiene que ver con ella (l. 15–32).

4 Más allá del texto

Elegid una de las siguientes tareas. Preparaos para presentar vuestros resultados a la clase.

a Con ayuda de la información de las páginas 112–115 completad vuestro trabajo del ejercicio b de la página 113 sobre el camino de España hacia la democracia. No olvidéis tampoco las dificultades que hubo e intentad deducir de la información las razones para ellas.

b El texto de las páginas 114–115 termina con el discurso (*Rede*) del Rey. En la noche del 23 al 24 de febrero de 1981 muchos españoles – los que estaban a favor del golpe tanto como los que estaban en contra – lo habían esperado. Con ayuda de la foto de al lado y la información en las líneas 50–53 del texto «La noche más larga» decid por qué era tan importante la opinión del Rey en esa situación.

c Leed la información sobre los sindicatos en España en la página 140 y explicad por qué la madre de Ana tiene miedo de que su marido vaya a la cárcel (l. 41).

5 ¿Cómo terminó el golpe?

a Escuchad en el cedé la transmisión del discurso del Rey en la noche del 23 al 24 de febrero de 1981 y decid si se pronunció a favor o en contra del golpe. Justificad vuestra respuesta.

b Con el discurso del Rey no había terminado todo. Unid las frases de cada número y escribid así un texto sobre las horas decisivas *(entscheidend)* del golpe de Estado. Para unir las frases, usad las palabras de la casilla.

- al
- antes de
- después de
- para
- por
- sin

(+ *inf.*)

- *participio perfecto*

Ejemplo:
El Gobierno estaba en manos de los golpistas. Por eso no pudo tomar decisiones.
→ El Gobierno no pudo tomar decisiones por estar en manos de los golpistas.

1. El Rey hizo su discurso[1]. Antes había hablado con muchos responsables militares. Quería conocer su opinión.
2. Supo que la mayoría de ellos no estaba a favor del golpe. Entonces hizo su discurso.
3. La televisión y la radio emitieron el discurso del Rey. Después continuaron sus programas con información sobre el golpe.
4. Los diputados siguieron en el Congreso. Los guardias civiles los observaban.
5. Los golpistas conocieron el discurso del Rey. Incluso entonces no quisieron abandonar el Congreso.
6. Los tanques siguieron en las calles de Valencia hasta las cinco de la mañana. No abandonaron la ciudad.
7. Algunos generales hablaron con los golpistas. Quisieron convencerlos de que era mejor rendirse.
8. El mediodía del 24 de febrero había pasado. Sólo entonces los golpistas se rindieron.
9. Esta noche terminó sólo al mediodía del día siguiente. Por eso se llama hasta hoy «la noche más larga».
10. La democracia encontró el apoyo[2] de la mayoría de los españoles. Por eso la democracia salió más fuerte de esta situación difícil.

6 Reacciones de la sociedad

a Escuchad en el cedé una entrevista a estas personas. Apuntad en una tabla lo que hizo cada persona en el momento del golpe y cómo se sintió.

A

B

C

D

E

F

b Una de las personas del cedé habla también de la reacción de la sociedad. Con ayuda de esta información y la foto de al lado decid qué pensó la mayoría de los españoles sobre el golpe y qué hicieron para expresar su opinión.

7 Dos días emocionantes

Imaginaos que estáis en Valencia con un intercambio escolar en febrero de 1981. Como la noticia del golpe ha salido también en los periódicos alemanes, seguro que vuestros padres están preocupados. Escribid una carta para explicarles lo que ha pasado.

[1] **un discurso** eine Rede – [2] **el apoyo** die Unterstützung

8 El sistema político español

En el proceso democrático los españoles votaron la Constitución en la que se describen, entre otras cosas, las diferentes instituciones y sus funciones.

a Mirad el siguiente gráfico y, con ayuda de lo que ya habéis aprendido sobre España, decid qué palabras se esconden detrás de los números.

b Con la información del gráfico escribid un pequeño texto sobre el sistema político español.

Forma política del Estado

La Corona / el Rey

1 del Estado

Jefe 2

el más alto representante del Estado

nombra

El Gobierno

se compone del 3 y de los ministros (los propone el Presidente del Gobierno)

dirige la política interior y exterior del país

controla

es responsable ante

Las Cortes Generales = el Parlamento
se compone de dos cámaras

El Congreso de los Diputados

vota las leyes

4 al Presidente del Gobierno

entre 300 y 400 5

El Senado

representa a las Comunidades Autónomas y las provincias

participa en la legislación

eligen

españoles mayores de 18 años

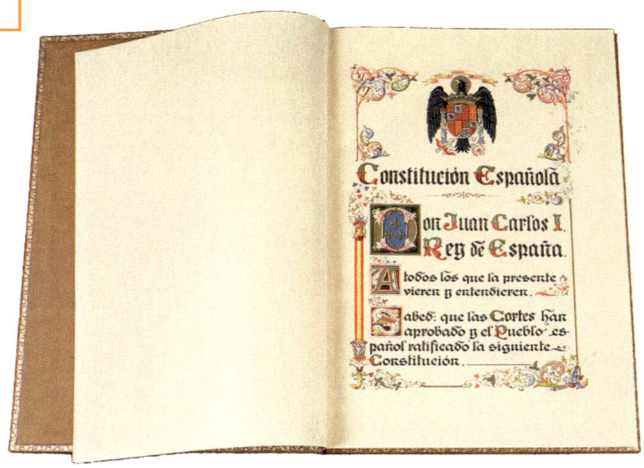

la Corona	die Krone
un representante	ein Repräsentant
nombrar	ernennen
componerse de	sich zusammensetzen aus
dirigir	lenken, leiten
la legislación	die Gesetzgebung

9 ¿Presente, pasado o futuro? (§ 21)

a Mirad las líneas 5, 37, 44 y 65. Decid a qué tiempo (pasado, presente, futuro) se refieren las frases que empiezan con *cuando* y *hasta que* y en qué modo (indicativo, subjuntivo) están.

b Mirad también las siguientes frases y sacad la misma información que en el ejercicio 9a.

1. La madre de Ana tiene miedo por su marido hasta que lo ve.
2. Cuando el padre vuelve a casa, Ana está durmiendo.
3. El padre estaba en casa de un compañero cuando oyó la noticia del golpe.
4. Se quedó allí hasta que pudo salir a la calle sin peligro.

c Con los resultados de los ejercicios 9a y 9b formulad una regla para el uso del indicativo y subjuntivo con las conjunciones *cuando* y *hasta que*.

10 Una anécdota (§ 21)

a Completad el siguiente mensaje en el contestador automático (*Anrufbeantworter*) con la forma correcta de los verbos en subjuntivo.

1. Llámame cuando **(llegar – tú)** a casa.
2. Te esperaré hasta que **(terminar)** la transmisión del partido de fútbol.
3. Necesito hablar contigo antes de que **(ver – tú)** a Alfredo.
4. Es importante para que **(saber – tú)** lo que él me ha dicho.

b Se dice que la siguiente historia pasó realmente poco después de la muerte de Franco. Leedla y completad el texto con la forma adecuada del verbo. Cuidado con el modo de los verbos.

Hoy es domingo. Joaquín se ha levantado temprano porque quiere ir a un pueblo pequeño de la provincia de Ávila. Cuando **1** **(llegar)** allí, quiere ver una casa para alquilar en verano. Joaquín va por la carretera cuando de repente **2** **(notar)** que el motor tiene problemas. Continúa hasta que el coche **3** **(pararse)**. Está sin gasolina[1] y el próximo pueblo está lejos. Sólo puede esperar hasta que alguien lo **4** **(ayudar)**.

Antes de que **5** **(poder)** pensar en otra solución, oye el ruido de una moto. El motorista se para y le pregunta si lo puede ayudar. Joaquín cree que conoce su voz, pero, como no se quita el casco[2], prefiere no preguntar. Joaquín le explica que, hasta que no **6** **(tener)** gasolina, no podrá continuar su viaje. El motorista propone llevarlo a una gasolinera[3] cercana y, cuando **7** **(tener)** la gasolina, volver a traerlo.

Durante el camino Joaquín piensa una y otra vez en esa voz que le parece conocida. Después de comprar gasolina, los dos vuelven al lugar donde está el coche. Antes de que el motorista **8** **(despedirse)**, Joaquín le da las gracias y le pide que le diga su nombre para que **9** **(saber)** quién lo ha ayudado. Cuando el motorista finalmente **10** **(quitarse)** el casco, Joaquín no puede creer que delante de él esté ... Su Majestad el Rey.

11 Los cambios necesarios (§ 2)

Durante la llamada «Transición», es decir los años después de la muerte de Franco, hubo en España muchas discusiones políticas sobre los cambios necesarios. Escribid un discurso de un político o un folleto de un partido político con ayuda de las siguientes ideas y las expresiones de la casilla. Cuidado con el modo de los verbos. Para ayudaros: en general hay que quitar los verbos auxiliares (tener que, necesitar, etc.) para transformar las frases.

- (no) creer / pensar / decir que
- es / nos parece | justo / necesario / importante / … | que
- esperar / desear / pedir / querer que
- soñar con / recomendar que
- alegrarse de / encantar / estar contento,-a de / importar que
- molestar que / preocuparse porque
- para que / donde

Ejemplo: La dictadura nunca tiene que volver. → Esperamos que la dictadura nunca vuelva.

Lo que ya se ha conseguido	Lo que queda por hacer / las esperanzas
– Las primeras elecciones libres desde hace 40 años se van a celebrar pronto. – Los partidos políticos ya no son ilegales. – Todos los españoles tienen libertad[4] de expresión y de reunión. – Todos los que quieran pueden organizarse en sindicatos.	– Hay que acabar con el antiguo sistema político. – Las mujeres no tienen todavía los mismos derechos que los hombres. Ellas necesitan el derecho de elegir un trabajo sin el permiso de su marido. – España tiene que dejar de ser un país católico. Todos tienen que poder elegir su religión libremente. – España tiene que convertirse en un Estado de Autonomías. Los gallegos, vascos, catalanes … necesitan poder hablar su lengua. – Chicos y chicas tienen que ir juntos a la escuela; ya no puede haber escuelas para chicos y otras para chicas.

[1] **la gasolina** das Benzin – [2] **un casco** ein (Motorrad-)Helm – [3] **una gasolinera** eine Tankstelle – [4] **la libertad de expresión y de reunión** Meinungs- und Versammlungsfreiheit

12 España hoy

Elegid una de las siguientes tareas. Resumid la información que os parezca más importante y preparad un poster para explicársela a vuestros compañeros. Trabajad con un diccionario si es necesario.

a Leed el siguiente texto y mirad también la información sobre las Comunidades Autónomas del *Glosario cultural*. Mirad, además, los mapas de la contraportada *(im Bucheinband vorne)* y de la página 16. Con esa información explicad qué son las Comunidades Autónomas.

> El castellano es la lengua española oficial del Estado. Todos los españoles tienen el deber de conocerla y el derecho a usarla.
>
> Las demás lenguas españolas serán también oficiales en las respectivas Comunidades Autónomas de acuerdo con sus estatutos.

Constitución española, artículo 3

b Buscad en Internet (Online-Link 536930-0010) la siguiente información:

1. El Congreso de los Diputados:
   - los partidos / grupos que tienen actualmente diputados en el Congreso
   - el número de diputados en total
2. El Gobierno
   - el nombre del Presidente del Gobierno
   - su partido
   - el número de ministerios

c Desde su entrada en la Unión Europea, España ha participado en todas las instituciones. En cuanto al dinero, su papel está ahora cambiando. Leed el siguiente texto y explicad este cambio, sus razones y sus efectos.

El Mundo, 19-08-2008

«Cumplimos nuestro sueño de entrar en la UE, pero, desde entonces, hemos trabajado muy duro para convertirlo en la realidad que vemos todos los días. Somos el país que más fondos ha recibido y hemos sabido invertirlos en progreso, en seguridad, en oportunidades… Ahora somos un ejemplo para los recién llegados y los candidatos. Todos quieren un desarrollo 'a la española'», comenta a este diario Diego López Garrido, secretario de Estado para la UE.

Puede que nunca en la Historia un Estado haya recibido tanta ayuda económica como España, unos 118.000 millones de euros entre 1986 y 2006. Cuatro de cada 10 kilómetros de autopista se han construido con fondos europeos. Desde el AVE hasta la restauración de viviendas para el turismo rural en La Rioja, la marca europea está, más o menos visible, detrás de decenas de miles de proyectos.

Pero, al final de este nuevo ciclo presupuestario 2007–2013, el privilegio financiero se acabará para España, que empezará a aportar a las arcas europeas más de lo que recibe para ayudar a los nuevos 'pobres' de la UE.

En 1986, la renta media española apenas llegaba al 70% de la media comunitaria; en 2007 estaba siete puntos por encima. Sólo una parte del logro se debe al efecto estadístico por la entrada de los 12 nuevos miembros, la mayoría del ex bloque soviético, ya que España se sitúa como el noveno país en riqueza 'per capita' de la zona euro, incluso por delante de Italia.

María Ramírez: «La crisis de madurez para ganar relevancia entre los grandes». *El Mundo*, 19.08.2008 (fragmentos)

Estrategia

Informationsquellen sinnvoll nutzen

Für Referate oder Hausarbeiten müsst ihr immer wieder Materialien beschaffen. Zu vielen Themen gibt es eine Fülle von Informationen, sodass sich die Auswertung als sehr mühselig erweisen kann. Deshalb sollte eine Suche gut vorbereitet und strukturiert durchgeführt werden. Orientiert euch dabei an den Fragen: was? woher? wie?

Was?

- Überlegt vor Beginn der Suche, welche Informationen für das Thema von Bedeutung sind. Notiert eure Ideen stichpunktartig.
- Wenn ihr noch gar keine Kenntnisse zum Thema habt, verschafft euch einen ersten Überblick mit Hilfe des Eintrags in einem (Internet-)Lexikon. So bekommt ihr eine grobe Idee davon, wonach ihr überhaupt suchen müsst.

Wo?

- Nutzt gezielt die angefertigten Notizen für die Stichwortsuche in Bibliothekskatalogen oder im Internet.
- Das Internet kann eine große Hilfe bei der Informationsbeschaffung sein. Nicht immer kann man sich aber darauf verlassen, dass die Websites sorgfältig recherchiert wurden und korrekte Informationen enthalten. Deshalb solltet ihr euch im Internet grundsätzlich nicht auf eine einzige Quelle verlassen, sondern diese immer mit Hilfe wenigstens einer anderen Website überprüfen.
- Bevor ihr eine Bibliothek aufsucht, lohnt es sich, im Internet oder bei Online-Buchhandlungen nach Literatur zum Thema zu suchen. Auch viele Bibliothekskataloge sind im Internet einsehbar und bieten die Möglichkeit einer Stichwortsuche, sodass ihr von zu Hause aus in Erfahrung bringen könnt, ob oder in welcher Bibliothek die Bücher zu eurem Thema entliehen werden können.

Wie?

- Reduziert die Anzahl der Quellen (3–5, je nach Umfang und Schwierigkeit des Themas), damit ihr nicht in der Detailfülle den Überblick verliert. Wählt anhand des Inhaltsverzeichnisses oder der Artikelüberschriften diejenigen Materialien aus, die euch interessant oder wichtig erscheinen.
- Ergänzt nötigenfalls eure Stichpunktliste (s. Punkt 1) um wichtige neue Aspekte.
- Ordnet alle Stichpunkte und erstellt eine Grobgliederung. Überprüft diese nach dem Lesen der Materialien und ändert sie ggf. ab.
- Lest nun die für eure Arbeit in Frage kommenden Kapitel oder Abschnitte. Wenn ihr viel Material habt, markiert relevante Stellen am besten gleich mit einem Haftzettel. So findet ihr sie schnell wieder.
- Fasst die wichtigen Informationen zu jedem Themenbereich aus den unterschiedlichen Quellen zusammen. Hierfür ist es oft hilfreich, die Informationen auf kleinere Blätter zu schreiben, die ihr dann hin- und herschieben könnt, bevor ihr euch an die endgültige Ausarbeitung macht.
- Notiert für wörtliche oder sinngemäße Zitate unbedingt gleich die Quelle und gebt diese in eurer Arbeit in alphabetischer Reihenfolge an.
- Denkt auch an das, was ihr bereits über die Vorbereitung einer Präsentation oder schriftlichen Arbeit wisst. Die Estrategias aus Band 1–3 findet ihr im Internet (Online-Link 536930-0011).

13 España en los últimos años

En el siguiente cómic, Julia y su hermano gemelo *(Zwillingsbruder)* Nacho están hablando con sus padres sobre lo que ha pasado en España desde 1992, año en el que ellos dos nacieron.

a Mirad el siguiente cómic y sacad la información más importante sobre España. Ordenadla en una tabla o una red.

b Añadid a esta red más información sobre la política y la sociedad española. Pensad, por ejemplo, en lo que habéis aprendido en esta unidad y en la unidad 3 o en deportistas, cantantes españoles u otras personas que conocéis.

Para más información

mirad el *Glosario cultural* de las páginas 140 – 147 y el *Diccionario* de las páginas 164 – 192. Recordad, además, que no es necesario conocer todas las palabras para comprender de qué trata el texto.

Entonces se descubrieron muchos casos de corrupción política.

Fernando García de Cortázar et al. *Historia ilustrada de España*. Barcelona 2009 (fragmentos)

Un parlamento de jóvenes

Como en Alemania, en España hay ciudades y regiones que tienen un parlamento de jóvenes. En él los jóvenes pueden dar su opinión y participar en la vida política que les afecta. Imaginad que vuestra clase tiene que elegir un diputado para uno de estos parlamentos.

Ya sé en español ...

analizar problemas

- En nuestra ciudad hay cada vez más / menos *(+ sust.)*
- Hasta ahora ni siquiera podemos *(+ inf.)*

- Sin embargo / En general | los responsables dicen que *(+ ind.)*

- En realidad / Por desgracia | la situación no es así. Todo lo contrario ...

- Este | problema / asunto | afecta a la gran mayoría de nosotros.

- Los efectos de esta situación se ven cada día en nuestra sociedad.
- Esta situación causa muchos problemas.

formular metas *(Ziele)*

- Esta situación tiene que / Es evidente que esto tiene que | cambiar. / mejorar.

- Cuanto más / menos ..., mejor.

- En este caso | tenemos que / debemos | expresar nuestra opinión.
protestar.
criticar *(+ sust.)* / a (+ persona).
obligar a los responsables a *(+ inf.)*
organizar ...
conseguir que *(+ subj.)*
solucionar el problema.
proteger a *(+ persona)*

hacer propuestas
ver p. 48 y 65

convencer a los demás

- Quiero participar activamente en la búsqueda de una solución.

- Si | me elegís, / votáis por mí, | trabajaré por vosotros. / no os arrepentiréis.

- Juntos | tendrémos éxito. / seremos capaces de cambiar las cosas.

a Formad grupos:
Cada grupo

- decide qué problemas y metas (*Ziele*) le parecen importantes para el trabajo en el parlamento.
- escribe un discurso *(Rede)* en el que se presenten estos problemas y sus metas al público.
- elige a un compañero que va a ser el canditato o la candidata a diputado del grupo.

b Los candidatos de todos los grupos hacen su discurso en clase.

c Preparad un papel con los nombres de todos los candidatos y copiadlas para todos los compañeros.

d Celebrad una elección para votar al candidato / a la candidata de la clase.

La Monarquía es cosa de hombres, princesa

La Monarquía es cosa de hombres, princesa

Felipe será rey de España antes que sus hermanas mayores, Elena y Cristina, simplemente por el hecho de ser hombre. Es el más pequeño de la Familia, pero será el que mande. Y todo por el artículo 57 de la Constitución.

Pero el fin del siglo XX y el comienzo del XXI trajeron algunas preguntas. ¿Por qué Elena no puede ser la heredera del trono si es la mayor de los hermanos?, ¿qué pasará después de Felipe?

Cuando los Príncipes de Asturias tuvieron a su primera hija, Leonor, el asunto de la sucesión pasó desapercibido, porque ella sería la heredera al ser hija única. Pero cuando Doña Letizia se quedó embarazada por segunda vez, algunos dijeron: si es niño, hay que cambiar la Constitución.

Según el famoso artículo 57 si la segunda hija de los Príncipes, Sofía, hubiera sido chico, él habría sido el heredero al trono y la pequeña hermana mayor Leonor habría llevado el camino de la Infanta Elena. Y eso se come mal en el siglo XXI.

Pero la Naturaleza les dio un respiro a quienes no quieren cambiar la Constitución. Aun así, ese respiro puede resultar sólo temporal, sólo hasta que Doña Letizia decida volver a quedarse embarazada ...

Rafael J. Álvarez: «La Monarquía es cosa de hombres, princesa». *El Mundo* 02.08.2008 (fragmentos simplificados)

El artículo 57 de la Constitución

Según este artículo, el heredero al trono será el primer hijo del Rey. Pero si el primer hijo es niña, sólo puede ser reina si no tiene ningún hermano varón *(männlich)*. En ese caso tendrá prioridad el chico.

a Mirad la foto y buscad a la(s) persona(s) que ya conocéis. Decid quién es / quiénes son. Después intentad identificar a las otras personas con ayuda de Internet (Online-Link 536930-0012).

b Leed el texto y decid

1. quién será probablemente el próximo rey de España.
2. quién seguirá a éste.
3. qué pasará si Leonor y Sofía (las hijas de los Príncipes de Asturias) tienen *(bekommen)* un hermano.

c Según el texto hay un aspecto de la Constitución española que discrimina a la mujer. Explicad cuál es y dad vuestra opinión.

3 **un hecho** eine Tatsache – 7 **un heredero, una heredera** ein Erbe, eine Erbin – 9 **los Príncipes de Asturias** el heredero del trono y su mujer – 10 **la sucesión** die Thronfolge – **pasar desapercibido,-a** no llamar la atención – 12 **embarazada** schwanger – 14 **si hubiera sido ... habría sido ...** wenn er gewesen wäre ... wäre er ... geworden – 17 **una Infanta** una hija del Rey – 18 **un respiro** eine Atempause

1 Ensalada de tiempos

Copiad esta tabla en vuestros cuadernos y ordenad las formas de la casilla.

hice • tendrías • tuvieron • estaban • habían estado • hicieron • habías sido • fueron • compró • he descubierto • hablabas • oímos • comprarían • se han acostado • reí • contaríamos • hemos puesto • creía • oíamos • alquilabais • partían • creí • he hecho • habíais vuelto • saldríais • ha dado • soñaríamos • me ducharía • consiguió • han dicho • se olvidaría • habíais enviado

	Pretérito pluscuamperfecto	Pretérito perfecto	Pretérito imperfecto	Pretérito indefinido	Condicional
yo tú ...	...	...		hice	

2 Fechas importantes

Relacionad en vuestro cuaderno estos acontecimientos *(Ereignisse)* con las fechas en los que pasaron y escribid (*schreibt … aus*) las fechas.

1. Colón llegó a América.
2. Empezó la conquista de Perú.
3. Comenzó la independencia de las colonias americanas.
4. México consiguió la independencia.
5. España perdió sus últimas colonias: Cuba, Filipinas y Puerto Rico.

- 1898
- 1492
- 1808
- 1821
- 1532

3 Hernán Cortés (§ 8)

Completad este texto sobre Hernán Cortés con las formas correctas de los tiempos de pasado: pretérito indefinido, imperfecto y pluscuamperfecto.

Hernán Cortés 1 **(ser)** un conquistador español que 2 **(conquistar)** una gran parte del actual México para la Corona española. Cortés 3 **(nacer)** en Medellín, en la actual provincia de Badajoz, en 1485 y, cuando 4 **(ser)** joven, 5 **(estudiar)** en la Universidad de Salamanca. En 1511 Cortés 6 **(viajar)** a Cuba donde 7 **(vivir)** nueve años. En 1519 8 **(hacer)** una expedición a Yucatán, en la que 9 **(luchar)** contra los mayas. Allí 10 **(recibir)** como regalo a una mujer a la que él **(dar)** el nombre de Doña Marina. Ella 11 **(ser)** una mujer muy inteligente. 12 **(Aprender)** el español y 13 **(servir)** de intérprete[1] entre los españoles y los indígenas.
Durante una de sus conquistas, Cortés 14 **(oír)** hablar del Imperio azteca, que 15 **(estar)** en el interior y que 16 **(esconder)** grandes tesoros. En un primer momento el emperador azteca 17 **(recibir)** muy bien a Cortés, porque 18 **(pensar)** que era un dios, pero pronto 19 **(haber)** una guerra y los españoles 20 **(destruir)** la capital, Tenochtitlan. En 1522 Hernán Cortés 21 **(convertirse)** en el gobernador general de Nueva España, pero en 1528 el Emperador lo 22 **(hacer)** volver a España, donde 23 **(quedarse)** hasta su muerte en 1547.

1 **un / una intérprete** ein Dolmetscher / eine Dolmetscherin

4 Dicho y hecho (§ 19)

Estas frases han sido acortadas. Transformadlas teniendo en cuenta qué significan.

Ejemplo: De las ciudades conquistadas por los españoles, Tenochtitlan era la más grande.
→ De las ciudades que los españoles conquistaron, Tenochtitlan era la más grande.

1. A Cortés, visto como un dios por los aztecas, lo recibieron bien en Tenochtitlan.
2. Pasado algún tiempo, empezó una guerra entre los aztecas y los españoles.
3. Otros pueblos indígenas, obligados por los aztecas a vivir como esclavos, ayudaron a los españoles.
4. El emperador azteca, tomado como rehén[1] por Cortés, buscó la paz entre españoles y aztecas.
5. Conquistada Tenochtitlan, Hernán Cortés mandó destruir completamente los templos aztecas.
6. Terminada la conquista de México, Cortés se convirtió en gobernador de Nueva España.

5 En una oficina de turismo

Estáis de viaje por México con vuestros padres. Haced de intérprete en la oficina de turismo.

Padres: Können Sie uns ein typisches Restaurant empfehlen?

Tú: ¿Podría usted … ?

Oficina de turismo: Si quieren uno cerca de aquí, pueden ir a «Tabasco». Aquí tienen una tarjeta con la dirección.

Tú: …

Padres: Wir möchten gerne das Museum der Kathedrale besichtigen. Können Sie uns darüber informieren?

Tú: …

Oficina de turismo: Sí, claro. Pueden visitarlo todos los días de 9:30 a 17:30, excepto los lunes, que está cerrado.

Tú: …

Padres: Gibt es Führungen?

Tú: …

Oficina de turismo: Mire, hay visitas guiadas en español y en inglés todos los días a las 10:00 y a las 14:00.

Tú: …

Padres: Gibt es vielleicht auch Führungen auf Deutsch?

Tú: …

Oficina de turismo: Tienen dos posibilidades: pueden alquilar unas audioguías o pueden reservar una visita guiada privada.

Tú: …

Padres: Diese Audioguides sind eine gute Idee! Könnten Sie uns noch einen Ausflug fürs Wochenende empfehlen?

Tú: …

Oficina de turismo: Les recomiendo que vayan a Cuernavaca. Está sólo a una hora y es una ciudad preciosa, con edificios coloniales. También pueden ir a Puebla, a Taxco o a Querétaro, pero están más lejos…

Tú: …

Padres: Könnten wir die Prospekte mitnehmen?

Tú: …

Oficina de turismo: Claro que sí. Aquí tienen.

Tú: …

Padres: Vielen Dank und auf Wiedersehen!

Tú: …

Oficina de turismo: De nada. Que lo pasen bien.

1 **un / una rehén** eine Geisel

6 Opiniones (§ 2)

Aquí hay algunas opiniones sobre la situación de los indígenas en Latinoamérica. Completad las frases con los siguientes verbos. Pensad si debéis usar indicativo o subjuntivo.

ayudar • ser (x2) • participar • tener • poder • haber • mejorar • hacer • causar

1. No creo que la situación de los indígenas [1] tan mala como dicen.
2. Espero que dentro de poco todos los niños [2] ir a la escuela.
3. Yo creo que todos estos problemas no [3] solución.
4. Me molesta que los gobiernos de otros países no [4] a cambiar la situación de los indígenas.
5. Es cierto que cada vez [5] más indígenas que luchan por sus propios derechos.
6. No entiendo que la gente no [6] nada para ayudar.
7. Pienso que uno de los problemas más importantes [7] la falta de agua.
8. Está claro que la pobreza [8] el resto de problemas.
9. Me parece importante que los indígenas [9] en el gobierno de sus países.
10. Todos deseamos que la situación [10] en general.

7 ¿Será mejor todo algún día? (§ 21)

Aquí algunas personas opinan sobre lo que tiene que cambiar para que la situación de los campesinos indígenas mejore. Haced frases con *cuando, hasta que (no)* y *antes de que (no)*. Cuidado con el modo de los verbos.

- **trabajar** sus propias tierras
- **ganar** más dinero
- **poder** mandar a sus hijos a la escuela

- **tener** los mismos derechos que la población blanca
- **tener** mayor poder[1] político
- **ser** discriminados por su cultura

- **tener** problemas económicos
- **ser** peor su situación
- **desaparecer** su cultura

[1] **el poder** die Macht

8 Cosas que pasaron y cosas que pasarán (§ 21)

Unid los elementos de las dos columnas para formar frases completas. Cuidado con las formas verbales.

1. Los españoles no pudieron votar hasta que …
2. Muchos de los trabajadores protestarán hasta que …
3. Llámame por teléfono cuando …
4. Tenemos que irnos de aquí antes de que …
5. Me iré de viaje a Cuba cuando …
6. Tuvo mucho miedo cuando …
7. Trabajaron muy duramente para …
8. Los trabajadores protestan para que …

A nos vea la policía.
B tengan menos horas de trabajo.
C tenga dinero.
D llegó la Democracia.
E no cierren las fábricas.
F quieras.
G se enteró del golpe de Estado.
H tener un país en paz.

9 La huelga *(Der Streik)*

Han dado esta noticia en la radio y unos periodistas la han resumido para escribir un artículo, pero han mezclado diferentes noticias. Decid cuáles son los errores.

Huelga en Barcelona

La primera noticia de hoy cuenta las reacciones a los problemas económicos en el sector del turismo. Los trabajadores se han manifestado en la Plaza de España para protestar por la reducción de días de vacaciones al año. Uno de los trabajadores, Reimundo Prat, ha contado que muchas familias van a tener problemas porque no tienen con quién dejar a sus hijos. Sólo la gente joven como él, soltero[1] y sin hijos, pueden adaptarse a las condiciones de los nuevos puestos de trabajo.

Para controlar los resultados

Encontráis las soluciones del Repaso 3 en Internet (Online-Link 536930-0013).

10 Historia de España (§ 19)

Transformad las frases en **negrita** en una frase de participio.

1. **Cuando murió Franco en 1975**, Juan Carlos I se convirtió en rey de España.
2. España se convirtió en una monarquía parlamentaria, **cuando la mayoría de los partidos políticos votaron la Constitución**.
3. **Cuando llegó la democracia**, España salió del aislamiento[2] internacional.
4. La economía de España, **que se había convertido en un país de la Unión Europea**, empezó a mejorar.
5. Los Juegos Olímpicos de Barcelona, la Exposición Universal de Sevilla y el Quinto Centenario, **que se celebraron en 1992**, ayudaron a mejorar las infraestructuras del país.
6. **Cuando pasaron las celebraciones de 1992**, en España hubo una crisis económica.
7. La economía española, **a la que ayudó el dinero del turismo**, pudo salir de la crisis.
8. **Cuando terminó la crisis**, la economía española empezó a crecer muy rápidamente.

[1] **soltero, -a** ledig – [2] **el aislamiento** die Isolation

9 Unidad

Artistas y obras

A

B

C

D

E

F

PICASSO

En una época muy importante de la obra de Picasso las personas y los objetos de sus cuadros dejan de ser realistas. Las partes de los cuerpos u objetos parecen como rotas y rehechas con formas geométricas como triángulos.

DALÍ

pintó muchos cuadros que a primera vista parecen muy extraños. Son como imágenes salidas de sueños e ilusiones.

GAUDÍ

Gaudí se inspiró sobre todo en la naturaleza (flores, árboles, animales). Usó las formas que encontraba para crear un estilo personal y único. Trabajó con muchos materiales, pero hoy en día es conocido sobre todo como arquitecto.

MIRÓ

Los cuadros de Miró son bastante abstractos. Sólo al mirar con cuidado se ven objetos o personas, formados con puntos, círculos o líneas. En general tienen colores brillantes y no hay perspectiva.

Dalí, Gaudí, Miró, Picasso

Las obras de arte de estas dos páginas son de Salvador Dalí, Antoni Gaudí, Joan Miró y Pablo Picasso.

a Decid cuál(es) de estos artistas conocéis y qué recordáis de su vida u obra (por ejemplo de la clase de español de los años pasados). Trabajad en parejas o grupos de tres e intentad reunir toda la información que podáis sin otra ayuda (enciclopedia, Internet, ...).

b Con ayuda de la información de arriba sobre los cuatro artistas intentad saber qué obra de arriba es de quién.

c Elegid uno de los cuadros de la página 130 (A, B o C) y describid lo que veis (por ejemplo: cuántas personas hay, dónde están, cómo son y qué hacen). Explicad también por qué habéis elegido este cuadro y qué os gusta de él.

el cielo	der Himmel
la luna	der Mond
una estrella	ein Stern
un árbol	ein Baum
una flor	eine Blume
un pájaro	ein Vogel

¿Cómo describir un cuadro?

Si no os acordáis, mirad en la página 107.

¿Qué es el arte?

Sobre la vida de Picasso existen muchas anécdotas de las que aprendemos también cosas sobre su arte.

Picasso firmaba sus cuadros sólo con su segundo apellido. Era lógico que no escribiera el nombre completo porque éste era *Pablo Diego José Francisco de Paula Juan Nepomuceno María de los Remedios Crispiniano de la Santísima Trinidad Ruiz Picasso.* Si sus cuadros tuvieran el nombre completo de su bautizo, entonces no tendrían espacio para los dibujos.

En una exposición, unas señoras se acercaron a Picasso para que les explicara su pintura. Le dijeron: «Encontramos muy bonitos sus cuadros, pero, si los entendiéramos, nos gustarían más». Picasso miró a las señoras y les respondió: «¿A ustedes les gusta el canto del canario?» Las dos respondieron que por supuesto, y entonces dijo el pintor: «¿Y lo entienden?»

Un día Picasso y sus amigos comieron en un restaurante de Montmartre, en París. Cuando terminaron, se dieron cuenta de que no tenían suficiente dinero para pagar. Entonces Picasso retiró los vasos y platos de la mesa e hizo un dibujo en el mantel blanco. Llamó al dueño del restaurante y le explicó que quería pagar así la comida. El hombre se alegró mucho y le pidió que lo firmara. Picasso le respondió: «Si lo firmara, le compraría todo el restaurante.»

Una señora le dijo a Picasso: «Ayer fui a casa de un amigo y vi allí un retrato suyo. Me gustó tanto que lo besé.»
Picasso miró a la señora y le dijo: «Y el retrato, ¿le devolvió el beso?»
La señora contestó: «¡Qué tontería!, ¿cómo va a besarme un cuadro?»
Entonces Picasso le dijo: «Entonces no era mío. Si fuera mío, tendría más vida.»

Por cierto, cuando le preguntaron a Picasso qué era el arte, éste respondió: «Si lo supiera, no se lo diría a nadie.»

1 ¿Qué anécdota es?

a Elegid una de las escenas del texto «¿Qué es el arte?» y buscad a compañeros y compañeras que quieran trabajar con la misma escena. Preparaos para representarla en clase como pantomima.

b Representad vuestra pantomima en clase. Vuestros compañeros y compañeras dicen qué escena habéis representado.

2 Picasso y el arte

a Leed el texto «¿Qué es el arte?» y decidid si las siguientes frases son verdaderas o falsas. (Cuidado: a veces más de una es verdadera.) Las letras delante de las soluciones correctas os dan el nombre de la ciudad donde nació Picasso.

1. S Picasso tenía muchísimos apellidos.
   A Picasso firmó sus cuadros con su primer apellido.
   M Picasso no escribió su nombre completo en sus cuadros.
   B Los cuadros de Picasso son muy grandes para que haya espacio suficiente para sus nombres.

2. U A las dos señoras que fueron a una exposición no les gustaron los cuadros de Picasso.
   Á Ellas le pidieron explicaciones sobre los cuadros a Picasso.
   R Picasso les dijo que había pintado el canto del canario.
   L Se puede disfrutar del arte sin entenderlo.

3. E El dueño del restaurante se enfadó porque Picasso y sus amigos no podían pagar.
   C Picasso quiso comprar el restaurante aunque no tenía dinero.
   A Picasso hizo un dibujo para pagar la comida.
   G Sin la firma de Picasso el cuadro no tiene tanto valor.

4. A Una señora vio un cuadro de Picasso en casa de un amigo.
   O No estaba contenta porque el cuadro no le había devuelto el beso.
   S Picasso pensó que besar un cuadro es una tontería.
   T Picasso estaba convencido de que sus retratos besaban a la gente.

La casa donde nació Picasso

b Al principio del texto se dice que de las anécdotas aprendemos cosas sobre el arte de Picasso. En parejas o pequeños grupos discutid qué información sobre el arte está en los textos. (Para ayudaros: algunas de las respuestas correctas del ejercicio 2a os pueden ayudar también.)

c Elegid uno de los siguientes ejercicios:
1. Picasso dijo que si supiera lo que era el arte, no se lo diría a nadie (l. 38). Dalí dijo: «Que no conozca el significado de mi arte, no significa que no lo tenga.» Discutid lo que los dos pintores quisieron decir con estas frases.
2. Describid la foto de Picasso en la página 132 y explicad, según vuestra opinión, qué quiso expresar con ella.

3 Sería lógico que se dijera así. (§ 22)

a Mirad las siguientes frases y explicad el modo de los verbos (indicativo, subjuntivo …) en las subordinadas *(Nebensätzen)*. Después buscad las frases parecidas (*ähnlich*) en el texto «¿Qué es el arte?» de la página 132 y decid qué pueden ser las formas verbales en las subordinadas allí.

1. Es lógico que Picasso no escriba el nombre completo en sus cuadros.
2. En una exposición, unas señoras se acercan a Picasso para que les explique su pintura.
3. El dueño del restaurante pide que Picasso firme el dibujo.

b Explicad también el tiempo y modo verbal en las subordinadas de las siguientes frases.

1. Le encantaba que quisiérais ir a una exposición.
2. El profesor no creyó que sus alumnos se interesaran por el arte.
3. Siempre había buscado a alguien que me pudiera explicar este problema.
4. Me gustaría que habláramos más sobre este tema.
5. ¿Os pareció justo que le dieran tanto dinero por un cuadro?
6. Ya te dije que no fueras allí.

c Formulad una regla para la formación y el uso de la nueva forma verbal. Usad los resultados de los ejercicios 3a y 3b.

4 Un correo de Francisco (§ 23)

Patricia y Carlos, que viven en Madrid, conocieron en las vacaciones a Francisco, de Málaga, y quedaron en contacto. Ahora Patricia ha recibido este correo electrónico y le cuenta a Carlos qué escribió Francisco. Escribid lo que dice Patricia. Cuidado con el tiempo y el modo de los verbos.

Empezad así: Hola, Carlos. ¿Sabes? Francisco me escribió que llegaba el viernes a Madrid. Me dijo que no era necesario que lo fuera a recoger …

Patricia, ¿qué tal estás?
Te escribo para decirte que llego el viernes a Madrid. No es necesario que me vayas a recoger al aeropuerto. Tomaré el metro hasta el centro, ¿sí?, y ya voy yo para tu casa. Llegaré sobre las 7:30. ¡Avísame si no vas a estar en casa a esa hora!
Me parece genial que Carlos también esté en Madrid. Estoy muy contento de que nos veamos después de tanto tiempo y espero que podamos hacer muchas cosas juntos. Por cierto, en el Museo Reina Sofía hay una exposición sobre Picasso y mi profesor de arte me ha recomendado que vaya a verla.
No creo que haya problemas para ver la exposición, pero es posible que vayan muchos turistas. Por eso quiero me compres una entrada cuando puedas para que yo no tenga que hacer cola. ¡¡Muchas gracias!!
Bueno, es una lástima que esté sólo tres días en Madrid, pero espero que después me visites tú a mí. Bueno, escríbeme y cuéntame el plan para estos días.
Un abrazo, Francisco

5 Picasso

Intentad contestar a las siguientes preguntas. Decid vuestras propias ideas y pensad también en lo que habéis aprendido sobre Picasso en esta unidad. Cuidado con el tiempo y el modo de los verbos.

1. ¿Creéis que Picasso creía que él mismo era un gran pintor?
2. ¿Estaba Picasso orgulloso de sus cuadros?
3. ¿Qué le parecía a Picasso la opinión de la gente sobre sus cuadros?
4. Según vuestra opinión, ¿qué esperaba la gente de Picasso?
5. ¿Os parece lógico que a la gente le gustaran sus cuadros sin entenderlos?
6. Imaginaos que podríais hablar con Picasso. ¿Qué le diríais de sus cuadros?

6 Yo lo haría si … (§ 24)

a Formad frases condicionales *(Bedingungssätze)* como en el ejemplo.

Ejemplo: Te ayudaría si … preguntarme → Te ayudaría si me preguntaras.
tener tiempo → Te ayudaría si tuviera tiempo.

1. A las dos señoras que vieron a Picasso en una exposición les gustarían más los cuadros si …
   - entenderlos
   - Picasso / explicarles sus ideas
   - saber más sobre el arte
2. Iríamos a un museo si …
   - las entradas / no ser tan caras
   - hacer / exposiciones interesantes para los jóvenes
   - todos / no tomar el arte tan en serio
3. Pedro, tendrías mejores notas si …
   - estudiar más
   - hacer los deberes todos los días
   - leer más libros

b Formad más frases condicionales como en el ejercicio 6a con vuestras propias ideas sobre estos temas:

1. El mundo sería mejor si …
2. Las clases nos gustarían más si …
3. Mis padres estarían más contentos si …
4. No sería capaz de perdonar a un amigo si …

7 Si yo fuera tú …

a Mirad el siguiente cómic y explicad
- la situación de Felipe en el primer dibujo.
- cómo son los consejos de los amigos.
- la situación de Felipe en el último dibujo.

El voseo

Recordad que Mafalda y sus compañeros son argentinos y usan la palabra «vos» en lugar de tú.

b Sacad de los dibujos B, C y D las expresiones que usan los amigos para empezar sus consejos. Decid también lo que significan estas expresiones.

lograr conseguir – **¡qué cuernos!** was zum Teufel!

8 Consejos para amigos (§§ 22, 23)

a Juan es un chico de 15 años que se ha enamorado de Sofía, una compañera de clase. Por desgracia ella siempre está con sus amigas y, además, su afición es el arte – tema del que Juan no sabe mucho. Juan decide pedir consejo a su tía con la que se entiende muy bien.

Aquí tenéis lo que le dijo la tía. Resumidlo en pasado con ayuda de las expresiones de la casilla. Cuidado con el tiempo y el modo de los verbos.

- advertir que
- alegrarse de que
- parecer normal / necesario / importante / … que
- preguntar si
- proponer que
- recomendar que
- querer que

Empezad así: La tía se alegró de que Juan viniera para pedirle consejo.
A ella le pareció normal …

Me alegro de que vengas a pedirme consejo. Me parece normal que la chica esté siempre con sus amigas. Pero no creo que sea tan difícil estar solo con ella. Si yo fuera tú, la invitaría. Como a ella le gusta el arte, podríais ir a un museo, por ejemplo. ¿Sabes cuáles son sus pintores favoritos? Entonces infórmate antes para que podáis hablar sobre el tema. Pero no te hagas pasar por un experto, seguro que ella se va a enterar de que no sabes mucho. Es importante que hagáis algo juntos y que ella sienta que te importa. ¡Ánimo! Después ya me contarás cómo te ha ido, ¿vale?

b Estos jóvenes también están en un dilema. Dadles consejos. Usad frases condicionales *(si …)*, las expresiones que habéis encontrado en el ejercicio 7b y palabras como en la casilla del ejercicio 8a. Cuidado con el tiempo y el modo de los verbos.

Ejemplo: Si mis padres se separaran, yo tampoco sabría qué hacer.

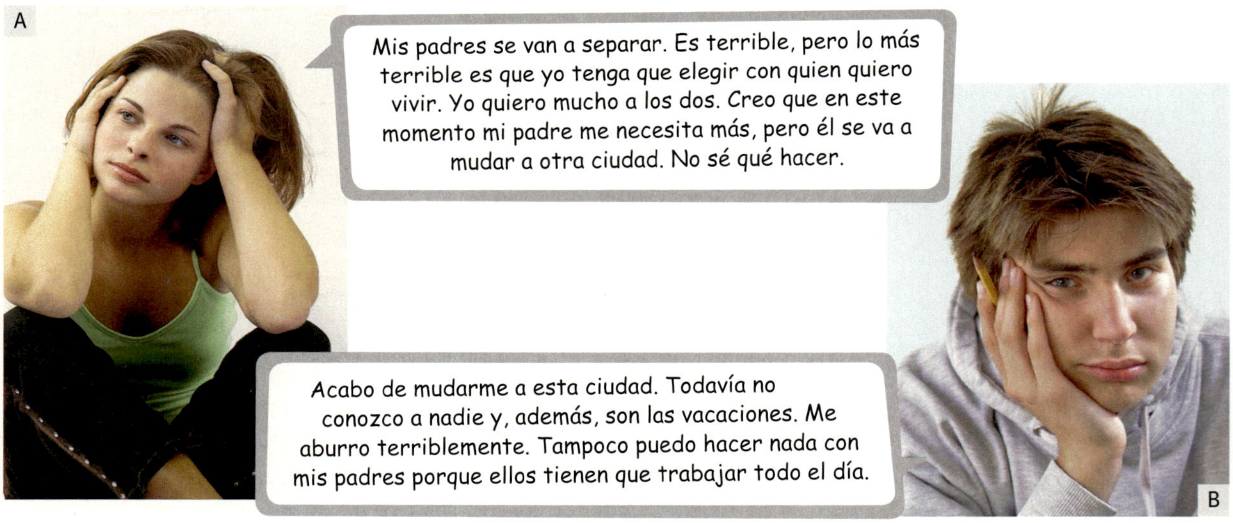

9 Un cuadro

a Mirad las ilustraciones de las páginas 130 – 131 y escuchad el texto del cedé. Decidid sobre qué cuadro hablan los chicos.

b Escuchad otra vez en el cedé la descripción de la pintura y las ideas sobre su significado. Tomad apuntes.

c Comparad lo que dicen los dos chicos con vuestras ideas sobre el cuadro (ejercicio c de la página 131). Decid si estáis de acuerdo con los chicos. Usad expresiones como «Yo (no) creo que …», «(No) me parece lógico …» etc. Cuidado con el modo de los verbos.

10 Algunos artistas importantes

a Aquí tenéis algunos datos sobre algunos artistas españoles del siglo XX.
Escribid en pasado un texto sobre uno de ellos. Cuidado con el tiempo de los verbos.

Gaudí
* 1852 Reus
† 1926 Barcelona

- familia sin mucho dinero
- Gaudí: niño con problemas de salud
- Barcelona: con 17 años
- universidad: Arquitectura
- Cataluña: región industrial y rica
- 1882: Sagrada Familia
- trabajar para la familia Güell, familia rica de Barcelona
- premio a sus trabajos
- 1936: Guerra Civil[1], desaparecer los planos de la Sagrada Familia

Dalí
* 1904 Figueres
† 1989 Figueres

- 1920: estudios en Madrid
- amigos: Federico García Lorca y Luis Buñuel
- 1929 película con Buñuel «Un perro andaluz»
- 1929: Cadaqués: su amor Gala, 11 años mayor que Dalí, mujer de Paul Eluard, tener una hija
- 1936 Guerra Civil, Dalí en Estados Unidos hasta 1948
- trabajar con Alfred Hitchcock, Walt Disney, también en el mundo de la moda
- 1974: Teatro - Museo Dalí en Figueres

Joan Miró
* 1893 Barcelona
† 1983 Palma de Mallorca

- estudios de comercio[2] (deseo de su padre); su trabajo no le gusta
- enfermedad, tiempo en una casa de campo que tiene su familia; decisión de ser pintor
- vuelta a Barcelona: formación de pintor
- 25 años: primera exposición – gusto por los colores brillantes
- 1920: viaje a París; amistad con Picasso, encuentro con muchos de los escritores surrealistas
- Miró: mis obras = poesía
- Guerra Civil: en Francia con su mujer (boda en 1929) y su hija (* 1931)
- 1941: vuelta a España (causa: la invasión nacionalsocialista) aunque no está de acuerdo con la dictadura de Franco.
- Obras: ayudan a evadirse de la realidad y encontrar la libertad que no tiene el país

Pablo Picasso
* 1881 Málaga
† 1973 Mougins (Francia)

- padre: profesor de dibujo
- 8 años: Picasso comienza a pintar
- 1895 (14 años): entrada en la Escuela de Bellas Artes de Barcelona (poco antes: familia se muda allí)
- desde 1900: París; poco dinero, pinta 1 ó 2 cuadros por noche y los vende en la calle
- 1907: cuadro «Las señoritas de Avignon»; rompe con el realismo; falta de comprensión de la gente, crítica de los amigos y otros artistas; exposición 1925 → Museo de Arte Moderno de Nueva York (hoy uno de los cuadros más conocidos)
- 80 años: boda con Jacqueline Roque; antes: casado con Olga Koklowa + vivir con otras mujeres, 4 hijos (más conocida: Paloma, diseñadora de moda[3])

b Buscad más información sobre el artista que habéis elegido en el ejercicio 10a.
En Internet encontráis direcciones útiles (Online-Link 536930-0014).

c Buscad a compañeros que hayan trabajado sobre los otros artistas. En grupos de cuatro intercambiad la información que habéis aprendido en los ejercicios 10a y 10b.

[1] **la Guerra Civil** der Bürgerkrieg – [2] **(el) comercio** Handel(sschule) –
[3] **una diseñadora de moda** eine Modeschöpferin

Mi obra de arte favorita

a Elegid una obra de arte que os guste o que conozcáis de la clase de arte. Puede ser un cuadro, una escultura, un grafiti, un monumento, … Buscad información sobre ella y una foto.

b Con ayuda de la información que habéis buscado preparaos para explicar la obra a vuestros compañeros. No olvidéis tampoco información interesante sobre la vida del artista.

c Escribid un texto explicativo sobre la obra que habéis elegido. Reunid todas las explicaciones en un catálogo de la exposición.

d Poned todas las fotos en la pared y organizad una visita a la exposición: id de una obra a la otra y la persona que ha preparado la información os la explica. Trabajad en grupos.

Ya sé en español …

explicar qué tipo de obra es

- Se trata de | una foto. / un cuadro. / una pintura. / un retrato. / un dibujo. / un cómic. / una viñeta.

decir lo que hay en la imagen

- El cuadro muestra una escena llena de vida.
- En el dibujo | aparecen / se encuentran / hay | dos personas.
- En la foto vemos un edificio.
- La persona principal es la del centro.

situar una persona o un objeto

- La persona | se encuentra / está (situada) | en el centro del cuadro. / en primer / segundo plano. / al fondo. / en la esquina derecha / izquierda.
  | está rodeada de otras personas.
- El objeto se ve | a la derecha / izquierda de … / cerca de / al lado de / junto a … / encima de / debajo de / delante de / detrás de / enfrente de … / en / sobre …

hablar de la impresión que da una obra

- Los colores | son claros / oscuros.
  | dan al cuadro | un aspecto / un carácter | alegre / divertido / optimista. / raro / especial / caótico / triste
- Los objetos | crean un ambiente / dan una impresión | de | alegría / felicidad / fiesta. / dolor / violencia / miedo. / esperanza / paz.

interpretar una imagen

- El pintor | muestra … / quiere convencer a la gente de … / expresa … / advierte que … / se preocupa de … / sueña con …
- En mi opinión | el cuadro significa … / el mensaje del dibujo es … / la viñeta critica …
- Me encanta | la imaginación / el estilo | del pintor.

El efecto Guggenheim

En su reciente libro *Txoriburu* (Cabeza de chorlito), la escritora e ilustradora Asun Balzola describe cómo era su ciudad natal en los años cuarenta: «Eran años de hierro y vivíamos en Bilbao, ciudad también de hierro, siempre mojada, brillante y negra porque llovía sin parar. Las calles y las casas, muy sucias de los humos de las fábricas, tenían las sombras verdes de los paraguas.»

Hoy, Balzola se sonríe al comentar la nueva imagen de la capital vizcaína: «El barrio de mi niñez ha cambiado de una manera increíble. Ha pasado de ser un sitio ruidoso e industrial a ser un lugar muy apacible. Bilbao era una ciudad gris, del estilo de lo que puede ser, no sé... Manchester, y ahora es blanca, luminosa». Para ella, lo más curioso del efecto Guggenheim es que «la gente lo ha hecho suyo, no ven el museo como una cosa de unos señores que están en Nueva York, sino como algo propio». Además, «lo más esperanzador es que los jóvenes son sus primeros fans. Cuando estás dentro del edificio, la luz, las espirales de su arquitectura hacen que casi dé igual lo que haya dentro, casi se podría visitar aunque estuviera vacío». Sin duda, concluye la escritora, el Guggenheim «ha alegrado mucho Bilbao, porque se ve desde muchos sitios. Vas andando por una calle y de repente ves el monte enfrente y los tejados de titanio. Es una pasada».

Lucía Iglesias: «Bilbao: el efecto Guggenheim»,
El correo de la UNESCO 09/1998 (fragmentos)

a Antes de leer el texto, mirad la primera foto. Decid si os gusta el edificio y por qué (no).

b Resumid lo que, según la escritora Asun Balzola,
- ha cambiado en la ciudad
- tiene el museo de especial.

c Decid cuáles pueden ser las razones por las que un museo puede cambiar tanto una ciudad.

d Decid cuáles serían los cambios que necesitara vuestra ciudad. ¿Podríais imaginar que éstos se pudieran conseguir con la construcción de un edificio? ¿Qué tipo de edificio tendría que ser?

---

1 **reciente** nuevo – 4 **natal** donde nació – 9 **el humo** der Rauch – 10 **una sombra** ein Schatten – 11 **un paraguas** ein Regenschirm – 12 **sonreír(se)** lächeln – 13 **la capital vizcaína** Bilbao – 14 **la niñez** la epoca cuando uno es niño – 15 **increíble** unglaublich – 17 **apacible** tranquilo – 19 **luminoso, -a** hell – 25 **concluir** schlussfolgern – 26 **alegrar algo** *aquí*: hacer más bonito – 28 **un monte** una (pequeña) montaña – 29 **el titanio** un metal

Glosario cultural

ESPAÑA

Lugares, monumentos y otros temas

Canarias, Islas → U3
Archipiélago que está formado por siete islas: El Hierro, La Gomera, La Palma, Tenerife, Gran Canaria, Lanzarote y Fuerteventura. Se encuentra en el océano Atlántico enfrente de las costas africanas. Fuerteventura está a sólo unos 100 km de la costa africana. Las Canarias son

una de las 17 ↑ Comunidades Autónomas de España. Las islas son de origen volcánico y en la isla de Tenerife se encuentra el volcán Teide que es la montaña más alta de España con 3.718 metros. La principal actividad económica de esta región es el turismo.

Ceuta → U3
Ciudad española de unos 78.000 habitantes que se encuentra en el Estrecho de ↑ Gibraltar en el norte de África. Es un importante puerto en el norte de África y el comercio es la principal actividad económica. Al igual que la ciudad de ↑ Melilla, es una zona por la que muchos inmigrantes intentan entrar en Europa.

Las Comunidades Autónomas → U8
España está dividida en 17 Comunidades Autónomas, además de las ciudades autónomas de ↑ Ceuta y ↑ Melilla en el Norte de África. Cada Comunidad Autónoma tiene un parlamento, elegido por los mayores de 18 años que viven en la comunidad. El gobierno de las Comunidades Autónomas tiene competencias en asuntos internos, por ejemplo en educación, economía, protección del medio ambiente, etc.

ETA → U8
Grupo terrorista que lucha por la independencia del País Vasco. El territorio vasco son siete provincias en el norte de España y sur de Francia. Para presionar al gobierno español llevan a cabo actos terroristas. En 1997 ETA asesinó a Miguel Ángel ↑ Blanco (político del Partido Popular). Esto hizo que al grupo ETA se lo vea como grupo terrorista y ya no como grupo político independentista.

Gibraltar, Estrecho de → U3
Estrecho entre Europa y África. En su parte más estrecha tiene unos 14 km de ancho. Desde antiguo ha tenido gran importancia desde un punto de vista estratégico, militar y económico. En la costa de la Península Ibérica se encuentra la ciudad de Gibraltar, colonia inglesa. En la costa africana España posee desde el año 1580 las ciudades de ↑ Ceuta y ↑ Melilla.

La Guardia Civil → U8
Cuerpo de policía española de carácter militar que nació en 1844. La dictadura de ↑ Franco usó a la Guardia Civil para reprimir a la población, especialmente a personas con otras ideas políticas. Otro aspecto negativo de la Guardia Civil es el golpe de Estado del 23 de febrero bajo el teniente coronel ↑ Tejero. Hoy en día el papel de la Guardia Civil es proteger los valores de la democracia. Entre sus principales tareas están la vigilancia del tráfico, la protección de fronteras y de las costas, la protección del medio ambiente y la lucha contra el terrorismo.

Melilla → U3
Ciudad española en el norte de África con unos 68.000 habitantes. Está situada en la costa mediterránea enfrente de las costas de Granada y Almería. Su principal actividad económica es el comercio. En los últimos tiempos Melilla ha salido en los medios de comunicación, por ser un lugar por el que muchos inmigrantes intentan entrar en España y en Europa.

Sagrada Familia → U9
Iglesia en Barcelona y obra más famosa del arquitecto modernista Antonio ↑ Gaudí, que murió sin terminarla. Durante la Guerra Civil (1936–1939) se destruyeron los planos de esta iglesia lo que está dificultando su construcción hasta hoy.

Los sindicatos en la época de Franco → U8
Durante la dictadura de Franco había un sindicato único, que era con el que el estado controlaba a los trabajadores. Los demás sindicatos desaparecieron, se fueron al extranjero o existían de forma ilegal, ya que estaban prohibidos y sus miembros podían ir a la cárcel.

Personajes

Alonso, Fernando (*1981 Oviedo, España) → U1
Piloto de Fórmula 1. Ganó en 2005 y 2006 el Campeonato del Mundo de Fórmula 1. Es el único español que lo ha ganado y es, además, uno de los pilotos más jóvenes en la historia que lo ha conseguido.

El Arrebato (*Sevilla, España) → U4
Cantante y compositor español de estilo rumba-pop. Su nombre verdadero es Francisco Javier Labandón Pérez. Empezó su carrera musical en 1988 con el grupo Piel Morena. A partir de 1999 empezó a cantar en solitario. Su primer disco fue «Poquito a poco». A este disco le siguieron otros éxitos como «Una noche con arte», «Que salga el sol por donde quiera» o «Un cuartito p'a mis cosas». Además, compuso el himno del Sevilla Fútbol Club.

Aznar López, José María (*1957 Madrid, España) → U8
Político español que fue presidente del gobierno de España entre los años 1996 y 2004. Pertenece al partido conservador PP (Partido Popular). En 1995 fue víctima de una atentado de ↑ ETA, pero no le pasó nada. Ayudó a los Estados Unidos en la guerra contra Irak. Eso y el desastre ecológico del petrolero Prestige en las costas de Galica lo hizo muy impopular entre muchos españoles. Pocos días antes de las elecciones del 14 de marzo de 2004 ocurrieron los atentados de la estación de Atocha, Madrid, en la que murieron 191 personas.

Blanco Garrido, Miguel Ángel → U8
(*1968 Ermua – † 1997 Lasarte-Oria, España)
Político español del Partido Popular del País Vasco. En 1997 ↑ ETA lo secuestró y exigió que salieran de la cárcel 460 terroristas. El Gobierno no hizo lo que ETA deseaba y el grupo terrorista asesinó a Miguel Ángel Blanco. Esto hizo que muchas gente, incluso en el País Vasco, quisieran acabar con ETA.

Bebe (*1978 Valencia, España) → U6
Cantante y actriz española. Su nombre verdadero es María de las Nieves Rebolledo. Sus padres también son músicos. Estudió en Madrid Arte Dramático. En esta ciudad empezó a cantar en pequeños locales. En 2004 sacó su primer álbum *Pafuera Telarañas* y en 2009 *Y punto*. Trabajó también en películas como *Al sur de Granada* (2002) o *La educación de las hadas* (2006).

Caballé, Montserrat (*1933 Barcelona, España) → U4
Cantante de ópera (soprano) española y una de las mejores cantantes del siglo XX. Estudió canto en Barcelona y Milán. Está especializada en la ópera italiana.

Colón, Cristóbal (*1451 Génova – †1506 Valladolid) → U7
Personaje muy importante en la historia mundial. Colón buscaba un nuevo camino hacia la India. La reina española Isabel la Católica le dio el dinero para hacer su viaje. Colón descubrió América en 1492. Hizo tres viajes más, en ellos visita lo que ahora es Puerto Rico y Centroamérica. Pero siempre pensó que había llegado a la India.

Cortés, Hernán (*1485 Medellín, España – †1547 Castrilleja de la Cuesta, España) → U7
Conquistador español del Imperio azteca, en el actual México. Estudió Derecho en Salamanca, pero abandonó los estudios y decidió buscar aventuras en el Nuevo Mundo. En 1504 salió hacia América. En 1511 participó en la conquista de ↑ Cuba y en 1518 empezó la conquista de Yucatán. Allí tuvo noticias de que existía un gran imperio en el centro del país y en 1519 entró en la capital del Imperio azteca, Tenochtitlan, que conquistó después de una guerra contra los aztecas.

Dalí, Salvador (*1904 – †1989 Figueres) → U9
Pintor y escultor surrealista. Trabajó también en el mundo del cine y de la moda. En 1974 creó el «Teatro-Museo Dalí» en Figueres, donde está un gran número de sus obras.

Elcano, Juan Sebastián (*1486 Getaria, España †1526) → U7
Descubridor español. Es famoso por ser la primera persona que dio la vuelta al mundo entre 1521 y 1522. Murió en 1526 en una de sus expediciones. El barco escuela de la marina española lleva su nombre.

Franco y Bahamonde, Francisco → U8
(*1892 Ferrol – †1975 Madrid)
Político y militar español. Dirigió el golpe militar de 1936 contra el Gobierno democrático de España con el que empezó la Guerra Civil española. Desde el final de la Guerra Civil en 1939 hasta su muerte en 1975 gobernó España bajo una dictadura militar.

Gaudí, Antoni (*1852 – †1926 Barcelona) → U9
Arquitecto modernista catalán. Hizo muchos de los edificios más famosos de Barcelona como la Pedrera, el Parque Güell y la ↑ Sagrada Familia.

González Márquez, Felipe → U8
(*1942 Dos Hermanas, España)
Político español del Partido Socialista Obrero Español (PSOE), partido de centro-izquierda. Fue presidente

del gobierno de España entre 1982 y 1996. Estuvo en la cárcel en 1971 por protestar contra la dictadura de ↑ Franco. Fue una persona importante durante la Transición (periodo después de la muerte de Franco). En 1982 ganó las elecciones. La victoria de un partido de izquierdas significó el fin de la Transición y el comienzo de una época democrática estable. Su gobierno estuvo marcado por la crisis económica y la corrupción, pero también pasaron importantes cosas para España, como la entrada en la UE y en la OTAN.

Iglesias, Enrique (*1975 Madrid, España) → U1
Cantante español e hijo del famosísimo cantante Julio Iglesias. En 1995 sacó su primer disco *Enrique Iglesias*. Después de ese disco vinieron otros muchos, tanto en inglés como en español, que conseguirían muchos éxitos y grandes ventas, tanto en Europa como en Estados Unidos, lo que lo hacen uno de los cantantes que más ha vendido en el mundo.

Juan Carlos I (*1938 Roma, Italia) → U8
Rey de España desde 1975. Pertenece a la dinastía de los Borbones. Juan Carlos I es famoso por el importante papel político que tuvo durante los primeros años de la democracia después de la dictadura de Franco, sobre todo durante el golpe de Estado del 23 de febrero de 1981.

Miró, Joan → U9
(*1893 Barcelona – †1983 Palma de Mallorca)
Pintor, escultor y ceramista. Es uno de los principales artistas del ↑ surrealismo. Sus obras son unas de las más originales del siglo XX.

Nieto, Ángel (*1947 Zamora, España) → U1
Piloto de motociclismo. A Ángel Nieto se lo considera uno de los mejores motoristas de todos los tiempos ya que ganó seis Campeonatos del Mundo en 50 cc. y siete Campeonatos del Mundo en 125 cc., además de otros muchísimos premios.

Núñez de Balboa, Vasco → U7
(*1475 Jerez de los Caballeros, España – †1519 Acla, Panamá)
Conquistador español. Fue el primer europeo en llegar al océano Pacífico. Había salido para América en 1501 y, después de estar en las islas del Caribe, llegó a ↑ Panamá. El 25 de septiembre de 1513 llegó a las costas de un mar desconocido para los europeos, el océano Pacífico.

Orellana, Francisco de → U7
(*1511 Trujillo – †1546 Trujillo, España)
Conquistador español. Participó con Francisco ↑ Pizarro en la conquista del Perú. Es conocido por ser el primer europeo que viajó por el río Amazonas desde el este al oeste. Orellana le dio el nombre de Amazonas al río, pues allí tuvo que luchar contra mujeres que los atacaron.

Picasso, Pablo Ruiz → U9
(*1881 Málaga, España – †1973 Mougins, Francia)
Pintor y escultor español y uno de los artistas más famosos e importantes del siglo XX. Creó obras en diferentes estilos artísticos y es el pintor con el que comenzó el ↑ Cubismo. Entre sus obras más famosas está el *Guernica*, un cuadro que denuncia los horrores de la Guerra Civil española y la *Paloma de la Paz*, dibujo que hizo en 1949 para el cartel del Congreso Mundial de la Paz. Este dibujo se hizo muy famoso y se convirtió en el símbolo de la Paz.

Pizarro, Francisco → U7
(*1478 Trujillo, España – †1541 Lima, Perú)
Conquistador español. Nació en una familia muy pobre y decidió irse a América a buscar aventuras. Bajo sus órdenes los españoles conquistaron el Imperio Inca. Pizarro fue el fundador de ciudades como Lima. En la conquista del Perú, Pizarro no tuvo que luchar sólo contra los incas, sino también contra otros conquistadores, que lo asesinaron en 1541.

Ponce de León, Juan → U7
(*1460 Valladolid, España – †1521 La Habana, Cuba)
Conquistador español de la isla de Puerto Rico y de la península de Florida, que descubrió en 1513 y donde buscó sin éxito la «Fuente de la Juventud». Había luchado con los Reyes Católicos durante la conquista de Granada y fue uno de los primeros conquistadores que viajó a América. Participó también en la conquista de la isla La Española, hoy Haití y República Dominicana, donde castigó muy duramente a la población indígena.

Tejero Molina, Antonio (*1932 Málaga) → U8
Militar español que pertenecía a la ↑ Guardia Civil. Fue una de las personas que participó en el golpe de Estado del 23 de febrero de 1981 en España, conocido como el 23-F, cuando tuvo secuestrados a los diputados hasta las 10 de la mañana del 24 de febrero. Fue detenido y tuvo que ir a la cárcel. Desde 1993 está libre y vive alejado de la vida política y militar.

Zapatero, José Luis (*1960 Valladolid, España) → U8
Político español que desde 2004 es presidente del España. Su nombre completo es José Luis Rodríguez Zapatero. Pertenece al Partido Socialista Obrero Español (PSOE) que es un partido de centro-izquierda. Bajo su gobierno España abandonó la guerra de Iraq.

AMÉRICA LATINA

Lugares, monumentos y otros temas

Altiplano → U2
Región situada en América del Sur, en la cordillera de los ↑Andes entre los países de ↑Bolivia, Perú, Chile y Argentina. Esta zona tiene una altitud media de unos 3.600 metros sobre el nivel del mar. Esto influye en su clima. Lo más característico son los fuertes cambios de temperatura, con más de 30° durante el día y con temperaturas de noche que pueden estar por debajo de los 5° bajo cero. En el Altiplano se encuentran interesantes lugares como el lago ↑Titicaca o el Salar de Uyuni, el mayor desierto de sal del mundo.

Andes → U2
Cordillera en América del Sur que va desde Venezuela hasta la Patagonia. La montaña más alta de los Andes es el Aconcagua de 6.959 m, en Argentina. Es el punto más alto de América.

Atacama → U4
Región de América del Sur que está al norte de Chile. Esta región limita al norte con Perú, al este con ↑ Bolivia y con Argentina y al oeste con el océano Pacífico. Aquí se encuentra el desierto de Atacama, que es el desierto más seco del mundo.

Bolivia → U2
País de América del Sur situado en el oeste del continente. Tiene frontera al este y norte con Brasil, al sur con Argentina y Paraguay y al oeste con Chile. La capital es la ciudad de Sucre, aunque la sede del gobierno es ↑La Paz. Bolivia tiene casi 11 millones de habitantes. La economía del país se basa principalmente en la minería, el petróleo y el gas natural. En Bolivia se encuentran todas las zonas climáticas, como desiertos en el ↑Altiplano, selvas tropicales, pero tanto el clima como la geografía están influenciadas por la cordillera de los Andes, que ocupa casi un 30% del territorio. Esta zona tiene una altitud media por encima de los 3.000 metros sobre el nivel del mar. Además, aquí se encuentran algunas de las montañas más altas del continente americano como el Nevado Sajama con 6.542 y el Illimani de 6.462 metros de altura.

Cuzco → U7
Ciudad en los ↑Andes peruanos. Fue capital del Imperio ↑inca. El centro tiene todavía muchos edificios, plazas y calles de la época colonial y algunos de la época prehispánica. Hoy en día es el primer centro turístico del Perú. Tiene unos 300.000 habitantes.

Atacama

Cuba, República de → U5
País en el mar Caribe que está en la isla también llamada Cuba. La isla se encuentra a 140 km de la Península de Florida (EE. UU.) y a 210 km de Yucatán (México). Tiene una población de casi 12 millones de habitantes y su capital es ↑ La Habana. Cuba fue una de las primeras islas que descubrió ↑ Colón, que llegó a ella el 27 de octubre 1492. También fue una de las últimas colonias, junto con Puerto Rico y Filipinas, en conseguir su independencia en 1898. Después de la colonización española su historia se caracteriza por la influencia de EE. UU. y de numerosas dictaduras. En 1959 comenzó la Revolución cubana bajo Fidel, Raúl ↑ Castro y el ↑ Che Guevara. Con esta revolución empezó una época de gobierno socialista que enfrentó a Cuba con EE. UU. Desde entonces existe un embargo económico por parte de los EE. UU., así como un aislamiento internacional para intentar que ese gobierno desaparezca. La economía de Cuba se basaba en la producción de azúcar y el tabaco. Su economía estaba muy apoyada por la antigua Unión Soviética. Con la caída de la Unión Soviética, Cuba perdió a su mejor aliado y entra en un periodo de fuerte crisis económica. Hoy en día el turismo es un factor económico importante.

Islas Galápagos

Ecuador → U1
País de América del Sur. Se encuentra sobre la línea ecuatorial en la costa del océano Pacífico y tiene frontera con Colombia al norte y con Perú al sur y al este. Su capital es ↑ Quito (nombre completo San Francisco de Quito) y la ciudad más grande es Santiago de Guayaquil. Tiene unos 14.000.000 habitantes. La economía se basa en la exportación de productos agrícolas. Ecuador es el primer país exportador de plátanos y petróleo.
También tiene importancia el turismo, ya que Ecuador tiene hermosas ciudades coloniales y una naturaleza excepcional. Una de las zonas más visitadas por los turistas son las Islas ↑ Galápagos.
Tras una serie de crisis económicas a finales de los años 90, Ecuador decidió adoptar como moneda el dólar americano y dejar su propia moneda, el sucre. A esto se lo conoce como dolarización.

Galápagos, Islas → U1
Archipiélago a 965 km de la costa de América del Sur. Las Islas Galápagos pertenecen a ↑ Ecuador. Son famosas por sus animales, como tortugas e iguanas, y por los pájaros que estudió Charles Darwin. Las islas son parque nacional desde 1959. Además, la UNESCO las declaró Patrimonio de la Humanidad en 1978.

Guantánamo → U5
Ciudad el el sureste de ↑ Cuba en la provincia del mismo nombre. Es conocida sobre todo por la base militar estadounidense. La historia de la base militar estadounidense comienza con la guerra entre España y Estados Unidos durante la independencia de Cuba en 1898. Después de la independencia de la isla, Estados Unidos hizo un tratado con Cuba y se quedó en la Bahía de Guantánamo. El Gobierno cubano ha pedido varias veces que los estadounidenses abandonen esta base militar.

La Habana → U5
Capital de la República de ↑ Cuba. Tiene más de 2 millones de habitantes. El puerto de La Habana es uno de los más importantes del Caribe y durante la época colonial uno de los centros estratégicos para España, pues de La Habana salían los barcos hacia España con productos de todas las colonias americanas. De esa época son muchos de los edificios que se encuentran en la parte antigua de la ciudad.

Machu Picchu → U7
Antigua ciudad de los incas que está a 130 km al noroeste de ↑ Cuzco. Es uno de los centros arqueológicos más importantes del continente americano y el lugar turístico más visitado en Perú. Los españoles de la época colonial nunca supieron que existía. En 1911 el arqueólogo norteamericano, Hiram Bingham, la descubrió, pero su historia todavía sigue siendo un misterio.

La Paz → U2
Ciudad y sede del gobierno de ↑ Bolivia, pero no su capital, que es Sucre. La ciudad se fundó en 1548 y hoy en día es la ciudad más grande de Bolivia con unos 873.000 habitantes. La ciudad se encuentra a gran altura, a 3.650 metros sobre el nivel del mar.

Titicaca

Panamá, República de → U7
País de Centroamérica que está situado entre Costa Rica y Colombia. Tiene unos 3.300.000 habitantes. Su capital es Ciudad de Panamá. Panamá es conocido por el canal que une el mar Caribe con el océano Pacífico.

Quito → U1
Su nombre completo es San Francisco de Quito y se fundó en 1534. Tiene 1.400.000 habitantes y es la segunda ciudad más grande del país por detrás de Santiago de Guayaquil. Quito tiene el centro histórico más grande y mejor conservado del continente americano. Por eso el turismo tiene una fuerte importancia económica, sobre todo de jóvenes estadounidenses y de europeos.

Titicaca → U2
Lago en la frontera entre Perú y ↑ Bolivia. Es el tercer lago más grande de América del Sur y el lago navegable más alto del mundo. Se encuentra a unos 3.800 m sobre el nivel del mar. Tiene 204 km de largo por 65 km de ancho. Allí tuvo su comienzo la civilización inca que dominó América del Sur hasta la llegada de los españoles.

Personajes

Batista, Fulgencio → U5
(*1901 Banes, Cuba – †1973 Marbella, España)
Militar y político cubano. Fue presidente del país entre 1940-1944 y entre 1952-1959. Su gobierno se caracterizó por la corrupción y la falta de derechos humanos. Esto llevó a la Revolución cubana de 1959.

Castro, Fidel (* 1926 Birán, Cuba) → U5
Político cubano que gobernó en ↑ Cuba desde 1959 hasta 2008. Él dirigió la revolución contra el dictador Fulgencio ↑ Batista en 1959. Su política en Cuba ha sido muy discutida, ya que falta democracia y los derechos humanos no se respetan. Por otra parte su gobierno ha conseguido grandes logros en la educación y en la medicina del país.

Castro, Raúl (*1931 Birán, Cuba) → U5
Político cubano y hermano menor de Fidel ↑ Castro. Es desde 2008 presidente de la República de Cuba. Junto con su hermano y el ↑ Che Guevara dirigió la Revolución cubana de 1959. Su política actual se caracteriza por intentar modernizar el país y mejorar las relaciones internacionales de Cuba.

El Che → U4, U5
(*1928 Rosario, Argentina – †1967 La Higuera, Bolivia)
Su nombre verdadero era Ernesto Guevara de la Serna. Nació en 1928 en Argentina. Estudió medicina en Buenos Aires. En 1955, mientras viajaba por diferentes países de América Latina, conoció a Fidel Castro y comenzó a trabajar como médico en la Revolución cubana. Más tarde el Che participó en movimientos revolucionarios de África y ↑ Bolivia, donde murió. Es el revolucionario más famoso y su foto se encuentra en muchos objetos.

Fidel Castro

Raúl Castro

Estefan, Gloria (*1957 La Habana, Cuba) → U5
Cantante norteamericana de origen cubano. Su padre había trabajado para el dictador ↑ Batista, por eso tuvieron que abandonar Cuba con la Revolución. Es conocida como la madre del pop latino, y es una de las cantantes que más discos ha vendido en América Latina. Sus primeros trabajos los hizo junto a su marido Emilio Estefan con el que haría el grupo Miami Sound Machine. En 1977 sacó su primer álbum en inglés con el que tuvo un grandísimo éxito. A éste le siguieron muchos otros y en 1993 sacó su primer disco en español «Mi tierra» con el que consiguió un gran éxito en todo el mundo.

Galeano, Eduardo Hughes → U7
(*1940 Montevideo, Uruguay)
Escritor y periodista uruguayo, y uno de los escritores latinoamericanos más importantes del momento. Ya a los veinte años trabajó para la revista *Marcha*, una revista con temas culturales y políticos. En 1976 tuvo que abandonar el país e irse a España en el exilio debido a la dictadura militar uruguaya. Su obra más conocida es *Las venas abiertas de América Latina*, una obra que trata de la historia de América Latina.

González Videla, Gabriel → U4
(*1898 La Serna, †1980 Santiago, Chile)
Político chileno. Fue presidente del país entre los años 1946 y 1952. Durante su gobierno las mujeres consiguieron plenos derechos políticos en 1949 y la igualdad con los hombres. Aunque su gobierno al principio era más liberal, por problemas con los partidos de izquierdas y presiones de los Estados Unidos, su política se volvió más radical, algunos partidos políticos fueron prohibidos y castigó con violencia las protestas sociales.

Mafalda → U2
Figura de cómic del dibujante argentino Quino. El personaje de Mafalda apareció por primera vez en 1964. Mafalda es una niña que vive en Buenos Aires, inteligente, que se interesa por la política y por asuntos sociales, como la igualdad de la mujer, la libertad, la democracia, etc. A ella le encanta la música de los Beatles y odia la sopa. Tiene un hermano pequeño que se llama Guille. Los amigos de Mafalda son Felipe, un chico inseguro y pesimista, Manolito, que ayuda a su padre en una tienda y sólo piensa en el dinero, y Susanita, para ella el mejor futuro es casarse, tener hijos y ser ama de casa.

Menchú Tum, Rigoberta (*1959 Chimel, Guatemala) → U7
Primera persona indígena en ganar un Premio Nobel de la Paz. A los 19 años empezó en la política porque había visto la pobreza en la que viven los indígenas del país. Comenzó a trabajar en el Comité de Unidad Campesina (CUC), una organización que lucha por los derechos de los indígenas. Después de los asesinatos de su padre y uno de sus hermanos y la desaparición de su madre y otro hermano por el «Escuadrón de la Muerte» (militares que luchaban contra los rebeldes), Menchú salió del país a los 21 años y se refugió en México. Viajó a Ginebra para denunciar la situación de los indígenas ante la ONU. En 1992 recibió el Premio Nobel de la Paz. Actualmente se dedica a actividades en favor de los derechos humanos.

Morales, Evo (*1959 Orinoca, Bolivia) → U2, U8
Político boliviano que fue elegido presidente de Bolivia en el año 2006. Evo Morales se ha hecho famoso por ser el primer presidente de origen indígena (pertenece a la etnia aymara) en la historia de Bolivia. Entre sus objetivos políticos está terminar con la pobreza y el analfabetismo entre la población indígena. Su política se caracteriza por cambios radicales en la economía y en las relaciones con otros países en favor de la población indígena. Esto lo ha llevado a tener problemas con otros países, así como también con una importante parte de la sociedad boliviana.

Pacari, Nina (*1960 Cotacachi-Imbabura, Ecuador) → U7
Política ecuatoriana. Su nombre era María Estela Vega Cornejo, pero lo cambió por un nombre indígena. Estudió Derecho y participó en el movimiento indigenista y es miembro del Foro de Pueblos Indígenas de la ONU. Pacari ha sido Ministra de Asuntos Exteriores de Ecuador, además de otros puestos importantes en la política. Ha publicado diferentes obras que hablan sobre los derechos de los indígenas y las mujeres. Entre sus escritos más importantes está el ensayo *Derechos colectivos y de indígenas en la nueva Constitución Política*, donde hace reflexiones acerca de la actual constitución ecuatoriana.

Panteón Rococó → U4
Es un grupo de música que nació en 1995 en Ciudad de México. Su música se caracteriza por la mezcla de diferentes estilos como la salsa y el rock, pero en la que predomina el ska.
Su primer disco *A la izquierda de la tierra* salió en 1999. A éste le siguieron otros como *Tres veces tres* o *Panteón Rococó*. El grupo ha tenido mucho éxito en América Latina y en Europa, sobre todo en Alemania.

RBD → U4
Grupo de música mexicano que nació de la telenovela *Rebelde*. Sus cantantes son también actores en la telenovela. Su primer trabajo se llamó también *Rebelde* y su segundo disco *Nuestro amor*. Es un grupo que ha tenido mucho éxito tanto en España como América Latina.

Diego Rivera → U7
(1886 Guanajuato – 1957 México DF, México)
Pintor mexicano famoso por sus pinturas murales. Sus trabajos más importantes se encuentran en EE. UU. y México (en el Palacio de Bellas Artes, en el Palacio Nacional y en la Secretaría de Educación Pública). En la mayoría de sus obras Rivera muestra sus ideas políticas sobre el comunismo y el patriotismo mexicano y, además, su gran interés por la cultura indígena.

Shakira (*1977 Barranquilla, Colombia) → U1
Su nombre completo es Shakira Isabel Mebarak Ripoll. Es una cantante y compositora colombiana de música pop-rock. Empezó a cantar de muy joven y con sólo 13 años sacó su primer álbum *Magia*. Desde entonces no ha parado de sacar discos y, hoy en día, se la considera una de las cantantes latinas con más éxito internacionalmente.

Otros

Bach, Johann Sebastian → U4
(*1685 Eisenach – †1750 Leipzig, Alemania)
Compositor alemán de música barroca. Perteneció a una familia de músicos muy importantes. Su música se considera como la mejor de la época barroca. Entre sus obras más famosas están los *Conciertos de Brandenburgo* o *La Pasión según San Mateo*.

Cubismo → U9
Estilo artístico, sobre todo en la pintura, de comienzos del siglo XX que crearon Pablo Picasso y Georges Braques. El Cubismo rompe con la pintura tradicional. Lo más característico del Cubismo son la figuras geométricas.

Culcha Candela → U3
Grupo de música alemán de música pop-reggae. El grupo nació en Berlín en 2002. Los miembros del grupo son de origen étnico muy distinto y cantan en diferentes idiomas, como español, alemán e inglés. El mayor éxito hasta el momento ha sido la canción «Hamma!» de su tercer álbum *Culcha Candela* del año 2007.

Marruecos → U3
País del norte de África entre el océano Atlántico y el mar Mediterráneo. Está separado de Europa por el Estrecho de ↑ Gibraltar. Tiene frontera con Argelia al este, al sur con el Sáhara Occidental y al norte con España en las ciudades autónomas de ↑ Ceuta y ↑ Melilla. La economía se basa en la agricultura y en la industria. Un 15% de la población vive en la pobreza.

Mayflower → U3
Nombre de un barco inglés en el que viajaron en el año 1620 unas 100 personas desde Inglaterra hasta las costas de América del Norte. Fueron unos de los primeros ingleses en llegar al continente americano donde fundaron la colonia de Plymouth.

Modernismo → U9
Movimiento artístico de finales del siglo XIX y principios del siglo XX. Participan en él la literatura, pintura, arquitectura y otras artes. En España, el arquitecto modernista más conocido es Antoni ↑ Gaudí. En sus obras mezcla varios estilos y usa muchos elementos de decoración.

Mozart, Wolfgang Amadeus → U4
(*1756 Salzburgo – †1791 Viena, Austria)
Compositor austríaco, considerado uno de los grandes de la música clásica. Empezó de niño a tocar instrumentos y a componer. Se dice que sus primeras composiciones las hizo a los cuatro años. Fue el primer compositor que escribió ópera en alemán.

Platón → U4
(*427 / 428 a.C. Atenas – † 347 a.C. Atenas, Grecia)
Filósofo griego. Fue alumno de Sócrates y profesor de Aristóteles. Se lo considera uno de los padres de la filosofía.

Sáhara Occidental → U3
El Sáhara Occidental fue una colonia española hasta el año 1975. ↑ Marruecos, que reclamaba el Sáhara Occidental como parte de su territorio, lo ocupó cuando los españoles abandonaron esta región. Muchos saharauis tuvieron que irse y desde entonces más de 150.000 viven en campos de refugiados en Tinduf, Argelia. La ONU intenta solucionar este problema con un referéndum que Marruecos quiere evitar.

Marruecos

Vocabulario

Lektionsbegleitendes Vokabular und Signalgrammatik

Das *Vocabulario* enthält den Lernwortschatz aus allen Lektionen. Außerdem findet ihr hier Hinweise auf ähnliche Wörter aus anderen Sprachen, bereits bekannte spanische Wörter aus der gleichen Wortfamilie sowie Wörter mit der gleichen oder entgegengesetzten Bedeutung (Synonyme und Antonyme).
Die farbig gedruckten Beispielsätze zeigen das Wort im Kontext, denn in einem sinnvollen Zusammenhang kann man sich neue Wörter besser merken.
Nicht aufgeführt werden hier erschließbare Wörter, z. B. aus den Arbeitsanweisungen oder den Texten der *Mirada afuera*. Ihr könnt sie aber ggf. im *Diccionario* auf den Seiten 164–192 nachschlagen.
In den gelben Übersichtskästchen wird die neue Grammatik jeder Lektion anhand von Beispielen verdeutlicht. Die Angabe *§ (+ Zahl)* verweist auf den entsprechenden Paragraphen im Grammatischen Beiheft.

Abkürzungen

adj.	*adjetivo* (= Adjektiv)
adv.	*adverbio* (= Adverb)
col.	*coloquial* (= umgangssprachlich)
etw.	etwas
f.	*femenino* (= feminin, weiblich)
inf.	*infinitivo* (= Infinitiv)
jdn.	jemanden
jdm.	jemandem
lat. am.	*latinoamericano* (= lateinamerikanisch)
m.	*masculino* (= maskulin, männlich)
pl.	*plural* (= Plural)
pron.	*pronombre* (= Pronomen)
sg.	*singular* (= Singular)
sust.	*sustantivo* (= Substantiv)

≡ Synonym ⇔ Antonym ⇨ Wortfamilie

D Deutsch E Englisch
F Französisch LAT Latein

Unidad 1

Texto: Busco habitación en Quito

junto a ⇨ juntos, -as Cuando estoy junto a ella, estoy nervioso.	neben, nahe bei ⇨ gemeinsam, zusammen Wenn ich in ihrer Nähe bin, bin ich nervös.
un metro cuadrado	ein Quadratmeter
un apartamento *(lat. am.)* ≡ un piso El apartamento tiene cien metros cuadrados.	eine Wohnung *(lat. am.)* ≡ eine Wohnung D Appartment Die Wohnung ist 100 Quadratmeter groß.
un piso / un apartamento compartido ⇨ compartir Vivo en un piso compartido.	eine Wohngemeinschaft ⇨ teilen Ich wohne in einer WG.
anoche ⇨ la noche Anoche llegué muy tarde a casa.	gestern Abend ⇨ die Nacht Gestern Abend kam ich sehr spät nach Hause.
puntual ⇨ un punto Mis hermanas no siempre son puntuales.	pünktlich ⇨ ein Punkt Meine Schwestern sind nicht immer pünktlich.
pasar ≡ entrar Pasa, pasa, no te quedes ahí.	hereinkommen ≡ eintreten, hineingehen Komm doch herein, bleib nicht da stehen.
un sofá Los dos sofás de la sala de estar son azules.	ein Sofa Die zwei Sofas im Wohnzimmer sind blau.
cierto ⇨ por cierto ≡ es verdad —Tú estuviste ya en el nuevo cine, ¿verdad? —Cierto, estuve ayer.	richtig, genau ⇨ übrigens ≡ Das stimmt. – Du warst schon in dem neuen Kino, nicht wahr? – Genau, ich war gestern.
presentarse Hoy se ha presentado el nuevo profesor.	sich vorstellen Heute hat sich der neue Lehrer vorgestellt.
el arte (*pl.* las artes) No entiendo el arte moderno.	die Kunst Ich verstehe die moderne Kunst nicht.
la realidad	die Realität, die Wirklichkeit
en realidad Siempre vamos a la costa, pero en realidad yo prefiero la montaña.	in Wirklichkeit, eigentlich Wir fahren immer an die Küste, aber eigentlich mag ich die Berge lieber.
un jugo *(lat. am.)* ¡Odio el jugo de tomate!	ein Saft *(lat. am.)* Ich hasse Tomatensaft!
una piña ¡Me encanta la piña!	eine Ananas Ich liebe Ananas!

una creación ⇨ crear El libro describe la creación del mundo.	eine Schöpfung, eine Erschaffung ⇨ erschaffen E creation F la création LAT creatio Das Buch beschreibt die Erschaffung der Welt.
caótico, -a ¡Qué caótico eres! ¿Dónde has puesto mi cedé de Juanes?	chaotisch Wie chaotisch du bist! Wo hast du meine Juanes-CD hingelegt?
un mesero, una mesera *(lat. am.)* ≡ un camarero, una camarera María trabaja como mesera en un restaurante.	ein Kellner, eine Kellnerin *(lat. am.)* ≡ ein Kellner, eine Kellnerin María arbeitet als Kellnerin in einem Restaurant.
una mascota La mascota de Antonio es un perrito.	ein Haustier Antonios Haustier ist ein kleiner Hund.
un zoológico El zoológico no abre los lunes.	ein Tierpark, ein Zoo Der Zoo hat montags nicht geöffnet.

El presente de subjuntivo en frases de relativo §1

Sueño con un lugar **donde pueda** vivir.
Necesito / busco un piso **que sea** grande.
No he encontrado ningún piso **que sea** grande.

un chileno, una chilena Conozco a una chilena muy simpática.	ein Chilene, eine Chilenin Ich kenne eine sehr nette Chilenin.
un acordeón No sé tocar el acordeón, ¿y tú?	ein Akkordeon Ich kann nicht Akkordeon spielen, und du?
una pistola El policía lleva una pistola.	eine Pistole Der Polizist trägt eine Pistole.
una telenovela En Latinoamérica la gente ve muchas telenovelas.	eine Fernsehserie, eine Telenovela In Lateinamerika schauen die Leute viele Fernsehserien.
pasar miedo Si estoy solo en casa, paso miedo.	Angst haben Wenn ich allein zu Hause bin, habe ich Angst.
el carácter	der Charakter
tener buen / mal carácter Una buena vendedora tiene que tener muy buen carácter.	freundlich / unfreundlich sein Eine gute Verkäuferin muss sehr freundlich sein.
un gato Los gatos son animales muy independientes.	eine Katze, ein Kater Katzen sind sehr unabhängige Tiere.
una gata El gato y la gata del vecino me molestan por la noche.	eine (weibliche) Katze Der Kater und die Katze des Nachbarn stören mich nachts.
el alquiler ⇨ alquilar El alquiler son 400 euros.	die Miete ⇨ mieten, vermieten Die Miete beträgt 400 €.
interrumpir algo / a alguien No le interrumpas, todavía no ha terminado.	etw. / jdn. unterbrechen F interrompre Unterbrich ihn nicht, er ist noch nicht fertig.
cocinar ≡ preparar la comida ⇨ una cocina Hoy cocino yo.	kochen ≡ das Essen zubereiten ⇨ eine Küche Heute koche ich.
la boca	der Mund
el almuerzo El almuerzo empieza a las dos y media.	das Mittagessen Das Mittagessen fängt um halb drei an.
un zumo ≡ un jugo *(lat. am.)* ¿Quieres un zumo de naranja?	ein Saft ≡ ein Saft *(lat. am.)* Möchtest du einen Orangensaft?
exacto, -a Llegamos exactamente al mediodía.	exakt, genau Wir kamen genau um 12 Uhr mittags an.
la lengua ⇨ una lengua La lengua está dentro de la boca.	die Zunge ⇨ eine Sprache F la langue LAT lingua Die Zunge ist im Mund.

Ejercicios

un rincón El gato tiene miedo y está en el rincón.	eine Ecke, ein Winkel Die Katze hat Angst und sitzt in der Ecke.
una almohada No puedo dormir sin almohada.	ein Kopfkissen Ich kann ohne Kopfkissen nicht schlafen.
una lámpara ¿Apagas la lámpara?	eine Lampe Machst du die Lampe aus?

La pasiva refleja §3

Cuando **se** come, no se habla.
Aquí **se** habla español.
No **se** hablan otros idiomas.
Antes los billetes **se** compraban en el tren.

una alfombra Hay que limpiar la alfombra.	ein Teppich Man muss den Teppich saubermachen.
una cocina ⇨ una cocina ¡Cuidado, ya he encendido la cocina!	ein Herd ⇨ eine Küche Vorsicht, ich habe den Herd schon eingeschaltet!
una fregona Con la fregona limpio el suelo.	ein Wischmopp Mit dem Wischmopp putze ich den Fußboden.
una lavadora ¿Meto la ropa en la lavadora?	eine Waschmaschine Soll ich die Wäsche in die Waschmaschine stecken?

un fregadero Los platos están todavía en el fregadero.	ein Spülbecken Die Teller stehen noch im Spülbecken.
una nevera ⇨ la nieve Abre la nevera y dame un huevo.	ein Kühlschrank ⇨ der Schnee Mach den Kühlschrank auf und gib mir ein Ei.

Unidad 2

Primer paso: ¿Como un animal?

un burro El burro es un animal fuerte.	ein Esel Der Esel ist ein starkes Tier.
un ratón Es pequeño como un ratón.	eine Maus Er ist klein wie eine Maus.
una gallina ¿Qué fue primero: el huevo o la gallina?	ein Huhn Was war zuerst da: das Ei oder das Huhn?
un cerdo Juan come como un cerdo.	ein Schwein Juan isst wie ein Schwein.
limpio, -a ⇨ limpiar Los gatos son limpios.	sauber, reinlich ⇨ putzen Katzen sind reinlich.
sucio, -a Se dice que los cerdos son sucios, pero no es verdad.	schmutzig Man sagt, dass Schweine schmutzig sind, aber das stimmt nicht.
sumiso, -a ¡No seas tan sumiso, quéjate!	gehorsam, unterwürfig Sei nicht so unterwürfig, beschwer dich!
oler (bien / mal) Las rosas huelen muy bien.	(gut) riechen / stinken Rosen riechen sehr gut.
el asco	der Ekel
dar asco a alguien Me dan asco los ratones.	jdn. abstoßen, sich ekeln vor Ich ekle mich vor Mäusen.

El verbo oler

Huelo **Hueles** **Huele** **Olemos** **Oléis** **Huelen**	muy bien con este perfume.

Texto: El ratoncito

un ratoncito ⇨ un ratón	ein Mäuschen ⇨ eine Maus
Bolivia *(f.)* Bolivia es un país latinoamericano.	Bolivien Bolivien ist ein lateinamerikanisches Land.
llamar (a la puerta) ⇨ Llaman. Llamaron a la puerta y abrí.	(an der Tür) läuten ⇨ Es läutet. Es läutete an der Tür und ich öffnete.
la imaginación ⇨ imaginarse algo Rosa tiene mucha imaginación. Cree que va a ser una actriz famosa.	die Fantasie ⇨ sich etw. vorstellen E imagination F l'imagination LAT imaginatio Rosa hat viel Fantasie. Sie glaubt, dass sie eine berühmte Schauspielerin wird.
equivocarse ¡Cuidado, no te equivoques!	sich irren, einen Fehler machen Pass auf, mach keinen Fehler!
deber de *(+ inf.)* El hermano de Ana debe de tener veinte años.	wohl *(+ inf.)* müssen *(Vermutung)* Anas Bruder muss etwa 20 Jahre alt sein.
desde ⇨ desde	seit ⇨ aus, von

hace (vor + Zeitraum) y *desde* (seit + Zeitpunkt)

- Empecé a trabajar aquí **hace 8 meses**.
- **Hace mucho tiempo** me mudé a España.
- **Hace dos días** la niña cayó enferma.
- Vivo en Bolivia **desde febrero**.
- **Desde entonces** no he vuelto a mi país.
- **Desde el martes** la niña tiene fiebre.

con mala idea Con muy mala idea metiste el ratón en mi mochila.	in böser Absicht, gemein Es war sehr gemein von dir, die Maus in meinen Rucksack zu stecken.
avisar a alguien de algo Avísame si llama mi madre.	jdn. über etw. informieren; jdm. Bescheid sagen Sag mir Bescheid, wenn meine Mutter anruft.
inútil ⇔ útil Es inútil explicármelo: nunca lo voy a entender.	zwecklos, unnütz ⇔ nützlich Es ist zwecklos, mir das zu erklären: ich werde es nie verstehen.
el enfado ⇨ enfadado,-a; enfadarse Por su enfado no fuimos a la fiesta.	der Ärger ⇨ verärgert, böse; sich ärgern Da er verärgert war, gingen wir nicht zum Fest.
la sopa La sopa está muy rica.	die Suppe Die Suppe ist sehr lecker.
el infinito La odio hasta el infinito.	die Unendlichkeit Ich hasse sie bis in alle Ewigkeit.
apostar (-ue-) Te apuesto una cena a que tengo razón.	wetten Ich wette mit dir um ein Abendessen, dass ich recht habe.

retirarse ≡ salir; irse Nos retiramos sin despedirnos.	sich zurückziehen ≡ herausgehen; weggehen Wir zogen uns zurück, ohne uns zu verabschieden.
la nariz	die Nase
estar hasta las narices de algo ≡ estar harto, -a de Estoy hasta las narices de que me hables así.	die Nase von etw. voll haben ≡ satt haben Ich habe die Nase voll davon, dass du so mit mir sprichst.

El estilo indirecto con cambio del tiempo verbal (1) § 5

Está enfermo. → Decías que él **estaba** enfermo.
Ya **ha comido**. → Contó que ya **había comido**.
Pasé miedo. → Dije que **había pasado** miedo.
Van a venir. → Habían dicho que **iban** a venir.

una especialidad ⇨ especial La paella es una especialidad de Valencia.	eine Spezialität ⇨ besonders, speziell Die Paella ist eine Spezialität aus Valencia.
una uña Córtale las uñas al niño.	ein Fingernagel Schneide dem Kind die Fingernägel.
tocar algo ⇨ tocar (un instrumento); tocar No toques ese animal, es peligroso.	etw. anfassen ⇨ (ein Instrument) spielen; gewinnen, drankommen Fass dieses Tier nicht an, es ist gefährlich.
coger algo Coge la mochila. No quiero que cojas una enfermedad.	nehmen, festhalten Nimm den Rucksack. Ich will nicht, dass du eine Krankheit bekommst.
saber a algo El primer plato no supo a nada.	nach etw. schmecken Die Vorspeise schmeckte nach nichts.
el sudor Tengo las manos llenas de sudor.	der Schweiß Ich habe schweißnasse Hände.
callarse Cállate y no hables más.	schweigen, still sein Sei still und sag nichts mehr.
estar avergonzado, -a María estaba avergonzada por lo que había dicho.	beschämt sein, sich schämen María schämte sich für das, was sie gesagt hatte.
furioso, -a Mi papá está muy furioso porque me río de Casilda.	wütend E furious F furieux, -se LAT furiosus Mein Vater ist sehr wütend, weil ich Casilda auslache.
una señorita ⇨ una señora Señorita, ¿puedo ayudarla?	ein Fräulein ⇨ eine Frau Kann ich Ihnen helfen, (mein) Fräulein?
el olor ⇨ oler No soporto el olor de la basura.	der Geruch ⇨ riechen, stinken Ich halte den Geruch des Abfalls nicht aus.
arder Está ardiendo la casa. María estaba tan avergonzada que le ardía la cara.	brennen Das Haus brennt. María schämte sich so, dass sie feuerrot anlief.
un perfume Los perfumes huelen bien.	ein Parfüm Parfüms riechen gut.
hacer *(+ inf.)* algo a alguien El profesor me hizo practicar deporte aunque yo no quería.	jdn. etw. tun lassen, jdn. dazu bringen etw. zu tun Der Lehrer ließ mich Sport treiben, obwohl ich nicht wollte.
doler (-ue-) ¿Te duele la cabeza?	schmerzen, weh tun Hast du Kopfweh?
marearse Cuando voy en barco, me mareo.	übel / schwindelig werden Wenn ich mit dem Schiff fahre, wird mir übel.
hacer burla de alguien Hacen burla de mí porque no llevo pantalones.	sich über jdn. lustig machen, jdn. verspotten Sie machen sich über mich lustig, weil ich keine Hosen trage.
un pollo Compré un pollo para la cena.	ein Hühnchen, ein Hähnchen Ich habe ein Hähnchen für's Abendessen gekauft.

Las preposición *por* y *sin* + infinitivo § 6

Por estar enfermo no pude ir a clase.
Estoy mareado **por haber comido** mucho.
Se fue de la fiesta **sin despedirse**.
Quiere salir **sin haber estudiado**.

una pluma ⇨ una pluma Las gallinas tienen plumas.	eine Feder ⇨ ein Füller Hühner haben Federn.
avergonzarse de algo ≡ estar avergonzado, -a Me avergüenzo de no haberte dicho la verdad.	sich schämen ≡ sich schämen Ich schäme mich, dass ich dir nicht die Wahrheit gesagt habe.
golpear algo / a alguien Me golpeó con la gorra.	etw. / jdn. schlagen Er / sie schlug mich mit der Kappe.
(estar) orgulloso, -a de algo / alguien Luis está orgulloso de su trabajo.	stolz auf etw. / jdn. (sein) Luis ist stolz auf seine Arbeit.
elegante Miriam es muy elegante, siempre con vestidos nuevos.	elegant Miriam ist sehr elegant, immer mit neuen Kleidern.

Ejercicios

un médico, una médica	ein Arzt, eine Ärztin
un / una paciente El paciente le dijo al médico qué le dolía.	ein Patient, eine Patientin Der Patient sagte dem Arzt, was ihm weh tat.
el dolor ⇨ doler (-ue-) No soporto el dolor de cabeza.	der Schmerz ⇨ schmerzen, weh tun Ich halte die Kopfschmerzen nicht aus.
(estar) mareado, -a ⇨ marearse Estoy mareado por el olor de su perfume.	mir ist übel / schwindlig ⇨ übel / schwindelig werden Mir ist vom Geruch ihres Parfüms übel.
el soroche En las zonas elevadas se puede tener soroche.	die Höhenkrankheit In hochgelegenen Gebieten kann man die Höhenkrankheit bekommen.

La sustantivación con *lo* **§ 7**

Lo bueno es que no cuesta nada.
Lo más divertido es ir a la disco los viernes.
Lo mejor del piso son los compañeros.
Lo de la enfermedad de su abuelo es un asunto muy triste.

la diarrea Tengo diarrea porque bebí agua que no era potable.	der Durchfall D Diarrhöe Ich habe Durchfall, weil ich Wasser getrunken habe, das kein Trinkwasser war.
la gripe Voy al médico porque tengo gripe.	die Grippe Ich gehe zum Arzt, weil ich die Grippe habe.
una medicina ⇨ un médico, una médica El enfermo toma su medicina.	ein Medikament ⇨ ein Arzt, eine Ärztin Der Kranke nimmt seine Medikamente (ein).
un síntoma	ein Symptom
el pecho Tengo dolores en el pecho.	die Brust Ich habe Schmerzen in der Brust.
un brazo Ella lleva al niño en brazos.	ein Arm Sie trägt das Kind auf dem Arm.
la barriga He comido mucho y ahora me duele la barriga.	der Bauch Ich habe viel gegessen und jetzt habe ich Bauchweh.
un pie Voy a pie a la escuela.	ein Fuß Ich gehe zu Fuß zur Schule.
la espalda Nadar es bueno para la espalda.	der Rücken Schwimmen ist gut für den Rücken.

Unidad 3

Primer paso: Un país de todos

un contrato Sin contrato de alquiler no puedes vivir en el piso.	ein Vertrag E contract F un contrat Ohne Mietvertrag kannst du nicht in der Wohnung wohnen.
un campo ⇨ el campo En Andalucía hay muchos campos de tomates.	ein Feld ⇨ die ländliche Gegend F un champs In Andalusien gibt es viele Tomatenfelder.
un / una inmigrante ⇔ un / una emigrante Los inmigrantes vienen de otros países.	ein Einwanderer, eine Einwanderin ⇔ ein Auswanderer, eine Auswanderin D ein/e Immigrant/in Einwanderer kommen aus anderen Ländern.
una patera Llegó en una patera a la costa de Almería.	ein kleines Boot Er / sie kam in einem kleinen Boot an die Küste von Almería.

El futuro: formas y uso **§ 9**

El año que viene **compraré** una bicicleta.
¿**Comerás** todo?
¿Dónde está Manuel? ¿**Dormirá** ya?
Volveremos pronto.
¿**Os quedaréis** aquí en las vacaciones?
No los veo. ¿Dónde **estarán**?

extranjero, -a ⇨ un extranjero, una extranjera ⇨ el extranjero Me gusta aprender lenguas extranjeras.	fremd, ausländisch ⇨ ein Ausländer, eine Ausländerin ⇨ das Ausland Ich lerne gerne Fremdsprachen.
tradicional Fue una boda muy tradicional, en una iglesia.	traditionell Es war eine sehr traditionelle Hochzeit, in einer Kirche.
el Mediterráneo Voy todos los veranos a la costa del Mediterráneo.	das Mittelmeer, der Mittelmeerraum E the Mediterranean F la Mediterranée Ich fahre jeden Sommer an die Mittelmeerküste.

Texto: La despedida

una despedida ⇨ despedirse (-i-/-i-) Fuimos a la fiesta de despedida de Julio.	ein Abschied ⇨ sich verabschieden Wir waren bei Julios Abschiedsfest.

un todoterreno Mi tío se ha comprado un todoterreno.	ein Geländewagen Mein Onkel hat sich einen Geländewagen gekauft.
un conocido, una conocida ⇨ conocer (-zco) ⇨ conocido, -a No es una amiga, sólo una conocida.	ein Bekannter, eine Bekannte ⇨ kennen ⇨ bekannt Sie ist keine Freundin, nur eine Bekannte.
salir (-g-) ⇨ salir (-g-) Salgo para Bilbao mañana por la mañana.	abfahren, abreisen ⇨ weggehen, verlassen Ich fahre morgen Vormittag nach Bilbao (ab).

El futuro de los verbos irregulares §9

Te **diré** una cosa. **Harás** todo por mí. **Habrá** problemas. Usted **podrá** elegir. Se **pondrá** a cantar.	**Querremos** más café. No **sabréis** la verdad. **Saldrán** a la una. ¿**Tendrán** sed? ¿**Vendrán** ustedes?

un campo de refugiados ⇨ un campo La vida en un campo de refugiados es muy dura.	ein Flüchtlingslager ⇨ ein Feld Das Leben in einem Flüchtlingslager ist sehr hart.
voluntario, -a ⇨ un voluntario, una voluntaria Lo hicimos porque quisimos: fue una decisión voluntaria.	freiwillig ⇨ ein Freiwilliger, eine Freiwillige Wir taten es, weil wir wollten: es war eine freiwillige Entscheidung.
en cambio ⇨ cambiar algo Tú vives en España. Yo, en cambio, en Alemania.	hingegen ⇨ etw. ändern Du wohnst in Spanien. Ich hingegen in Deutschland.
Argelia *(f.)* Argelia es un país en el norte de África.	Algerien Algerien ist ein Land im Norden von Afrika.
los ahorros Con mis ahorros me voy a comprar un ordenador.	die Ersparnisse Von meinen Ersparnissen werde ich mir einen Computer kaufen.
rápido, -a ⇨ rápido *(adv.)* Lena es la más rápida de la clase.	schnell ⇨ schnell *(adv.)* Lena ist die schnellste der Klasse.
un / una saharaui Muchos saharauis viven en el desierto.	ein Einwohner / eine Einwohnerin der Westsahara Viele Einwohner der Westsahara wohnen in der Wüste.
un / una marroquí (*pl.* marroquíes)	ein Marokkaner, eine Marokkanerin
un subsahariano, una subsahariana Dos chicas de mi clase son marroquíes y un chico es subsahariano.	ein Schwarzafrikaner, eine Schwarzafrikanerin (*wörtl.:* Bewohner von Ländern südlich der Sahara) Zwei Mädchen aus meiner Klasse sind Marokkanerinnen und ein Junge Schwarzafrikaner.
un prometido, una prometida ≡ un novio, una novia Me casaré con mi prometido en mayo.	ein Verlobter, eine Verlobte ≡ ein fester Freund, eine feste Freundin Ich werde meinen Verlobten im Mai heiraten.
un pozo El gato se cayó al pozo, pero pudimos sacarlo.	ein Brunnen Die Katze fiel in den Brunnen, aber wir konnten sie herausholen.

***ser* / *estar* con el mismo adjetivo** §10

Juan **es** muy guapo. **Soy** libre y puedo elegir. Los gatos **son** muy limpios. Los cerdos no **son** sucios.	Con tu jersey **estás** muy guapo. ¿**Estás** libre hoy? El cuarto **está** limpio, pero la cocina **está** sucia.

preguntarse algo ⇨ preguntar; una pregunta Me pregunto dónde estará ahora mi novia.	sich etw. fragen ⇨ fragen; eine Frage Ich frage mich, wo meine Verlobte wohl gerade ist.
la fuerza ⇨ fuerte El burro es un animal con mucha fuerza.	die Kraft, die Stärke ⇨ kräftig, stark E force F la force Der Esel ist ein Tier mit viel Kraft.
despedir (-i-/-i-) a alguien de alguien ⇨ despedirse (-i-/-i-) ¿Nos despides de tus padres?	jdn. (zum Abschied) von jdm. grüßen ⇨ sich verabschieden Grüßt du deine Eltern von uns?

Unidad 4

Primer paso: ¿Qué música escucháis?

el ritmo Esta canción tiene mucho ritmo.	der Rhythmus Dieses Lied ist sehr rhythmisch.
lento, -a ⇔ rápido, -a Tienes que hablar lentamente.	langsam ⇔ schnell F lent, e Du muss langsam sprechen.
sencillo, -a ⇔ complicado, -a; difícil La explicación es muy sencilla.	einfach ⇔ kompliziert; schwierig Die Erklärung ist sehr einfach.
un / una cantante ⇨ una canción La cantante del grupo se llama Alexa.	ein Sänger, eine Sängerin ⇨ ein Lied Die Sängerin der Gruppe heißt Alexa.
cantar algo Quiero que cantes mi canción preferida.	etw. singen F chanter LAT cantare Ich möchte, dass du mein Lieblingslied singst.

la voz (*pl.* voces) — die Stimme
F la voix LAT vox
El cantante tiene una voz preciosa. — Der Sänger hat eine sehr schöne Stimme.

un instrumento — ein Instrument
¿Tocas algún instrumento? — Spielst du ein Instrument?

la música — die Melodie

la letra — der (Lied-)Text
Me gusta la música de esta canción, pero la letra no. — Die Melodie dieses Liedes gefällt mir, aber der Text nicht.

el estribillo — der Refrain
Sólo conozco el estribillo de la canción. — Ich kenne nur den Refrain des Liedes.

Texto: La mejor forma de expresar lo que siento

la forma — die Form, die Art und Weise
Te lo voy a explicar de otra forma. — Ich werde es dir auf andere Art erklären.

expresar algo — etw. ausdrücken
E to express
Es importante que expreses tus deseos. — Es ist wichtig, dass du deine Wünsche zum Ausdruck bringst.

una encuesta — eine Umfrage
Hago una encuesta sobre vuestras aficiones. — Ich mache eine Umfrage über eure Hobbys.

rebelde — rebellisch
Los ancianos dicen que los jóvenes son rebeldes. — Die alten Leute sagen, dass die Jugendlichen rebellisch sind.

solidario, -a — solidarisch, füreinander einstehend
Los jóvenes actualmente son muy solidarios. — Jugendliche sind heutzutage sehr solidarisch.

un elemento — ein Element, ein Bestandteil
La letra es un elemento importante de una canción. — Der Text ist ein wichtiger Bestandteil eines Liedes.

el lenguaje — die Sprache, die Ausdrucksform
⇨ una lengua — ⇨ eine Sprache
Es una palabra del lenguaje de los jóvenes. — Das ist ein Wort aus der Jugendsprache.

tal vez — vielleicht
⇨ una vez; otra vez; cada vez más; de vez en cuando — ⇨ einmal; noch einmal; immer öfter; ab und zu
—¿Venís a la excursión? —Tal vez. — – Kommt ihr zu dem Ausflug mit? – Vielleicht.

clásico, -a — klassisch
Vas a ver: la música clásica no es aburrida. — Du wirst sehen: klassische Musik ist nicht langweilig.

un siglo — ein Jahrhundert
F un siècle LAT saeculum
Un siglo tiene cien años. — Ein Jahrhundert hat 100 Jahre.

un músico, una música — ein Musiker, eine Musikerin
⇨ la música — ⇨ die Musik
Conozco al músico que toca el acordeón. — Ich kenne den Musiker, der das Akkordeon spielt.

aficionado, -a — Hobby-, -liebhaber
⇨ una afición — ⇨ ein Hobby
Soy un aficionado al fútbol. — Ich bin ein Fußballfan.

costar (-ue-) mucho a alguien — jdm. schwerfallen
⇨ costar (-ue-) — ⇨ kosten
Nos cuesta mucho hablar español. — Es fällt uns schwer, Spanisch zu sprechen.

una oreja — ein Ohr
Los burros tienen las orejas grandes. — Esel haben große Ohren.

musical — musikalisch, Musik-
⇨ la música; un músico, una música — ⇨ die Musik; ein Musiker, eine Musikerin
En Argentina hay grupos musicales interesantes. — In Argentinien gibt es interessante Musikgruppen.

criticar algo / a alguien — etw. / jdn. kritisieren
No me critiques por mi ropa. — Kritisier mich nicht wegen meiner Kleidung.

la sociedad — die Gesellschaft
E society F la société LAT societas

el racismo — der Rassismus
El racismo es un problema muy serio de la sociedad moderna. — Der Rassismus ist ein ernstes Problem in der modernen Gesellschaft.

El condicional: formas y uso §§ 11, 12

Yo en tu lugar **hablaría** con él.
¿**Volverías** a hacer eso?
Se **sentiría** solo sin sus amigos.
No **seríamos** felices sin ti.
¿Os **alegraríais** de ir a España?
Estarían más contentos con menos deberes.

directo, -a — direkt, unmittelbar
Raúl es muy directo y dice lo que piensa. — Raúl ist sehr direkt und sagt, was er denkt.

un adulto, una adulta — ein Erwachsener, eine Erwachsene
⇔ un niño, una niña — ⇔ ein Kind
Los adultos creen que pueden decidir todo. — Erwachsene glauben, dass sie alles entscheiden dürfen.

(estar) desorientado, -a — orientierungslos, verwirrt
No sé que voy a estudiar, todavía estoy desorientado. — Ich weiß nicht, was ich studieren werde, ich bin noch orientierungslos.

relajarse — sich entspannen
¡Tranquilo, relájate! — Ruhig, entspann dich!

olvidarse de algo — etw. (völlig) vergessen, abschalten
⇨ olvidar algo — ⇨ etw. vergessen
⇔ recordar (-ue-) algo; acordarse (-ue-) de algo — ⇔ sich an etw. erinnern
Cuando escucho música, me olvido de los problemas. — Wenn ich Musik höre, vergesse ich meine Probleme.

El condicional: verbos irregulares § 12

Te **diría** la verdad. ¿Lo **harías** por mí? **Habría** dificultades. Usted **podría** salir. **Pondría** el plato allí.	**Querríamos** comer. ¿**Sabríais** jugar? **Saldrían** más tarde. Sí, **tendrían** ganas. ¿**Vendrían** ustedes?

un sentimiento — ein Gefühl
⇨ sentirse — ⇨ sich fühlen
Me cuesta expresar mis sentimientos. — Es fällt mir schwer, meine Gefühle auszudrücken.

(ser) capaz (*pl.* capaces) de algo — fähig (sein) zu etw.
≡ saber hacer algo — ≡ etw. tun können
No soy capaz de solucionar el problema. — Ich bin nicht fähig das Problem zu lösen.

evadirse de algo — vor etw. fliehen, etw. entkommen
F s'évader
No es bueno que te evadas de la realidad. — Es ist nicht gut, dass du vor der Realität fliehst.

en general — im Allgemeinen
≡ normalmente — ≡ normalerweise
Hoy no quiero salir, pero en general me gusta salir. — Heute will ich nicht ausgehen, aber im Allgemeinen gehe ich gerne aus.

todo lo contrario — ganz im Gegenteil
F au contraire
Ana no está triste. Todo lo contrario, se alegra de verte. — Ana ist nicht traurig. Ganz im Gegenteil, sie freut sich, dich zu sehen.

una vuelta — eine Reise, ein Spaziergang, eine Rundfahrt
⇨ volver (-ue-) — ⇨ zurückkommen
≡ un viaje; un paseo — ≡ eine Reise; ein Spaziergang
¿Damos una vuelta? — Machen wir einen Spaziergang?

El comparativo de los adverbios § 14

Escucháis **más / menos** atentamente **que** yo.
Corres **tan** rápido **como** un caballo.
¡Te ríes **tan** alegremente!
Hablas **más** y **mejor que** yo.

el universo — ein Universum
El universo no tiene final. — Das Universum ist unendlich.

robar algo — etw. stehlen
Alguien me ha robado la cámara de fotos. — Jemand hat mir den Fotoapparat gestohlen.

el corazón — das Herz
Es una persona con un gran corazón. — Er / sie ist eine Person mit einem großen Herzen.

el sentido — die Richtung
¿En qué sentido tengo que ir para llegar a la estación? — In welche Richtung muss ich gehen, um zum Bahnhof zu kommen?

volverse (-ue-) — werden
≡ ponerse (+ *adj.*), hacerse (+ *adj.*) — ≡ werden
Don Quijote se volvió loco. — Don Quijote wurde verrückt.

la libertad — die Freiheit
⇨ libre — ⇨ frei
F la liberté LAT libertas
Sin libertad no se puede vivir. — Ohne Freiheit kann man nicht leben.

la compañía — die Gesellschaft, die Begleitung
F la compagnie
Me sentí muy solo, necesitaba compañía. — Ich fühlte mich sehr allein, ich brauchte Gesellschaft.

rendirse (-i-/-i) — sich ergeben
Ya no tenía fuerzas y se rindió. — Er / sie hatte keine Kraft mehr und ergab sich.

una condición — eine Bedingung
F une condition
LAT conditio
Te pongo una condición: tienes que venir conmigo. — Ich stelle eine Bedingung: du musst mit mir kommen.

El superlativo absoluto de los adverbios § 14

Los españoles hablan **rapidísimamente**.
Esta canción me gusta **muchísimo**.
Los alumnos escuchan **muy atentamente** al profesor.

sin condiciones — bedingungslos, uneingeschränkt

querer algo / a alguien — etw. / jdn. lieben
⇨ querer algo — ⇨ etw. wollen
Te quiero sin condiciones. — Ich liebe dich bedingungslos.

un sonido — ein Geräusch, ein Klang
⇨ sonar — ⇨ klingeln
Me gusta el sonido de este instrumento musical. ¿Quieres escuchar el sonido de mi móvil? — Mir gefällt der Klang dieses Musikinstruments. Willst du meinen Handy-Klingelton hören?

jurar algo — etw. schwören
F jurer LAT iurare
Te juro que estoy diciendo la verdad. — Ich schwöre dir, dass ich die Wahrheit sage.

Unidad 5

Primer paso: Cuba: La perla del Caribe

Cuba (*f.*) — Kuba

el Caribe — die Karibik
Cuba está en el Caribe. — Kuba liegt in der Karibik.

un cubano, una cubana — ein Kubaner, eine Kubanerin
A los cubanos les gusta bailar salsa. — Die Kubaner tanzen gerne Salsa.

los alimentos El chocolate y el tomate son alimentos de América.	die Lebensmittel Schokolade und Tomaten sind Lebensmittel aus Amerika.
la cosecha Este año la cosecha de tomates ha sido muy buena.	die Ernte Die Tomatenernte ist dieses Jahr sehr gut gewesen.
una cola La gente hace cola para comprar comida.	eine (Warte-)Schlange Die Leute stehen Schlange um Essen zu kaufen.

Texto: La terminal

una terminal La terminal del tren está en la Plaza de España.	eine Endstation *(in Lat. am. auch Busbahnhof allgemein)* Die Endstation des Zuges ist an der Plaza de España.
un pasajero En el avión viajan ciento diez pasajeros.	ein Passagier, ein Fahrgast Im Flugzeug reisen 110 Passagiere.
arreglar algo El ordenador no funcionaba, pero Sonia lo ha arreglado.	etw. reparieren Der Computer funktionierte nicht, aber Sonia hat ihn repariert.

El imperativo de *usted / ustedes* § 15

Gire a la izquierda.
No **hable** tan rápido.
¡Decída<u>se</u> ya!
Por favor, no <u>me</u> **grite**.

Salgan de aquí.
No **vayan** a ese país.
Diviértan<u>se</u>.
No se **levanten**.

recoger algo / a alguien ⇨ coger algo ¿A qué hora te recojo?	etw. / jdn. abholen, etw. / jdn. aufnehmen ⇨ etw. nehmen Um wieviel Uhr soll ich dich abholen?
temprano *(adv.)* Nos levantamos temprano, a las siete.	früh *(adv.)* Wir stehen früh auf, um sieben Uhr.
No te pongas así. ¡Relájate, no te pongas así!	Reg dich nicht so auf. Entspann dich, reg dich nicht so auf!
una caja Cris guarda sus fotos en una caja pequeña.	eine Kiste, ein Karton Cris bewahrt ihre Fotos in einem kleinen Karton auf.
arrepentirse (-ie-/-i-) de algo Me arrepiento de lo que te dije.	etw. bereuen Ich bereue, was ich zu dir gesagt habe.
una impresión Tengo la impresión de que Eva ya no me quiere.	ein Eindruck *(Meinung)* [D] eine Impression Ich habe den Eindruck, dass Eva mich nicht mehr liebt.
discutir algo a alguien ⇨ discutir No te discuto que tengas razón.	etw. bestreiten, jdm. etw. streitig machen ⇨ diskutieren, streiten Ich bestreite nicht, dass du recht hast.
un permiso ⇨ un permiso de trabajo Tengo el permiso de mis padres para hacer este viaje.	eine Erlaubnis ⇨ eine Arbeitserlaubnis [F] un permis Ich habe die Erlaubnis meiner Eltern, diese Reise zu machen.
con tu / su / … permiso Con su permiso, ¿puedo ayudarle?	gestattest du / gestatten Sie Gestatten Sie? Kann ich ihnen helfen?

Subjuntivo en la oración principal § 16

¡**Que seas** feliz!
¡**Que te diviertas** en Málaga!
¡**Que tengáis** muchos hijos!

un compañero, una compañera ⇨ un compañero, una compañera Compañeros, no queremos perder nuestro trabajo.	ein Genosse, eine Genossin ⇨ ein Mitschüler, eine Mitschülerin Genossen, wir wollen unsere Arbeit nicht verlieren.
una taquilla Compré el billete de tren en la taquilla.	ein (Fahrkarten)Schalter Ich habe die Zugfahrkarte am Schalter gekauft.
un carné Enséñeme el carné, por favor.	ein Ausweis Zeigen Sie mir bitte Ihren Ausweis.
una denuncia	eine Strafanzeige
evidente ¿Por qué tienes dudas? Es evidente.	offensichtlich [D] evident Warum hast du Zweifel? Das ist offensichtlich.
autorizar algo a alguien El Gobierno ha autorizado a los inmigrantes a tener un trabajo.	jdm. etw. gestatten [D] autorisieren Die Regierung hat den Immigranten erlaubt, eine Arbeit zu haben.
un pasaje ≡ un billete ⇨ un pasajero Quiero un pasaje para La Habana.	eine Fahrkarte ≡ eine Fahrkarte ⇨ ein Passagier Ich möchte eine Fahrkarte nach La Havanna.
un reglamento Según el reglamento no se puede fumar en el autobús.	die Vorschriften, die Bestimmungen [D] ein Reglement Nach den Bestimmungen darf man im Bus nicht rauchen.
protestar ≡ quejarse Janick protesta por todo, nunca está contento.	protestieren, sich beschweren ≡ sich beklagen Janick beschwert sich über alles, er ist nie zufrieden.
máximo, -a El precio máximo de una entrada son 100 euros.	maximal, höchste,r,s, Höchst- Der Höchstpreis für eine Eintrittskarte sind 100 €.
un caso Su enfermedad es un caso muy raro.	ein Fall [E] case [F] un cas [LAT] casus Seine Krankheit ist ein sehr seltener Fall.

en este caso	in diesem Fall
Tal vez Luz está enferma. En este caso tú tendrías que jugar por ella.	Luz ist vielleicht krank. In diesem Fall müsstest du für sie spielen.
un paquete	ein Paket
Voy a enviar un paquete a Cuba.	Ich werde ein Paket nach Kuba schicken.
una operación	eine Operation
El enfermo necesita una operación.	Der Kranke braucht eine Operation.
la salud	die Gesundheit
La fruta es buena para la salud.	Obst ist gesund.
el hierro	das Eisen
Es una silla de hierro.	Das ist ein Stuhl aus Eisen.
tener una salud de hierro	kerngesund sein
Mi abuelo nunca está enfermo, tiene una salud de hierro.	Mein Grußvater ist nie krank, er ist kerngesund.
un asiento	ein Sitz, ein Platz *(im Zug etc.)*
¿Hay asientos libres?	Sind noch Plätze frei?
una mentira	eine Lüge
⇔ la verdad	⇔ die Wahrheit
Por decir mentiras tiene la nariz larga.	Er / sie bekommt eine lange Nase, weil er lügt.
Parece mentira.	Das darf doch wohl nicht wahr sein! Das glaube ich nicht!
¡Parece mentira! Tienes 18 años y todavía no sabes cocinar.	Das darf doch nicht wahr sein! Du bist 18 Jahre alt und kannst noch nicht kochen.

Ejercicios

una coma	ein Komma

Unidad 6

Primer paso: Esto no tendría que pasar

el medio ambiente	die Umwelt
Los problemas del medio ambiente son un asunto muy serio.	Umweltprobleme sind eine sehr ernste Angelegenheit.
medioambiental	Umwelt-
el cambio climático	der Klimawandel
⇨ cambiar algo	⇨ etw. ändern
⇨ el clima	⇨ das Klima
De los problemas medioambientales, el cambio climático es el más conocido.	Von den Umweltproblemen ist der Klimawandel das bekannteste.
un efecto	eine (Aus-)Wirkung [D] ein Effekt
La lluvia tiene efectos positivos en el clima.	Der Regen hat positive Auswirkungen auf das Klima.
afectar a algo / alguien	sich auswirken auf etw. / jdn., etw. / jdn. betreffen
Los problemas medioambientales nos afectan a todos.	Die Umweltprobleme betreffen uns alle.
la sequía	die Dürre, die Trockenheit
seco, -a	trocken
Con la sequía los campos están secos.	Wegen der Dürre sind die Felder trocken.
El clima del centro de España es muy seco.	Das Klima im Zentrum Spaniens ist sehr trocken.
una inundación	eine Überschwemmung [F] une inondation
destruir algo	etw. zerstören [F] détruire [LAT] destruere
La inundación destruyó varias casas.	Die Übersschwemmung zerstörte mehrere Häuser.
la naturaleza ⇨ las ciencias de la naturaleza	die Natur ⇨ die Naturwissenschaften
Me gustaría vivir en la naturaleza.	Ich würde gerne im Grünen leben.
el aire	die Luft [E] air [F] l'air [LAT] aer
En las ciudades el aire está contaminado.	In den Städten ist die Luft verschmutzt.
una emisión	der Ausstoß, die Emission
Lo peor para el medio ambiente son las emisiones de CO_2.	Das Schlimmste für die Umwelt sind die CO_2-Emissionen.
reciclar	recyceln
proteger algo / a alguien	etw. / jdn. schützen [E] to protect [F] protéger [LAT] protegere
Reciclar la basura ayuda a proteger el medio ambiente.	Den Abfall zu recyceln hilft, die Umwelt schützen.

Texto: Ya está cambiando el mundo

cambiar ⇨ cambiar algo	sich verändern ⇨ etw. ändern
José ha cambiado mucho; antes era menos simpático.	José hat sich sehr verändert; früher war er weniger nett.
una página	eine Seite [E] page [F] une page [LAT] pagina
El libro tiene doscientas una páginas.	Das Buch hat 201 Seiten.
el calentamiento ⇨ el calor	die Erwärmung ⇨ die Wärme, die Hitze
Un efecto del calentamiento es la sequía.	Eine Auswirkung der Erwärmung ist die Dürre.
sólo *(adv.)* ⇨ sólo *(adv.)*	erst ⇨ nur
Sólo al pagar vi que no tenía dinero.	Erst beim Bezahlen sah ich, dass ich kein Geld hatte.
derretirse (-i-/-i-)	schmelzen

el hielo ⇨ un helado El hielo se derritió en el vaso.	das Eis *(gefrorenes Wasser)* ⇨ ein (Speise-)Eis Das Eis schmolz im Glas.
una temperatura ¿Cuál ha sido la temperatura máxima en Sevilla?	eine Temperatur Was war die Höchsttemperatur in Sevilla?
un / una ecologista Mi novio es un ecologista muy activo y nunca va en coche.	ein Umweltschützer, eine Umweltschützerin Mein Verlobter ist ein sehr aktiver Umweltschützer und fährt nie Auto.
advertir (-ie-/-i-) que El Gobierno advierte que viajar a ese país es peligroso.	darauf hinweisen, dass Die Regierung weist darauf hin, dass es gefährlich ist, in dieses Land zu reisen.
una especie animal ⇨ un animal Hay que proteger esta especie animal porque puede desaparecer.	eine Tierart ⇨ ein Tier Man muss diese Tierart schützen, weil sie (sonst) verschwinden kann.

El estilo indirecto con cambio del tiempo verbal (2) § 17

Dijiste: «Lo haré.» → Dijiste que lo **harías**.
Preguntó: «¿Te irás?» → Preguntó si me **iría**.
Siempre decía: «Volveré.» → Siempre decía que **volvería**.

subir ⇨ subir; subir algo En el norte de España suben las temperaturas.	steigen ⇨ hinaufgehen; erhöhen Im Norden Spaniens steigen die Temperaturen.
quedar ⇨ quedarse en un lugar; quedar con alguien Con tu ayuda la redacción quedó muy bien.	werden ⇨ an einem Ort bleiben; sich mit jdm. verabreden Mit deiner Hilfe ist der Aufsatz sehr gut geworden.
un litoral ≡ una costa En el litoral hay demasiados hoteles.	eine Küste, ein Küstengebiet ≡ eine Küste An der Küste gibt es zu viele Hotels.
el nivel del mar El nivel del mar sigue subiendo.	der Meeresspiegel Der Meeresspiegel steigt weiter.
ecológico, -a Las bolsas de papel son más ecológicas y se pueden reciclar.	ökologisch, umweltfreundlich Papiertüten sind umweltfreundlicher und können recycelt werden.
la economía La agricultura es importante para la economía argentina.	die Wirtschaft [E] economy [F] l'économie Die Landwirtschaft ist sehr wichtig für die argentinische Wirtschaft.
un puesto de trabajo ⇨ el trabajo; trabajar Mi padre ha perdido su puesto de trabajo.	ein Arbeitsplatz, eine Stelle ⇨ die Arbeit; arbeiten Mein Vater hat seinen Arbeitsplatz verloren.
mejorar algo ⇨ mejor Quiero mejorar mi español.	etw. verbessern ⇨ besser Ich will mein Spanisch verbessern.
las infraestructuras Las infraestructuras del país son estupendas.	die Infrastruktur Die Infrastruktur des Landes ist hervorragend.
consumir algo Tenemos que consumir menos y reciclar más.	etw. verbrauchen [D] konsumieren Wir müssen weniger konsumieren und mehr recyceln.

El estilo indirecto con subjuntivo § 18

Me dices: «¡Ayúdame!» → Me dices que te **ayude**.
Ha dicho: «Subid.» → Ha dicho que **subamos**.
Di: «No cuelgue usted.» → Di que **no cuelgue**.
Digo: «No me griten.» → Digo que no me **griten**.

un experto, una experta Es un experto en asuntos medioambientales.	ein Experte, eine Expertin Er ist eine Experte für Umweltschutzfragen.
el turismo ⇨ un / una turista	der Tourismus ⇨ ein Tourist, eine Touristin
sostenible El turismo sostenible es el turismo del futuro.	nachhaltig Der nachhaltige Tourismus ist der Tourismus der Zukunft.
aparentemente Aparentemente la economía va mejor.	scheinbar, anscheinend Anscheinend geht es der Wirtschaft besser.
un número ⇨ un número Participó un gran número de personas.	eine Anzahl ⇨ eine Zahl, eine Nummer Es nahm eine große Zahl von Personen teil.
llamado, -a ⇨ llamar El llamado rey de los animales es el león.	sogenannt ⇨ rufen, nennen Der sogenannte König der Tiere ist der Löwe.
de calidad La ropa de calidad es en general cara.	Qualitäts- Qualitätskleidung ist normalerweise teuer.
cuanto más / menos *(+ adj. / sust. / verbo)* …, mejor Cuanto menos consumamos, mejor.	je mehr / weniger … desto … Je weniger wir konsumieren, desto besser.
un rascacielos El Hotel Bali es el rascacielos más alto de la ciudad.	ein Hochhaus, ein Wolkenkratzer Das Hotel Bali ist das höchste Hochhaus der Stadt.
una piscina ¿Vamos hoy a la piscina?	ein Schwimmbad, ein Swimmingpool [F] une piscine Gehen wir heute ins Schwimmbad?
rural La sociedad rural es muy tradicional.	ländlich [E] / [F] rural Die ländliche Gesellschaft ist sehr traditionell.
una aventura ⇨ aventurero, -a ¡Si te gustan las aventuras, viaja!	ein Abenteuer ⇨ abenteuerlustig [E] adventure [F] une aventure Wenn dir Abenteuer gefallen, (dann) reise!
lejano, -a ⇨ lejos *(adv.)* Hoy en día lo más lejano también nos afecta.	fern ⇨ weit weg, entfernt Heutzutage betrifft uns auch das Entfernteste.

sino	sondern
El Che no es cubano, sino argentino.	Der Che ist kein Kubaner, sondern Argentinier.
un medio de transporte	ein Verkehrsmittel
El tren es un medio de transporte que se usa poco en España.	Der Zug ist ein Verkehrsmittel, das in Spanien wenig benutzt wird.
mayor	größer, mehr / größten, meisten
⇨ mayor; el / la mayor	⇨ älter; der / die Älteste
Mi mayor problema es que no hablo bien español.	Mein größtes Problem ist, dass ich nicht gut Spanisch spreche.
el consumo	der Verbrauch
⇨ consumir	⇨ verbrauchen [D] der Konsum
la energía	die Energie
El consumo de energía ha subido muchísimo.	Der Energieverbrauch hat stark zugenommen.

Unidad 7

Primer paso: Una lengua y dos mundos

la conquista	die Eroberung [E] conquest [F] la conquête
La conquista del continente empezó en el siglo XVI.	Die Eroberung des Kontinents begann im 16. Jahrhundert.
un conquistador	ein Eroberer
un europeo, una europea	ein Europäer, eine Europäerin
⇨ Europa	⇨ Europa
Los europeos iban a América en barcos.	Die Europäer fuhren mit Schiffen nach Amerika.
un monje	ein Mönch
Los monjes llevaron la religión cristiana al Nuevo Mundo.	Die Mönche brachten die christlichen Religion in die Neue Welt.
un esclavo, una esclava	ein Sklave, eine Sklavin
Vendieron a las mujeres como esclavas.	Sie verkauften Frauen als Sklavinnen.
castigar a alguien	jdn. bestrafen
Mis padres me castigaron por llegar tarde a casa.	Meine Eltern bestraften mich, weil ich zu spät nach Hause kam.
obligar a alguien a (hacer) algo	jdn. zu etw. zwingen, jdn. dazu bringen etw. zu tun [F] obliger
Los españoles obligaron a los indígenas a trabajar duramente.	Die Spanier zwangen die Ureinwohner, hart zu arbeiten.
una cruz	ein Kreuz
El monje sujeta una cruz durante la misa.	Der Mönch hält während der Messe ein Kreuz fest.
el oro	das Gold [F] l'or [LAT] aurum
Los conquistadores buscaban oro.	Die Eroberer suchten Gold.

exótico, -a	exotisch
Costa Rica es un país lejano y exótico.	Costa Rica ist ein fernes und exotisches Land.
(estar) desnudo, -a	nackt (sein)
¿Por qué está el niño desnudo si hace frío?	Warum ist das Kind nackt, wenn es kalt ist?
matar a alguien	jdn. töten
≡ asesinar a alguien	≡ jdn. ermorden
Las enfermedades mataron a muchos indígenas.	Krankheiten töteten viele Ureinwohner.

Texto: Un nuevo mundo

un producto	ein Produkt, ein Erzeugnis
Llegaron a Europa nuevos productos y alimentos, como el tomate.	Es kamen neue Produkte und Lebensmittel wie die Tomate nach Europa.
apreciar algo / a alguien	etw. / jdn. schätzen [E] to appreciate [F] apprécier
Aprecio mucho tu ayuda.	Ich schätze deine Hilfe sehr.
castigar a alguien	jdn. plagen, jdn. prüfen
⇨ castigar a alguien	⇨ jdn. bestrafen
La sequía castigó el país.	Die Dürre plagte das Land.
convencer a alguien (de algo)	jdn. (von etw.) überzeugen [E] to convince [F] convaincre [LAT] convincere
He convencido a Eva de que tengo razón.	Ich habe Eva davon überzeugt, dass ich recht habe.
finalmente	schließlich, endlich
≡ al final	≡ schließlich, letztendlich
Paz lo intentó varias veces y finalmente lo consiguió.	Paz versuchte es mehrmals und schließlich schaffte sie es.
una expedición	eine Expedition, eine (Forschungs-)Reise
Vamos a hacer una expedición a la selva.	Wir werden eine Reise in den Urwald machen.
formar algo	etw. formen, etw. bilden
Once jugadores forman un equipo.	Elf Spieler bilden eine Mannschaft.
las Islas Canarias	die Kanarischen Inseln
Pasé las vacaciones en las Islas Canarias.	Ich verbrachte die Ferien auf den Kanarischen Inseln.
una época	eine Epoche, eine Zeit
En esa época había todavía esclavos.	Zu jener Zeit gab es noch Sklaven.
un disco	eine Scheibe [E] disc [F] un disque [LAT] discus
rodear algo / a alguien (de algo)	jdn. (mit etw.) umgeben
⇨ estar rodeado, -a de	⇨ umgeben sein von
La gente rodeó al famoso cantante.	Die Leute umringten den berühmten Sänger.
un océano	ein Ozean, ein Weltmeer
¿Cómo se llaman en alemán los cuatro océanos?	Wie heißen die vier Weltmeere auf Deutsch?

redondo, -a He comprado una mesa redonda para el comedor.	rund Ich habe einen runden Tisch für das Esszimmer gekauft.
desconocido, -a ⇔ conocido, -a No hables con personas desconocidas.	unbekannt ⇔ bekannt Sprich nicht mit unbekannten Menschen.
la posesión Colón tomó posesión de la isla.	der Besitz [F] la possession [LAT] possessio Kolumbus nahm die Insel in Besitz.
un encuentro ⇨ encontrarse (-ue-) con La coquista fue también un encuentro de dos culturas.	eine Begegnung ⇨ sich treffen mit Die Eroberung war auch eine Begegnung zweier Kulturen.
la amistad ⇨ un amigo, una amiga La amistad es algo precioso.	die Freundschaft ⇨ ein Freund, eine Freundin Freundschaft ist etwas Wunderschönes.
el vidrio Cuidado con los cuencos, son de vidrio.	das Glas Vorsicht mit den Schälchen, sie sind aus Glas.
andar ≡ ir ⇨ ¡Anda! Anduvimos todo el día y nos acostamos cansados.	(zu Fuß) gehen; sein ≡ gehen ⇨ Ach komm! Wir gingen den ganzen Tag zu Fuß und gingen müde zu Bett.
un cuerpo Hay enfermedades del cuerpo y del alma.	ein Körper [F] un corps [LAT] corpus Es gibt körperliche und seelische Krankheiten.
deber (hacer algo) ⇨ los deberes; deber de ≡ tener que Todos los días debemos hacer los deberes.	(etw. tun) müssen ⇨ die Hausaufgaben; (wohl) müssen ≡ müssen Wir müssen jeden Tag die Hausaufgaben machen.

Subordinadas de participio § 19

Acabada la guerra, llegó la paz.
(Cuando acabó la guerra, llegó la paz.)
Me gusta la comida **preparada** por mi madre.
(Me gusta la comida que prepara mi madre.)

oficial Es la página oficial del grupo de música.	offiziell Das ist die offizielle Website der Band.
el maíz El maíz es un producto americano.	der Mais Der Mais ist ein amerikanisches Erzeugnis.
una papa *(lat. am.)*	eine Kartoffel *(lat. am.)*
una patata En América a la patata se le llama papa.	eine Kartoffel [E] potato In Amerika heißt die Kartoffel „papa".
mudo, - a Si tú no eres mudo, ¿por qué no dices nada?	stumm [F] muet [LAT] mutus Wenn du nicht stumm bist, warum sagst du dann nichts?
poblar (-ue) algo ⇨ un pueblo Los españoles poblaron gran parte de América.	etw. besiedeln ⇨ ein Dorf, ein kleiner Ort Die Spanier besiedelten einen großen Teil Amerikas.
manso, -a Puedes acercarte, este caballo es muy manso.	sanft Du kannst näher kommen, dieses Pferd ist sehr sanft.
el Oriente La Alhambra parece un palacio de Oriente.	der Osten, der Orient Die Alhambra sieht aus wie ein orientalischer Palast.
la juventud ⇨ joven La juventud cambiará el mundo.	die Jugend ⇨ jung Die Jugend wird die Welt verändern.
un reino ⇨ un rey, una reina España es un reino.	ein (König-)Reich ⇨ ein König, eine Königin Spanien ist ein Königreich.
una raza ¿De qué raza es tu perro?	eine Rasse Was für eine Rasse ist dein Hund?
acaso ≡ a lo mejor Podemos parar. ¿Acaso no estáis cansados?	vielleicht, etwa ≡ vielleicht Wir können anhalten. Oder seid ihr etwa nicht müde?
semejante En mi país no existe semejante cosa.	ähnlich, solch In meinem Land gibt es so etwas nicht.
pasar a ser algo ≡ hacerse; volverse El día de nuestra boda mi novio pasará a ser mi marido.	zu etw. werden ≡ werden; werden Am Tag unserer Hochzeit wird mein Verlobter mein Mann.
una invasión En Benidorm se espera una invasión de turistas.	eine Invasion In Benidorm erwartet man eine Invasion von Touristen.
una violación ⇨ la violencia La violación es un delito.	ein Überfall; eine Vergewaltigung ⇨ die Gewalt Vergewaltigung ist ein Verbrechen.

Estrategia

una imagen (*pl.* imágenes)	ein Bild
un dibujo	eine Zeichnung
una viñeta Me gustan las viñetas.	ein Cartoon Ich mag Cartoons.
el centro ⇨ el centro En el centro de la imagen hay varios caballos.	die Bildmitte ⇨ das Zentrum In der Bildmitte sind mehrere Pferde.

el primer plano — der Vordergrund
En primer plano vemos a un monje. — Im Vordergrund sehen wir einen Mönch.

el segundo plano — der Hintergrund
En esta foto estoy en segundo plano. — Auf diesem Foto stehe ich im Hintergrund.

el fondo — der Hintergrund
En el fondo del dibujo se ve una iglesia. — Im Hintergrund der Zeichnung sieht man eine Kirche.

tratarse de — sich handeln um
Se trata de la llegada de Colón a América. — Es handelt sich um die Ankunft von Kolumbus in Amerika.

aparecer (-zco) — erscheinen, auftauchen
Ella apareció de repente en la fiesta. — Sie tauchte plötzlich auf dem Fest auf.

(azul, verde, …) claro — hell(blau, -grün, …)
Sus ojos son (de color) verde claro. — Seine / Ihre Augen sind hellgrün.

(rojo, gris, …) oscuro — dunkel(rot, -grau, …)
Mi hermano lleva una camisa (de color) gris oscuro. — Mein Bruder trägt ein dunkelgraues Hemd.

Unidad 8

Primer paso: Una joven democracia

la democracia — die Demokratie

un partido — eine Partei
En una democracia hay diferentes partidos. — In einer Demokratie gibt es verschiedene Parteien.

la dictadura — die Diktatur
La dictadura de Franco terminó en 1975. — Die Franco-Diktatur endete 1975.

proclamar (algo a alguien) — (jdn. zu etw.) ausrufen, proklamieren
El Presidente proclamó una nueva época. — Der Präsident rief eine neue Epoche aus.

celebrar — (Wahlen etc.) abhalten
⇨ celebrar algo — ⇨ etw. feiern

un referéndum — ein Referendum, eine Volksabstimmung
En 2009 se celebró un referéndum. — 2009 wurde eine Volksabstimmung abgehalten.

una ley — ein Gesetz
F une loi LAT lex
El rey español no puede cambiar las leyes. — Der spanische König kann keine Gesetze ändern.

una reforma — eine Reform

político, -a — politisch
Este país necesita una reforma política. — Dieses Land braucht eine politische Reform.

una elección — eine Wahl
⇨ elegir — ⇨ wählen, auswählen
E election F une élection LAT electio
No tienes elección: tienes que hacerlo. — Du hast keine Wahl: du musst es tun.

votar algo — etw. wählen, über etw. abstimmen
E to vote F voter LAT votare
Los españoles votaron en 1977 en unas elecciones libres. — Die Spanier wählten 1977 in freien Wahlen.

la Constitución — die Verfassung
E Constitution
F la Constitution
LAT constitutio

convertirse en (-ie-/-i-) — werden zu, sich verwandeln in
≘ pasar a ser; hacerse; volverse — ≘ werden

la monarquía — die Monarchie

parlamentario, -a — parlamentarisch
Con la Constitución de 1978 España se convirtió en una monarquía parlamentaria. — Mit der Verfassung von 1978 wurde Spanien eine parlamentarische Monarchie.

la Unión Europea — die Europäische Union

la moneda — die Währung
E money F la monnaie
LAT moneta
La moneda de muchos países de la Unión Europea es el euro. — Die Währung vieler Länder der Europäischen Union ist der Euro.

Texto: La noche más larga

devolver (-ue-) algo a alguien — jdm. etw. zurückgeben
⇨ volver (-ue-) — ⇨ zurückkehren
He devuelto a la tienda el DVD porque no funcionaba. — Ich habe im Laden die DVD zurückgegeben, weil sie nicht funktionierte.

un examen — ein Examen, eine Prüfung(sarbeit)
Es terrible: mañana tengo dos exámenes. — Es ist schrecklich: Morgen habe ich zwei Prüfungen.

imposible — unmöglich
E impossible
F impossible
LAT impossibilis
Es imposible que llueva hacia arriba. — Es ist unmöglich, dass es nach oben regnet.

un presidente del gobierno — ein Regierungschef, ein Ministerpräsident
⇨ un gobierno — ⇨ eine Regierung
⇨ un presidente — ⇨ ein Präsident
El Presidente del Gobierno vive en el palacio de la Moncloa. — Der Ministerpräsident wohnt im Moncloa-Palast.

una transmisión	eine Übertragung, eine Sendung
≡ un programa	≡ eine Sendung
La transmisión del partido es el viernes.	Die Übertragung des Spiels ist am Freitag.
un / una periodista	ein Journalist, eine Journalistin
⇨ un periódico	⇨ eine Zeitung
Un periodista habló con el Presidente.	Ein Journalist sprach mit dem Präsidenten.
un golpe	ein Schlag
⇨ golpear algo / a alguien	⇨ etw. / jdn. schlagen
Dio un golpe en la mesa y todos se callaron.	Er / sie schlug auf den Tisch und alle waren still.
una cámara	eine Kammer *(Teil des Parlaments)*
la Guardia Civil	*die kasernierte Polizei*
Sólo en España hay Guardia Civil; en los países latinoamericanos, no.	Nur in Spanien gibt es die kasernierte Polizei; in den lateinamerikanischen Ländern nicht.
un diputado, una diputada	ein Abgeordneter, eine Abgeordnete
	[F] un député, une députée
Los diputados eligen al presidente del gobierno.	Die Abgeordneten wählen den Regierungschef.
el Congreso de los Diputados	das Abgeordnetenhaus
El Congreso de los Diputados vota las leyes.	Das Abgeordnetenhaus stimmt über die Gesetze ab.
apuntar (hacia) algo / alguien	(auf) etw. / jdn. zeigen
No se apunta con el dedo a la gente.	Man zeigt nicht mit dem Finger auf die Leute.
un guardia civil	*ein Angehöriger der spanischen kasernierten Polizei*
≡ un / una policía	≡ ein Polizist, eine Polizistin
Un guardia civil paró el coche porque iba muy rápido.	Ein Polizist hielt das Auto an, weil es sehr schnell fuhr.
el silencio	die Stille, das Schweigen
	[E] silence [F] le silence
	[LAT] silentio
A veces el silencio es mejor que mil palabras.	Manchmal ist Schweigen besser als tausend Worte.

El modo en las subordinadas temporales	**§ 21**
<u>Cuando</u> **llegue** mi padre, llámame.	<u>Cuando</u> llega, me llama.
Espera <u>hasta que</u> te **avise**.	Esperé <u>hasta que</u> me avisó.
<u>Antes de que</u> sigas llorando, escúchame.	———

emitir algo	etw. senden *(Radio, Fernsehen)*
un grito	ein Schrei
⇨ gritar	⇨ schreien
Cuando oigo un grito, siempre pienso que ha pasado algo terrible.	Wenn ich einen Schrei höre, denke ich immer, dass etwas Schreckliches passiert ist.
en directo	live
La televisión está emitiendo un concierto. en directo.	Das Fernsehen sendet gerade ein Konzert live.
posible	möglich
⇔ imposible	⇔ unmöglich
	[E] / [F] possible
	[LAT] possibilis
Es posible que vayamos a tu fiesta, pero no es seguro.	Es ist möglich, dass wir zu deinem Fest kommen, aber es ist nicht sicher.
un golpe de estado	ein Staatsstreich, ein Putsch
⇨ un golpe	⇨ ein Schlag
En 1981 hubo un golpe de estado en España.	1981 gab es in Spanien einen Putsch.
un sindicato	eine Gewerkschaft
	[F] un syndicat
En España hay dos sindicatos importantes.	In Spanien gibt es zwei wichtige Gewerkschaften.
una nota	eine Note
La mejor nota es un 10 y la peor un 0.	Die beste Note ist eine 10, die schlechteste eine 0.
la política	die Politik
⇨ político, -a	⇨ politisch
No me interesa la política, ¿y a ti?	Politik interessiert mich nicht, und dich?
un jefe, una jefa	ein Chef, eine Chefin; ein Leiter, eine Leiterin
La jefa está contenta con sus empleados.	Die Chefin ist zufrieden mit ihren Angestellten.
un estado	ein Staat
⇨ los Estados Unidos	⇨ die USA
el Jefe del Estado	das Staatsoberhaupt
El Jefe del Estado en los Estados Unidos es el Presidente.	Das Staatsoberhaupt in den Vereinigten Staaten ist der Präsident.
un ejército	eine Armee, ein Heer
El ejército protege el país.	Die Armee beschützt das Land.
extraño, -a	seltsam
≡ raro, -a	≡ seltsam, komisch
Es muy extraño que no estén aquí.	Es ist sehr seltsam, dass sie nicht hier sind.
militar	militärisch
El golpe de estado de 1981 fue un golpe militar.	Der Putsch von 1981 war ein Militärputsch.
un tanque	ein Panzer
poner la tele(visión)	den Fernseher anschalten
≡ encender (-ie-)	≡ anschalten
⇔ apagar	⇔ ausschalten
Ahora empieza el partido. ¡Pon la televisión!	Jetzt fängt das Spiel an. Schalt den Fernseher ein!

Unidad 9

Primer paso: Artistas y obras

el cielo	der Himmel F le ciel LAT caelum
la luna	der Mond F la lune LAT luna
una estrella Puedo ver la luna y las estrellas en el cielo.	ein Stern Ich kann den Mond und die Sterne am Himmel sehen.
un árbol Los árboles no me dejan ver el bosque.	ein Baum F un arbre LAT arbor Ich sehe vor lauter Bäumen den Wald nicht.
una flor Las rosas son flores preciosas.	eine Blume E flower F une fleur LAT flos, floris Rosen sind wunderschöne Blumen.
un pájaro Me despierto cuando los pájaros cantan.	ein Vogel Ich wache auf, wenn die Vögel singen.

Texto: ¿Qué es el arte?

una anécdota Te voy a contar una anécdota graciosa.	eine Anekdote Ich werde dir eine witzige Anekdote erzählen.
firmar algo Firma aquí, aquí y aquí. Y ya es tuyo el coche.	etw. unterschreiben Unterschreib hier, hier und hier. Und schon gehört das Auto dir.
un apellido Los latinoamericanos y españoles tienen dos apellidos.	ein Nachname, ein Familienname Die Lateinamerikaner und Spanier haben zwei Familiennamen.

Imperfecto de subjuntivo (formas y uso) §§ 22, 23

Quería que **me casara** con ella.
No sabía que **corrieras** tan rápido.
No había nadie que **supiera** francés.
Se alegró de que **fuéramos** a la fiesta.
Me pareció mal que no me **creyerais**.
Lo dijo para que se **rieran**.

(estar) completo, -a El edificio no está completo. Falta el tejado.	vollständig (sein) E complete F complet LAT completum Das Gebäude ist noch nicht vollständig. Es fehlt das Dach.
el espacio ≡ el sitio No te quejes, en tu nueva habitación tienes mucho espacio.	ein Raum, ein Platz E space F l'espace LAT spatium Beklag duch nicht, in deinem neuen Zimmer hast du viel Platz.
la pintura ⇨ un pintor, una pintora; pintar La música me gusta más que la pintura.	die Malerei, das Gemälde ⇨ ein Maler, eine Malerin; malen F la peinture Die Musik gefällt mir besser als die Malerei.
el canto ⇨ cantar ⇨ un/una cantante Me gusta la música clásica sin canto.	der Gesang ⇨ singen ⇨ ein Sänger, eine Sängerin Ich mag klassische Musik ohne Gesang.
un canario	ein Kanarienvogel
retirar algo ⇨ retirarse Cuando el perro se acercó, retiré la mano.	etw. zurückziehen, etw. wegnehmen ⇨ sich zurückziehen F retirer Als der Hund näher kam, zog ich die Hand zurück.
un mantel Patxi, pon el mantel en la mesa y trae los platos.	eine Tischdecke Patxi, leg die Tischdecke auf den Tisch und bring die Teller.

Oraciones condicionales irreales en el presente § 24

Si **quitaran** el polvo, el mueble **estaría** limpio.
Veríamos una película si el DVD **funcionara**.
Si os **callarais**, podría escuchar mejor la música.
¿Me **ayudarías** si te lo **pidiera**?

un dueño, una dueña El dueño de la tienda discutió con el empleado.	ein Besitzer, eine Besitzerin Der Ladenbesitzer diskutierte mit dem Angestellten.
un retrato Picasso pintó muchos retratos de sus mujeres.	ein Porträt Picasso malte viele Porträts seiner Frauen.
besar a alguien ⇨ un beso Después de besarla, le dije que había sido mi primer beso.	jdn. küssen ⇨ ein Kuss (*auch Grußformel*) Nachdem ich sie geküsst hatte, sagte ich ihr, dass das mein erster Kuss war.

Diccionario

Alphabetisches Wörterverzeichnis

Das alphabetische Wörterverzeichnis enthält den gesamten Lernwortschatz aus *Línea amarilla* 1 – 4. Im spanisch-deutschen Teil sind darüber hinaus auch alle erschließbaren unbekannten Wörter aus Band 4 (z. B. aus den Übungen, den Arbeitsanweisungen, der Rubrik *Mirada afuera* oder dem *Glosario cultural*) aufgeführt. Hier könnt ihr sie nachschlagen, wenn ihr eure Schlussfolgerungen überprüfen möchtet. Bei jedem Wort ist das erste Vorkommen genannt. Alle Wörter, die nicht zum Lernwortschatz gehören, sind durch < > gekennzeichnet. Nicht aufgeführt sind die Wörter, die bei Texten oder Übungen direkt auf der Seite als Fußnote erklärt werden.

Die Ziffern und Buchstaben hinter den Vokabeln geben den Ort an, an dem das Wort zum ersten Mal vorkommt. Bei den Verben ist jeweils in Klammern angegeben, wenn sie von den regelmäßigen Formen abweichen. Mehr Informationen dazu findet ihr im Anhang des Grammatischen Beihefts.

Zeichen in den Stellenangaben

I	*Línea amarilla* 1
II	*Línea amarilla* 2
III	*Línea amarilla* 3
IV	*Línea amarilla* 4
2B	Text der Unidad 2B
5	Text der Unidad 5
6, 3	Unidad 6, Übung 3
Estr.	Estrategia
MA	Mirada afuera
PM	Un paso más
PP	Primer paso
RE	Repaso
TA	Taller
< >	fakultativ (nicht verpflichtend)

Kennzeichnungen der Verben

c-qu	*c* wird zu *qu* (vor Endungen, die mit *e* beginnen)	*irr.*	*irregular* (unregelmäßig)
g-j	*g* wird zu *j* (vor *o*)	-ue-	*o-ue-* bzw. *u-ue*-Wechsel im Präsens
g-gu	*g* wird zu *gu* (vor *e*)	-ue- / -u-	wie -ue-, zusätzlich *u* statt *o* im *gerundio* sowie in der 3. Pers. des *pretérito indefinido*
gu-g	*gu* wird zu *g* (vor *a* und *o*)		
-ie-	*e-ie*-Wechsel im Präsens	-üe-	*wie -ue-, aber ü statt u vor Endungen, die mit e beginnen*
-ie- / -i-	wie -ie-, zusätzlich *i* statt *e* im *gerundio* sowie in der 3. Person des *pretérito indefinido*	z-c	*z* wird zu *c* (vor *e*)
-i- / -i-	*e-i*-Wechsel im Präsens sowie im *gerundio* und in der 3. Person des *pretérito indefinido*	-zco	*zco* statt *o* in der 1. Pers. Sg. Präsens
-ío	*die betonten Endungen der Verben tragen im Präsens einen Akzent*		

Español – Alemán

A

a I4A nach, (hin) zu
a finales de los años… II7, PP Ende *(+ Zeitraum)*
a la derecha I4B, PP rechts
a la izquierda I4B, PP links
a lo mejor I3B vielleicht
a por III1 auf zu …
a principios de *(+ Zeitraum)* II7, PP Anfang *(+ Zeitraum)*
¿**A** qué hora? I4A Um wieviel Uhr?
a su lado I7A neben ihm / ihr
a ti también I8B dir auch
a ver I2A (lass) mal sehen
abajo II3 hinunter
abandonar algo / a alguien III4 etw. / jdn. verlassen, etw. aufgeben
(estar) **abarrotado, -a** <IV5, MA> überfüllt (sein)
un **abrazo** II1 eine Umarmung
un **abrigo** I6, 10 ein (leichter) Mantel
abril *(m.)* I7B, PP April
abrir algo I3A etw. öffnen
absoluto, -a <IV8, 13> absolut
abstracto, -a <IV9, PP> abstrakt
el **absurdo** <IV5, MA> die Absurdität
el **abuelo**, la **abuela** I3A, PP der Großvater, der Opa, die Großmutter, die Oma
los **abuelos** I3A, PP die Großeltern
aburrido, -a II6 langweilig
(estar) **aburrido, -a** II2, PP gelangweilt (sein)
aburrirse con algo III5 sich bei etw. langweilen
acá II9 dort *(lat.am.)*
acabar II2 enden
acabar de hacer algo I8A gerade etw. getan haben
no **acabar** de hacer algo <IV5> etw. noch immer nicht getan haben
acaso IV7 vielleicht, etwa
por si **acaso** <IV2> für alle Fälle, vorsichtshalber
un **acceso** <IV7, 13> ein Zugang
un **accidente** II1 ein Unfall
la **acción** <IV8, 1> die Aktion, die Handlung
un **acento** III1 ein Akzent
aceptar algo <II10> etw. akzeptieren
acercarse (c-qu) a algo / alguien III1 sich etw. / jdm. nähern
acordarse (-ue-) de algo / alguien III1 sich an etw. / jdn. erinnern
un **acordeón** IV1 ein Akkordeon
acortado, -a <IV RE3, 4> verkürzt
acostarse (-ue-) I6, PP ins Bett gehen, sich hinlegen
(estar) **acostumbrado, -a** a algo <IV6, 10> an etw. gewöhnt sein
una **actividad** I5A eine Tätigkeit, eine Beschäftigung
activo, -a III5 aktiv
un **acto** <IV5, 5> eine Handlung
un **actor**, una **actriz** <I9>; III2 ein Schauspieler, eine Schauspielerin
actual <IV4, 9> aktuell
actualmente II8 zurzeit, heutzutage
estar de **acuerdo** con algo / alguien <IV6, 2> mit etw. / jdm. einverstanden sein
(estar) **adaptado, -a** <IV5, MA> angepasst (sein)
adecuado, -a III5 passend
además I4A, PP außerdem
adentro II3 hinein
Adiós I2A Auf Wiedersehen
adivinar (algo) <IV5, 1> raten; etw. erraten

un **adjetivo** <IV 2,7> ein Adjektiv
adjunto, -a II 8 angehängt, beigefügt
un **administrador** <IV 5> ein Vorsteher, ein Verwalter
¿**adónde**? I 4A, PP wohin?
adoptar algo <IV GC> etw. übernehmen
un **adulto**, una **adulta** IV 4 ein Erwachsener, eine Erwachsene
advertir (-ie- / -i-) que IV 6 darauf hinweisen, dass
un **aeropuerto** I 8A, PP ein Flughafen
el **afán** <IV 4> die Sehnsucht
afectar a algo / alguien IV 6, PP sich auswirken auf etw. / jdn., etw. / jdn. betreffen
una **afición** III 5 ein Hobby
aficionado, -a IV 4 Hobby-, -liebhaber
una **afirmación** <IV 6,7> eine Behauptung
África *(f.)* III 4, PP Afrika
africano, -a <IV GC> afrikanisch
una **agencia** de viajes <IV 5,14> ein Reisebüro
agosto *(m.)* I 7B, PP August
(estar) **agotado, -a** <I 9>; II 1 erschöpft (sein)
agrícola <IV GC> landwirtschaftlich
agricultor, a <IV 7, MA> Bauern-
la **agricultura** II 8, PP die Landwirtschaft
el **agua** *(f.)* I 7A, 7 das Wasser
el **agua** *(f.)* potable III 8, 4 das Trinkwasser
un **aguacate** I 2B eine Avocado
ahí I 4B da, dort
ahora I 3A jetzt
ahora mismo I 5B jetzt gleich, jetzt sofort
ahorrar algo <IV 6, PP> etw. sparen
un foco **ahorrador** <IV 6,6> eine Energiesparlampe
los **ahorros** IV 3 die Ersparnisse
el **aire** IV 6, PP die Luft
el **aislamiento** <IV 8,13> die Isolation
al centro II 3 in die Mitte
al final II 2 schließlich, letztendlich
al lado de I 4B, PP neben
al menos II 6 wenigstens
un **albergue** <IV 5, MA> eine Hütte
un **albergue** juvenil II 1, PP eine Jugendherberge
un **álbum** <IV GC> ein Album, eine LP
alcanzar (z-c) <IV 7,13> erreichen
el **alcohol** III 5 der Alkohol
alegrarse de *(+ inf. / sust.)* II 2, PP sich freuen über / auf
alegre III 5 fröhlich
la **alegría** III 6 die Freude
(estar) **alejado, -a** de algo <IV GC> (weit) von etw. entfernt (sein)
el **alemán** I 2A Deutsch, die deutsche Sprache
un **alemán**, una **alemana** I 2B, PP ein Deutscher, eine Deutsche
Alemania *(f.)* I 3B Deutschland
una **alergia** <IV 5, MA> eine Allergie
una **alfombra** IV 1, 5 ein Teppich
algo I 3A etwas
¿**Algo** más? I 7A, PP Noch etwas?
alguien II 4 jemand
algún, alguno, -a II 6 irgendeine, -r, -s
un **aliado** <IV GC> ein Verbündeter
los **alimentos** IV 5 PP die Lebensmittel
allí I 4A dort
el **alma** *(f.)* III 8, 1 die Seele
una **almohada** IV 1, 5 ein Kopfkissen
el **almuerzo** IV 1 das Mittagessen
un **alojamiento** <IV 6,8> eine Unterkunft
los **Alonso** I 8B die Alonsos
alquilar algo a alguien III 3 etw. mieten; jdm. etw. vermieten
el **alquiler** IV 1 die Miete
un **altiplano** III 8, 1 eine Hochebene
la **altitud** III 8, 2 die Höhe
alto, -a I 4B hoch, groß
III 5 laut
la **altura** <IV GC> die Höhe
un **alumno**, una **alumna** I 5B ein Schüler, eine Schülerin
alzarse (z-c) <IV 5> sich auflehnen
un **ama** *(f.)* de casa III 1, PP eine Hausfrau
amable I 4B nett
amarillo, -a I 6, 10 gelb
ambicioso, -a III 5, PP ehrgeizig
el **ambiente** II 6 das Ambiente, die Stimmung
el medio **ambiente** IV 6, PP die Umwelt
América *(f.)* III 4, PP Amerika
americano, -a <IV 7,6> amerikanisch
un **amigo**, una **amiga** I 2A ein Freund, eine Freundin
la **amistad** IV 7 die Freundschaft
el **amor** <IV 2,6> die Liebe
amueblado, -a <IV 1,12> möbliert
amueblar algo <IV 1, TA> etw. möblieren
añadir algo <IV 1, TA> etw. hinzufügen
el **analfabetismo** <IV GC> der Analphabetismus
un **análisis** <IV 6,7> eine Analyse
analizar (z-c) algo <IV 6,7> etw. analysieren
ancho, -a <IV 6,10> breit, weit
el **ancho** <IV GC> die Breite
un **anciano, una anciana** III 1, PP ein Senior, ein alter Mann; eine Seniorin, eine alte Frau
Anda. I 4A Ach, komm. *(Ausruf)*
Andalucía *(f.)* III 3 Andalusien
un **andaluz**, una **andaluza** II 1 ein Andalusier, eine Andalusierin
andar *(irr.)* <IV 4, MA>; IV 7 (zu Fuß) gehen; unterwegs sein
una **anécdota** <IV, 10>; IV 9 eine Anekdote
un **ángel** <I 9, PP> ein Engel
(estar) **animado, -a** II 2, PP lebhaft, fröhlich (sein)
un **animal** I 2B, PP ein Tier
una especie **animal** IV 6 eine Tierart
¡**ánimo**! III 1 nur Mut!
un **año** I 8A ein Jahr
tener *(irr.)* ... **años** I 8A ... Jahre alt sein
una estación del **año** II 9, 9 eine Jahreszeit
cumplir ... **años** II 8 ... Jahre alt werden
anoche IV 1 gestern Abend
antaño <IV 6,10> einst
ante <IV 3,14> vor
antes III 1 früher
II 4 vorher
antes de *(+ inf.)* II 4 bevor
antiecológico, -a <IV 6> umweltschädlich
antiguo, -a I 7A alt *(bei Sachen)*
antiguo, -a *(delante del sust.)* III 2, 10 früher, -e, -s
desde **antiguo** <IV GC> von alters her
una crema **antimosquitos** III 8, 2 eine Mückenschutzcreme
un **anuncio** I 5B eine Ankündigung
<IV 1,1> eine Anzeige
apagar (g-gu) algo III 1 etw. ausschalten
un **aparato** III 1 ein Apparat, ein Gerät
aparecer (-zco) IV 7 Estr erscheinen, auftauchen
aparentemente IV 6 scheinbar, anscheinend
la **aparición** <I 9, PP> der Auftritt
un **apartamento** *(lat. am.)* IV 1 eine Wohnung
un piso / un **apartamento** compartido IV 1 eine Wohngemeinschaft
un **apellido** <IV 1,2>; IV 9 ein Nachname, ein Familienname
aplaudir <I 9> applaudieren, klatschen
una **aplicación** <IV 4,10> eine Anwendung
apostar (-ue-) (algo) a que IV 2 auf etw. wetten, darauf wetten, dass
(estar) **apoyado** por <IV GC> unterstützt werden von
apreciar algo / a alguien <IV 5, MA>; IV 7 etw. / jdn. schätzen
aprender algo I 3A etw. lernen
apretar (-ie-) algo <IV 4,5> etw. drücken
aprovechar algo <IV 6,6> etw. ausnutzen
apuntar algo <IV 1,1> etw. aufschreiben
apuntar (hacia) algo / alguien IV 8 (auf) etw. / jdn. zeigen
los **apuntes** <IV 2,4> die Notizen
aquél, aquélla, aquello, aquéllos, -as *(pron.)* I 7A jene, -r, -s
aquí I 3A hier
árabe III 4, PP arabisch
un **árbol** IV 9, PP ein Baum
un **archipiélago** <IV GC> eine Inselgruppe
un **archivo** II 8 eine Datei
arder IV 2 brennen
el **arena** *(f.)* <IV 6,10> der Sand
Argelia *(f.)* IV 3 Algerien
Argentina *(f.)* II 7 Argentinien
argentino, -a; un **argentino**, una **argentina** II 7 argentinisch; ein Argentinier, eine Argentinierin
un **argumento** <IV 5,8> ein Argument
un **armario** I 6 ein (Kleider)Schrank
arqueológico, -a <IV GC> archäologisch
un **arqueólogo**, una **arqueóloga** <IV GC> ein Archäologe, eine Archäologin
un **arquitecto**, una **arquitecta** II 4, PP ein Architekt, eine Architektin
arreglar algo IV 5 etw. reparieren
arrepentirse (-ie- / -i-) de algo IV 5 etw. bereuen
arriba II 3 hoch, hinauf
el **arte** IV 1 die Kunst
el **Arte** Dramático <IV GC> die Schauspielkunst
la **artesanía** III 8, 1 das Kunsthandwerk, die Handwerksarbeit
un **artículo** II 9, PP ein (Zeitungs)Artikel
<IV 8, MA> ein Artikel *(Abschnitt eines Gesetzes oder der Verfassung)*
un / una **artista** <IV 9, PP> ein Künstler, eine Künstlerin
artístico, -a <IV GC> Kunst-
el **asco** IV 2, PP der Ekel
dar **asco** a alguien IV 2, PP jdn. abstoßen, sich ekeln vor
asesinar a alguien III 6 jdn. ermorden
un **asesinato** <IV GC> eine Ermordung
así I 5A so, auf diese Weise
así II 1 solche, -r, -s
Asia *(f.)* III 4, PP Asien
un **asiento** IV 5 ein Sitz, ein Platz *(im Zug, Bus...)*
una **asignatura** I 5A ein Unterrichtsfach
una **asociación** III 6 eine Vereinigung, ein Verein
asociar algo con algo <IV 2, PP> etw. mit etw. (gedanklich) verbinden
(estar) **asombrado, -a** II 2, PP erschrocken (sein), erstaunt (sein)
el **aspecto** III 2 das Aussehen, das Äußere
un **aspecto** <IV 1, TA> ein Gesichtspunkt
pasar la **aspiradora** I 8A, 6 staubsaugen
asumir algo <IV 8,13> etw. übernehmen
un **asunto** III 2 ein Sachverhalt, eine Angelegenheit, ein Betreff
un ministro / una ministra de **Asuntos** Exteriores <IV GC> ein/e Außenminister/in
atacar (c-qu) algo / a alguien <IV GC> etw. / jdn. angreifen
un **ataque** <IV 6,10> eine Attacke, ein Angriff
llamar la **atención** a alguien III 4 jdm. auffallen
un **atentado** <IV GC> ein Attentat
atento, -a III 1 aufmerksam
el océano **Atlántico** <IV GC> der Atlantik
una **audioguía** <IV RE 3,5> ein Audioguide
un **aula** III 1 ein Klassenzimmer
aumentar algo <IV 7,13> etw. erhöhen
aunque III 4 obwohl
austríaco, -a <IV GC> österreichisch
auténtico, -a <IV 6,10> echt
un **autobús** II 5, PP ein (Auto)Bus

una Comunidad **Autónoma** II 1, 11 eine autonome Region (*entspricht etwa:* Bundesland)
una **autopista** II 5, PP die Autobahn
un **autor**, una **autora** <IV 3, 10> ein/e Autor/in
la **autoridad** <IV 5> die Autorität
las **autoridades** <IV 5, 13> die Behörden
autorizar (z-c) algo a alguien IV 5 jdm. etw. gestatten
un verbo **auxiliar** <IV 8, 11> ein Hilfsverb
avanzar (z-c) <IV 7, 13> vorankommen
un **avatar** III 2 ein Avatar
una **avenida** (*abrev.* avda.) I 3B, PP eine Allee
una **aventura** <IV 5, TA>; IV 6 ein Abenteuer
aventurero, -a III 5 abenteuerlustig
un **aventurero** <IV 6> ein Abenteurer
estar **avergonzado, -a** IV 2 beschämt sein, sich schämen
avergonzarse (-üe- / z-c) de algo IV 2 sich schämen
un **avión** II 1, PP ein Flugzeug
ir (*irr.*) en **avión** II 1, PP fliegen
avisar a alguien de algo IV 2 jdn. über etw. informieren; jdm. Bescheid sagen
ayer II 7 gestern
la **ayuda** I 2A die Hilfe
ayudar a alguien (*Akk.*) (a hacer algo) I 5B jdm. helfen (etw. zu tun)
un **azahar** <IV 4> eine Orangenblüte
azteca <IV 7, 7> Azteken-
el **azúcar** I 7A, 7 der Zucker
la caña de **azúcar** <IV 5, PP> das Zuckerrohr
azul I 6, 10 blau

B

bailar I 7B tanzen
un **baile** III 7, PP ein Tanz, ein Ball
bajar(se) de algo II 4, 12 aus etw. aussteigen
bajo, -a I 4B niedrig
I 5B, PP klein
<IV 4, 13> leise
bajo <IV 7, 11> unter
el **baloncesto** I 5B Basketball
un **banco** I 4B, PP eine Bank
el **Banco** de España III 1, PP die spanische Nationalbank
un **banquete** III 7, PP ein Festessen
un **banquillo** II 4 eine (Spieler)Bank (*Fußball*)
un **bar** I 3A eine Bar, eine Kneipe
barato, -a I 7A, PP billig
una **barba** III 4 ein Bart
el **Barça** II 4 der FC Barcelona
un **barcelonés**, una **barcelonesa** II 4, PP ein/e Einwohner/in von Barcelona
un **barco** II 7 ein Schiff
un **barra** III 1, PP eine Stange
una **barra** de pan III 1, PP ein Baguette
la **barriga** IV 2, 15 der Bauch
un **barrio** I 4B, PP ein Stadtviertel
barroco <IV GC> Barock-
basarse en algo <IV GC> auf etw. basieren
una **base** militar <IV 5, 13> eine Militärbasis
básico, -a <IV 7, 13> grundlegend
¡Ya **basta**! I 3A Es reicht jetzt!
bastante I 4B ziemlich
tirar la **basura** I 8A, 6 den Abfall wegwerfen
un camión de la **basura** II 2 ein Müllfahrzeug
un **bautizo** III 7, PP eine Taufe
un **bebé** II 7, PP ein Baby
beber algo <I 9>; II 3 etw. trinken
beberse el camino <IV 4> sich sofort auf den Weg machen
una **bebida** I 2A ein Getränk
una máquina de **bebidas** II 5 ein Getränkeautomat
un **beduino**, una **beduina** <I 9, PP> ein Beduine, eine Beduinin
el **béisbol** <IV 5, PP> das Baseball
la **belleza** III 8, 1 die Schönheit
en **beneficio** de <IV 6, PP> zugunsten von
un **beso** I 5A ein Kuss (*auch Grußformel*)
besar a alguien IV 9 jdn. küssen
una **biblioteca** I 4A, PP eine Bibliothek, eine Bücherei
la **bicicleta** II 1, PP das Fahrrad
ir (*irr.*) en **bicicleta** II 1, PP mit dem Fahrrad fahren
bien (*adv.*) I 2A gut (*adv.*)
está **bien** I 7A Ist gut. / In Ordnung.
estar **bien** II 7 (jdm.) gut gehen
bienvenido, -a II 6 willkommen
bilingüe <IV 7, MA> zweisprachig
el **billar** <IV 1, 4> Billard
un **billete** II 5 eine Fahrkarte
III 8, 2 ein Geldschein
un **billete** de avión I 8A, PP ein Flugticket
un **billete** de lotería III 1, PP ein Lotterielos
blanco, -a I 6 weiß
un **bloque** <IV 6, 8> ein Wohnblock
una **blusa** I 6, 10 eine Bluse
la **boca** IV 1 der Mund
un **bocadillo** I 3A ein belegtes Brötchen
una **boda** II 7, PP eine Hochzeit
un **boleto** (*lat. am.*) <IV 5, MA> eine Fahrkarte
Bolivia (*f.*) IV 2 Bolivien
una **bolsa** I 8B eine Tüte, ein Beutel
un **bolso** <IV 1, 4> eine Tasche
una **bomba** <IV 8, 13> eine Bombe
bondadoso, -a <IV 6, 10> lieblich
un **bonete** <IV 7> eine Kappe
bonito, -a I 4B hübsch, schön
un **bosque** III 8, 1 ein Wald
una **botella** III 8, 2 eine Flasche
un **botón** <IV 4, 5> ein Knopf
bravo <I 9> Bravo!
un **brazo** IV 2, 14 ein Arm
brillante <IV 9, PP> leuchtend (*Farben*)
brillante <IV 9, MA> glänzend
un **brindis** (por) II 3 ein Trinkspruch (auf)
una **broma** III 2 ein Scherz
echar una **bronca** a alguien II 5 jdn. zurechtweisen, mit jdm. schimpfen
bueno, -a I 7A gut
Buenos días. I 3B Guten Tag.
Buenas noches. I 3B, 4 Guten Abend. Gute Nacht
Buenas tardes. I 3B, 4 Guten Tag (*nachmittags*)
bueno I 2A na ja, na gut
una **bufanda** I 6, 10 ein Schal
Bulgaria (*f.*) <IV 3, PP> Bulgarien
hacer (*irr.*) **burla** de alguien IV 2 sich über jdn. lustig machen, jdn. verspotten
un **buró** de turismo (*lat. am.*) <IV RE 2, 4> eine Touristeninformation
un **burro** IV 2, PP ein Esel
buscar (c-qu) algo / a alguien I 2A etw. / jdn. suchen
venir (irr.) a **buscar** algo / a alguien II 5 jdn. / etw. abholen
una **búsqueda** II 8 eine Suche

C

un **caballo** <I 9, PP>; II 1 das Pferd
montar a **caballo** II 1 reiten
caber (*irr.*) en algo III 1 in etw. (hinein)passen
la **cabeza** II 5 der Kopf
llevar a **cabo** algo <IV GC> etw. ausführen
el **cacao** <IV 7, 6> der Kakao
cada vez más (*+ adj. / sust.*) III 1 immer (*+ Steigerungsform des Adj.*), immer mehr (*+ sust.*)
una **cadena** II 9, PP ein Sender
caer (*irr.*) enfermo, -a II 7 krank werden
caerse (me caigo) II 1 fallen
un **café** III 3 ein Kaffee
la **caída** <IV GC> der Fall, der Sturz
una **caja** IV 5 eine Kiste, ein Karton
los **calamares** I 4A panierte Tintenfischringe
los **calcetines** I 6, 10 die Socken
una **calculadora** <IV 6, 8> ein Rechner
calcular <IV 1, PP> rechnen
un **calendario** <IV 7, 8> ein Kalender
el **calentamiento** IV 7 die Erwärmung
el **calentamiento** global <IV 6, 1> die Erderwärmung
de **calidad** IV 6 Qualitäts-
cálido, -a III 8, 1 warm, heiß
California (*f.*) III 7 Kalifornien
callarse IV 2 schweigen, still sein
una **calle** I 3B, PP eine Straße
un niño de la **calle** III 6 ein Straßenkind
el **calor** II 1 die Hitze, die Wärme
una **cama** I 6 ein Bett
una **cámara** IV 8 eine Kammer (*Teil des Parlaments*)
una **cámara** de fotos III 8, 2 ein Fotoapparat
un **camarero**, una **camarera** II 3, PP ein Kellner, eine Kellnerin
cambiar IV 6 sich verändern
cambiar algo I 8A etw. (ver)ändern
cambiar de línea II 4, 12 umsteigen
cambiarse <I 9> sich umziehen
cambiarse (de ropa) <IV 2> sich umziehen
cambiarse de tren II 4, 12 umsteigen
el **cambio** III 8, 2 das Wechselgeld
un **cambio** <IV 2, 8> eine Änderung
en **cambio** IV 3 hingegen
el **cambio** climático IV 6, PP der Klimawandel
caminar II 1, PP wandern
un **camino** I 4B ein Weg
beberse el **camino** <IV 4> sich sofort auf den Weg machen
un **camión** II 2 ein Lastwagen, ein LKW
un **camión** de la basura II 2 ein Müllfahrzeug
una **camisa** I 6 ein Hemd, eine Bluse
una **camiseta** I 6, 10 ein T-Shirt
una tienda de **campaña** II 1, PP ein Zelt
una **campaña** <IV 5, MA> eine Kampagne, eine Werbeaktion
un **Campeonato** del Mundo <IV GC> eine Weltmeisterschaft
un **campesino**, una **campesina** <I 9, PP> ein Bauer, eine Bäuerin
un **campo** IV 3, PP ein Feld
el **campo** II 1, PP das Land, die ländliche Gegend
un **campo** de refugiados IV 3 ein Flüchtlingslager
un **campo** de fútbol II 4 ein Fußballfeld
la **caña** de azúcar <IV 5, PP> das Zuckerrohr
un **canal** <IV GC> ein Kanal
las Islas **Canarias** <IV 3, 2>; IV 7 die Kanarischen Inseln
un **canario** IV 9 ein Kanarienvogel
una **canción** I 2A ein Lied
un **candidato**, una **candidata** <IV 8, TA> ein Kandidat, eine Kandidatin
la **canela** <IV 7> der Zimt
(estar) **cansado, -a** I 6 müde (sein)
un / una **cantante** IV 4 PP ein/e Sänger/in
cantar algo <IV 1, 4>; IV 4 PP etw. singen
el **canto** IV 9 der Gesang
el **caos** <IV 7, 11> das Chaos
caótico, -a IV 1 chaotisch
(ser) **capaz** (*pl.* capaces) de algo IV 4 fähig (sein) zu etw.
la **capital** II 8, PP die Hauptstadt
capitalista <IV 5> kapitalistisch
la **cara** III 1 das Gesicht
el **carácter** <IV 1, 2>; IV 1 der Charakter
tener (*irr.*) buen / mal **carácter** IV 1 freundlich / unfreundlich sein
una **característica** <IV 2, PP> eine Eigenschaft, ein Merkmal

caracterizarse por algo <IV GC> durch etw. gekennzeichnet sein
una **cárcel** III 6 ein Gefängnis
el **Caribe** IV 5 PP die Karibik
caribeño, -a <IV 5, MA> karibisch
una **caricatura** <IV 1, 2> eine Karikatur
la **carne** I 7A das Fleisch
un **carné** IV 5 ein Ausweis
caro, -a II 3 teuer
una **carrera** II 8 eine Laufbahn, eine Studienrichtung
una **carretera** II 5, PP eine (Land-)Straße
una **carta** II 3, PP eine Speisekarte
II 7 ein Brief
un **cartel** III 2 ein Plakat
una **cartera** I 3A, 10 eine Schultasche
una **casa** I 4A ein Haus
en **casa** I 4A zu Hause
ir a **casa** de alguien I 4A zu jdm. nach Hause gehen
una **casa** individual <IV 6, 8> ein Einfamilienhaus
(estar) **casado, -a** III 1, PP verheiratet (sein)
casarse con alguien II 7, PP jdn. heiraten
casi I 5A fast, beinahe
una **casilla** <IV 1, 4> ein Feld, ein Kästchen
un **caso** IV 5 ein Fall
en este **caso** IV 5 in diesem Fall
un **caso** social *(Cuba)* <IV 5> ein Sozialfall
(el) **castellano** II 4, PP Spanisch *(Sprache)*
castigado, -a <IV 4, 10> bestraft
castigar (g-gu) a alguien IV 7, PP jdn. bestrafen
V 7 jdn. plagen, jdn. prüfen
un **castillo** III 4, PP eine Burg
un **casting** III 2 ein Casting
(el) **catalán** II 4, PP Katalanisch *(Sprache)*
un **catálogo** <IV 9, TA> ein Katalog
Cataluña *(f.)* II 4 Katalonien
una **catarata** II 8, PP ein Wasserfall
una **catedral** III 4, PP eine Kathedrale, ein Dom
los Reyes **Católicos** III 4 die Katholischen Könige
una **causa** <IV 2, TA> eine Ursache
causar algo III 8, 4 etw. verursachen
una **cazadora** I 6, 10 eine Jacke
un **cedé** I 2A eine CD
una **celebración** <IV 8, 13> eine Feier
celebrar algo I 7A etw. feiern
celebrar IV 8, PP (Wahlen etc.) abhalten
una **cena** II 6 ein Abendessen
cenar I 4A zu Abend essen
el quinto **centenario** <IV 8, 13> die Fünfhundertjahrfeier
un **céntimo** I 7A, PP ein Cent
un **centollo** II 3 eine Meeresspinne *(Delikatesse)*
el **centro** I 4A das Zentrum
el **centro** IV 7 Estr die Bildmitte
centro-izquierda <IV GC> Mitte-Links *(polit. Ausrichtung)*
Centroamérica *(f.)* III 8, 4 Mittelamerika
un **cepillo** de dientes II 6 eine Zahnbürste
un / una **ceramista** <IV GC> ein/e Keramiker/in
cerca (de) I 4B, PP in der Nähe (von), bei
(estar) **cercano, -a** <IV 8, 10> nahegelegen (sein)
un **cerdo** IV 2, PP ein Schwein
cero I 3B, PP null
cerrar (-ie-) algo II 2 etw. schließen
un **chalé** <IV 6> ein Einfamilienhaus, ein Landhaus
una **charcutería** I 4B, PP eine Metzgerei
chatear con alguien II 9 mit jdm. chatten
un **chaval**, una **chavala** III 2 ein Junge, ein Bursche, eine junge Frau
un **chico** / una **chica** I 1 ein Junge / ein Mädchen
mi **chico**, mi **chica** III 5 mein (fester) Freund, meine (feste) Freundin
el **chile** I 7A der Chili
un **chileno**, una **chilena** IV 1 ein Chilene, eine Chilenin
China *(f.)* <IV 6> China
el **chocolate** I 7A die Schokolade
una **chola** / una **cholita** <IV 2> Ureinwohnerin Boliviens
una **churrería** III 1, PP ein Café *(in dem Churros, eine Gebäckspezialität, verkauft werden)*
un **churro** III 3 *frittiertes Spritzgebäck*
ciego, -a III 1, PP blind
el **cielo** IV 9, PP der Himmel
(las) **ciencias** de la naturaleza I 5A, PP die Naturwissenschaften *(Schulfach)*
cierto IV 1 richtig, genau
por **cierto** I 5A übrigens, apropos
una **cifra** <IV RE 2, 7> eine Ziffer, eine Zahl
un **cine** I 4A, PP ein Kino
un **círculo** <IV 9, PP> ein Kreis
las **circunstancias** <IV 4, MA> die Umstände
una **ciudad** I 4B eine Stadt
una guerra **civil** <IV GC> ein Bürgerkrieg
una **civilización** <IV 6, 10> eine Kultur
claro I 2A klar, natürlich
(azul, verde, ...) **claro** IV 7 Estr hell(blau, -grün, ...)
una **clase** I 5A eine Unterrichtsstunde, (der) Unterricht, eine Klasse
clásico, -a IV 4 klassisch
una palabra **clave** <IV 2, 4> ein Schlüsselwort
el **clima** III 8, 1 das Klima
climático, -a <IV GC> Klima-
el cambio **climático** IV 6, PP der Klimawandel
un **club** III 7 ein Klub, ein Verein
un / una **cobardica** II 5 ein Feigling
cobrar algo a alguien III 1, PP jdm. etw. berechnen, von jdm. etw. verlangen
¿Me **cobras**? III 1, PP Zahlen, bitte!
el **coche** II 1, PP das Auto
ir *(irr.)* en **coche** II 1, PP mit dem Auto fahren
una **cocina** I 4A eine Küche
IV 1, 5 ein Herd
cocinar algo IV 1 etw. kochen
coger (g-j) algo IV 2 etw. nehmen, festhalten
un **cohete** <IV 5> eine Rakete
una **cola** IV 5 PP eine (Warte-)Schlange
un / una **colega** *(col.)* III 2 ein Kumpel, ein Freund, eine Freundin
un **colegio** III 1 eine Schule
I 4B, PP eine Grundschule
colgar (-ue-; g-gu) II 5 auflegen *(Telefon)*
Colombia *(f.)* II 1 Kolumbien
un **colombiano**, una **colombiana** I 5B ein Kolumbianer, eine Kolumbianerin
Cristóbal **Colón** II 4 Christoph Kolumbus
una **colonia** II 1, PP ein Ferienlager, eine Jugendfreizeit
<IV 7, 9> eine Kolonie
colonial III 8, 1 Kolonial-, aus der Kolonialzeit
la **colonización** <IV GC> die Kolonisierung
un **color** I 6 eine Farbe
una **columna** <IV 1, 8> eine Spalte
una **coma** IV 5, 10 ein Komma
un **comedor** I 4A, 5 ein Esszimmer
comentar algo III 6 etw. mitteilen, etw. sagen
<IV 9, MA> etw. kommentieren
un **comentario** <IV 4, 2> ein Kommentar
comenzar (-ie-; z-c) algo III 1, PP etw. anfangen, etw. beginnen
comer algo I 3A etw. essen
eso se **come** mal <IV 8, MA> das nimmt man nicht hin
el **comercio** <IV GC> der Handel
el **comercio** justo <IV RE 2, 8> der faire Handel
un **cómic** II 9 ein Comic
la **comida** I 8A, 6 das Essen
preparar la **comida** I 8A, 6 das Essen zubereiten
el **comienzo** II 2 der Anfang, der Beginn
como I 5B wie
como Dios manda II 6 ordentlich, wie es sich gehört
como *(Konj.)* III 1 da, weil
¿cómo? I 1, PP wie?
¿Cómo te llamas? I 1, PP Wie heißt du?
un **compañero**, una **compañera** (de clase) I 5B ein Klassenkamerad / Mitschüler, eine Klassenkameradin / Mitschülerin
un **compañero**, una **compañera** IV 5 ein Genosse, eine Genossin
la **compañía** IV 4 die Gesellschaft, die Begleitung
una **comparación** <IV 2, 2> ein Vergleich
comparar algo / alguien con algo / alguien <IV 2, PP> etw. / jdn. mit etw. / jdm. vergleichen
compartir algo (con alguien) I 8A etw. (mit jdm.) teilen
un piso / un apartamento **compartido** IV 1 eine Wohngemeinschaft
una **competencia** <IV GC> eine Kompetenz, eine Zuständigkeit
completamente <IV 1, 8> völlig
completar algo <IV 1, 8> etw. vervollständigen
completo, -a <IV 2, 4> komplett, vollständig
(estar) **completo, -a** IV 9 vollständig (sein)
complicado, -a III 1 kompliziert
componer *(irr.)* algo <IV 4> komponieren
componerse *(irr.)* de <IV 8, 8> sich zusammensetzen aus
una **composición** <IV GC> eine Komposition
un **compositor**, una **compositora** <IV GC> ein Komponist, eine Komponistin
la **compra** <IV 1, 12> der Kauf
hacer *(irr.)* la **compra** I 7A einkaufen *(Lebensmittel)*
comprar algo I 2A, PP etw. kaufen
comprender algo / a alguien I 3A etw. / jdn. verstehen
comprender algo <IV GC> etw. umfassen
la **comprensión** <IV 9, 10> das Verständnis
comprensivo, -a III 5, PP verständnisvoll
comprobar (-ue-) algo <IV 3, PP> etw. überprüfen
común <IV GC> gewöhnlich
en **común** <IV 7, TA> gemeinsam
los medios de **comunicación** <IV GC> die Massenmedien
comunicativo, -a III 5, PP kontaktfreudig
una **comunidad** <IV 7, TA> eine Gemeinschaft
una **Comunidad** Autónoma II 1, 11 eine autonome Region *(entspricht etwa:* Bundesland)
la **Comunidad** de Madrid III 1 Madrid *(als autonome Region)*
la Primera **Comunión** II 4 die Erste Heilige Kommunion
el **comunismo** <IV GC> der Kommunismus
un / una **comunista** <IV 4, MA> ein Kommunist, eine Kommunistin
con I 2A mit
con la aparición de <I 9, PP> unter Mitwirkung von
un / una **concejal** <IV GC> ein Stadtrat, eine Stadträtin
concentrarse <IV 4, 13> sich konzentrieren
un **concierto** I 4A, PP ein Konzert
en **concreto** <IV 1, PP> konkret, genau
una **condición** IV 4 eine Bedingung
sin **condiciones** IV 4 bedingungslos, uneingeschränkt
las **condiciones** de vida <IV 4, MA> die Lebensumstände
condolerse (-ue-) <IV 5> Mitleid haben, sich erbarmen
conducir *(irr.)* <IV 5, MA> (Auto) fahren
(estar) **conectado, -a** a algo <IV 6, 12> verbunden mit etw.
una **conferencia** <IV RE 2, 6> ein Vortrag
confiar (-ío) en alguien III 5 jdm. vertrauen

un **conflicto** <IV 2, 4> ein Konflikt
el **Congreso** de los Diputados IV 8 das Abgeordnetenhaus
una **conjunción** <IV 8, 9> eine Konjunktion
un **conocedor**, una **conocedora** <IV 5, MA> ein Kenner, eine Kennerin
conocer (-zco) algo / a alguien I 8A, PP etw. / jdn. kennen, kennenlernen
conocido, -a I 5A bekannt
un **conocido**, una **conocida** IV 3 ein Bekannter, eine Bekannte
la **conquista** IV 7, PP die Eroberung
un **conquistador** IV 7, PP ein Eroberer
una **consecuencia** <IV 6, 2> eine Konsequenz
conseguir (-i- / -i-; gu-g) algo III 6 etw. erreichen, etw. schaffen
un **consejo** III 8, 2 ein Rat, ein Tipp
(estar) **conservado, -a** <IV GC> erhalten (sein)
conservador, a <IV GC> konservativ
considerar algo <IV 7, 13> etw. erwägen
constante III 5, PP zielstrebig
la **Constitución** IV 8, PP die Verfassung
la **construcción** <IV 9, MA> der Bau
consumir algo IV 6 etw. verbrauchen
el **consumo** IV 6 der Verbrauch
un **contacto** III 5 ein Kontakt
la **contaminación** III 8, 4 die Umweltverschmutzung
contaminado, -a III 8, 4 verschmutzt *(Umwelt)*
contar (-ue-) algo a alguien I 5B jdm. (von) etw. erzählen
el **contenido** <IV 4, MA 2> der Inhalt
(estar) **contento, -a** I 6 froh, fröhlich, zufrieden (sein)
contestar algo a alguien I 2A jdm. etw. antworten
el **contexto** <IV 2, 1> der Kontext
un **continente** II 8, PP ein Kontinent
continuamente <IV 1, 4> ständig
contra <IV 5, 5> gegen
  estar en **contra** de algo <IV 7, 9> gegen etw. sein
todo lo **contrario** IV 4 ganz im Gegenteil
contratar algo <IV 5, MA> *hier:* etw. mieten
un **contrato** IV 3, PP ein Vertrag
controlar algo <IV 1, MA> etw. überprüfen
convencer (c-z) a alguien (de algo) IV 7 jdn. (von etw.) überzeugen
una **conversación** I 2A ein Gespräch
convertirse en (-ie- / -i-) IV 8, PP werden zu, sich verwandeln in
copiar algo <IV 6, 6> etw. abschreiben
el **corazón** <IV 2, 12>; IV 4 das Herz
una **cordillera** II 8, PP eine Gebirgskette, ein Gebirgszug
la **Corona** <IV 8, 8> die Krone
un teniente **coronel** <IV 8> ein Oberstleutnant
correcto, -a <IV 1, 11> richtig
corregir (-i- / -i-; g-j) algo <IV 1, TA> etw. korrigieren, etw. verbessern
un **correo** electrónico I 3B eine E-Mail
correr II 5 rennen, laufen
correspondiente <IV 3, 3> entsprechend
la **corrupción** <IV 8, 13> die Korruption
cortar algo III 2 etw. (ab-)schneiden
las **Cortes** Generales <IV 8, 8> *Bezeichnung für das spanische Parlament*
cortés <IV 4, 13> höflich
una **cortina** II 2 ein Vorhang
corto, -a I 5B, PP kurz
un **corto** III 3 ein Kurzfilm
una **cosa** I 4B eine Sache, ein Ding
la **cosecha** IV 5 PP die Ernte
la **costa** I 1 die Küste
  a toda **costa** <IV 6, PP> um jeden Preis
costar (-ue-) I 7A, PP kosten
  ¿Cuánto **cuesta**? I 7A, PP Wie viel kostet das?
  costar (-ue-) mucho a alguien IV 4 jdm. schwerfallen
una **creación** IV 1 eine Schöpfung, eine Erschaffung
crear algo III 2 etw. erschaffen
crecer (-zco) II 8 heranwachsen, aufwachsen
creciente <IV 7, 13> zunehmend
creer algo I 7A etw. glauben, etw. meinen
creer que… I 7B glauben / meinen, dass…
una **crema** III 8, 2 eine Creme
  una **crema** de protección solar <IV RE 2, 2> eine Sonnenschutzkreme
  una **crema** antimosquitos III 8, 2 eine Mückenschutzcreme
la **criminalidad** III 8, 4 die Kriminalität
una **crisis** <IV 5, 5> eine Krise
cristiano, -a III 4, PP christlich
Cristóbal Colón II 4 Christoph Kolumbus
la **crítica** <IV 9, 10> die Kritik
criticar (c-qu) algo / a alguien IV 4 etw. / jdn. kritisieren
una **cruz** IV 7, PP ein Kreuz
  la **Cruz** Roja <IV 2, 9> das Rote Kreuz
cruzar (z-c) algo I 4B, PP etw. überqueren
un **cuaderno** I 3A, 10 ein Heft
un metro **cuadrado** IV 1 ein Quadratmeter
un **cuadro** II 4 ein Gemälde
¿**cuál**? II 4, PP welche, -r, -s?
a **cualquier** hora <IV 6, 10> jederzeit
Cualquiera sabe. <IV 5> Wer weiß.
cuando I 6 als
  I 7B (dann) wenn
  de vez en **cuando** III 5 ab und zu, manchmal
¿**cuándo**? I 5A wann?
cuánto, -os, cuánta, -as I 7A, PP wie viel?, wie viele?
cuanto más / menos *(+ adj. / sust. / verbo)* …, mejor IV 6 je mehr / weniger … desto …
cuarto, -a II 2 vierte, -r, -s
un **cuarto** I 6 ein Zimmer
  un **cuarto** de baño I 4A, 5 ein Badezimmer
un **cuarto** III 5, 7 ein Viertel
Cuba *(f.)* IV 5 PP Kuba
un **cubano**, una **cubana** IV 5 PP ein Kubaner, eine Kubanerin
un **cuenco** II 3 eine kleine Schüssel, ein Schälchen
por *(+ Poss.pron.)* **cuenta** II 9 auf eigene Faust
un **cuento** <IV 2, PP> eine Erzählung
un **cuerpo** IV 7 ein Körper
  las partes del **cuerpo** <IV 2, 12> die Körperteile
el **cuidado** I 8B die Vorsicht
  ¡Ten **cuidado**! I 8B Vorsicht!
cuidadoso, -a <IV 1, MA> vorsichtig
cuidar a alguien III 1, PP sich um jdn. kümmern
una **cultura** III 4, PP eine Kultur
cultural III 8, 4 kulturell
una **cumbre** <IV 7> ein Gipfel
el **cumpleaños** I 6 der Geburtstag
cumplir … años II 8 … Jahre alt werden
curioso, -a III 3 neugierig
  <IV 4, 10> kurios, merkwürdig

D

un **dado** <IV 3, 4> ein Würfel
dar *(irr.)* I 8A geben, bereiten
dar(le) *(irr.)* algo a alguien I 8A jdm. etw. geben
  dar *(irr.)* de sí <IV 6, 10> alles möglich machen
  dar *(irr.)* trabajo I 8A Arbeit machen
  darse *(irr.)* cuenta de algo III 4 etw. bemerken
los **datos** <IV 3, 10> die Daten
de I 1, PP von
  ¿**de** dónde? I 1, PP woher?
  de nuevo II 8 wieder
  de nuevo II 8 wieder, erneut
  de repente II 9 plötzlich
  de siempre I 4A übliche, -r, -s, der, die das gleiche wie immer
  de verdad I 3A wirklich
  de vez en cuando III 5 ab und zu, manchmal
debajo de I 8B, PP unter
un **debate** <IV 4, MA> eine Debatte
deber (hacer algo) IV 7 (etw. tun) müssen
  deber de (+ *inf.*) IV 2 wohl (+ *inf.*) müssen *(Vermutung)*
los **deberes** I 5A die Hausaufgaben
debido a <IV 5, 13> wegen
una **década** <IV 7, 13> ein Jahrzehnt
decenas de *(+ sust.)* <IV 6> zig *(+ sust.)*
decidir algo II 5 etw. entscheiden, etw. beschließen
décimo, -a II 2 zehnte, -r, -s
un **décimo** III 3 ein Losanteil
decir *(irr.)* algo a alguien I 5B jdm. etw. sagen
una **decisión** II 7 eine Entscheidung
ser **declarado, -a** <IV 5, MA> erklärt werden zu
la **decoración** III 7, PP die Dekoration
dedicarse (c-qu) a algo <IV GC> sich etw. widmen
un **dedo** II 3 ein Finger
deducir (-zco) algo de algo <IV 8, 4> etw. aus etw. folgern
defender (-ie-) algo / a alguien <IV 3, 14> etw. / jdn. verteidigen
dejar algo a alguien I 8B jdm. etw. (über)lassen
delante de I 5B vor *(örtl.)*
delgado, -a I 5B, PP schlank
un **delito** III 6 ein Verbrechen
los / las **demás** I 4B die Übrigen / anderen
demasiado III 1 zu *(+ adj.)*, zuviel
la **democracia** <IV 5, TA>; IV 8, PP die Demokratie
democrático, -a <IV GC> demokratisch
dentro de III 5 in, bis *(zeitl.)*
una **denuncia** IV 5 eine Strafanzeige
denunciar algo <IV GC> etw. anprangern
depender de algo / alguien <IV 6, 8> von etw. / jdm. abhängen
el **deporte** I 1 der Sport
  practicar **deporte** I 2A, PP Sport treiben
un / una **deportista** <IV 8, 13> ein/e Sportler/in
(estar) **deprimido, -a** II 2, PP deprimiert (sein)
deprisa *(adv.)* II 4 schnell *(adv.)*
a la **derecha** I 4B, PP rechts
(el) **Derecho** II 8 (das) Recht, Jura
  los **derechos** humanos <IV 7, 11> die Menschenrechte
derretirse (-i- / -i-) IV 6 schmelzen
desaparecer (-zco) III 4 verschwinden
la **desaparición** <IV 5, 13> das Verschwinden
pasar **desapercibido, -a** <IV 8, MA> unbemerkt bleiben
un **desastre** I 1 eine Katastrophe
  ser un **desastre** *(col.)* I 2A chaotisch / unmöglich sein
desayunar algo I 6, PP etw. frühstücken
un **desayuno** I 7B ein Frühstück
el **descanso** <IV 6, 10> die Entspannung
desconectar algo <IV 6, 6> den Stecker von etw. ziehen
descongelar <IV 6, 6> abtauen
desconocido, -a IV 7 unbekannt
desconsiderado, -a III 5, PP rücksichtslos
descortés <IV 4, 13> unhöflich
describir algo a alguien II 4, PP jdm. etw. beschreiben
una **descripción** <IV 1, TA> eine Beschreibung
un **descubridor**, una **descubridora** <IV GC> ein Entdecker, eine Entdeckerin
un **descubrimiento** <IV 8, 13> eine Entdeckung
descubrir algo III 4 etw. entdecken, etw. finden
un **descuento** <IV RE 2, 4> ein Preisnachlass
desde II 1 aus, von
  IV 2 seit
desear algo II 3, PP etw. wünschen

un **deseo** III7 ein Wunsch
ser **desestimado, -a** <IV6, 10> verachtet werden
desfavorecido, -a <IV7, 13> benachteiligt
por **desgracia** III7 leider
desgraciadamente II8 leider
un **desierto** III4, PP eine Wüste
(estar) **desnudo, -a** IV7, PP nackt (sein)
(estar) **desordenado, -a** I8A unordentlich (sein), unaufgeräumt (sein)
(estar) **desorientado, -a** IV4 orientierungslos, verwirrt (sein)
una **despedida** <I9>; IV3 ein Abschied
despedirse (-i- / -i-) de alguien II3 sich von jdm. verabschieden
despedir (-i- / -i-) a alguien de alguien IV3 jdn. (zum Abschied) von jdm. grüßen
desperdiciar algo <IV6, PP> etw. verschwenden
un **despertador** I6 ein Wecker
despertarse (-ie-) I6, PP aufwachen
después I2A danach
después de *(+ inf.)* II4 nachdem
la **destrucción** <IV6, PP> die Zerstörung
destruir (-y-) algo IV6, PP etw. zerstören
un **detalle** <IV1, TA> ein Detail
detener *(irr.)* algo <IV6, 6> etw. anhalten
ser **detenido, -a** <IV GC> verhaftet werden
detrás de I8B, PP hinter
las **deudas** III7 die Schulden
devolver (-ue-) algo a alguien <II10>; IV8 jdm. etw. zurückgeben
un **día** I3B ein Tag
Buenos **días.** I3B Guten Tag.
un **día** II7 eines Tages
un **diálogo** III3 ein Dialog
un **diario** I7B ein Tagebuch
diario, -a <IV6, 8> täglich
la **diarrea** IV2, 12 der Durchfall
un **dibujo** IV9 eine Zeichnung
un / una **dibujante** <IV1, 2> ein/e Zeichner/in
dibujar algo <IV1, 2> etw. zeichnen
un **dibujo** <IV1, 4>; IV7 Estr eine Zeichnung
un **diccionario** I8B ein Wörterbuch
diciembre *(m.)* I7B, PP Dezember
un **dictador** <IV8, PP> ein Diktator
la **dictadura** <IV5, 5>; IV8, PP die Diktatur
un **diente** I6, PP ein Zahn
lavarse los **dientes** I6, PP sich die Zähne putzen
un cepillo de **dientes** II6 eine Zahnbürste
diez I3B, PP zehn
una **diferencia** I5B ein Unterschied
diferente I7A anders, unterschiedlich
difícil I7A schwierig
una **dificultad** III6 eine Schwierigkeit
dificultar algo <IV GC> etw. erschweren
¡**Dígame**! I4A *Formel beim Abnehmen des Telefons* (*wörtl.* Sagen Sie mir!)
un **dilema** <IV9, 7> ein Dilemma
una **dinastía** <IV GC> eine Dynastie, ein Herrschergeschlecht
el **dinero** II3 das Geld
(el) **Dios** II6 (der) Gott
como **Dios** manda II6 wie es sich gehört
¡**Dios** mío! II6 Mein Gott!
un **diploma** <IV5, MA> ein Diplom
un **diplomático**, una **diplomática** <IV7, MA> ein Diplomat, eine Diplomatin
un **diputado**, una **diputada** IV8 ein Abgeordneter, eine Abgeordnete
una **dirección** I2B, PP eine Adresse
directo, -a IV4 direkt, unmittelbar
un pronombre de objeto **directo** <IV1, 11> ein Akkusativpronomen
el estilo **directo** <IV2, 8> die direkte Rede
en **directo** IV8 live
un **director**, una **directora** III6 ein Direktor, ein Leiter, eine Direktorin, eine Leiterin
un **director** de cine <IV5, 13> ein Regisseur
dirigir (g-j) algo <IV8, 8> etw. lenken *(leiten)*
una **disco** III7 eine Diskothek
un **disco** IV7 eine Scheibe
<IV GC> eine Schallplatte
la **discriminación** <IV7, 13> die Diskriminierung
discriminar a alguien <IV8, MA> jdn. diskriminieren
una **discusión** <IV1, 11> eine Diskussion
(ser) **discutido, -a** <IV GC> umstritten (sein)
discutir I7B streiten, diskutieren
discutir algo con alguien I7B etw. mit jdm. diskutieren
discutir algo a alguien IV5 jdm. etw. streitig machen, etw. bestreiten
disfrutar (de algo) III7 (etw.) genießen
la **distancia** <IV RE2, 4> die Entfernung
distinto, -a III1 anders, unterschiedlich
la **diversión** <IV6, 10> das Vergnügen
divertido, -a I4B lustig
divertirse (-ie- / -i-) I6, PP sich amüsieren
(estar) **dividido, -a** <IV GC> aufgeteilt (sein)
una habitación **doble** <IV RE2, 4> ein Doppelzimmer
una **docena** III3 ein Dutzend
un **documento** III8, 2 ein Dokument
un **dólar** III6 ein Dollar
doler (-ue-) IV2 schmerzen, weh tun
el **dolor** IV2, 12 der Schmerz
doloroso, -a <IV6, MA> schmerzhaft
dominar algo / a alguien <IV GC> etw. / jdn. beherrschen
domingo *(m.)* I5A Sonntag
donde II6 wo
¿**dónde**? I3A wo?
¿de **dónde**? I1, PP woher?
dorado, -a <IV6, 10> golden, goldfarben
dormir (-ue- / -u-) I6, PP schlafen
dormirse (-ue- / -u-) I6 einschlafen
un **dormitorio** I4A, 5 ein Schlafzimmer
un **dragón** II4, PP ein Drache
el Arte **Dramático** <IV GC> die Schauspielkunst
una **droga** III6 eine Droge
ducharse I6, PP duschen
sin **duda** II6 ohne Zweifel
un **dueño**, una **dueña** IV9 ein/e Besitzer/in
durante *(+ sust.)* II6 während *(+ sust.)*
duro, -a I5A streng
II2 hart, beschwerlich
un **DVD** III1 eine DVD; ein DVD-Player

E

e I8A und *(vor i- oder hi-)*
echar algo I7A etw. dazugeben, etw. werfen
echar de menos algo / a alguien II2, PP jdn. / etw. vermissen
echar una bronca a alguien II5 jdn. zurechtweisen, mit jdm. schimpfen
ecológico, -a <IV5, MA>; IV6 ökologisch, umweltfreundlich
un / una **ecologista** IV6 ein Umweltschützer, eine Umweltschützerin
la **economía** <IV2, 14>; IV6 die Wirtschaft
económico, -a <IV5, 5> wirtschaftlich
el **ecoturismo** <IV6> der Ökoturismus, der "sanfte Tourismus"
el **ecuador** <IV1, PP> der Äquator
ecuatorial <IV GC> Äquator-
la **edad** II9 das Alter
el límite de **edad** <IV6, 10> die Altersgrenze
un **edificio** I4B ein Gebäude
la **educación** <IV7, 13> die Erziehung, die Bildung
(la) **educación** plástica y visual I5A, PP Kunsterziehung *(Schulfach)*
los **EE. UU.** <IV5, 10> die USA
un **efecto** IV6, PP eine (Aus-)Wirkung
un **ejemplo** I8A ein Beispiel
por **ejemplo** I8A zum Beispiel
un **ejercicio** <IV1, 2> eine Übung
un **ejército** IV8 eine Armee, ein Heer
el, la I1 der, die, das (*bestimmter Artikel, sg.*)
el (*+ Wochentag*) I5A am / diesen *(+ Wochentag)*
el que III3 der(jenige), welcher
él I2B er
una **elección** IV8, PP eine Wahl
la **electricidad** <IV5, 9> die Elektrizität
eléctrico, -a <IV1, 4> elektrisch
un correo **electrónico** I3B eine E-Mail
elegante IV2 elegant
elegir (-i- / -i-; g-j) algo II3 etw. (aus)wählen
un **elemento** <IV RE1, 1>; IV4 ein Element, ein Bestandteil
elevado, -a III8, 1 hoch, hoch gelegen
eliminar algo <IV2, TA> etw. beseitigen
ella I2B sie *(sg.)*
ellos, ellas I2B sie *(pl.)*
un **e-mail** I3B eine E-Mail
embarcarse (c-qu) <IV1, 4> sich einschiffen
un **embargo** <IV5, 5> ein Embargo
sin **embargo** III3 dennoch
un / una **emigrante** II7 ein/e Emigrant/in
una **emisión** IV6, PP der Ausstoß, die Emission
emitir algo <IV6, 8> etw. ausstoßen *(Abgas)*
IV8 etw. senden *(Radio, Fernsehen)*
(estar) lleno, -a de **emoción** <IV5, 13> bewegend
emocionante III5 aufregend, spannend
una **empanada** II1 eine Pastete *(galizische Spezialität)*
empapar <IV4> durchtränken
un **emperador**, una **emperadora** <IV RE3, 3> ein Herrscher, eine Herrscherin
empezar (-ie-; z-c) (a hacer) algo I5A etw. (zu tun) anfangen, beginnen
un **empleado**, una **empleada** III4 ein Angestellter, eine Angestellte
en I1 in, an, auf
en la playa I1 am Strand
en casa I4A zu Hause
a la(s) … **en** punto I4A genau um … Uhr, pünktlich um … Uhr
en serio I5B im Ernst
en total I7A insgesamt, alles zusammen
en 19… (mil novecientos…) II7, PP im Jahr 19… (neunzehnhundert…)
en 20…(dos mil…) II7, PP im Jahr 20… (zweitausend…)
en fin II8 kurz und gut
(estar) **enamorado, -a** II2, PP verliebt (sein)
(estar) **encantado, -a** I7A erfreut (sein)
encantar(le) a alguien I8A jdn. begeistern, jdm. sehr gut gefallen
encender (-ie-) algo III1 etw. anschalten
III7 etw. anzünden
una **enciclopedia** <IV9, PP> ein Lexikon
encima de I8B, PP auf
encontrar (-ue-) algo I6 etw. finden
encontrarse (-ue-) con II2 sich treffen (mit)
encontrarse (-ue-) en un lugar III6 sich an einem Ort befinden
un **encuentro** <IV4, MA>; IV7 eine Begegnung
una **encuesta** IV4 eine Umfrage
un **encuestado**, una **encuestada** <IV4, 6> ein Befragter, eine Befragte
la **energía** IV6 die Energie
enero *(m.)* I7B, PP Januar
(estar) **enfadado, -a** I6 verärgert (sein), böse (sein)
enfadarse por algo III1 sich über etw. ärgern
el **enfado** IV2 der Ärger
una **enfermedad** III8, 2 eine Krankheit
un **enfermero**, una **enfermera** I8A ein Krankenpfleger, eine Krankenschwester
enfermizo, -a <IV5, 10> krankhaft
enfermo, -a II7 krank

caer (*irr.*) **enfermo, -a** II 7 krank werden
enfrentar a alguien con algo / alguien <IV GC> jdn. mit etw. / jdn. konfrontieren
enfrentarse a algo <IV 3, 10> auf etw. treffen
enfrente de I 4B, PP gegenüber (von)
enorme II 3 riesig, groß
un **ensayo** <IV GC>; I 5B eine Probe
enseguida *(adv.)* II 4 sofort *(adv.)*
enseñar(le) algo a alguien I 8A jdm. etw. zeigen, jdm. etw. beibringen
entender (-ie-) algo / a alguien I 5A etw. / jdn. verstehen
no **entender** (-ie-) ni papa III 1 nur Bahnhof verstehen
enterarse de algo I 7B etw. erfahren, etw. mitbekommen
entonces … I 2B dann
una **entrada** I 7B eine Eintrittskarte
la **entrada** <IV 8, 12> der Eintritt
entrar (en) I 3B eintreten, hineingehen (in)
entre II 7 zwischen, unter
entretanto II 7 in der Zwischenzeit
enviar(le) (-ío) algo a alguien II 8 jdm. etw. schicken
una **época** IV 7 eine Epoche, eine Zeit
un **equipo** I 5A eine Mannschaft, ein Team
un **equipo** de música I 8B, PP eine Stereoanlage
equivocarse (c-qu) IV 2 sich irren, einen Fehler machen
un **error** I 7B ein Fehler
es que I 4A es ist (nämlich) so, dass… / das kommt daher, dass…
¿**Es** todo? I 7A, PP Ist das alles?
Es verdad. I 3A Das stimmt / das ist wahr.
una **escalera** II 2 eine Treppe, ein Treppenhaus
una **escena** <IV 4, 16> eine Szene
un **esclavo**, una **esclava** IV 7, PP ein Sklave, eine Sklavin
esconder algo III 4 etw. verstecken
escribir algo / a alguien I 3A etw. / jdm. schreiben
un **escrito** <IV GC> eine Schrift, ein Schriftstück
un **escritor**, una **escritora** <IV 9, MA> ein Schriftsteller, eine Schriftstellerin
un **escritorio** I 8B, PP ein Schreibtisch
un **escuadrón** de la muerte <IV GC> die Todesschwadronen
escuchar algo / a alguien I 2A, PP etw. / jdn. hören, jdm. zuhören
una **escuela** III 3 eine Schule
un **escultor**, una **escultora** <IV GC> ein Bildhauer, eine Bildhauerin
ese, esa, esos, esas *(adj.)* I 7A diese, -r, -s dort
ése, ésa, ésos, ésas *(pron.)* I 7A diese, -r, -s dort
una **esmeralda** <IV 6, 10> ein Smaragd
eso I 5B das
un **espacio** <IV 6, 10>; IV 9 ein Raum, ein Platz
la **espalda** IV 2, 17 der Rücken
España *(f.)* I 5A Spanien
(el) **español** I 2A, PP Spanisch, die spanische Sprache
un **español**, una **española** I 2B ein Spanier, eine Spanierin
español, -a I 8A, PP spanisch
especial I 7B besonders, speziell
una **especialidad** IV 2 eine Spezialität
estar **especializado, -a** en algo <IV GC> auf etw. spezialisiert sein
la **especie** humana <IV 4, MA> die menschliche Spezies
una **especie** animal IV 6 eine Tierart
espectacular II 6 spektakulär, herrlich, toll
una lista de **espera** <IV 5, PP, 2> eine Warteliste
la **esperanza** III 6 die Hoffnung
esperanzador, a <IV 9, MA> hoffnungsvoll, viel versprechend
esperar algo III 2 etw. hoffen
esperar algo / a alguien I 2B etw. / jdn. erwarten, auf etw. / jdn. warten
una **espiral** <IV 9, MA> eine Spirale
una **esquina** I 4B, PP eine Ecke
está bien I 7A Ist gut. / In Ordnung.
estable <IV GC> stabil
un **establecimiento** hotelero <IV 6, 10> ein Hotel
una **estación** de tren II 1 ein Bahnhof
una **estación** del año II 9, 9 eine Jahreszeit
un **estado** <IV 7, MA>; IV 8 ein Staat
(los) **Estados** Unidos II 8 (die) USA, die Vereinigten Staaten
un / una **estadounidense** <IV 1, 2> ein US-Amerikaner, eine US-Amerikanerin
estallar en la cara *(col.)* <IV 8, 13> voll erwischen
una **estantería** I 8B, PP ein Regal
estar (*irr.*) I 4A sein, sich befinden
ya **está** I 8B fertig
estar *(irr.)* a … kilómetros II 5 … Kilometer entfernt sein
estar *(irr.)* sentado, -a II 5 sitzen
estar bien II 7 (jdm.) gut gehen
estar *(irr.)* con deudas III 7 verschuldet sein
una **estatua** <IV 5, 1> eine Statue
este, esta, estos, estas *(adj.)* I 7A diese, -r, -s hier
esta tarde I 7A heute Nachmittag
el **este** II 8, PP der Osten
Europa del **Este** <IV 3, PP> Osteuropa
éste, ésta, éstos, éstas *(pron.)* I 7A diese, -r, -s hier
éste es, ésta es I 1 dies ist
un **estilo** III 8, 1 ein Stil, ein Baustil
<IV 4> ein Stil, eine Musikrichtung
el **estilo** indirecto <IV 2, 8> die indirekte Rede
el **estilo** directo <IV 2, 8> die direkte Rede
esto II 2 dies *(neutrales Demonstrativpron.)*
el **estómago** <IV 2, 12> der Magen
una **estrategia** <IV 1, Estr> eine Strategie
estratégico, -a <IV 6, 10> strategisch
un **estrecho** <IV GC> eine Meerenge
el ferrocarril de vía **estrecha** <IV 6, 10> eine Schmalspurbahn
una **estrella** <IV 6, 8>; IV 9, PP ein Stern
el **estribillo** IV 4 PP der Refrain
una **estrofa** <IV 4, 4> eine Strophe
un **estuche** I 3A, 10 ein Mäppchen
un / una **estudiante** III 3 ein/e Student/in
estudiar algo I 2A, PP etw. studieren, etw. lernen
un **estudio** II 9 ein Studio
<IV 1, 6> eine Einzimmerwohnung
un **estudio** <IV 6> eine Untersuchung
los **estudios** <IV 3, 17> das Studium
estupendo, -a III 6 wunderbar
una **etapa** <IV 1, MA> eine Etappe
una **etnia** <IV 5, 14> eine Ethnie, eine Volksgruppe
étnico, -a <IV GC> ethnisch
un **euro** I 7A, PP ein Euro
Europa [europa] *(f.)* II 8 Europa
Europa del Este <IV 3, PP> Osteuropa
la Unión **Europea** IV 8, PP die Europäische Union
un **europeo**, una **europea** IV 7, PP ein Europäer, eine Europäerin
evadirse de algo IV 4 vor etw. fliehen, etw. entkommen
un **evento** <IV 8, 13> ein Ereignis
eventualmente <IV 5, 1> eventuell
evidente IV 5 offensichtlich
evitar algo <IV GC> etw. vermeiden
evolucionar <IV 7, 13> sich entwickeln
exacto, -a IV 1 exakt, genau
un **examen** IV 8 ein Examen, eine Prüfung, eine Prüfungsarbeit
excelente <IV 8, 13> hervorragend
excepcional <IV GC> außergewöhnlich
excepto <IV RE 3, 5> außer
una **excursión** II 1, PP ein Ausflug
ir (*irr.*) de **excursión** II 1, PP einen Ausflug machen
hacer (*irr.*) una **excursión** II 1, PP einen Ausflug machen
un / una **excursionista** <IV 5, MA> ein/e Exkursionsteilnehmer/in
exigir (g-j) algo <IV GC> etw. fordern
el **exilio** <IV GC> das Exil
existir III 6 existieren
el **éxito** III 5, PP der Erfolg
(no) tener *(irr.)* **éxito** III 5, PP erfolgreich / erfolglos sein
exótico, -a IV 7, PP exotisch
una **expedición** IV 7 eine Expedition, eine (Forschungs-)Reise
una **experiencia** <IV 4, 8> eine Erfahrung
un **experto**, una **experta** <IV 4, 9>; IV 6 ein Experte, eine Expertin
una **explicación** III 1 eine Erklärung
explicar (c-qu) algo a alguien II 4 jdm. etw. erklären
explicativo, -a <IV 9, TA> erklärend
la **exportación** <IV GC> der Export, die Ausfuhr
un permiso de **exportación** <IV 5, 5> eine Ausfuhrerlaubnis
exportar algo II 8 etw. exportieren
un país **exportador** <IV GC> ein Exportland
una **exposición** III 4 eine Ausstellung
la **Exposición** Universal <IV 8, 13> die Weltausstellung
expresar algo <IV 2, 12>; IV 4 etw. ausdrücken
una **expresión** <IV 1, 4> ein Ausdruck
exprimir a alguien <IV 7> jdn. ausbeuten
exterior <IV 8, 8> Außen-
un ministro / una ministra de Asuntos **Exteriores** <IV GC> ein/e Außenminister/in
exterminar <IV 7> ausrotten
extraer (*irr.*) <IV 6, 9> *(Bodenschätze)* fördern
un **extranjero**, una **extranjera** II 7 ein/e Ausländer/in
el **extranjero** III 5 das Ausland
extranjero, -a IV 3, PP fremd, ausländisch
extraño, -a <IV 4, MA>; IV 8 seltsam
extremo, -a <IV 7, 13> extrem

F

una **fábrica** <IV 6, 9> eine Fabrik
una **fachada** II 4, PP eine Fassade
fácil I 4B leicht
facilitar algo <IV 6, 7> etw. erleichtern
un **factor** <IV GC> ein Faktor, ein Umstand
una **falda** I 6, 10 ein Rock
falso, -a <IV 3, 15> falsch
faltar I 5B fehlen
la **falta** de algo III 6 der Mangel an etw.
una **familia** I 3A, PP eine Familie
familiar III 6 Familien-, familiär
famoso, -a II 4, PP berühmt
una **farmacia** I 4B, PP eine Apotheke
fascinante <IV 2, MA> faszinierend
un **fasto** <IV 8, 13> ein (rauschendes) Fest
fatal *(adv.)* II 4 schrecklich *(adv.)*
la **fauna** <IV 6, 10> die Tierwelt
un **favor** III 3 ein Gefallen
por **favor** I 2A bitte
a **favor** de <IV 8, 4> für, zugunsten von
febrero *(m.)* I 7B, PP Februar
una **fecha** II 7 ein Datum
la **felicidad** III 6 das Glück(sgefühl)
feliz III 6 glücklich
fenomenal I 4A, PP toll, großartig
<IV 7, MA> unglaublich
feo, -a I 5B, PP hässlich
el **ferrocarril** <IV 8, 13> die Eisenbahn

el **ferrocarril** de vía estrecha <IV 6, 10> eine Schmalspurbahn
la **fiebre** III 1, PP (das) Fieber
una **fiesta** I 7B ein Fest, eine Feier, eine Party
una **figura** <IV GC> eine Figur
Filipinas *(f. pl.)* <IV 7, PP> die Philippinen
la **filosofía** <IV GC> die Philosophie
un **filósofo**, una **filósofa** <IV 7, 9> ein Philosoph, eine Philosophin
el **final** II 2 das Ende
al final II 2 schließlich, letztendlich
por **fin** I 5B endlich
un **fin** de semana II 9 ein Wochenende
a **finales** de los años… II 7, PP Ende *(+ Zeitraum)*
finalizar (z-c) algo <IV 5, MA> etw. beenden
finalmente IV 7 schließlich, endlich
fino, -a <IV 6, 10> fein
una **firma** <IV 9, 2> eine Unterschrift
firmar algo IV 9 etw. unterschreiben
un impedido **físico** <IV 5> ein Körperbehinderter
flirtear con alguien <IV 4, 13> mit jdm. flirten
una **flor** IV 9, PP eine Blume
un **foco** *(lat. am.)* <IV 6, 6> eine Glühbirne
un **foco** ahorrador <IV 6, 6> eine Energiesparlampe
un **folleto** II 4 ein Prospekt
el **fondo** IV 7 Estr der Hintergrund
el **fondo** del mar <IV 4, MA> der Meeresgrund
la **forma** IV 4 die Form, die Art und Weise
una **forma** <IV 1, 8> eine Form
una **forma** verbal <IV 2, 5> eine Verbform
de **forma** dispersa <IV 6> verstreut *(adv.)*
la **formación** <IV 4, 5> die Bildung
formar algo <IV 1, 2>; IV 7 etw. formen, etw. bilden
la **Fórmula** 1 <IV GC> die Formel 1
formular algo <IV 1, TA> etw. formulieren
un **formulario** <IV 1, 12> ein Formular
una **foto** I 5A ein Foto
una cámara de **fotos** III 8, 2 ein Fotoapparat
una **fotocopia** III 8, 2 eine Fotokopie
un **fragmento** <IV 5, 9> ein Auszug
Francia *(f.)* <IV 3, 2> Frankreich
un **frasco** <IV 2> ein Fläschchen, ein Flakon
una **frase** <IV 1, 6> ein Satz
frecuentemente <IV 6, 6> oft
un **fregadero** IV 1, 5 ein Spülbecken
una **fregona** IV 1, 5 ein Wischmopp
al **frente** <IV 8, 13> an der Spitze
frente a <IV 5, 10> angesichts
una **fresa** III 7 eine Erdbeere
el frío II 1 die Kälte
hacer *(irr.)* **frío** II 1 kalt sein *(Wetter)*
una **frontera** II 8, PP eine Grenze
la **frustración** <IV 5, MA> das Scheitern
la **fruta** I 7A das Obst, die Frucht
un **fuego** II 1 ein Feuer
una **fuente** <IV 7> eine Quelle
fuera II 5 draußen
fuerte II 7 kräftig, stark
la **fuerza** IV 3 die Kraft, die Stärke
fumar III 5 rauchen
una **función** <IV 8, 8> eine Funktion, eine Aufgabe
funcionar III 1 funktionieren
un **fundador**, una **fundadora** <IV GC> ein Gründer, eine Gründerin
fundar algo <IV GC> etw. gründen
(estar) **furioso, -a** IV 2 wütend
el **fútbol** I 2A, PP der Fußball
un campo de **fútbol** II 4 ein Fußballfeld
el **futuro** II 7 die Zukunft
futuro, -a <IV 1, 2> zukünftig

G

unas **gafas** I 5B, PP eine Brille
unas **gafas** de sol I 2A, PP eine Sonnenbrille
Galicia *(f.)* II 1 Galizien
gallego, -a II 8 galizisch
un gallego, una gallega II 8 ein Galizier, eine Galizierin *(in vielen lat.am. Ländern auch Bezeichnung für die Spanier allgemein)*
una **gallina** IV 2, PP ein Huhn
la **ganadería** II 8, PP die Viehzucht
un **ganador**, una **ganadora** <IV 8, 13> ein Sieger, eine Siegerin
ganar algo II 7 etw. verdienen
<IV 8, 13> etw. gewinnen
tener *(irr.)* **ganas** de hacer algo III 5 Lust haben etw. zu tun
la **garganta** <IV 2, 12> die Kehle, der Hals
el **gas** II 3 die Kohlensäure
el **gas** natural <IV GC> das Erdgas
gastar(se) algo III 7 etw. ausgeben
un **gato** IV 1 eine Katze, ein Kater
una **gata** IV 1 eine (weibliche) Katze
un **gatito**, una **gatita** <IV 1, 8> ein Kätzchen
una **generación** <IV 4, 11> eine Generation
en **general** <IV 1, PP>; IV 4 im Allgemeinen
las Cortes **Generales** <IV 8, 8> *Bezeichnung für das spanische Parlament*
generoso, -a III 5, PP großzügig
genial I 4A toll, genial
la **gente** I 4B die Leute
(la) **geografía** I 5A, PP Erdkunde *(Schulfach)*
geométrico, -a <IV 9, PP> geometrisch
un **gesto** <IV 1, TA> eine Geste
Ginebra <IV GC> Genf
girar I 4B, PP abbiegen
el calentamiento **global** <IV 6, 1> die Erderwärmung
globalizado, -a <IV 7, 6> globalisiert
un **gobernador**, una **gobernadora** <IV RE 3, 3> ein Gouverneur, eine Gouverneurin
gobernar <IV GC> regieren
un **gobierno** III 8, 4 eine Regierung
el sistema de **gobierno** <IV 5, 5> ein Regierungssystem
un presidente del **gobierno** IV 8 ein Regierungschef, ein Ministerpräsident
la sede del **gobierno** <IV GC> der Regierungssitz
un **golpe** IV 8 ein Schlag
un **golpe** de estado IV 8 ein Staatsstreich, ein Putsch
golpear algo / a alguien IV 2 etw. / jdn. schlagen
una **goma** I 3A, 10 ein Radiergummi
gordo, -a I 5B, PP dick
una **gorra** III 1, PP eine Kappe
una **gota** <IV 6, PP> ein Tropfen
gozar (z-c) de algo <IV 6, 10> sich an etw. erfreuen
gracias I 4A danke
dar las **gracias** a alguien <IV 2, 9> sich bei jdm. bedanken
gracias por I 5A danke für
gracias a II 2 dank *(prep.)*
gracioso, -a I 5B komisch, witzig
un **grado** II 1 ein Grad
hacer *(irr.)* … **grados** II 1 … Grad sein
una fiesta de **graduación** III 7, PP eine Abiturfeier, eine Examensfeier
un **gráfico** <IV 3, PP> eine Grafik
un **gramo** I 7A, 7 ein Gramm
grande I 4B groß
gran *(delante del sust.)* III 2 groß, großartig
gratis <I 9, PP> gratis, kostenlos
griego, -a <IV GC> griechisch
un **grifo** III 8, 2 ein Wasserhahn
gringo, -a *(abw.)* <IV 2> Yankee, Ausländer- *(abw.)*
la **gripe** IV 2, 12 die Grippe
gris I 6, 10 grau
gritar algo III 4 etw. schreien
un **grito** IV 8 ein Schrei
Groenlandia *(f.)* <IV 6> Grönland
un **grupo** II 1 eine Gruppe
una **guagua** *(Cuba)* <IV 5> ein Autobus *(Kuba)*
guapo, -a I 5B, PP hübsch
guardar algo III 3 etw. behalten
III 8, 2 etw. aufbewahren
una **guardería** III 1, PP ein Kindergarten, eine Kinderkrippe
la **Guardia** Civil IV 8 *die kasernierte Polizei*
un **guardia** civil IV 8 *ein Angehöriger der spanischen kasernierten Polizei*
guatemalteco, -a III 7 guatemaltekisch
un **guatemalteco**, una **guatemalteca** III 1, PP ein Guatemalteke, eine Guatemaltekin
guay *(col.)* I 5A klasse, toll
una **guerra** III 4 ein Krieg
una **guerra** civil <IV GC> ein Bürgerkrieg
un / una **guía** II 4 ein Führer, eine Führerin
una **guía** de viajes III 8, 2 ein Reiseführer *(Buch)*
una visita **guiada** III 4 eine Führung
gustar(le) a alguien I 8A jdm. gefallen
el **gusto** <IV 4, 7> die Vorliebe

H

haber *(irr.)* I 7B haben / sein *(als Hilfsverb)*
una **habitación** I 1 ein Zimmer
una **habitación** doble / individual <IV RE 2, 4> ein Doppel/Einzelzimmer
un / una **habitante** II 8, PP ein/e Einwohner/in
un / una **hablante** <IV 7, PP> ein/e Sprecher/in
hablar (con alguien) I 2A, PP (mit jdm.) sprechen, (mit jdm.) reden
hace *(+ Zeitangabe)* II 7 vor *(zeitlich)*
hacer *(irr.)* algo I 3B etw. machen, tun
hacer *(irr.)* la compra I 7A einkaufen *(Lebensmittel)*
hace sol II 1 die Sonne scheint
hacer *(irr.)* una excursión II 1, PP einen Ausflug machen
(**hacer**) mal tiempo II 1 schlechtes Wetter (sein)
hacerse *(irr.) (+ adj.)* III 3 *(Adj. +)* werden
hacer *(irr.)* algo por alguien III 3 etw. für jdn. / anstelle von jdm. tun
hacer *(irr.) (+ inf.)* algo a alguien IV 2 jdn. etw. tun lassen, jdn. dazu bringen etw. zu tun
hacia II 4 in Richtung von
¡**Hala**! I 7B Ach Gott! / Du meine Güte!
el **hambre** *(f.)* II 3 der Hunger
tener *(irr.)* **hambre** II 3 Hunger haben
la **harina** I 7A, 7 das Mehl
estar **harto**, -a de algo III 2 etw. satt haben
hasta I 3B bis
Hasta luego. I 3B Bis später.
hasta pronto I 5A bis bald
hasta que III 3 bis *(Konj.)*
hay I 4B, PP es gibt, da ist / sind
hay niebla II 1, 8 es ist nebelig
hay que… I 8A man muss
(estar) bien **hecho, -a** <IV 7> wohlgeformt
un **helado** I 1 ein Eis
el **hermano**, la **hermana** I 1 der Bruder, die Schwester
los **hermanos** I 2A die Geschwister
hermoso, -a III 6 schön
el **hielo** IV 6 das Eis *(gefrorenes Wasser)*
el **hierro** IV 5 das Eisen
tener una salud de **hierro** IV 5 kerngesund sein
el **hígado** <IV 2, 12> die Leber
el **hijo**, la **hija** I 3A, PP der Sohn, die Tochter
los **hijos** I 3A, PP die Kinder
un **himno** <IV GC> eine Hymne
una **hipótesis** <IV 5, PP, 2> eine Vermutung
(la) **historia** I 5A, PP Geschichte *(Schulfach)*
histórico, -a <IV 5, MA> historisch

el **hogar** III 6 ein Zuhause, ein Heim
¡**Hola**! I 1, PP Hallo!
un **hombre** II 6 ein Mann
una **hora** I 4A eine Stunde
a cualquier **hora** <IV 6, 10> jederzeit
un **horario** I 5A, PP ein Stundenplan
II 1 der Fahrplan
¡qué **horror**! <IV 1, 8> wie entsetzlich
los **horrores** <IV GC> die Gräuel
un **hospital** II 1 ein Krankenhaus
un **hotel** II 1, PP ein Hotel
un establecimiento **hotelero** <IV 6, 10> ein Hotel
una instalación **hotelera** <IV 6, 10> eine Hotelanlage
hoy I 3B heute
una **huella** <IV 6, 8> ein Fußabdruck
un **huevo** I 7A, 7 ein Ei
el Patrimonio de la **Humanidad** <IV GC> das Weltkulturerbe
humano, -a <IV 7, 8> menschlich
la especie **humana** <IV 4, MA> die menschliche Spezies
un **huracán** <IV 5, MA> ein Orkan

I

la Península **Ibérica** <IV GC> die Iberische Halbinsel
la **ida** II 5, PP die Hinfahrt
la **ida** y vuelta II 5, PP die Hin- und Rückfahrt
una **idea** I 2B eine Idee
Ni **idea.** I 2B Keine Ahnung.
con mala **idea** IV 2 in böser Absicht, gemein
identificar algo <IV 8, 3> etw. erkennen
identificarse (c-qu) con <IV 4, 11> sich identifizieren mit
un **idioma** II 7 eine Sprache
una **iglesia** II 4 eine Kirche
igual (que) I 5B gleich, genauso (wie)
la **igualdad** <IV GC> die Gleichheit, die Gleichstellung
una **iguana** <IV GC> ein Leguan
ilegal III 6 illegal
una **ilusión** <IV 9, PP> ein (Wunsch)Traum
(estar) **ilusionado, -a** II 2, PP begeistert (sein)
una **ilustración** <IV 1, 9> eine Abbildung
un **ilustrador**, una **ilustradora** <IV 9, MA> ein Illustrator, eine Illustratorin
ilustrar algo <IV 6, PP> etw. veranschaulichen
una **imagen** <IV 3, 9>; IV 7 Estr ein Bild
la **imaginación** IV 2 die Fantasie
imaginar (algo) III 7 (etw.) annehmen, sich (etw.) vorstellen
imaginarse algo I 8A sich etw. vorstellen
Imagínate. I 8A Stell dir (nur) vor.
la **impaciencia** II 8 die Ungeduld
un **impedido** físico <IV 5> ein Körperbehinderter
un **imperio** <IV 7, 7> ein Imperium, ein Reich
imponer (*irr.*) algo a alguien <IV 4, 10> jdm. etw. auferlegen
impopular <IV GC> unbeliebt
la **importancia** II 2 die Bedeutung, die Wichtigkeit
importante I 4B wichtig
importar(le) a alguien I 8A jdm. wichtig sein, jdm. etw. ausmachen
No importa. I 8A Das macht nichts.
imposible IV 8 unmöglich
una **impresión** <IV 5, PP>; IV 5 ein Eindruck *(Meinung)*
(estar) **impresionado, -a** II 2, PP beeindruckt (sein)
inca <IV 7, 7> Inka
la **incidencia** <IV 7, 13> das Vorkommen
(estar) **incluido, -a** <IV RE 2, 4> inbegriffen (sein)
incluso III 3 sogar
inconformista <IV 4> unangepasst
el **inconsciente** <IV GC> das Unbewusste
independentista <IV GC> der/die für die Unabhängigkeit kämpft
la **independencia** <IV 7, 11> die Unabhängigkeit
independiente III 5, PP unabhängig
la **India** <IV 7> Indien
un / una **indígena** III 6 ein/e Ureinwohner/in
indigenista <IV GC> zu einer politischen Bewegung zur Verteidigung der Rechte der Indios gehörend
un pronombre de objeto **indirecto** <IV 1, 11> ein Dativpronomen
el estilo **indirecto** <IV 2, 8> die indirekte Rede
indiscriminadamente <IV 8, 13> ohne Unterschied
una casa **individual** <IV 6, 8> ein Einfamilienhaus
una habitación **individual** <IV RE 2, 4> ein Einzelzimmer
un **individuo** <IV 7, 13> ein Individuum
la **industria** <IV 6, 9> die Industrie
industrial <IV 9, 10> Industrie-
un país **industrializado** <IV 6, 8> ein Industrieland
el **infinito** IV 2 die Unendlichkeit
la **influencia** <IV 6, 8> der Einfluss
(estar) **influenciado, -a** por algo / alguien <IV GC> von etw. / jdm. beeinflusst sein
influir (-y-) en algo <IV GC> etw. beeinflussen
una **información** III 3 eine Information
informarse <IV 9, 8> sich informieren
un informe <IV 6, PP> ein Bericht
las **infraestructuras** IV 6 die Infrastruktur
un **ingeniero**, una **ingeniera** II 8 ein Ingenieur, eine Ingenieurin
Inglaterra *(f.)* <IV 7, 11> England
(el) **inglés** I 5A, PP Englisch *(Schulfach)*
la **inmigración** <IV 3, 10> die Einwanderung
un / una **inmigrante** IV 3, PP ein Einwanderer, eine Einwanderin
una **inmobiliaria** <IV 1, 12> eine Immobilienfirma
innecesario,-a <IV 1, 4> unnötig, überflüssig
(estar) **inseguro, -a** <IV GC> unsicher (sein)
insostenible <IV 6> nicht nachhaltig
(estar) **inspirado, -a** <IV 5, MA> inspiriert (sein)
inspirarse en algo <IV 9, PP> sich von etw. inspirieren lassen
una **instalación** hotelera <IV 6, 10> eine Hotelanlage
un **insti** III 2 eine Schule *(Kurzform)*
una **institución** <IV 8, 8> eine Institution
un **instituto** I 4B, PP ein Gymnasium
una **instrucción** <IV 1, TA> eine Anweisung
un **instrumento** IV 4 PP ein Instrument
(estar) **integrado, -a** <IV RE 1, 8> intergriert (sein)
inteligente I 6 intelligent
intenso, -a <IV 6, 10> intensiv
intentar algo III 1 etw. versuchen
un **intento** <IV 2, MA> ein Versuch
intercambiar algo <IV 1, 2> etw. austauschen
un **intercambio** I 8A, PP ein (Schüler)Austausch
el **interés** <IV 1, TA> das Interesse
interesante I 4B interessant
interesar a alguien III 6 jdn. interessieren
interior <IV 8, 8> Innen-
el **interior** <IV RE 3, 3> das Landesinnere
internacional <IV RE 3, 10> international
(la) **Internet** II 1 (das) Internet
interno, -a <IV GC> innere, -r, -s
interrumpir algo / a alguien IV 1 etw. / jdn. unterbrechen
una **inundación** IV 6, PP eine Überschwemmung
inútil IV 2 zwecklos, unnütz
una **invasión** IV 7 eine Invasion
inventar algo <IV 1, 2> etw. erfinden
invertir (-ie- / -i-) <IV 8, 13> investieren
el **invierno** II 9, 9 der Winter
una **invitación** III 7, PP eine Einladung
una tarjeta de **invitación** III 7, PP eine Einladungskarte
invitar a alguien I 7B jdn. einladen
ir (*irr.*) I 4A, PP gehen
¿Quién **va** ahora? I 7A, PP Wer ist jetzt dran?
ir a casa de alguien I 4A zu jdm. nach Hause gehen
ir (*irr.*) a hacer algo I 5B etw. tun werden
ir *(irr.)* de excursión II 1, PP einen Ausflug machen
ir *(irr.)* en (+ *Verkehrsmittel)* II 1, PP mit (+ *Verkehrsmittel)* fahren
ir *(irr.) (+ gerundio)* III 3 etw. nach und nach / immer mehr tun
irse *(irr.)* I 6 (weg)gehen
Irán *(m.)* <IV 6> der Iran
Iraq *(m.)* <IV GC> der Irak
irregular <IV 3, 3> unregelmäßig
una **isla** II 1, 11 eine Insel
las **Islas** Canarias <IV 3, 2>; IV 7 die Kanarischen Inseln
islamista <IV 8, 13> islamistisch
Italia *(f.)* <IV 3, PP> Italien
italiano, -a <IV GC> italienisch

J

a la **izquierda** I 4B, PP links
Japón *(m.)* <IV RE 2, 4> Japan
un **jardín** I 7B ein Garten
un **jefe** / una **jefa** <IV RE 1, 8>; IV 8 ein Chef, eine Chefin; ein Leiter, eine Leiterin
el **Jefe** del Estado IV 8 das Staatsoberhaupt
un **jersey** (*pl.* jerséis) I 6, 10 ein Sweatshirt, ein Pullover
¡**Jo**! II 4 He!
joven (*pl.* jóvenes) I 5A jung
un **joven**, una **joven** (*pl.* jóvenes) I 7A ein junger Mann, eine junge Frau; ein / eine Jugendliche
los **jóvenes** I 7A die Jugendlichen
un parlamento de **jóvenes** <IV 8, TA> ein Jugendparlament
judío, -a III 4, PP jüdisch
un **juego** I 1 ein Spiel
No es un **juego.** I 1 Das ist kein Kinderspiel.
los **Juegos** Olímpicos <IV 8, 13> die Olympischen Spiele
un **juego** de rol <IV 4, 15> ein Rollenspiel
jueves (*m.*) I 5A, PP Donnerstag
un **jugador** I 5A ein Spieler
jugar (-ue-; g-gu) algo / con alguien I 5B etw. / mit jdm. spielen
un **jugo** *(lat. am.)* IV 1 ein Saft
julio *(m.)* I 7B, PP Juli
junio *(m.)* I 7B, PP Juni
junto, -a I 4B gemeinsam, zusammen
junto a IV 1 neben, nahe bei
jurar algo IV 4 etw. schwören
un / una **jurista** <IV 7, 9> ein/e Jurist/in
justificar (c-qu) algo <IV 3, PP> etw. begründen
justo, -a III 6 gerecht
la **juventud** IV 7 die Jugend

K

un **kayak** II 1 ein Kajak
un **kilo** I 7A, PP ein Kilo
un **kilómetro** II 5, PP ein Kilometer
estar *(irr.)* a … **kilómetros** II 5 … Kilometer entfernt sein
kitsch III 7 kitschig

L

la I 1 die (*bestimmter Artikel, sg.)*
la que III 3 die(jenige), welche
la II 3 sie *(Akkusativpron. f. sg.)*
un **lado** I 4B, PP eine Seite
al **lado** de I 4B, PP neben
a su **lado** I 7A neben ihm / ihr
a ningún **lado** <IV 1, 11> nirgendwohin

un **lago** II 8, PP ein See
una **lámpara** IV 1, 5 eine Lampe
un **lápiz** I 3A, 10 ein Bleistift
un **lápiz** de color I 3A, 10 ein Buntstift
largo, -a I 5B, PP lang
el **largo** <IV GC> die Länge
las II 3 sie *(Akkusativpron. f. pl.)*
las que III 3 die(jenigen), welche *(f. pl.)*
¡Qué **lástima**! I 7B Schade!
es una **lástima** III 6 es ist bedauerlich / traurig
latino, -a <IV 3, MA> *hier:* lateinamerikanisch
un **latinoamericano**, una **latinoamericana** III 7 ein/e Lateinamerikaner/in
la **latitud** <IV 1, PP> die Breite, der Breitengrad
una **lavadora** IV 1, 5 eine Waschmaschine
un **lavaplatos** <IV 1, 9> eine Geschirrspülmaschine
lavar algo I 8A, PP etw. waschen
lavar los platos I 8A, 6 spülen, (Geschirr) abwaschen
lavarse I 6, PP sich waschen
lavarse los dientes I 6, PP sich die Zähne putzen
le I 8A ihm / ihr *(Dativpron.)*
una **lección** <IV 3, 14> eine Lektion
la **leche** <IV 2, 15> die Milch
leer algo I 3A etw. lesen
la **legislación** <IV 8, 8> die Gesetzgebung
lejano, -a IV 6 fern
lejos (de) I 4B, PP weit weg / entfernt (von)
una **lengua** I 5A, PP eine Sprache
la **lengua** IV 1 die Zunge
(la) **lengua** y literatura I 5A, PP Spanisch *(Schulfach, wie das Fach Deutsch in Deutschland)*
el **lenguaje** IV 4 die Sprache, die Ausdrucksform
lento, -a IV 4 PP langsam
un **león** III 1 ein Löwe
les I 8A ihnen *(Dativpron.)*
una **letra** <IV 2, 5> ein Buchstabe
la **letra** IV 4 PP der (Lied-)Text
levantarse I 6, PP aufstehen
una **ley** IV 8, PP ein Gesetz
una **leyenda** III 4 eine Legende
la **libertad** IV 4 die Freiheit
Libia *(f.)* <IV 3, 2> Libyen
libre II 3 frei
el tiempo **libre** I 5A die Freizeit
un **libro** I 3A ein Buch
limitar con algo <IV GC> an etw. grenzen
el **límite** de edad <IV 6, 10> die Altersgrenze
un **limón** I 7A, PP eine Zitrone
limpiar algo I 8A, 6 etw. putzen
limpiarse algo II 3 sich (etw.) waschen
la **limpieza** <IV 6, 10> die Sauberkeit
limpio, -a IV 2, PP sauber, reinlich
lindo, -a II 9 hübsch
una **línea** <IV 2, 4> eine Zeile
una **línea** II 4, 12 eine (Bus-, U-Bahn-)Linie
una **lista** I 5B eine Liste
una **lista** de espera <IV 5, PP, 2> eine Warteliste
(estar) **listo, -a** <IV 1, MA> fertig, bereit (sein)
la **literatura** I 5A, PP die Literatur
un **litoral** IV 6 eine Küste, ein Küstengebiet
un **litro** <IV 6, 8> ein Liter
una **llamada** II 9 ein Anruf
llamado, -a IV 6 sogenannt
llamar a alguien I 3B jdn. rufen, jdn. anrufen
llamarse I 6 heißen
Llaman. I 8B Es läutet.
llamar algo a alguien II 6 jdn. etw. nennen
llamar (a la puerta) IV 2 (an der Tür) läuten
llamar la atención a alguien III 4 jdm. auffallen
llamativo, -a III 5 auffällig
la **llegada** II 3 die Ankunft
llegar (g-gu) I 2A (an)kommen
llenar algo <IV 5, 10> etw. füllen
(estar) **lleno, -a** I 6 voll (sein)
llevar algo I 2A, PP etw. tragen
llevar algo / a alguien I 7B etw. / jdn. mitnehmen
llevar II 5 sein *(+ Zeitraum)*
llevar algo a alguien II 7 jdm. etw. bringen
llevar *(+ Zeitraum) (+ gerundio)* III 3 etw. schon seit *(+ Zeitraum)* tun
llorar I 7B weinen
llover (-ue-) II 1 regnen
la **lluvia** II 2 der Regen
lo II 3 ihn *(Akkusativpron.)*
lo II 4 das *(neutrales Pronomen)*
lo siento I 5A es tut mir leid
lo mejor de lo mejor II 4 das Beste vom Besten
local <IV 6, 11> örtlich
un **local** <IV GC> ein Lokal
(estar) **loco, -a** III 1 verrückt (sein)
tener *(irr.)* **loco**, -a a alguien III 1 jdn. verrückt machen
la **locura** <IV 4> die Verrücktheit, der Wahnsinn
lógico, -a III 6 logisch
un **logro** <IV GC> eine Errungenschaft
los, las I 2A die *(bestimmter Artikel, pl.)*
los que III 3 die(jenigen), welche *(m. pl.)*
los II 3 sie *(Akkusativpron. m. pl.)*
los Alonso I 8B die Familie Alonso, die Alonsos
los (+ *Wochentage*) I 5A Montags, Dienstags, ...
un billete de **lotería** III 1, PP ein Lotterielos
luchar contra alguien III 4 gegen jdn. kämpfen
Hasta **luego**. I 3B Bis später.
un **lugar** I 4B ein Ort, ein Platz
el **lugar** de nacimiento <IV 1, 2> der Geburtsort
la **luna** IV 9, PP der Mond
lunes *(m.)* I 5A, PP Montag
la **luz** I 8B das Licht

M

la **madre** I 3A, PP die Mutter
la Comunidad de **Madrid** III 1 Madrid *(als autonome Region)*
una **madrina** III 7, PP eine Taufpatin; eine Trauzeugin
un **maestro**, una **maestra** <IV 4, 6> ein/e (Grundschul-)Lehrer/in
el **maíz** <IV 1, 9>; IV 7 der Mais
mal *(adv.)* I 3B schlecht
¡**Maldita** sea! II 5 Verflixt!, Verflucht!
una **maleta** I 8A, PP ein Koffer
malo, -a I 8A schlecht
III 1 unartig, böse
(hacer) **mal** tiempo II 1 schlechtes Wetter (sein)
con **mala** idea IV 2 in böser Absicht, gemein
la **mala** suerte <IV 1, 4> das Pech
mamá I 4A Mama *(Anrede)*
mañana I 3B morgen
la **mañana** I 4A der Morgen
por la **mañana** I 5A morgens
mandar algo a alguien III 2 jdm. etw. befehlen; das Sagen haben
mandar(le) algo a alguien I 8A, PP jdm. etw. schicken, senden
la **manera** <IV 7, MA> die Art und Weise
una **manía** <IV 1, 4> eine Marotte
una **manifestación** <IV RE 2, 6> eine Demonstration
una **mano** *(f.)* I 5B eine Hand
estar en **manos** de alguien IV 3, PP in Händen von jdm. sein
manso, -a IV 7 sanft
una **manta** <IV 4, MA> eine Decke
un **mantel** IV 9 eine Tischdecke
la **mantequilla** I 7A, 7 die Butter
una **manzana** I 7A, PP ein Apfel
un **mapa** <IV 4, MA> eine Landkarte
una **máquina** de bebidas II 5 ein Getränkeautomat
el **mar** I 2A, PP das Meer
el nivel del **mar** IV 6 der Meeresspiegel
marcar (c-qu) algo <IV 4, 5> etw. markieren, etw. unterstreichen
(estar) **marcado, -a** por <IV GC> geprägt sein von
(estoy) **mareado, -a** IV 2, 12 mir ist übel / schwindlig
marearse IV 2 übel / schwindelig werden
el **marido** II 7, PP der Ehemann
la **marina** <IV GC> die Marine
un **marisco** II 3 eine Meeresfrucht
una **marisquería** II 3 ein Spezialitätenrestaurant für Meeresfrüchte
marrón I 6 braun
un / una **marroquí** (*pl.* marroquíes) IV 3 ein Marokkaner, eine Marokkanerin
Marruecos *(m.)* <IV 3, PP> Marokko
martes *(m.)* I 5A, PP Dienstag
marzo *(m.)* I 7B, PP März
más I 5B mehr
¿Algo **más**? I 7A, PP Noch etwas?
cada vez **más** *(+ adj. / sust.)* III 1 immer mehr
más *(+ adj.)* + que II 6, PP *Steigerungsform der Adjektive* (mehr)
una **mascota** IV 1 ein Haustier
matar a alguien IV 7, PP jdn. töten
(las) **matemáticas** I 5A, PP Mathematik *(Schulfach)*
en **materia** de <IV 7, 13> hinsichtlich
un **material** <IV 9, PP> ein Material
un **matrimonio** III 3 ein Ehepaar
Mauritania *(f.)* <IV 3, 2> Mauretanien
máximo, -a IV 5 maximal, höchste, -r, -s, Höchst-
mayo *(m.)* I 7B, PP Mai
mayor II 8 alt; älter
IV 6 größer, mehr / größten, meisten
el / la **mayor** I 4B der / die Ältere
la **mayoría** III 5, 7 die Mehrheit, die meisten
me I 8A mir *(Dativpron.)*
II 3 mich *(Akkusativpron.)*
Me pone... I 7A, PP Geben sie mir ...
I 7A, PP Ich möchte ... / Geben Sie mir ...
una **medicina** IV 2, 12 ein Medikament
médico, -a <IV RE 2, 4> ärztlich
un **médico**, una **médica** IV 2, 12 ein Arzt, eine Ärztin
medio, -a I 7A halbe, -r, -s
el **medio** ambiente IV 6, PP die Umwelt
la protección del **medio** ambiente <IV GC> der Umweltschutz
un **medio** de transporte IV 6 ein Verkehrsmittel
los **medios** de comunicación <IV GC> die Massenmedien
medio, -a <IV GC> Durchschnitts-
medioambiental IV 6, PP Umwelt-
(el) **mediodía** II 1 (der) Mittag, mittags
el **Mediterráneo** IV 3, PP das Mittelmeer, der Mittelmeerraum
mediterráneo, -a <IV 6, 10> mediterran, Mittelmeer-
mejor I 4A beste, -r, -s
lo **mejor** de lo mejor II 4 das Beste vom Besten
a lo **mejor** I 3B vielleicht
mejorar algo IV 6 etw. verbessern
menor <IV 7, 13> geringer
<IV GC> jünger
menos II 4 weniger

menos *(+ adj. +)* que II 6, PP *Steigerungsform der Adjektive* (weniger)
menos mal I 5B zum Glück
al **menos** II 6 wenigstens
un **mensaje** I 2B eine Nachricht
una **mentira** IV 5 eine Lüge
Parece **mentira.** IV 5 Das darf doch wohl nicht wahr sein! Das glaube ich nicht!
un **mercado** I 7A, PP ein Markt
un **mes** I 5A ein Monat
una **mesa** I 8A, 6 ein Tisch
poner *(irr.)* la **mesa** I 8A, 6 den Tisch decken
un **mesero**, una **mesera** *(lat. am.)* IV 1 ein Kellner, eine Kellnerin
meter algo en algo I 8B, PP etw. in etw. (hinein) stecken, etw. in etw. (hinein)legen
un **metro** <IV 2, 12>; II 5 ein Meter
un **metro** cuadrado IV 1 ein Quadratmeter
el **metro** I 3A die U-Bahn
una **mezcla** <IV GC> eine Mischung
una **mezquita** III 4, PP eine Moschee
mi I 3A mein, meine *(sg.)*
un **microondas** <IV 2> eine Mikrowelle
el **miedo** III 4 die Angst
pasar **miedo** IV 1 Angst haben
la **miel** <IV 4> der Honig
un **miembro** <IV GC> ein Mitglied
mientras *(+ verbo)* II 6 während *(+ Verb)*
miércoles *(m.)* I 5A, PP Mittwoch
mi'jita. <IV 5> *in Lat.am. freundschaftliche oder zärtliche Anrede für eine (junge) Frau*
mil II 5, PP tausend
miles de <IV 6> Tausende
un **militar** <IV GC> ein Militärangehöriger
militar IV 8 militärisch
una base **militar** <IV 5, 13> eine Militärbasis
(un) **millón** *(pl.* millones) II 9 (eine) Million
la **mímica** <IV 1, TA> der Gesichtsaudruck
la **minería** <IV GC> der Bergbau
un **ministerio** <IV 8, 12> ein Ministerium
un **ministro**, una **ministra** III 8, 4 ein Minister, eine Ministerin
un **ministro** / una **ministra** de Asuntos Exteriores <IV GC> ein/e Außenminister/in
un **minuto** II 4 eine Minute
mío, -a; el mío, la mía III 7 (das) meine, -r, -s; von mir
mirad I 5B schaut (mal)
mirar algo / a alguien I 3A schauen, etw. / jdn. anschauen
mis I 3A meine *(pl.)*
una **misa** III 7, PP eine Messe
la **miseria** III 8, 4 das Elend, die Armut
una zona de **miseria** III 8, 4 ein Elendsviertel
mismo, -a II 4, PP der-, die-, dasselbe
ahora **mismo** I 5B jetzt gleich, jetzt sofort
un **misterio** <IV GC> ein Rätsel
misterioso, -a <IV 4, MA> rätselhaft
la **mitad** III 5, 7 die Hälfte
una **mochila** III 8, 2 ein Rucksack
la **moda** <IV GC> die Mode
un **modelo** <IV 1, TA> ein Vorbild
modernizar (z-c) algo <IV GC> etw. modernisieren
moderno, -a I 4B modern
mojado, -a II 2 nass
molar a alguien *(col.)* III 1, PP jdm. sehr gefallen
molestar a alguien II 3 jdn. stören
un **momento** II 3 ein Moment, ein Augenblick
una **momia** III 1 eine Mumie
la **monarquía** IV 8, PP die Monarchie
la **moneda** IV 8, PP die Währung
un **monje** IV 7, PP ein Mönch
una **montaña** II 1, PP ein Berg, ein Gebirge
montar a caballo II 1 reiten
un **montón** (de) *(col.)* I 4B ein Haufen, sehr viele
un **monumento** II 1, 11 ein Denkmal, eine Sehenswürdigkeit
moreno, -a I 5B, PP dunkelhaarig
morir (-ue- / -u-) II 8 sterben
¡Qué **morro**! I 2B Ganz schön frech!
un **mosaico** <IV 7, MA> eine Vielfalt
mostrar (-ue-) algo a alguien III 8, 4 jdm. etw. zeigen
una **moto** <IV 4, MA> ein Motorrad
el **motociclismo** <IV GC> der Motorradsport
un **motor** <IV 3, 15> ein Motor
un / una **motorista** <IV 8, 10> ein Motorradfahrer, eine Motorradfahrerin
moverse (-ue-) <IV 5, MA> sich bewegen
un **móvil** I 2A ein Handy, ein Mobiltelefon
un **movimiento** <IV GC> eine Bewegung
un **MP3** [emepe'tres] <II 10> ein MP3-Player
un **muchacho**, una **muchacha** III 6 ein Junge, ein Mädchen
mucho *(adv.)* I 2B viel, sehr
mucho, -a I 5A viel
mudarse III 1, PP umziehen
mudo, - a IV 7 stumm
un **mueble** I 4B, PP ein Möbelstück
una tienda de **muebles** I 4B, PP ein Möbelgeschäft
la **muerte** III 8, 4 der Tod; der Todesfall
una **mujer** I 7A eine Frau
la **mujer** <I 9, PP>; II 6 die Ehefrau
una **multinacional** II 8 ein (internationaler) Konzern
un ejercicio de respuéstas **múltiples** <IV 3, 15> eine Multiple-Choice-Übung
mundial <IV GC> weltweit, Welt-
el **mundo** <I 9>; II 6 die Welt
el Primer **Mundo** III 6 die Erste Welt
un Campeonato del **Mundo** <IV GC> eine Weltmeisterschaft
una **muñeca** I 8B eine Puppe
un **municipio** <IV 6, 10> eine Gemeinde
una pintura **mural** <IV GC> ein Wandgemälde
un **museo** I 1 ein Museum
la **música** I 2A, PP die Musik
IV 4 PP die Melodie
musical IV 4 musikalisch, Musik-
un **músico**, una **música** IV 4 eine Musiker/in
muy *(adv.)* I 2B sehr

N

nacer (-zco) II 7, PP geboren werden
el lugar de **nacimiento** <IV 1, 2> der Geburtsort
la **nacionalidad** <IV 1, 2> die Nationalität
nacionalsocialista <IV 9, 10> nazionalsozialistisch
nada II 5 nichts
De eso **nada.** III 3 Nichts da!
nadar I 2A, PP schwimmen
nadie II 5 niemand
naranja I 6, 10 orange
una **naranja** I 7A, PP eine Orange
un **naranjo** <IV 4> ein Orangenbaum
la **nariz** IV 2 die Nase
estar hasta las **narices** de algo IV 2 die Nase von etw. voll haben
natural <IV 6, 6> natürlich
una reserva (**natural**) III 8, 1 ein Naturschutzgebiet
el gas **natural** <IV GC> das Erdgas
la **naturaleza** <IV 5, MA>; IV 6, PP die Natur
(las) ciencias de la **naturaleza** I 5A, PP die Naturwissenschaften *(Schulfach)*
naturalmente II 8 natürlich *(adv.)*
navegable <IV GC> schiffbar
la **Navidad** III 3 (das) Weihnachten
(las) **Navidades** II 5 Weihnachten, die Weihnachtszeit
necesario, -a III 6 notwendig
necesitar algo I 2A etw. brauchen, etw. benötigen
negativo, -a <IV 4, 6> negativ
negro, -a I 6, 10 schwarz
nervioso, -a II 1 nervös
nevar (-ie-) II 1, 8 schneien
una **nevera** IV 1, 5 ein Kühlschrank
ni ... ni II 5 weder ... noch
Ni idea. I 2B Keine Ahnung.
la **niebla** II 1, 8 der Nebel
hay **niebla** II 1, 8 es ist nebelig
un **nieto**, una **nieta** I 3A, PP ein/e Enkel/in
los **nietos** I 3A, PP die Enkel
ningún, ninguno, -a II 6 keine, -r, -s
a **ningún** lado <IV 1, 11> nirgendwohin
un **niño**, una **niña** I 4B ein kleiner Junge, ein kleines Mädchen, ein Kind
un **niño** de la calle III 6 ein Straßenkind
el **nivel** del mar IV 6 der Meeresspiegel
no I 1 nein
I 1 nicht (*Verneinung*)
No es verdad. I 2B Das ist nicht wahr. / Das stimmt nicht.
una **noche** I 6 eine Nacht
Buenas **noches.** I 3B, 4 Guten Abend. Gute Nacht
nombrar <IV 8, 8> ernennen
un **nombre** I 3B, PP ein Name
normal I 4B normal
el **norte** II 8, PP der Norden
el Polo **Norte** <IV 6> der Nordpol
el **noroeste** <IV GC> der Nordwesten
nos I 8A uns *(Dativpron.)*
II 3 uns *(Akkusativpron.)*
nosotros, -as I 2B wir
una **nota** <IV 2, 4> eine Notiz
tomar **nota** <IV 2, 4> Notizen machen
una **nota** IV 8 eine Note
notar algo / a alguien III 1 etw. / jdn. bemerken
una **noticia** I 3B eine Nachricht
un **novio**, una **novia** II 4, PP ein/e Verlobte/r, ein fester Freund, eine feste Freundin
el **novio** III 7, PP der Bräutigam
la **novia** III 7, PP die Braut
los **novios** III 7, PP das Brautpaar
noviembre *(m.)* I 7B, PP November
nuestro, -a; el nuestro, la nuestra III 7 (das) unsere, -r, -s; von uns
nuestros, -as I 3B unsere *(pl.)*
nuestro, -a I 3B unser, unsere *(sg.)*
nuevo, -a II 3 neu
de **nuevo** II 8 erneut
(estar) **numerado, -a** <IV 2, 12> nummeriert (sein)
un **número** I 3B, PP eine Zahl, eine Nummer
un **número** de teléfono I 3B, PP eine Telefonnummer
numeroso, -a <IV GC> zahlreich
nunca II 5 niemals

O

o I 3B oder
ó II 5 oder (*zwischen zwei Zahlen)*
un **objetivo** <IV GC> ein Ziel
un **objeto** <IV 5, 5> ein Objekt, ein Gegenstand
un pronombre de **objeto** directo <IV 1, 11> ein Akkusativpronomen
un pronombre de **objeto** indirecto <IV 1, 11> ein Dativpronomen
obligar (g-gu) a alguien a (hacer) algo IV 7, PP jdn. zu etw. zwingen, jdn. dazu bringen etw. zu tun
obligatorio, -a <IV 5, MA> verpflichtend
una **obra** II 4, PP ein (Kunst)Werk
una **obra** de teatro I 5A ein Theaterstück
un **obrero**, una **obrera** III 6 ein/e Arbeiter/in
una **observación** <IV 2, TA> eine Beobachtung

observar algo / a alguien III4 etw. / jdn. beobachten
una **obsesión** <IV5, MA> eine Besessenheit
el Sáhara **Occidental** <IV3, 2> die Westsahara
Oceanía *(f.)* III4, PP Ozeanien
un **océano** IV7 ein Ozean, ein Weltmeer
el **océano** Pacífico <IV GC> der Pazifik
el **océano** Atlántico <IV GC> der Atlantik
el **ocio** <IV6, 10> die Freizeit
octavo, -a II2 achte, -r, -s
octubre *(m.)* I7B, PP Oktober
ocupar algo <IV GC> etw. einnehmen *(Platz)*
<IV GC> etw. besetzen
ocurrir <IV8, 13> passieren, geschehen
odiar algo / a alguien I4B etw. / jdn. hassen
el **odio** <IV5, 10> der Hass
el **oeste** II8, PP der Westen
una **oferta** <IV6, 10> ein Angebot
oficial IV7 offiziell
una **oficina** de turismo II4 ein Tourismusbüro, eine Touristeninformation
un **oficio** III6 ein Beruf
ofrecer (-zco) algo a alguien II7 jdm. etw. anbieten
oír *(irr.)* algo I6 etw. hören
el **ojo** I6 das Auge
ojú *(col.)* <IV4> Mann o Mann
oler *(irr.)* (bien / mal) IV2, PP (gut) riechen / stinken
olerse *(irr.)* <IV2> (an) sich riechen
los Juegos **Olímpicos** <IV8, 13> die Olympischen Spiele
el **olor** IV2 der Geruch
olvidar algo / a alguien II6 etw. / jdn. vergessen
olvidarse de algo IV4 etw. (völlig) vergessen, abschalten
una **ONG** III5 eine NGO, eine Nichtregierungsorganisation
la **ONU** <IV5, 10> die UNO
una **opción** <IV5, MA> eine (Wahl-)Möglichkeit
una **ópera** <IV4, PP> eine Oper
una **operación** IV5 eine Operation
una **opinión** III7 eine Meinung
(la) **optativa** I5A, PP das Wahlpflichtfach
optimista III3 optimistisch
una **oración** de relativo <IV1, 8> ein Relativsatz
el **orden** <IV1, 4> die Ordnung
en **orden** <IV1, MA> in Ordnung
una **orden** *(pl.* órdenes) <IV GC> ein Befehl
un **ordenador** I8A ein Computer
ordenar algo I8A, PP etw. aufräumen
<IV2, 13> etw. ordnen
una **oreja** IV4 ein Ohr
una **organización** <IV6, 5> eine Organisation
organizar (z-c) algo III8, 2 etw. organisieren
(estar) **orgulloso, -a** de algo / alguien IV2 stolz auf etw. (sein)
el **Oriente** IV7 der Osten, der Orient
el **origen** <IV4, 8> der Ursprung
original <IV GC> originell
un **original** III8, 2 ein Original
el **oro** IV7, PP das Gold
os I8A euch *(Dativpron.)*
II3 euch *(Akkusativpron.)*
oscuro, -a <IV4, MA> dunkel, düster
(rojo, gris, …) **oscuro** IV7Estr dunkel(rot, -grau, …)
un **oso** polar <IV6, 9> ein Eisbär
la **OTAN** <IV GC> die NATO
el **otoño** II9, 9 der Herbst
otro, -os, otra, -as I7B noch ein (-e, -r, -s)
otra vez I7B noch einmal, wieder
oye I3A hör mal

P

la **paciencia** III5, PP die Geduld
(no) tener *(irr.)* **paciencia** III5, PP (un)geduldig sein, (keine) Geduld haben
un / una **paciente** IV2, 12 ein/e Patient/in
el océano **Pacífico** <IV GC> der Pazifik
el **padre** I3A, PP der Vater
los **padres** I3A, PP die Eltern
un **padrino**, una **madrina** III7, PP ein Taufpate, eine Taufpatin; ein Trauzeuge, eine Trauzeugin
una **paella** I1 eine Paella *(span. Reisgericht)*
la **paga** III1, PP das Taschengeld
pagar (g-gu) algo I7A etw. (be)zahlen
una **página** <IV1, 1>; IV6 eine Seite
un **país** I8A ein Land
un **país** industrializado <IV6, 8> ein Industrieland
un **país** exportador <IV GC> ein Exportland
el **País** Vasco <IV GC> das Baskenland
un **paisaje** III4, PP eine Landschaft
un **pájaro** IV9, PP ein Vogel
una **palabra** II4, PP Wort
una **palabra** clave <IV2, 4> ein Schlüsselwort
un **palacio** III4, PP ein Palast, ein Schloss
el **pan** I7A, PP das Brot
una barra de **pan** III1, PP eine Baguette
una **panadería** I4B, PP eine Bäckerei
una **pandilla** III6 eine Bande, eine Gang
un **pantalón** I6 eine Hose
una **pantomima** <IV9, 1> eine Pantomime
una **papa** *(lat. am.)* IV7 eine Kartoffel *(lat. am.)*
no entender (-ie-) ni **papa** III1 nur Bahnhof verstehen
el **papá** I7B der Papa (*auch als Anrede*)
los **papás** *(lat. am)* III7 die Eltern *(lat. am.)*
un **papagayo** <IV7> ein Papagei
un **papel** I3A ein Papier
I5B eine Rolle *(im Theaterstück)*
III6 ein Papier, ein Dokument
una **papelería** I4B, PP ein Schreibwarengeschäft
un **paquete** IV5 ein Paket
un **par** de I4B einige
para I5B für
para (+ *inf.*) I7A um … zu
¿**para** qué? II3 wofür?
una **parada** II4, 12 eine Haltestelle
un **paraíso** III8, 2 ein Paradies
paralelo, -a <IV8, 3> parallel
parar II5 anhalten
sin **parar** <IV9, MA> ohne Unterlass
parecer(le) (-zco) algo a alguien I8A jdm. etw. erscheinen, jdm. wie etw. vorkommen
al **parecer** <IV4, MA> anscheinend
parecido, -a <IV2, 1> ähnlich
una **pareja** III4 ein Paar
III5 ein Partner, eine Partnerin
un / una **pariente** II8 ein/e Verwandte/r
parlamentario, -a IV8, PP parlamentarisch
el **parlamento** <IV8, 8> das Parlament
un **parlamento** de jóvenes <IV8, TA> ein Jugendparlament
un **parque** I4B, PP ein Park
un **párrafo** <IV5, MA> ein Abschnitt
una **parte** I8B ein Teil
parte de I8B ein Teil von
participar en algo III3 an etw. teilnehmen
en **particular** <IV7, 13> im Einzelnen
particularmente <IV7, 13> besonders
un **partido** I4A, PP ein Spiel (beim Sport)
un **partido** IV8, PP eine Partei
pasado, -a II7 vergangene, -s, -r, letzte, -r, -s
ser *(irr.)* una **pasada** II1 der Hammer sein
el proceso de **pasado** en tinta <IV1, MA> die Reinzeichnung
los tiempos del **pasado** <IV2, 11> die Vergangenheitszeiten
un **pasaje** IV5 eine Fahrkarte
un **pasajero** IV5 ein Passagier, ein Fahrgast
un **pasaporte** III8, 2 ein Reisepass
pasar I2A verbringen
II2 passieren, geschehen
IV1 hereinkommen
pasar (por algo) I4B (an etw.) vorbeigehen
pasar *(tren)* II5 (durch)fahren, vorbeikommen *(Zug)*
pasar algo a alguien <II10> jdm. etw. (hinüber)reichen, geben
pasar a ser algo IV7 zu etw. werden
pasar la aspiradora I8A, 6 staubsaugen
pasarlo bien III1 Spaß haben
pasar miedo IV1 Angst haben
pasarse I7B zu weit gehen
un **paseo** II4, PP eine Promenade, eine Allee
III6 ein Spaziergang
un **pasillo** I4A, 5 ein Flur, ein Gang
pasota *(col.)* <IV4> cool
una **patata** <IV1, 9>; IV7 eine Kartoffel
una **patera** IV3, PP ein kleines Boot
un **patio** I5B ein (Schul)Hof
el **Patrimonio** de la Humanidad <IV GC> das Weltkulturerbe
el **patriotismo** <IV GC> der Patriotismus
una **pausa** <IV RE1, 7> eine Pause
la **paz** III4 der Friede
el **pecho** IV2, 13 die Brust
pedir (-i- / -i-) algo II3 etw. bestellen
pedir (-i- / -i-) algo a alguien III1, PP jdn. um etw. bitten
pejiguera <IV8, 13> pingelig
una **película** III1 ein Film
una **peli** III2 ein Film *(Kurzform)*
un **peligro** <IV3, 10> eine Gefahr
peligroso, -a III4 gefährlich
el **pelo** I5B, PP die Haare
tomar el **pelo** a alguien III2 jdn. auf den Arm nehmen
una **peña** II6 eine Clique
un **pendiente** III2 ein Ohrring
una **península** <IV GC> eine Halbinsel
la **Península** Ibérica <IV GC> die Iberische Halbinsel
pensar (-ie-) en algo I5A an etw. denken
pensar (-ie-) hacer algo I5A etw. vorhaben, etw. zu tun beabsichtigen
pensar (-ie-) que… I7B denken / meinen, dass …
peor II6 schlimmer
pequeño, -a I4B klein
perder (-ie-) algo / a alguien II6 etw. / jdn. verlieren
perder (-ie-) (el autobús) II5 (den Bus) verpassen
perderse (-ie-) algo III8, 2 etw. verpassen, sich etw. entgehen lassen
Perdón. I4B, PP Entschuldigung.
perdonar(le) (algo) a alguien <I9> jdm. (etw.) verzeihen
Perdona. I5A Entschuldige.
un **peregrino** <IV7> ein Pilger
perfecto, -a I5A perfekt
el **perfil** <IV6> das Profil
un **perfume** IV2 ein Parfüm
un **periódico** II9, PP eine Zeitung
un / una **periodista** IV8 ein/e Journalist/in
un **periodo** <IV5, 13> ein Zeitraum
una **perla** <IV7> eine Perle
un **permiso** IV5 eine Erlaubnis
con su **permiso** IV5 gestatten Sie
con tu **permiso** IV5 gestattest du
un **permiso** de exportación <IV5, 5> eine Ausfuhrerlaubnis
un **permiso** de trabajo II8 eine Arbeitserlaubnis
pero I2A aber
un **perro** I3A ein Hund
una **persona** I8A eine Person
un **personaje** <IV GC> eine Persönlichkeit, eine Figur
personal <IV4, 11> persönlich
una **perspectiva** <IV9, PP> eine Perspektive

pertenecer (-zco) a algo <IV GC> zu etw. gehören
peruano, -a <IV GC> peruanisch
a **pesar** de <IV 7, 13> trotz
una **peseta** III 1, PP eine Pesete *(frühere spanische Währung)*
el **pesimismo** <IV RE 2, 6> der Pessimismus
pesimista <IV GC> pessimistisch
el **petróleo** <IV 6, 9> das Erdöl
un **petrolero** <IV GC> ein Öltanker
picante I 7A scharf
un **pie** IV 2, 16 ein Fuß
una **piedra** <IV 2, 15> ein Stein
una **pierna** II 1 ein Bein
un **pijama** I 6, PP ein Pyjama, ein Schlafanzug
pillar algo / a alguien III 8, 2 etw. / jdn. treffen, etw. / jdn. erwischen
un **piloto**, una **pilota** <IV GC> ein Rennfahrer, eine Rennfahrerin
un **pimiento** I 7A eine Paprika(schote)
una **piña** IV 1 eine Ananas
el **pintado** <IV 1, MA> die Kolorierung
pintar algo II 4 etw. malen
un **pintor**, una **pintora** II 4, PP ein/e Maler/in
la **pintura** IV 9 die Malerei, das Gemälde
una **pintura** mural <IV GC> ein Wandgemälde
los **Pirineos** II 1 die Pyrenäen
una **piscina** IV 6 ein Schwimmbad, ein Swimmingpool
un **piso** I 8A eine Wohnung, ein Stockwerk
un **piso** / un apartamento compartido IV 1 eine Wohngemeinschaft
una **pistola** IV 1 eine Pistole
un **pitido** II 5 ein Pfiff
una **pizarra** I 3A, 10 eine Tafel
un **plan** III 8, 2 ein Plan
planchar algo I 8A, PP etw. bügeln
planear algo <IV 3, 6> etw. planen
planificar (c-qu) algo <IV 6, TA> etw. planen
un **plano** II 4 ein Plan
el segundo **plano** IV 7 Estr der Hintergrund
el primer **plano** IV 7 Estr der Vordergrund
una **planta** <IV 6, 11> eine Pflanze
(la) educación **plástica** y visual I 5A, PP Kunsterziehung *(Schulfach)*
el **plástico** <IV RE 2, 8> das Plastik
una **plataforma** <IV 6, 9> eine (Öl-)Plattform
un **plátano** <IV GC> eine Banane
un **plato** I 8A, 6 ein Teller
II 3, PP ein Gericht
el segundo **plato** II 3, PP das Hauptgericht
el primer **plato** II 3, PP die Vorspeise
lavar los **platos** I 8A, 6 spülen, (Geschirr) abwaschen
plausible <IV 5, 3> plausibel
la **playa** I 1 der Strand
en la **playa** I 1 am Strand
una **plaza** I 3B, PP ein Platz
pleno, -a <IV GC> voll, vollständig
una **pluma** I 3A, 10 ein Füller
IV 2 eine Feder
la **población** <IV 2, 14> die Bevölkerung
poblar (-ue-) algo IV 7 etw. besiedeln
pobre II 9 arm
(delante del sust.) III 2, 10 arm, bedauernswert
la **pobreza** III 6 die Armut
poco *(adv.)* I 2B wenig
poco, -a I 5A wenig
un **poco** I 7B ein bisschen
poder *(irr.)* hacer algo I 5B etw. tun können
la **poesía** <IV 9, 10> die Poesie, die Dichtung
un oso **polar** <IV 6, 9> ein Eisbär
un / una **policía** I 5B ein/e Polizist/in
la **política** <IV 2, 14>; IV 8 die Politik
un **político**, una **política** <IV 4, 7> ein Politiker, eine Politikerin
político, -a IV 8, PP politisch

una **pollera** *(lat. am.)* <IV 2> ein Rock
un **pollo** IV 2 ein Hühnchen
el **Polo** Norte <IV 6> der Nordpol
quitar el **polvo** I 8A, 6 abstauben
poner *(irr.)* algo I 8B, PP etw. setzen, stellen, legen
Ponen … I 4A, PP Es läuft … (im Kino), sie zeigen (einen Film)
¿Qué te **pongo**? I 7A, PP Was möchtest du? / Was darf es sein?
poner *(irr.)* la mesa I 8A, 6 den Tisch decken
ponerse *(irr.)* *(+ adj.)* II 8 werden
No te **pongas** así. IV 5 Reg dich nicht so auf.
poner la tele(visión) IV 8 den Fernseher anschalten
ponerse *(irr.)* algo I 6, PP (sich) etw. anziehen
ponerse *(irr.)* a hacer algo III 4 anfangen etw. zu tun
popular <IV 1, 4> populär, beliebt
por III 2 wegen
III 4 durch
hacer *(irr.)* algo **por** alguien III 3 etw. anstelle von jdm. tun
por *(+ inf.)* IV 2 wegen
un … **por** ciento III 5, 7 … Prozent
por cierto I 5A apropos, übrigens
por desgracia III 7 leider
por eso I 3B deswegen, deshalb
por favor I 2A bitte
por fin I 5B endlich
por la tarde I 4A, PP nachmittags
por (+ *Poss.pron.*) cuenta II 9 auf eigene Faust
¿**por** qué? I 2B warum?
por si acaso <IV 2> für alle Fälle, vorsichtshalber
por suerte II 3 zum Glück
por supuesto III 7 selbstverständlich
porque I 2B weil
un **portero** I 5A ein Torwart
poseer algo <IV GC> etw. besitzen
la **posesión** IV 7 der Besitz
una **posibilidad** III 1 eine Möglichkeit
posible <IV 3, 10>; IV 8 möglich
positivo, -a III 1 positiv
una **postal** II 1 eine Postkarte
un **póster** I 7B ein Poster
el **postre** II 3, PP der Nachtisch
el agua *(f.)* **potable** III 8, 4 das Trinkwasser
un **pozo** IV 3 ein Brunnen
practicar (c-q) algo I 2A, PP etw. üben
practicar (c-q) deporte I 2A, PP Sport treiben
unas **prácticas** <IV 5, 5> ein Praktikum
práctico, -a <IV 6, 6> praktisch
el **precio** II 5, PP der Preis
precioso, -a I 7B wunderschön
precisar algo <IV 5, 11> etw. präzisieren
predominantemente <IV 7, 13> überwiegend
predominar <IV GC> vorherrschen
preferido, -a I 4B Lieblings-, bevorzugt
preferir (-ie- / -i-) algo (a algo / a alguien) / **preferir** hacer algo I 5A etw. / jdn. lieber mögen (als etw. / jdn.); etw. lieber tun
una **pregunta** II 2 eine Frage
preguntar algo / a alguien I 3A etw. / jdn. fragen
preguntarse algo IV 3 sich etw. fragen
prehispánico, -a <IV GC> aus der Zeit vor der Entdeckung Amerikas
un **premio** <IV RE 2, 9> ein Preis, ein Gewinn
la **preocupación** <IV 2, 12> die Besorgnis
(estar) **preocupado, -a** II 2, PP besorgt (sein)
preocuparse II 5 sich Sorgen machen
preparar algo I 8A, PP etw. vorbereiten
preparar la comida I 8A, 6 das Essen zubereiten
una **preposición** <IV 1, 11> eine Präposition
presentar algo / alguien a alguien II 4 etw. / jdn. jdm. vorstellen
presentarse IV 1 sich vorstellen
el **presente** <IV 1, 8> die Gegenwart

un **presidente**, una **presidenta** II 7 ein Präsident, eine Präsidentin
el **Presidente** del Gobierno IV 8 der Regierungschef, der Ministerpräsident
la **presión** <IV GC> der Druck
presionar a alguien <IV GC> jdn. unter Druck setzen
una **prestación** <IV 8, 13> eine Leistung
la **primavera** II 9, 9 der Frühling
primero, -a II 2 erste, -r, -s
el **Primer** Mundo III 6 die Erste Welt
el **primer** plato II 3, PP die Vorspeise
la **Primera** Comunión II 4 die Erste Heilige Kommunion, die Erstkommunion
primero (1°) II 2 die erste Klasse der Sekundarstufe *(entspricht der 7. Klasse in Deutschland)*
primero *(adv.)* I 3B zuerst
un **primo**, una **prima** I 1 ein/e Cousin/e
una **princesa** I 6 eine Prinzessin
principal I 5B Haupt-
un **príncipe** I 6 ein Prinz
el **principio** II 9 der Beginn, der Anfang
a **principios** de *(+ Zeitraum)* II 7, PP Anfang *(+ Zeitraum)*
la **prioridad** <IV 8, MA> die Priorität, der Vorrang
privado, -a <IV RE 3, 5> privat
un **privilegio** <IV 6, 10> ein Privileg
la **probabilidad** <IV 7, 13> die Wahrscheinlichkeit
probablemente <IV 4, 9> wahrscheinlich
probar (-ue-) algo I 7B probieren
probarse (-ue-) algo I 6 etw. (an)probieren
un **problema** *(m.)* I 5A ein Problem
un **proceso** <IV 8, 8> eine Entwicklung
el **proceso** de pasado en tinta <IV 1, MA> die Reinzeichnung
proclamar (algo a alguien) IV 8, PP (jdn. zu etw.) ausrufen, proklamieren
la **producción** <IV GC> die Produktion
producir *(irr.)* <IV 6, 8> etw. erzeugen
un **producto** <IV 5, 9>; IV 7 ein Produkt, ein Erzeugnis
una **profesión** <IV 1, 2> ein Beruf
un / una **profesional** <IV GC> ein Profi
un **profesor**, una **profesora** I 2B ein Lehrer, eine Lehrerin
la sala de **profesores** III 1 das Lehrerzimmer
un / una **profe** *(col.)* I 5A ein Lehrer, eine Lehrerin
profundo, -a <IV 7, 13> tiefgreifend
un **programa** II 9, PP eine Sendung
<IV 4, TA> ein Programm
el **progreso** <IV 4, MA> der Fortschritt
(estar) **prohibido, -a** <IV GC> verboten (sein)
el **prójimo** <IV 7> der Mitmensch
prometer algo a alguien <II 10> jdm. etw. versprechen
un **prometido**, una **prometida** IV 3 ein Verlobter, eine Verlobte
una **promoción** <IV RE 2, 4> ein Sonderangebot
un **pronombre** <IV 1, 11> ein Pronomen
un **pronombre** de objeto directo <IV 1, 11> ein Akkusativpronomen
un **pronombre** de objeto indirecto <IV 1, 11> ein Dativpronomen
pronto I 5A bald
hasta **pronto** I 5A bis bald
pronunciar algo I 3A etw. aussprechen
la **propaganda** <IV 5, MA> die Propaganda, die Werbung
propio, -a III 6 eigene, -r, -s
proponer(le) *(irr.)* algo a alguien I 8B jdm. etw. vorschlagen
la **proporción** <IV 7, 13> der Anteil
una **propuesta** <IV 2, TA> ein Vorschlag

la **protección** del medio ambiente <IV GC> der Umweltschutz
una crema de **protección** solar <IV RE 2, 2> eine Sonnenschutzkreme
proteger (g-j) algo / a alguien IV 6, PP etw. / jdn. schützen
la **protesta** <IV GC> der Protest
protestar IV 5 protestieren, sich beschweren
una **provincia** III 1 eine Provinz
próximo, -a II 5 nächste, -r, -s
un **proyecto** II 9 ein Projekt
un **pub** II 9 eine Bar *(lat. am.)*
publicar (c-q) algo <IV 1, 12> etw. veröffentlichen
la **publicidad** II 4 die Werbung
el **público** <I 9> das Publikum
público, -a <IV 5, 9> öffentlich
el transporte **público** <IV 5, MA> die öffentlichen Verkehrsmittel
¡**Pucha**! II 8 Hoppla!; Na so was! *(argentin. Ausruf)*
un **pueblo** I 1 ein Dorf, ein kleiner Ort
<IV 7, 13> ein Volk
una **puerta** I 3B eine Tür
la **puerta** de atrás <IV 7> die Hintertür
un **puerto** III 8, 1 ein Hafen
pues I 4A also, nun
un **puesto** I 7A ein (Markt)Stand
un **puesto** de trabajo IV 6 ein Arbeitsplatz, eine Stelle
el **pulmón** <IV 2, 12> die Lunge
un **punto** III 5 ein Punkt
y **punto** III 3 und Schluss
un **punto** de vista <IV GC> ein Gesichtspunkt, ein Standpunkt
puntual IV 1 pünktlich

Q

que I 4B der, die, das *(Relativpron.)*
… **que** viene I 5A kommende, -r, -s …, nächste, -r, -s …
lo **que** III 4 das, was
el / la / los / las **que** III 3 der- / die- / das(jenige), welche,-r, -s; die(jenigen), welche
que I 7B dass
es **que** I 4A es ist (nämlich) so, dass … / das kommt daher, dass …
¿**qué** …? I 1 was …?
¿Por **qué**? I 2B Warum?
¿**Qué** pasa? I 2A Was ist los? Was passiert?
¡**Qué** rollo! *(col.)* II 5 Wie blöd! *(col.)*
¿**Qué** tal? I 3B Wie geht's?
¿**Qué** te pongo? I 7A, PP Was möchtest du? / Was darf es sein?
¡**Qué** …! I 4B Wie …!, Was für …!
¡**Qué** lástima! I 7B Schade! Wie schade!
¡**Qué** va! I 7A Ach was! / Keine Rede!
quedar IV 6 werden
quedar con alguien I 4A sich mit jdm. verabreden
quedarse II 1, PP bleiben
quejarse de algo / alguien II 2 sich über etw. / jdn. beschweren
querer *(irr.)* (hacer) algo I 5A etw. (tun) wollen
querer *(irr.)* algo / a alguien IV 4 etw. / jdn. lieben
querido, -a II 1 lieb; liebe, -r *(Anrede)*
el **queso** I 7A der Käse
¿**quién**?, *(pl.* ¿quienes?) I 2A Wer?
¿**Quién** va ahora? I 7A, PP Wer ist jetzt dran?
un **quinceañero**, una **quinceañera** III 7 ein 15-Jähriger, eine 15-Jährige
quinto, -a II 2 fünfte, -r, -s
un **quiosco** III 1, PP ein Kiosk
quitar algo a alguien I 8B, PP jdm. etw. wegnehmen, etw. wegtun, etw. entfernen
quitar el polvo I 8A, 6 abstauben
quiteño, -a <IV 1, 12> ein Einwohner / eine Einwohnerin von Quito

R

el **racismo** <IV 4, 10> der Rassismus
radical <IV GC> radikal
la **radio** II 9, PP (das) Radio
rápido *(adv.)* I 3A schnell
rápido, -a IV 3 schnell
raro, -a I 7B seltsam, komisch
un **rascacielos** IV 6 ein Hochhaus, ein Wolkenkratzer
un **rato** I 2A ein Augenblick, eine Weile
un **ratón** IV 2, PP eine Maus
un **ratoncito** <IV 2> ein Mäuschen
una **raza** IV 7 eine Rasse
una **razón** III 6 ein Grund, eine Ursache
tener *(irr.)* **razón** I 8A Recht haben
una **reacción** <IV 2, 3> eine Reaktion
reaccionar a algo <IV 1, TA> auf etw. reagieren
real <IV GC> wirklich
la **realidad** IV 1 die Realität, die Wirklichkeit
en **realidad** IV 1 in Wirklichkeit, eigentlich
el **realismo** <IV 9, 10> der Realismus
realizar (z-c) algo <IV 3, MA> etw. verwirklichen
realmente <IV 1, 8> wirklich, tatsächlich
rebelde IV 4 rebellisch
recalentar algo <IV 2> etw. aufwärmen
recibir algo I 8A etw. empfangen, etw. bekommen
el **reciclado** <IV 6, 1> das Recycling
reciclar IV 6, PP recyceln
recoger (g-j) algo / a alguien IV 5 etw. / jdn. abholen, etw. / jdn. aufnehmen
recomendar (-ie-) algo a alguien III 5 jdm. etw. empfehlen
reconocer (-zco) algo <IV 2, MA> etw. anerkennen
recordar (-ue-) algo I 5B sich an etw. erinnern
el **recreo** I 5A die Pause
todo **recto** I 4B, PP geradeaus
recuperarse de algo <IV 7, 13> sich von etw. erholen
una **red** <IV 2, 13> ein Netz
una **red** de vocabulario <IV 3, 15> ein Vokabelnetz
una **redacción** II 2 ein Aufsatz
redondo, -a IV 7 rund
la **reducción** <IV 7, 13> der Rückgang
una **reducción** <IV RE 3, 9> eine Kürzung
reescribir algo <IV 1, 10> etw. wieder / neu schreiben
un **referéndum** IV 8, PP ein Referendum, eine Volksabstimmung
referirse (-ie- / -i-) a algo <IV 6, 10> etw. angehen, etw. betreffen
<IV 8, 9> sich auf etw. beziehen
una **reflexión** <IV GC> eine Überlegung
una **reforma** IV 8, PP eine Reform
un **refresco** <I 9> ein Erfrischungsgetränk
un **refrigerador** <IV 6, 6> ein Kühlschrank
un campo de **refugiados** IV 3 ein Flüchtlingslager
refugiarse <IV GC> Zuflucht suchen
regalar algo I 7A etw. schenken
un **regalo** I 7B ein Geschenk
el **reggaeton** III 7 der Reggaeton *(lat. am. Musikrichtung)*
el **régimen** *(pl.* regímenes) <IV 2> der Speiseplan
una **región** <IV 3, PP> eine Gegend
una **regla** <IV 1, 10> eine Regel
un **reglamento** IV 5 die Vorschriften, die Bestimmungen
regular I 3B, 4 mittelmäßig, es geht so
<IV 3, 3> regelmäßig
rehacer *(irr.)* algo <IV 9, PP> etw. wieder / neu machen
una **reina** III 5 eine Königin
un **reino** IV 7 ein (König-)Reich
Reino Unido <IV 3, PP> Vereinigtes Königreich, Großbritannien
reírse *(irr.)* de algo / alguien III 2 über etw. / jdn. lachen
una **relación** <IV 3, 10> eine Verbindung
la **relación** <IV GC> die Beziehung
relacionar con <IV 4, PP> in Verbindung bringen mit
relajarse IV 4 sich entspannen
una oración de **relativo** <IV 1, 8> ein Relativsatz
(la) **religión** I 5A, PP (die) Religion *(Schulfach)*
rendirse (-i- / -i-) IV 4 sich ergeben
repartir algo <IV 1, 2> etw. aufteilen
de **repente** II 9 plötzlich
repetir (-i- / -i-) algo II 3 etw. wiederholen
un **reportaje** <IV 5, 13> eine Reportage
un **reportero**, una **reportera** <IV 5, 13> ein Reporter, eine Reporterin
un / una **representante** <IV 8, 8> ein Repräsentant, eine Repräsentantin
representar algo <IV 3, 11> etw. vorspielen, etw. aufführen
<IV GC> etw. darstellen
reprimir algo / alguien <IV GC> etw. / jdn. unterdrücken
una **reserva** (natural) III 8, 1 ein Naturschutzgebiet
reservar algo <IV RE 3, 5> etw. ausleihen
respetar algo / a alguien <IV 1, TA> etw. / jdn. respektieren
responder algo a alguien II 1 jdm. etw. antworten
responsable III 5, PP verantwortungsbewusst
una **respuesta** I 2B eine Antwort
un **restaurante** I 3B ein Restaurant
un **resultado** <IV 1, 5> ein Resultat, ein Ergebnis
resultar (que) <IV 2> sich herausstellen
un **resumen** <IV 8, 3> eine Zusammenfassung
resumir algo <IV 2, 1> etw. zusammenfassen
retirar algo IV 9 etw. zurückziehen, etw. wegnehmen
retirarse IV 2 sich zurückziehen
un **retrato** IV 9 ein Porträt
una **reunión** <IV 2, TA> ein Treffen
reunir algo <IV 4, 15> etw. sammeln
reunirse <IV 1, TA> sich versammeln
un **revisor**, una **revisora** II 5 ein/e Schaffner/in
una **revista** II 9, PP eine Zeitschrift
una **revolución** <IV 5, 9> eine Revolution
revolucionario, -a <IV GC> revolutionär
un **revolucionario**, una **revolucionaria** <IV GC> ein Revolutionär, eine Revolutionärin
un **rey**, una **reina** III 4 ein König, eine Königin
los **Reyes** Católicos III 4 die Katholischen Könige
rico, -a I 4B lecker
II 7 reich
ridículo, -a III 7 lächerlich
un **rincón** IV 1, 5 eine Ecke, ein Winkel
un **riñón** <IV 2, 12> eine Niere
un **río** II 1, 11 ein Fluss
la **riqueza** III 8, 4 der Reichtum
el **ritmo** IV 4 PP der Rhythmus
robar algo IV 4 etw. stehlen
rodar (-ue-) III 3 drehen *(Film)*
rodear algo / a alguien (de algo) IV 7 jdn. (mit etw.) umgeben
(estar) **rodeado, -a** de III 8, 1 umgeben (sein) von
rojo, -a I 6 rot
un juego de **rol** <IV 4, 15> ein Rollenspiel
¡Qué **rollo**! *(col.)* II 5 Wie blöd! *(col.)*
romper con algo <IV 9, 10> mit etw. brechen
romperse la cabeza III 1 sich den Kopf zerbrechen
la **ropa** I 4B die Kleidung
rosa I 6 rosa
una **rosa** II 4 eine Rose

(estar) **roto, -a** II1 gebrochen (sein), kaputt (sein)
rubio, -a I5B, PP blond
el **ruido** II3 der Lärm
ruidoso, -a <IV9, MA> laut, geräuschvoll
una **ruina** III8, 2 eine Ruine
Rumania *(f.)* <IV3, PP> Rumänien
rural IV6 ländlich
una **ruta** III8, 2 eine Route, ein Weg

S

sábado *(m.)* I5A Samstag
saber *(irr.)* algo I3B etw. wissen
  saber *(irr.)* hacer algo I6 etw. tun können *(gelernt haben)*
  saber *(irr.)* a algo IV2 nach etw. schmecken
sacar (c-qu) algo I6 etw. (heraus)nehmen
  sacar (c-qu) un cedé <IV GC> eine CD herausbringen
un **sacrificio** <IV7, 8> ein Opfer
  un **sacrificio** humano <IV7, 8> ein Menschenopfer
el **Sáhara** Occidental <IV3, 2> die Westsahara
un / una **saharaui** IV3 ein/e Einwohner/in der Westsahara
la **sal** <IV GC> das Salz
una **sala** III4 ein Saal
  una **sala** de estar I4A ein (kleines) Wohnzimmer
  la **sala** de profesores III1 das Lehrerzimmer
la **salida** II5, PP die Abfahrt, die Abfahrtszeit
  una **salida** <IV6, 10> eine Ausfahrt *(Autobahn)*
salir (-g-) I4A weggehen; ausgehen; verlassen IV3 abfahren, abreisen
un **salón** de actos <I9, PP> eine Aula, ein Veranstaltungsraum
la **salsa** III7 Salsa *(lat. am. Tanz)*
la **salud** IV5 die Gesundheit
  tener una **salud** de hierro IV5 kerngesund sein
saludar(le) a alguien <I9>; II7 jdn. grüßen
un **saludo** II1 ein Gruß
un **sándwich**, *(pl.* -es) I7B ein Sandwich
scanear algo *(lat. am.)* <IV1, MA> etw. scannen
o **sea** <IV8, 13> das heißt
seco, -a IV6, PP trocken
un **secreto** III6 ein Geheimnis
un **sector** <IV RE 3, 9> ein (Wirtschafts)Sektor
secuestrar a alguien <IV GC> jdn. entführen, jdn. festhalten
la **sed** I7B der Durst
la **sede** del gobierno <IV GC> der Regierungssitz
seguir (-i- / -i-; gu-g) *(+ gerundio)* II3 fortfahren etw. zu tun, weiterhin etw. tun
  seguir (-i- / -i-; gu-g) a alguien III4 jdm. folgen
según II4 entsprechend, nach, laut
segundo, -a II2 zweite, -r, -s
  segundo (2°) II2 die zweite Klasse der Sekundarstufe *(entspricht der 8. Klasse in Deutschland)*
  el **segundo** plato II3, PP das Hauptgericht
un **segundo** <IV2, 6> eine Sekunde
seguro *(adv.)* III3 sicher *(adv.)*
seguro, -a III8, 2 sicher
  (estar) **seguro, -a** <II10> sicher (sein)
una **selva** II8, PP ein (Regen)Wald
una **semana** I5A, PP eine Woche
  un fin de **semana** II9 ein Wochenende
semejante IV7 ähnlich, solch
el **Senado** <IV8, 8> der Senat *(Kammer der Regionalvertreter im span. Parlament)*
señalar algo / a alguien <IV1, TA> auf etw. / jdn. hinweisen
sencillo, -a IV4 PP einfach
un **señor** *(abrev.* Sr.) I4B ein Herr
  señores <IV5> Meine Damen und Herren!
una **señora** *(abrev.* Sra.) I4B eine Dame, eine Frau
una **señorita** IV2 ein Fräulein
la **sensibilidad** <IV5, 13> das Einfühlungsvermögen
estar *(irr.)* **sentado, -a** II5 sitzen
sentarse (-ie-) <I9>; II3 sich (hin)setzen
el **sentido** IV4 die Richtung
un **sentimiento** IV4 ein Gefühl
sentirse (-ie- / -i-) *(+ adj.)* II2, PP sich fühlen
  lo **siento** I5A es tut mir leid
separarse de alguien III2 sich von jdm. trennen
septiembre *(m.)* I7B, PP September
séptimo, -a II2 siebte, -r, -s
la **sequía** IV6, PP die Dürre, die Trockenheit
ser *(irr.)* I1, PP sein
  ser *(irr.)* de I1, PP kommen aus, stammen aus
  ser *(irr.)* de algo I5A Fan von etw. sein
serio, -a II7 ernst
un **servicio** <IV6, 10> eine Dienstleistung
un **servidor**, una **servidora** <IV7> ein/e Diener/in
servir (-i- / -i-) para II3 nützen zu, nützlich / gut sein für
severo, -a <IV7, 13> schlimm
el **sexo** III5 das Geschlecht, der Sex
sexto, -a II2 sechste, -r, -s
si II5 ob
sí I1 ja
Sicilia *(f.)* <IV3, 2> Sizilien
siempre I1 immer
  de **siempre** I4A übliche, -r, -s
una **sierra** III4, PP eine Bergkette
un **siglo** IV4 ein Jahrhundert
un **significado** II4, PP eine Bedeutung
significar (c-qu) algo I2A etw. bedeuten
siguiente I6, PP folgende, -r, -s
el **silencio** <IV2, MA>; IV8 die Stille, das Schweigen
una **silla** I8B, PP ein Stuhl
un **símbolo** <IV GC> ein Symbol
simpático, -a I5A sympathisch, nett
simplemente <IV8, MA> einfach, bloß
sin II1 ohne
  sin duda II6 ohne Zweifel, zweifellos
  sin **embargo** III3 dennoch
un **sindicato** IV8 eine Gewerkschaft
sino IV6 sondern
un **síntoma** IV2, 12 ein Symptom
ni **siquiera** III1 nicht einmal
un **sistema** <IV8, 8> ein System
  el **sistema** de gobierno <IV5, 5> ein Regierungssystem
un **sitio** I8B, PP ein Platz, ein Ort
una **situación** <IV2, 4> eine Situation
(estar) **situado, -a** III8, 1 gelegen (sein)
sobre I7B über
  sobre todo I2B, PP vor allem
el **sobrino**, la **sobrina** I3A, PP der Neffe, die Nichte
social III6 sozial, gesellschaftlich
  un caso **social** *(Cuba)* <IV5> ein Sozialfall
socialista <IV5> sozialistisch
la **sociedad** IV4 die Gesellschaft
¡**socorro**! III2 Hilfe!
un **sofá** IV1 ein Sofa
el **sol** I2A, PP die Sonne
  tomar el **sol** I2A, PP sich sonnen
  unas gafas de **sol** I2A, PP eine Sonnenbrille
  hace **sol** II1 die Sonne scheint
un **solar** *(Cuba)* <IV5, MA> verfallenes historisches Wohnhaus *(Kuba)*
una crema de protección **solar** <IV RE 2, 2> eine Sonnenschutzkreme
solidario, -a IV4 solidarisch, füreinander einstehend
en **solitario** <IV GC> solo
solo, -a I6 allein
  (delante del sust.) III2, 10 einzig
sólo *(adv.)* I3B nur
  IV6 erst
una **solución** II7 eine Lösung
solucionar algo III6 etw. lösen *(Problem, etc.)*
un **solvente** III6 ein Lösungsmittel
sonar (-ue-) I6 klingeln
soñar (-ue-) con algo / alguien I5B von etw. / jdm. träumen
  soñar (-ue-) hacer algo I5B davon träumen, etw. zu tun
un **sonido** IV4 ein Geräusch, ein Klang
la **sopa** IV2 die Suppe
soportar algo / a alguien I7B etw. / jdn. ertragen, etw. / jdn. aushalten
el **soprano** <IV GC> der Sopran
el **soroche** IV2, 12 die Höhenkrankheit
(estar) **sorprendido, -a** I6 überrascht (sein)
una **sorpresa** I7A eine Überraschung
sostenible IV6 nachhaltig
la Unión **Soviética** <IV5, 13> die Sowjetunion
su I3A sein, seine, ihr, ihre *(sg.)*
sus I3B seine, ihre *(pl.)*
suave <IV6, 10> mild
subir IV6 steigen
  subir (algo) II6 (etw.) hinaufgehen
  III5 etw. erhöhen
  subirse a algo II4, 12 einsteigen
un **subsahariano**, una **subsahariana** IV3 ein/e Schwarzafrikaner/in *(wörtl.*: Bewohner von Ländern südlich der Sahara)
un **subtítulo** <IV7, 1> ein Untertitel
sucio, -a IV2, PP schmutzig
el **sudor** IV2 der Schweiß
el **suelo** I8A, 6 der Boden
un **sueño** <IV3, MA> ein Traum
la **suerte** I5A das Glück
  por **suerte** II3 zum Glück
  la mala **suerte** <IV1, 4> das Pech
suficiente III6 genügend
sufrir algo <IV5, 10> etw. erleiden
sujetar algo / a alguien III4 etw. / jdn. festhalten
sumar algo III5 etw. zusammenzählen
sumiso, -a IV2, PP gehorsam, unterwürfig
súper- III7 unheimlich, super
un **supermercado** I4A ein Supermarkt
por **supuesto** III7 selbstverständlich
el **sur** II8, PP der Süden
el **sureste** <IV GC> der Südosten
el **surf** I2A, PP das Surfen
  una tabla de **surf** <IV5, MA> ein Surfbrett
sus I3B ihre, seine *(pl.)*
suyo, -a; el suyo, la suya III7 (das) ihre, -r, -s; von ihr / von ihnen / von Ihnen

T

el **tabaco** <IV5, 9> der Tabak
una **tabla** <IV1, 1> eine Tabelle
  una **tabla** de surf <IV5, MA> ein Surfbrett
un **tablón** de anuncios I5B ein Schwarzes Brett, ein Anschlagbrett
¿Qué **tal**? I3B Wie geht's?
  tal vez IV4 vielleicht
un **talismán** <IV1, 4> ein Talismann, ein Glücksbringer
un **taller** I4A, PP eine Werkstatt, ein Workshop
también I1, PP auch
  a mí **también** I2B, PP mir auch
  a ti **también** I8B dir auch
tampoco II5 auch nicht
  a mí **tampoco** I2B, PP mir auch nicht
tan I8A so
un **tanque** IV8 ein Panzer
una **tapa** II3, PP ein Häppchen, ein kleines Gericht
una **taquilla** IV5 ein (Fahrkarten)Schalter
la **tarde** I4A, PP der Nachmittag
  Buenas **tardes.** I3B, 4 Guten Tag *(nachmittags)*
  por la **tarde** I4A, PP nachmittags
  esta **tarde** I7A heute Nachmittag
tarde *(adv.)* II1 spät *(adv.)*

una **tarea** <IV 8, 4> eine Aufgabe
una **tarifa** <IV RE 2, 4> ein Tarif, ein Preis
una **tarjeta** III 7, PP eine Karte
una **tarjeta** de invitación III 7, PP eine Einladungskarte
una **tarta** I 7A eine Torte, ein Kuchen
un **tatuaje** <IV 4, 11> eine Tätowierung
un / una **taxista** <IV 5, 7> ein/e Taxifahrer/in
te I 8A dir *(Dativpron.)*
II 3 dich *(Akkusativpron.)*
una obra de **teatro** I 5A ein Theaterstück
un **techo** <IV 4, 5> ein Dach
(la) **tecnología** I 5A, PP Technik *(Schulfach)*
una **tecnología** III 1 eine Technik, eine Technologie
un **tejado** II 4, PP ein Dach
la **tele** III 1 das Fernsehen *(Kurzwort)*
un **teléfono** I 3B, PP ein Telefon, eine Telefonnummer
un número de **teléfono** I 3B, PP eine Telefonnummer
una **telenovela** IV 1 eine Fernsehserie, eine Telenovela
la **televisión** I 4A das Fernsehen
un **televisor** <IV 6, 12> ein Fernseher
un **tema** <IV 2, 13> ein Thema
temático, -a <IV 6, 10> Themen-
una **temperatura** IV 6 eine Temperatur
templado, -a III 8, 1 gemäßigt (Klima)
un templo <IV RE 3, 4> ein Tempel
temporal <IV 8, MA> vorübergehend
temprano *(adv.)* IV 5 früh *(adv.)*
tener *(irr.)* algo I 5A etw. haben
¡**Ten** cuidado! I 8B Pass auf! Vorsicht!
tener *(irr.)* ganas de hacer algo III 5 Lust haben etw. zu tun
tener *(irr.)* hambre II 3 Hunger haben
tener *(irr.)* loco, -a a alguien III 1 jdn. verrückt machen
tener *(irr.)* que hacer algo I 8A, PP etw. tun müssen
un **teniente** coronel <IV 8> ein Oberstleutnant
el **tenis** I 2A, PP (das) Tennis
una **teoría** <IV 6, 3> eine Theorie
tercer, -o, -a II 2 dritte, -r, -s
un **tercio** III 5, 7 ein Drittel
una **terminación** III 3 eine Endung
(estar) **terminado, -a** II 4, PP vollendet (sein)
una **terminal** IV 5 eine Endstation *(in Lat. am. auch Busbahnhof allgemein)*
terminar algo I 3B zu Ende gehen, etw. beenden
terrible I 7B schrecklich, furchtbar
un **territorio** <IV 7, 6> ein Territorium, ein Gebiet
el **terrorismo** <IV 8, 13> der Terrorismus
un / una **terrorista** <IV GC> ein/e Terrorist/in
terrorista <IV GC> terroristisch
un **tesoro** III 4 ein Schatz
un **texto** <IV 1, PP> ein Text
un tipo de **texto** <IV 2, 14> eine Textsorte
a **ti** también I 8B dir auch
el **tiempo** I 5A die Zeit
II 1 das Wetter
(hacer) mal **tiempo** II 1 schlechtes Wetter (sein)
los **tiempos** del pasado <IV 2, 11> die Vergangenheitszeiten
un **tiempo** verbal <IV 6, 3> eine Zeit, ein Tempus
el **tiempo** libre I 5A die Freizeit
una **tienda** I 4B, PP ein Geschäft, ein Laden
una **tienda** de muebles I 4B, PP ein Möbelgeschäft
una **tienda** de ropa I 4B, PP ein Bekleidungsgeschäft
una **tienda** de campaña II 1, PP ein Zelt
la **tierra** II 8, PP das Land, die Ländereien
unas **tijeras** III 2 eine Schere
un **timbre** III 1 eine Klingel
tímido, -a III 5 schüchtern
el proceso de pasado en **tinta** <IV 1, MA> die Reinzeichnung
el **tío**, la **tía** I 2A der Onkel, die Tante
tía *(col.)* II 1 hey du, Mensch *(umgangssprachl. Anrede)*
los **tíos** I 2A Onkel und Tante
típico, -a III 7 typisch
un **tipo** I 5B ein Typ
un **tipo** de texto <IV 2, 14> eine Textsorte
tirar algo <IV 3, 15> etw. werfen
tirar la basura I 8A, 6 den Abfall wegwerfen
un **título** <IV 2, PP> ein Titel, eine Überschrift
tocar (c-q) algo II 6 spielen *(Lied, Musikinstrument)*
IV 2 etw. anfassen
tocar (c-qu) a alguien III 3 gewinnen, drankommen
me **toca** trabajar <IV 3, MA> ich muss arbeiten
todavía I 2B noch
todo I 5A alles
todo el…, toda la… I 5B der / die ganze…
¿Es **todo**? I 7A, PP Ist das alles?
todo el mundo <I 9> alle, jedermann
todo recto I 4B, PP geradeaus
todos los…, todas las… I 5B alle…, jede, -r, -s
un **todoterreno** IV 3 ein Geländewagen
tolerante III 5 tolerant
tomar algo I 2B etw. nehmen, *auch:* etw. zu sich nehmen, essen und trinken
tomar el sol I 2A, PP sich sonnen
tomar nota <IV 2, 4> Notizen machen
tomar el pelo a alguien III 2 jdn. auf den Arm nehmen
tomemos … III 6 nehmen wir …, lasst uns … nehmen
un **tomate** III 1 eine Tomate
un **tono** <IV 4, 13> ein Ton
una **tontería** I 5B eine Dummheit
una **tormenta** II 1, 8 ein Gewitter
una **tortilla** I 4A eine Tortilla *(Omelett aus Kartoffeln und Eiern)*
una **tortilla** *(lat. am.)* <IV 1, 9> *in Lateinam. ein Fladen aus Maismehl*
una **tortuga** <IV GC> eine Schildkröte
el **total** <IV 7, 13> die Gesamtheit
en **total** I 7A alles zusammen
la **totalidad** <IV 1, MA> die Gesamtheit
un **trabajador**, una **trabajadora** <IV RE 1, 8> ein Arbeiter, eine Arbeiterin
trabajar I 2A, PP arbeiten
el **trabajo** I 5B die Arbeit
un permiso de **trabajo** II 8 eine Arbeitserlaubnis
un puesto de **trabajo** IV 6 ein Arbeitsplatz
tradicional IV 3, PP traditionell
traer *(irr.)* algo <I 9>; II 3, PP etw. (mit)bringen, (her)bringen
el **tráfico** III 8, 4 der Verkehr
una **tragedia** <IV 8, 13> eine Tragödie
trágico, -a <IV 4, MA> tragisch
un **traje** I 6 ein Anzug
III 8, 4 eine Tracht
(estar) bien / mal **trajeado, -a** <IV 2> gut / schlecht angezogen
tranquilo, -a I 5B ruhig
transformar algo <IV 1, 6> etw. umwandeln
una **transmisión** IV 8 eine Übertragung, eine Sendung
el **transporte** público <IV 5, MA> die öffentlichen Verkehrsmittel
un medio de **transporte** IV 6 ein Verkehrsmittel
un **trapo** III 6 ein Lappen, ein Lumpen
trascender (-ie-) (el tiempo) <IV 4> (die Zeiten) überdauern
un **tratado** <IV GC> ein Vertrag
tratarse de IV 7 Estr sich handeln um
una **tregua** <IV 8, 13> ein Waffenstillstand
un **tren** II 1, PP ein Zug
ir *(irr.)* en **tren** II 1, PP mit dem Zug fahren
una estación de **tren** II 1 ein Bahnhof
un **triángulo** <IV 9, PP> ein Dreieck
una **tribuna** <IV 8> eine Tribüne, ein Rednerpult
(estar) **triste** I 6 traurig (sein)
triunfar <IV 3, MA> erfolgreich sein
<IV 5, 9> siegen
un **triunfo** <IV 5, 9> ein Triumpf, ein Sieg
un **trono** <IV 8, MA> ein Thron
tropical <IV GC> tropisch
un **trufi** *(Bolivia)* <IV 2> ein Kleinbus *(Bolivien)*
tu I 3A dein, deine *(sg.)*
tú I 2B du
Túnez *(m.)* <IV 3, 2> Tunesien
el **turismo** IV 6 der Tourismus
una oficina de **turismo** II 4 ein Tourismusbüro, eine Touristeninformation
un / una **turista** II 4 ein Tourist, eine Touristin
turístico, -a <IV 2, 14> touristisch
tus I 3A deine *(pl.)*
una **tutoría** I 5A, PP eine Klassenleiterstunde
tuyo, -a; el tuyo, la tuya III 7 (das) deine, -r, -s; von dir

U

la **ubicación** <IV 6, 10> die Lage
últimamente II 8 in letzter Zeit
último, -a I 7A letzte, -r, -s
II 3 neueste, -r, -s
un, una I 1 ein, eine *(unbestimmter Artikel, sg.)*
una **uña** IV 2 ein Fingernagel
único, -a III 2 einzig
una **unidad** <IV 5, 5> eine Einheit, eine Lektion
Reino **Unido** <IV 3, PP> Vereinigtes Königreich, Großbritannien
(los) Estados **Unidos** II 8 (die) USA
un **uniforme** I 5B eine Uniform
la **Unión** Soviética <IV 5, 13> die Sowjetunion
la **Unión** Europea IV 8, PP die Europäische Union
unir algo <IV RE 1, 1> etw. verbinden
la Exposición **Universal** <IV 8, 13> die Weltausstellung
una **universidad** I 5B eine Universität
el **universo** IV 4 ein Universum
unos, -as II 5 ungefähr
II 2 einige
una **urbanización** <IV 6> eine Siedlung
usar algo III 7 etw. verwenden
el **uso** <IV 5, MA> der Gebrauch, die Benutzung
usted, -es I 7A Sie *(Höflichkeitsform*, sg. / pl.)
útil III 5, PP nützlich
una **uva** II 8 eine Traube

V

una **vaca** II 8 eine Kuh
vacacional <IV 6, 8> Ferien-
las **vacaciones** I 2A, PP die Ferien
vaciarse <IV 5> sich leeren
(estar) **vacío, -a** I 6 leer (sein)
vago, -a III 2 faul; ein Faulpelz
un **vagón** II 5 ein Wagen, ein Waggon
la **vainilla** <IV 7, 6> die Vanille
Vale. I 3A In Ordnung. / Ok.
¡**Válgame** Dios! <IV 5> Mein Gott!
un **valle** III 4, PP ein Tal
el **valor** III 8, 2 der Wert
de **valor** III 8, 2 wertvoll
un **vals** III 7 ein Walzer
unos **vaqueros** I 6, 10 eine Jeans
varios, -as II 8 mehrere; verschiedene
un **vasco**, una **vasca** <IV 8, 11> ein Baske, eine Baskin
vasco, -a <IV GC> baskisch
el País **Vasco** <IV GC> das Baskenland
un **vaso** II 3 ein Glas
el **vecindario** <IV 4, 10> die Nachbarschaft
un **vecino**, una **vecina** II 2 ein/e Nachbar/in
un **vehículo** <IV 4> ein Fahrzeug, ein Mittel

la **vejiga** <IV2,12> die Blase
una **vela** III7, PP eine Kerze
un **vendedor** I7A, PP ein Verkäufer
vender algo I4B etw. verkaufen
¡Venga! I3B Komm schon!
venir *(irr.)* I5A kommen
el … que **viene** I5A (am / im) kommenden *(+ Zeitangabe)*
te veo **venir** I8A Ich weiß, worauf du hinaus willst.
venir *(irr.)* a buscar algo / a alguien II5 etw. / jdn. abholen
la **venta** <IV1,12> der Verkauf
una **ventana** I8B, PP ein Fenster
ver *(irr.)* algo / a alguien I4A etw. / jdn. sehen
a **ver** I2A (lass) mal sehen
el **verano** I2A der Sommer
un **verbo** <IV1,5> ein Verb
un **verbo** auxiliar <IV8,11> ein Hilfsverb
una forma **verbal** <IV2,5> eine Verbform
un tiempo **verbal** <IV6,3> eine Zeit, ein Tempus
la **verdad** I2A die Wahrheit
¿verdad? I2A nicht wahr?
No es **verdad**. I2B Das stimmt nicht.
de **verdad** I3A wirklich
verdadero, -a II9 wahr, richtig
verde I5B grün
una zona **verde** I4B eine Grünzone
la **verdura** I7A das Gemüse
un **vestido** I6 ein Kleid
una **vez** I7B einmal
esta **vez** I7B dieses Mal
cada **vez** más *(+ adj. / sust.)* III1 immer *(+ Steigerungsform des Adj.)*, immer mehr *(+ sust.)*
de **vez** en cuando III5 ab und zu, manchmal
el ferrocarril de **vía** estrecha <IV6,10> eine Schmalspurbahn
viajar II1, PP reisen
un **viaje** II1, PP eine Reise, eine Fahrt
una agencia **de viajes** <IV5,14> ein Reisebüro
un **viajero** <IV6> ein Reisender
una **víctima** <IV GC> ein Opfer
una **victoria** <IV5,9> ein Sieg
la **vida** I6, PP das Leben
las condiciones de **vida** <IV4, MA> die Lebensumstände
no **vidente** <IV5> blind
un **vídeo** I1 ein Video(film)
el **vidrio** IV7 das Glas *(Material)*
viejo, -a II6 alt
el **viento** II1, 8 der Wind
hacer *(irr.)* **viento** II1, 8 windig sein
viernes *(m.)* I5A, PP Freitag
Vietnam *(m.)* <IV6> Vietnam
la **vigilancia** <IV GC> die Überwachung
un **vikingo** <IV7> ein Wikinger
una **viñeta** IV7Estr ein Cartoon
el **vino** II3 der Wein
una **violación** IV7 ein Überfall; eine Vergewaltigung
la **violencia** III6 die Gewalt
una **visita** guiada III4 eine Führung
un / una **visitante** <IV5, MA> ein/e Besucher/in
visitar algo / a alguien I2A, PP etw. / jdn. besuchen
la **vista** III8, 2 die Sicht, das Sehen, der Blick
a la **vista** III8, 2 sichtbar, (gut) zu sehen
un punto de **vista** <IV GC> ein Gesichtspunkt, ein Standpunkt
(la) educación plástica y **visual** I5A, PP Kunsterziehung *(Schulfach)*
vivir I3A wohnen, leben
vivo, -a <IV6,11> lebendig
el **vocabulario** <IV3,15> der Wortschatz
una red de **vocabulario** <IV3,15> ein Vokabelnetz
un **volcán** III8, 1 ein Vulkan
a todo **volumen** <IV4,10> mit voller Lautstärke
la **voluntad** <IV7> der Wille
de buena **voluntad** <IV7> gern
un **voluntario,** una **voluntaria** III6 ein Freiwilliger, eine Freiwillige
voluntario, -a IV3 freiwillig
volver (-ue-) I5B zurückkommen, zurückkehren
volver (-ue-) a hacer algo III4 etw. wieder tun
volverse (-ue-) IV4 werden
vos II8 Anrede für die 2. Person Sg. *(in Arg., Urug., Par., Mittelamerika)*
vosotros, -as I2B ihr
votar algo IV8, PP etw. wählen, über etw. abstimmen
la **voz** IV4 PP die Stimme
la **vuelta** II5, PP die Rückfahrt
<IV9,10> die Rückkehr
una **vuelta** IV4 eine Reise, ein Spaziergang, eine Rundfahrt
vuestro, -a I3B euer, eure *(sg.)*
vuestro, -a; el vuestro, la vuestra III7 (das) eure, -r, -s; von euch
vuestros, -as I3B eure *(pl.)*

Y

y I1 und
ya I3A schon
¡**Ya** basta! I3A Es reicht jetzt!
yo I2B ich

Z

un **zapato** I6, 10 der Schuh
Zimbabue *(m.)* <IV6> Simbabwe
una **zona** de miseria III8, 4 ein Elendsviertel
una **zona** verde I4B eine Grünzone
zonzo, -a *(lat. am.)* <IV2> dumm
un **zoológico** IV1 ein Tierpark, ein Zoo

Alemán – Español

A

ab und zu III5 de vez en cuando
abbiegen I4B, PP girar
Guten **Abend**. I3B, 4 Buenas noches.
zu **Abend** essen I4A cenar
gestern **Abend** IV1 anoche
ein **Abendessen** II6 una cena
ein **Abenteuer** <IV5, TA>; IV6 una aventura
abenteuerlustig III5 aventurero, -a
ein **Abenteurer** <IV6> un aventurero
aber I2A pero
abfahren, abreisen IV3 salir (-g-)
die **Abfahrt**, die **Abfahrtszeit** II5, PP la salida
den **Abfall** wegwerfen I8A, 6 tirar la basura
das **Abgeordnetenhaus** IV8 el Congreso de los Diputados
ein **Abgeordneter**, eine **Abgeordnete** IV8 un diputado, una diputada
(Wahlen etc.) **abhalten** IV8, PP celebrar
etw. / jdn. **abholen** II5 venir *(irr.)* a buscar algo / a alguien
IV5 recoger (g-j) algo / a alguien
eine **Abiturfeier** III7, PP una fiesta de graduación
abreisen IV3 salir (-g-)
abschalten IV4 olvidarse de algo
ein **Abschied** <I9>; IV3 una despedida
etw. **abschneiden** III2 cortar algo
in böser **Absicht** IV2 con mala idea
abstauben I8A, 6 quitar el polvo
über etw. **abstimmen** IV8, PP votar algo
jdn. **abstoßen** IV2, PP dar asco a alguien
(Geschirr) **abwaschen** I8A, 6 lavar los platos
Ach, komm. *(Ausruf)* I4A Anda.
Ach Gott! I7B ¡Hala!
Ach was! I7A ¡Qué va!
eine **Adresse** I2B, PP una dirección
Afrika III4, PP África *(f.)*
ähnlich IV7 semejante
Keine **Ahnung**. I2B Ni idea.
ein **Akkordeon** IV1 un acordeón
aktiv III5 activo, -a
ein **Akzent** III1 un acento
etw. **akzeptieren** <II10> aceptar algo
Algerien IV3 Argelia *(f.)*
der **Alkohol** III5 el alcohol
alle … I5B todos los …, todas las …
<I9> todo el mundo
eine **Allee** I3B, PP una avenida *(abrev.* avda.)
II4, PP un paseo
allein I6 solo, -a
alles I5A todo
Ist das **alles**? I7A, PP ¿Es todo?
im **Allgemeinen** <IV1, PP>; IV4 en general
die **Alonsos** I8B los Alonso
als I6 cuando
also I4A pues
alt *(bei Sachen)* I7A antiguo, -a
alt II6 viejo, -a
ein **alter** Mann, eine **alte** Frau III1, PP un anciano, una anciana
… Jahre **alt** werden II8 cumplir … años
alt; **älter** II8 mayor
das **Alter** II9 la edad
der / die **Ältere** I4B el / la mayor
am *(+ Wochentag)* I5A el *(+ Wochentag)*
am Strand I1 en la playa
das **Ambiente** II6 el ambiente
Amerika III4, PP América *(f.)*
sich **amüsieren** I6, PP divertirse (-ie- / -i-)
an I1 en
eine **Ananas** IV1 una piña
jdm. etw. **anbieten** II7 ofrecer (-zco) algo a alguien
Andalusien III3 Andalucía *(f.)*
ein **Andalusier**, eine **Andalusierin** II1 un andaluz, una andaluza
ein **andere, -r, -s** I7B otro, -a *(adj. + pron.)*
die **anderen** I4B los / las demás
etw. **ändern** I8A cambiar algo
anders I7A diferente
III1 distinto, -a
eine **Anekdote** <IV, 10>; IV9 una anécdota
der **Anfang** II2 el comienzo
II9 el principio
Anfang *(+ Zeitraum)* II7, PP a principios de *(+ Zeitraum)*
etw. (zu tun) **anfangen** I5A empezar (-ie-; z-c) (a hacer) algo
III1, PP comenzar (-ie-; z-c) (a hacer) algo
III4 ponerse *(irr.)* a hacer algo
etw. **anfassen** IV2 tocar (c-qu) algo
angehängt II8 adjunto, -a
eine **Angelegenheit** III2 un asunto
ein **Angestellter**, eine **Angestellte** III4 un empleado, una empleada
gut / schlecht **angezogen** <IV2> (estar) bien / mal trajeado, -a
die **Angst** III4 el miedo
Angst haben IV1 pasar miedo
anhalten II5 parar
ankommen I2A llegar (g-gu)
eine **Ankündigung** I5B un anuncio
die **Ankunft** II3 la llegada
(etw.) **annehmen** *(vorstellen)* III7 imaginar (algo)
etw. **anprobieren** I6 probarse (-ue-) algo
ein **Anruf** II9 una llamada
jdn. **anrufen** I3B llamar (por teléfono)
etw. **anschalten** III1 encender (-ie-) algo
den Fernseher **anschalten** IV8 poner la tele(visión)
etw. / jdn. **anschauen** I3A mirar algo / a alguien
anscheinend IV6 aparentemente
ein **Anschlagbrett** I5B un tablón de anuncios
etw. **anstelle** von jdm. tun III3 hacer *(irr.)* algo por alguien
eine **Antwort** I2B una respuesta

jdm. etw. **antworten** I 2A contestar algo a alguien
II 1 responder algo a alguien
eine **Anzahl** IV 6 un número
(sich) etw. **anziehen** I 6, PP ponerse *(irr.)* algo
ein **Anzug** I 6 un traje
etw. **anzünden** III 7 encender (-ie-) algo
ein **Apfel** I 7A, PP una manzana
eine **Apotheke** I 4B, PP una farmacia
ein **Apparat** III 1 un aparato
applaudieren <I 9> aplaudir
April I 7B, PP abril *(m.)*
apropos I 5A por cierto
arabisch III 4, PP árabe
die **Arbeit** I 5B el trabajo
Arbeit machen I 8A dar *(irr.)* trabajo
arbeiten I 2A, PP trabajar
ein/e **Arbeiter/in** III 6 un obrero, una obrera
eine **Arbeitserlaubnis** II 8 un permiso de trabajo
ein **Arbeitsplatz** IV 6 un puesto de trabajo
ein/e **Architekt/in** II 4, PP un arquitecto, una arquitecta
Argentinien II 7 Argentina *(f.)*
ein **Argentinier**, eine **Argentinierin** II 7 un argentino, una argentina
argentinisch II 7 argentino, -a
der **Ärger** IV 2 el enfado
sich über etw. **ärgern** III 1 enfadarse por algo
arm II 9 pobre
arm *(bedauernswert)* III 2, 10 pobre *(delante del sust.)*
ein **Arm** IV 2, 14 un brazo
jdn. auf den **Arm** nehmen III 2 tomar el pelo a alguien
eine **Armee** IV 8 un ejército
die **Armut** III 6 la pobreza
III 8, 4 la miseria
ein (Zeitungs)**Artikel** II 9, PP un artículo
ein **Arzt**, eine **Ärztin** IV 2, 12 un médico, una médica
Asien III 4, PP Asia *(f.)*
auch I 1, PP también
auch nicht II 5 tampoco
auf I 1 en
I 8B, PP encima de
Auf Wiedersehen. I 2A Adiós.
auf diese Weise I 5A así
auf eigene Faust II 9 por *(+ Poss.pron.)* cuenta
auf zu … III 1 a por
etw. **aufbewahren** III 8, 2 guardar algo
jdm. **auffallen** III 4 llamar la atención a alguien
auffällig III 5 llamativo, -a
auflegen *(Telefon)* II 5 colgar (-ue-; g-gu)
sich **auflehnen** <IV 5> alzarse (z-c)
aufmerksam III 1 atento, -a
etw. / jdn. **aufnehmen** IV 5 recoger (g-j) algo / a alguien
etw. **aufräumen** I 8A, PP ordenar algo
aufregend III 5 emocionante
ein **Aufsatz** II 2 una redacción
aufstehen I 6, PP levantarse
auftauchen IV 7 Estr aparecer (-zco)
der **Auftritt** <I 9, PP> la aparición
aufwachen I 6, PP despertarse (-ie-)
aufwachsen II 8 crecer (-zco)
etw. **aufwärmen** <IV 2> recalentar algo
das **Auge** I 6 el ojo
ein **Augenblick** I 2A un rato
II 3 un momento
August I 7B, PP agosto *(m.)*
eine **Aula** <I 9, PP> un salón de actos
aus *(von)* II 1 desde
jdn. **ausbeuten** <IV 7> exprimir a alguien
etw. **ausdrücken** <IV 2, 12>; IV 4 expresar algo
die **Ausdrucksform** IV 4 el lenguaje
ein **Ausflug** II 1, PP una excursión
einen **Ausflug** machen II 1, PP ir *(irr.)* de excursión
II 1, PP hacer *(irr.)* una excursión
etw. **ausgeben** III 7 gastar(se) algo
ausgehen I 4A salir (salgo)
etw. / jdn. **aushalten** I 7B soportar algo / a alguien
das **Ausland** III 5 el extranjero
ein/e **Ausländer/in** II 7 un extranjero, una extranjera
Ausländer- *(abw.)* <IV 2> gringo, -a *(abw.)*
ausländisch IV 3, PP extranjero, -a
jdm. etw. **ausmachen** I 8A importar(le) a alguien
ausrotten <IV 7> exterminar
(jdn. zu etw.) **ausrufen** IV 8, PP proclamar (algo a alguien)
etw. **ausschalten** III 1 apagar (g-gu) algo
das **Aussehen**, das **Äußere** III 2 el aspecto
außerdem I 4A, PP además
etw. **aussprechen** I 3A pronunciar algo
aus etw. **aussteigen** II 4, 12 bajar(se) de algo
eine **Ausstellung** III 4 una exposición
der **Ausstoß** IV 6, PP una emisión
etw. **ausstoßen** *(Abgas)* <IV 6, 8> emitir algo
ein (Schüler)**Austausch** I 8A, PP un intercambio
etw. **auswählen** II 3 elegir (-i- / -i-; g-j) algo
ein **Ausweis** IV 5 un carné
sich auf etw. / jdn. **auswirken** IV 6, PP afectar a algo / alguien
eine **Auswirkung** IV 6, PP un efecto
das **Auto** II 1, PP el coche
die **Autobahn** II 5, PP una autopista
ein **Autobus** II 5, PP un autobús
ein **Autobus** *(Kuba)* <IV 5> una guagua *(Cuba)*
eine **autonome** Region *(entspricht etwa:* Bundesland) II 1, 11 una comunidad autónoma
die **Autorität** <IV 5> la autoridad
ein **Avatar** III 2 un avatar
eine **Avocado** I 2B un aguacate

B

ein **Baby** II 7, PP un bebé
eine **Bäckerei** I 4B, PP una panadería
ein **Badezimmer** I 4A, 5 un cuarto de baño
eine **Baguette** III 1, PP una barra de pan
ein **Bahnhof** II 1 una estación de tren
nur **Bahnhof** verstehen III 1 no entender (-ie-) ni papa
bald I 5A pronto
bis **bald** I 5A hasta pronto
ein **Ball** *(Tanz)* III 7, PP un baile
eine **Bande** III 6 una pandilla
eine **Bank** I 4B, PP un banco
eine (Spieler)**Bank** *(Fußball)* II 4 un banquillo
eine **Bar** I 3A un bar
eine **Bar** *(lat. am.)* II 9 un pub
FC **Barcelona** II 4 el Barça
ein **Bart** III 4 una barba
Basketball I 5B el baloncesto
der **Bauch** IV 2, 15 la barriga
ein **Bauer**, eine **Bäuerin** <I 9, PP> un campesino, una campesina
ein **Baum** IV 9, PP un árbol
ein **Baustil** III 8, 1 un estilo
etw. zu tun **beabsichtigen** I 5A pensar (-ie-) hacer algo
es ist **bedauerlich** III 6 es una lástima
bedauernswert III 2, 10 pobre *(delante del sust.)*
etw. **bedeuten** I 2A significar (c-qu) algo
die **Bedeutung** *(Wichtigkeit)* II 2 la importancia
eine **Bedeutung** II 4, PP un significado
eine **Bedingung** IV 4 una condición
bedingungslos IV 4 sin condiciones
ein **Beduine**, eine **Beduinin** <I 9, PP> un beduino, una beduina
beeindruckt (sein) II 2, PP (estar) impresionado, -a
etw. **beenden** I 3B terminar algo
jdm. etw. **befehlen** III 2 mandar algo a alguien
sich *(an einem Ort)* **befinden** I 4A estar *(irr.)*
III 6 encontrarse (-ue-) en un lugar
eine **Begegnung** <IV 4, MA>; IV 7 un encuentro
jdn. **begeistern** I 8A encantar(le) a alguien
begeistert (sein) II 2, PP (estar) ilusionado, -a
der **Beginn** II 2 el comienzo
II 9 el principio
etw. (zu tun) **beginnen** I 5A empezar (-ie-; z-c) (a hacer) algo
III 1, PP comenzar (-ie-; z-c) algo
III 4 ponerse *(irr.)* a hacer algo
die **Begleitung** IV 4 la compañía
etw. **behalten** III 3 guardar algo
ein **Körperbehinderter** <IV 5> un impedido físico
bei *(in der Nähe)* I 4B, PP cerca (de)
nahe **bei** IV 1 junto a
jdm. etw. **beibringen** I 8A enseñar(le) algo a alguien
beigefügt II 8 adjunto, -a
ein **Bein** II 1 una pierna
beinahe I 5A casi
ein **Beispiel** I 8A un ejemplo
zum **Beispiel** I 8A por ejemplo
bekannt I 5A conocido, -a
ein **Bekannter**, eine **Bekannte** IV 3 un conocido, una conocida
ein **Bekleidungsgeschäft** I 4B, PP una tienda de ropa
etw. **bekommen** I 8A recibir algo
ein **belegtes** Brötchen I 3A un bocadillo
etw. / jdn. **bemerken** III 1 notar algo / a alguien
III 4 darse *(irr.)* cuenta de algo
etw. **benötigen** I 2A necesitar algo
etw. **benutzen** II 7 usar algo
etw. / jdn. **beobachten** III 4 observar algo / a alguien
jdm. etw. **berechnen** III 1, PP cobrar algo a alguien
jdm. (Arbeit) **bereiten** I 8A dar *(irr.)* trabajo a alguien
etw. **bereuen** IV 5 arrepentirse (-ie- / -i-) de algo
ein **Berg** II 1, PP una montaña
eine **Bergkette** III 4, PP una sierra
ein **Beruf** III 6 un oficio
berühmt II 4, PP famoso, -a
eine **Beschäftigung** I 5A una actividad
beschämt sein IV 2 estar avergonzado, -a
jdm. **Bescheid** sagen IV 2 avisar a alguien de algo
etw. **beschließen** II 5 decidir algo
jdm. etw. **beschreiben** II 4, PP describir algo a alguien
sich über etw. / jdn. **beschweren** II 2 quejarse de algo / alguien
sich **beschweren** IV 5 protestar
beschwerlich II 2 duro, -a
etw. **besiedeln** IV 7 poblar (-ue-) algo
der **Besitz** IV 7 la posesión
ein/e **Besitzer/in** IV 9 un dueño, una dueña
besonders *(adj.)* I 7B especial
besorgt (sein) II 2, PP (estar) preocupado, -a
ein **Bestandteil** <IV RE 1, 1>; IV 4 un elemento
beste, -r, -s I 4A mejor
das **Beste** vom Besten II 4 lo mejor de lo mejor
etw. **bestellen** II 3 pedir (-i- / -i-) algo
die **Bestimmungen** IV 5 un reglamento
jdn. **bestrafen** IV 7, PP castigar (g-gu) a alguien
etw. **bestreiten** IV 5 discutir algo a alguien
etw. / jdn. **besuchen** I 2A, PP visitar algo / a alguien
ein **Betreff** *(im Brief)* III 2 un asunto
etw. / jdn. **betreffen** IV 6, PP afectar a algo / alguien
ein **Bett** I 6 una cama
ins **Bett** gehen I 6, PP acostarse (-ue-)
ein **Beutel** I 8B una bolsa
bevor II 4 antes de *(+ inf.)*
bevorzugt I 4B preferido, -a
etw. **bezahlen** I 7A pagar (g-gu) algo
eine **Bibliothek** I 4A, PP una biblioteca
ein **Bild** <IV 3, 9>; IV 7 Estr una imagen
etw. **bilden** <IV 1, 2>; IV 7 formar algo
die **Bildmitte** IV 7 Estr el centro
billig I 7A, PP barato, -a
bis *(Präp.)* I 3B hasta

(Konj.) III3 hasta que
(Präp., zeitl.) III5 dentro de
Bis später. I3B Hasta luego.
bis bald I5A hasta pronto
ein **bisschen** I7B un poco
bitte I2A por favor
jdn. um etw. **bitten** III1, PP pedir (-i- / -i-) algo a alguien
die **Blase** <IV2, 12> la vejiga
blau I6, 10 azul
bleiben II1, PP quedarse
ein **Bleistift** I3A, 10 un lápiz
der **Blick** III8, 2 la vista
blind III1, PP ciego, -a; <IV5> no vidente
Wie **blöd**! *(col.)* II5 ¡Qué rollo! *(col.)*
blond I5B, PP rubio, -a
eine **Blume** IV9, PP una flor
eine **Bluse** I6, 10 una blusa
der **Boden** I8A, 6 el suelo
Bolivien IV2 Bolivia *(f.)*
Ureinwohnerin **Boliviens** <IV2> una chola / una cholita
ein kleines **Boot** IV3, PP una patera
böse III1 malo, -a
böse (sein) *(verärgert)* I6 (estar) enfadado, -a
in **böser** Absicht IV2 con mala idea
etw. **brauchen** I2A necesitar algo
braun I6 marrón
die **Braut**, der **Bräutigam** III7, PP la novia, el novio
das **Brautpaar** III7, PP los novios
brav III1 bueno, -a
Bravo! <I9> bravo
brennen IV2 arder
ein **Brief** II7 una carta
eine **Brille** I5B, PP unas gafas
etw. (mit)**bringen**, (her)**bringen** <I9>; II3, PP traer *(irr.)* algo
jdm. etw. **bringen** II7 llevar algo a alguien
jdn. dazu **bringen** etw. zu tun IV2 hacer *(irr.)* *(+ inf.)*
IV7, PP obligar (g-gu) a alguien a (hacer) algo
das **Brot** I7A, PP el pan
ein belegtes **Brötchen** I3A un bocadillo
ein **Bruder** I1 un hermano
ein **Brunnen** IV3 un pozo
die **Brust** IV2, 13 el pecho
ein **Buch** I3A un libro
eine **Bücherei** I4A, PP una biblioteca
etw. **bügeln** I8A, PP planchar algo
ein **Buntstift** I3A, 10 un lápiz de color
eine **Burg** III4, PP un castillo
ein **Bursche** III2 un chaval
ein (Auto)**Bus** II5, PP un autobús
die **Butter** I7A, 7 la mantequilla

C

ein **Café** *(in dem Churros, eine Gebäckspezialität, verkauft werden)* III1, PP una churrería
ein **Cartoon** IV7 Estr una viñeta
ein **Casting** III2 un casting
eine **CD** I2A un cedé
ein **Cent** I7A, PP un céntimo
chaotisch IV1 caótico, -a
chaotisch sein I2A ser un desastre *(col.)*
der **Charakter** IV1 el carácter
mit jdm. **chatten** II9 chatear con alguien
ein/e **Chef/in** <IV RE1, 8>; IV8 un jefe / una jefa
ein **Chilene**, eine **Chilenin** IV1 un chileno, una chilena
der **Chili** I7A el chile
christlich III4, PP cristiano, -a
Christoph Kolumbus II4 Cristóbal Colón
eine **Clique** II6 una peña
ein **Comic** II9 un cómic
ein **Computer** I8A un ordenador
cool <IV4> pasota *(col.)*
ein/e **Cousin/e** I1 un primo, una prima
eine **Creme** III8, 2 una crema

D

da *(dort)* I4B ahí
da *(weil)* III1 como *(Konj.)*
ein **Dach** II4, PP un tejado
eine **Dame** I4B una señora *(abrev.* Sra.)
Meine **Damen** und Herren! <IV5> señores
danach I2A después
dank *(prep.)* II2 gracias a
danke I4A gracias
danke für I5A gracias por
dann I2B entonces …
das I5B eso
(neutrales Pronomen) II4 lo
dass I7B que
eine **Datei** II8 un archivo
ein **Datum** II7 una fecha
etw. **dazugeben** I7A echar algo
dein, deine *(sg.)* I3A tu
deine *(pl.)* I3A tus
(das) **deine, -r, -s** III7 tuyo, -a; el tuyo, la tuya
die **Dekoration** III7, PP la decoración
die **Demokratie** <IV5, TA>; IV8, PP la democracia
an etw. **denken** I5A pensar (-ie-) en algo
denken, dass … I7B pensar (-ie-) que…
ein **Denkmal** II1, 11 un monumento
dennoch III3 sin embargo
deprimiert (sein) II2, PP (estar) deprimido, -a
der *(bestimmter Artikel, sg.)* I1 el
der *(Relativpron.)* I4B que
der(jenige), welcher III3 el que
der-, die-, dasselbe II4, PP mismo, -a
der / die ganze… I5B todo el…, toda la…
deshalb, deswegen I3B por eso
Deutsch, die **deutsche** Sprache I2A el alemán
deutsche, -r, -s I8A alemán, alemana
ein **Deutscher**, eine **Deutsche** I2B, PP un alemán, una alemana
Deutschland I3B Alemania *(f.)*
Dezember I7B, PP diciembre *(m.)*
ein **Dialog** III3 un diálogo
dich *(Akkusativpron.)* II3 te
dick I5B, PP gordo, -a
die *(bestimmter Artikel, sg.)* I1 la
die *(bestimmter Artikel, pl.)* I2A los, las
die(jenige), welche III3 la que
die(jenigen), welche III3 los / las que
ein **Diener**, eine **Dienerin** <IV7> un servidor, una servidora
Dienstag I5A, PP martes *(m.)*
dies *(neutrales Demonstrativpron.)* II2 esto
diese, -r, -s dort I7A ese, esa, esos, esas *(adj.)*
I7A ése, ésa, ésos, ésas *(pron.)*
diese, -r, -s hier I7A este, esta, estos, estas *(adj.)*
I7A éste, ésta, éstos, éstas *(pron.)*
dies ist I1 éste es, ésta es
diesen *(+ Wochentag)* I5A el *(+ Wochentag)*
ein **Diktator** <IV8, PP> un dictador
die **Diktatur** <IV5, 5>; IV8, PP la dictadura
ein **Ding** I4B una cosa
dir *(Dativpron.)* I8A te
dir auch I8B a ti también
direkt IV4 directo, -a
ein Direktor, eine **Direktorin** III6 un director, una directora
eine **Diskothek** III7 una disco
etw. mit jdm. **diskutieren** I7B discutir algo con alguien
ein **Dokument** III6 un papel
III8, 2 un documento
ein **Dollar** III6 un dólar
ein **Dom** III4, PP una catedral
Donnerstag I5A, PP jueves *(m.)*
ein **Dorf** I1 un pueblo
dort I4A allí
dort *(lat.am.)* II9 acá
ein **Drache** II4, PP un dragón
drankommen III3 tocar (c-qu) a alguien
draußen II5 fuera
drehen *(Film)* III3 rodar (-ue-)
ein **Drittel** III5, 7 un tercio
dritte, -r, -s II2 tercer, -o, -a
eine **Droge** III6 una droga
du I2B tú
Du meine Güte! I7B ¡Hala!
dumm <IV2> zonzo, -a *(lat. am.)*
eine **Dummheit** I5B una tontería
dunkel(rot, -grau, …) IV7 Estr (rojo, gris, …) oscuro
dunkelhaarig I5B, PP moreno, -a
durch III4 por
durchfahren *(Zug)* II5 pasar *(tren)*
der **Durchfall** IV2, 12 la diarrea
durchtränken <IV4> empapar
die **Dürre** IV6, PP la sequía
der **Durst** I7B la sed
(sich) **duschen** I6, PP ducharse
ein **Dutzend** III3 una docena
eine **DVD**; ein **DVD-Player** III1 un DVD

E

eine **Ecke** I4B, PP una esquina
eine **Ecke** *(Winkel)* IV1, 5 un rincón
die **Ehefrau** <I9, PP>; II6 la mujer
der **Ehemann** II7, PP el marido
ein **Ehepaar** III3 un matrimonio
ehrgeizig III5, PP ambicioso, -a
ein **Ei** I7A, 7 un huevo
eigene, -r, -s III6 propio, -a
auf **eigene** Faust II9 por *(+ Poss.pron.)* cuenta
eigentlich IV1 en realidad
ein, eine *(unbestimmter Artikel, sg.)* I1 un, una
ein **Eindruck** *(Meinung)* <IV5, PP>; IV5 una impresión
einfach *(adj.)* IV4 PP sencillo, -a
ein **Einfamilienhaus** <IV6> un chalé
einige I4B un par de
II2 unos, -as
einkaufen *(Lebensmittel)* I7A hacer *(irr.)* la compra
jdn. **einladen** I7B invitar a alguien
eine **Einladung** III7, PP una invitación
eine **Einladungskarte** III7, PP una tarjeta de invitación
einmal I7B una vez
einschlafen I6 dormirse (-ue- / -u-)
einsteigen II4, 12 subirse a algo
eintreten (in) I3B entrar (en)
eine **Eintrittskarte** I7B una entrada
mit etw. / jdm. **einverstanden** sein <IV6, 2> estar de acuerdo con algo / alguien
ein **Einwanderer**, eine **Einwanderin** IV3, PP un / una inmigrante
ein/e **Einwohner/in** II8, PP un / una habitante
(von Barcelona) II4, PP un barcelonés, una barcelonesa
(der Westsahara) IV3 un / una saharaui
einzig III2 único, -a
III2, 10 solo, -a *(delante del sust.)*
ein **Eis** I1 un helado
das **Eis** *(gefrorenes Wasser)* IV6 el hielo
ein **Eisbär** <IV6, 9> un oso polar
das **Eisen** IV5 el hierro
der **Ekel** IV2, PP el asco
elegant IV2 elegante
ein **Element** <IV RE1, 1>; IV4 un elemento
das **Elend** III8, 4 la miseria
ein **Elendsviertel** III8, 4 una zona de miseria
die **Eltern** I3A, PP los padres
die **Eltern** *(lat. am.)* III7 los papás *(lat. am)*
eine **E-Mail** I3B un correo electrónico
I3B un e-mail
ein/e **Emigrant/in** II7 un / una emigrante
die **Emission** IV6, PP una emisión
etw. **empfangen** I8A recibir algo

jdm. etw. **empfehlen** III 5 recomendar (-ie-) algo a alguien
das **Ende** II 2 el final
Ende *(+ Zeitraum)* II 7, PP a finales de los años...
zu **Ende** gehen I 3B terminar
enden II 2 acabar
endlich I 5B por fin
IV 7 finalmente
eine **Endstation** *(in Lat. am. auch Busbahnhof allgemein)* IV 5 una terminal
eine **Endung** III 3 una terminación
die **Energie** IV 6 la energía
ein **Engel** <I 9, PP> un ángel
Englisch *(Schulfach)* I 5A, PP (el) inglés
ein/e **Enkel/in** I 3A, PP un nieto, una nieta
die **Enkel** I 3A, PP los nietos
etw. **entdecken** III 4 descubrir algo
etw. **entfernen** I 8B, PP quitar algo
entfernt I 4B, PP lejos (de)
... Kilometer **entfernt** sein II 5 estar *(irr.)* a ... kilómetros
sich etw. **entgehen** lassen III 8, 3 perderse (-ie-) algo
etw. **entkommen** IV 4 evadirse de algo
etw. **entscheiden** II 5 decidir algo
eine **Entscheidung** II 7 una decisión
Entschuldige. I 5A Perdona.
Entschuldigung. I 4B, PP Perdón.
sich **entspannen** IV 4 relajarse
entsprechend *(prep.)* II 4 según
eine **Epoche** IV 7 una época
er I 2B él
sich **erbarmen** <IV 5> condolerse (-ue-)
eine **Erdbeere** III 7 una fresa
Erdkunde *(Schulfach)* I 5A, PP (la) geografía
das **Erdöl** <IV 6, 9> el petróleo
etw. **erfahren** I 7B enterarse de algo
der **Erfolg** III 5, PP el éxito
erfolglos sein III 5, PP no tener *(irr.)* éxito
erfolgreich sein <IV 3, MA> triunfar
III 5, PP tener *(irr.)* éxito
erfreut (sein) I 7A (estar) encantado, -a
sich **ergeben** IV 4 rendirse (-i- / -i-)
etw. **erhöhen** III 5 subir algo
sich an etw./jdn. **erinnern** I 5B recordar (-ue-) algo / a alguien
III 1 acordarse (-ue-) de algo / alguien
jdm. etw. **erklären** II 4 explicar (c-qu) algo a alguien
eine **Erklärung** III 1 una explicación
eine **Erlaubnis** IV 5 un permiso
jdn. **ermorden** III 6 asesinar a alguien
ernennen <IV 8, 8> nombrar
erneut II 8 de nuevo
im **Ernst** I 5B en serio
ernst II 7 serio, -a
die **Ernte** IV 5 PP la cosecha
ein **Eroberer** IV 7, PP un conquistador
die **Eroberung** IV 7, PP la conquista
etw. **erreichen** III 6 conseguir (-i- / -i-; gu-g) algo
etw. **erschaffen** III 2 crear algo
eine **Erschaffung** IV 1 una creación
erscheinen IV 7 Estr aparecer (-zco)
jdm. etw. **erscheinen** I 8A parecer(le) (-zco) algo a alguien
erschöpft (sein) <I 9>; II 1 (estar) agotado, -a
erschrocken (sein) II 2, PP (estar) asombrado, -a
die **Ersparnisse** IV 3 los ahorros
erst IV 6 sólo *(adv.)*
erstaunt (sein) II 2, PP (estar) asombrado, -a
erste, -r, -s II 2 primero, -a
die **erste** Klasse der Sekundarstufe *(entspricht der 7. Klasse in Deutschland)* II 2 primero (1°)
die **Erste** Welt III 6 el Primer Mundo
die **Erstkommunion** II 4 la Primera Comunión
etw. / jdn. **ertragen** I 7B soportar algo / a alguien
ein **Erwachsener**, eine **Erwachsene** IV 4 un adulto, una adulta
die **Erwärmung** IV 7 el calentamiento
etw. / jdn. **erwarten** I 2B esperar algo / a alguien
etw. / jdn. **erwischen** III 8, 2 pillar algo / a alguien
jdm. (von) etw. **erzählen** I 5B contar (-ue-) algo a alguien
etw. **erzeugen** <IV 6, 8> producir *(irr.)*
ein **Erzeugnis** <IV 5, 9>; IV 7 un producto
es gibt I 4B, PP hay
es ist (nämlich) so, dass... I 4A es que
Es läuft ... *(im Kino)* I 4A, PP Ponen ...
ein **Esel** IV 2, PP un burro
etw. **essen** I 2B tomar algo
I 3A comer algo
zu Abend **essen** I 4A cenar
das **Essen** I 8A, 6 la comida
das **Essen** zubereiten I 8A, 6 preparar la comida
ein **Esszimmer** I 4A, 5 un comedor
etwas I 3A algo
Noch **etwas**? I 7A, PP ¿Algo más?
euch *(Dativpron.)* I 8A os
(Akkusativpron.) II 3 os
euer, eure *(sg.)* I 3B vuestro, -a
eure *(pl.)* I 3B vuestros, -as
(das) **eure, -r, -s** III 7 vuestro, -a; el vuestro, la vuestra
ein **Euro** I 7A, PP un euro
Europa II 8 Europa [europa] *(f.)*
ein **Europäer**, eine **Europäerin** IV 7, PP un europeo, una europea
die **Europäische** Union IV 8, PP la Unión Europea
exakt IV 1 exacto, -a
ein **Examen** IV 8 un examen
eine **Examensfeier** III 7, PP una fiesta de graduación
existieren III 6 existir
exotisch IV 7, PP exótico, -a
eine **Expedition** IV 7 una expedición
ein **Experte**, eine **Expertin** <IV 4, 9>; IV 6 un experto, una experta
etw. **exportieren** II 8 exportar algo

F

eine **Fabrik** <IV 6, 9> una fábrica
fähig (sein) zu etw. IV 4 (ser) capaz *(pl.* capaces) de algo
mit *(+ Verkehrsmittel)* **fahren** II 1, PP ir *(irr.)* en *(+ Verkehrsmittel)*
mit dem Fahrrad **fahren** II 1, PP ir *(irr.)* en bicicleta
mit dem Zug **fahren** II 1, PP ir *(irr.)* en tren
mit dem Auto **fahren** II 1, PP ir *(irr.)* en coche
ein **Fahrgast** IV 5 un pasajero
eine **Fahrkarte** II 5 un billete
IV 5 un pasaje
ein **Fahrkartenschalter** IV 5 una taquilla
der **Fahrplan** II 1 el horario
das **Fahrrad** II 1, PP la bicicleta
eine **Fahrt** II 1, PP un viaje
ein **Fall** IV 5 un caso
in diesem **Fall** IV 5 en este caso
fallen II 1 caerse (me caigo)
familiär III 6 familiar
eine **Familie** I 3A, PP una familia
die **Familie** Alonso I 8B los Alonso
Familien- III 6 familiar
ein **Familienname** <IV 1, 2>; IV 9 un apellido
Fan von etw. sein I 5A ser *(irr.)* de algo
die **Fantasie** IV 2 la imaginación
eine **Farbe** I 6 un color
eine **Fassade** II 4, PP una fachada
fast I 5A casi
faul III 2 vago, -a
ein **Faulpelz** III 2 vago, -a
auf eigene **Faust** II 9 por *(+ Poss.pron.)* cuenta
Februar I 7B, PP febrero *(m.)*
eine **Feder** IV 2 una pluma
fehlen I 5B faltar
ein **Fehler** I 7B un error
eine **Feier** I 7B una fiesta
etw. **feiern** I 7A celebrar algo
ein **Feigling** II 5 un / una cobardica
ein **Feld** *(Landwirtschaft)* IV 3, PP un campo
ein **Fenster** I 8B, PP una ventana
die **Ferien** I 2A, PP las vacaciones
ein **Ferienlager** II 1, PP una colonia
fern IV 6 lejano, -a
das **Fernsehen** I 4A la televisión
(Kurzwort) III 1 la tele
eine **Fernsehserie** IV 1 una telenovela
fertig I 8B ya está
fertig (sein) <IV 1, MA> (estar) **listo, -a**
ein **Fest** I 7B una fiesta
ein **fester** Freund, eine **feste** Freundin II 4, PP un novio, una novia
ein **Festessen** III 7, PP un banquete
etw. / jdn. **festhalten** III 4 sujetar algo / a alguien
ein **Feuer** II 1 un fuego
(das) **Fieber** III 1, PP la fiebre
ein **Film** III 1 una película
(Kurzform) III 2 una peli
etw. **finden** I 6 encontrar (-ue-) algo
III 4 descubrir algo
ein **Finger** II 3 un dedo
ein **Fingernagel** IV 2 una uña
ein **Flakon** <IV 2> un frasco
eine **Flasche** III 8, 2 una botella
ein **Fläschchen** <IV 2> un frasco
das **Fleisch** I 7A la carne
fliegen II 1, PP ir *(irr.)* en avión
vor etw. **fliehen** IV 4 evadirse de algo
ein **Flüchtlingslager** IV 3 un campo de refugiados
ein **Flughafen** I 8A, PP un aeropuerto
ein **Flugticket** I 8A, PP un billete de avión
ein **Flugzeug** II 1, PP un avión
ein **Flur** I 4A, 5 un pasillo
ein **Fluss** II 1, 11 un río
jdm. **folgen** III 4 seguir (-i- / -i-; gu-g) a alguien
folgende, -r, -s I 6, PP siguiente
(Bodenschätze) **fördern** <IV 6, 9> extraer *(irr.)*
die **Form** *(Art)* IV 4 la forma
etw. **formen** IV 7 formar algo
eine **Forschungsreise** IV 7 una expedición
fortfahren etw. zu tun II 3 seguir (-i- / -i-; gu-g) *(+ gerundio)*
ein **Foto** I 5A una foto
ein **Fotoapparat** III 8, 2 una cámara de fotos
eine **Fotokopie** III 8, 2 una fotocopia
eine **Frage** II 2 una pregunta
etw. / jdn. **fragen** I 3A preguntar algo / a alguien
sich etw. **fragen** IV 3 preguntarse algo
eine **Frau** I 4B una señora *(abrev.* Sra.)
I 7A una mujer
eine alte **Frau** III 1, PP una anciana
eine junge **Frau** III 2 una chavala
ein **Fräulein** IV 2 una señorita
Ganz schön **frech**! I 2B ¡Qué morro!
frei II 3 libre
die **Freiheit** IV 4 la libertad
Freitag I 5A, PP viernes *(m.)*
freiwillig IV 3 voluntario, -a
ein **Freiwilliger**, eine **Freiwillige** III 6 un voluntario, una voluntaria
die **Freizeit** I 5A el tiempo libre
fremd IV 3, PP extranjero, -a
die **Freude** III 6 la alegría
sich **freuen** über / auf II 2, PP alegrarse de *(+ inf. / sust.)*
ein/e **Freund/in** I 2A un amigo, una amiga
III 2 un / una colega *(col.)*
ein **fester** Freund, eine **feste** Freundin II 4, PP un novio, una novia
mein (fester) **Freund**, meine (feste) **Freundin** III 5 mi chico, mi chica
freundlich sein IV 1 tener *(irr.)* buen carácter

die **Freundschaft** IV7 la amistad
der **Friede** III4 la paz
froh (sein) I6 (estar) contento,-a
fröhlich III5 alegre
fröhlich (sein) I6 (estar) contento,-a
II2,PP (estar) animado,-a
die **Frucht** I7A la fruta
früh *(adv.)* IV5 temprano *(adv.)*
früher III1 antes
früher,-e,-s III2,10 antiguo,-a *(delante del sust.)*
der **Frühling** II9,9 la primavera
ein **Frühstück** I7B un desayuno
etw. **frühstücken** I6,PP desayunar algo
sich **fühlen** II2,PP sentirse (-ie-/-i-) *(+ adj.)*
ein/e **Führer/in** II4 un/una guía
eine **Führung** III4 una visita guiada
ein **Füller** I3A,10 una pluma
fünfte,-r,-s II2 quinto,-a
ein **15-Jähriger**, eine **15-Jährige** III7 un quinceañero, una quinceañera
funktionieren III1 funcionar
für I5B para
<IV8,4> a favor de
etw. **für** jdn. tun *(anstelle von)* III3 hacer *(irr.)* algo por alguien
furchtbar I7B terrible
füreinander einstehend IV4 solidario,-a
ein **Fuß** IV2,16 un pie
der **Fußball** I2A,PP el fútbol
ein **Fußballfeld** II4 un campo de fútbol

G

Galizien II1 Galicia *(f.)*
ein **Galizier**, eine **Galizierin** *(in vielen lat.am. Ländern auch Bezeichnung für die Spanier allgemein)* II8 un gallego, una gallega
galizisch II8 gallego,-a
ein **Gang** I4A,5 un pasillo
eine **Gang** III6 una pandilla
der/die **ganze...** I5B todo el..., toda la...
ein **Garten** I7B un jardín
frittiertes Spritz**gebäck** III3 un churro
ein **Gebäude** I4B un edificio
jdm. etw. **geben** I8A dar(le) *(irr.)* algo a alguien
<II10> pasar algo a alguien
Geben sie mir ... I7A,PP Me pone...
ein **Gebirge** II1,PP una montaña
eine **Gebirgskette**, ein **Gebirgszug** II8,PP una cordillera
geboren werden II7,PP nacer (-zco)
gebrochen (sein) II1 (estar) roto,-a
der **Geburtstag** I6 el cumpleaños
die **Geduld** III5,PP la paciencia
(keine) **Geduld** haben III5,PP (no) tener *(irr.)* paciencia
gefährlich III4 peligroso,-a
jdm. **gefallen** I8A gustar(le) a alguien
jdm. sehr gut **gefallen** I8A encantar
jdm. sehr **gefallen** III1,PP molar a alguien *(col.)*
ein **Gefallen** III3 un favor
ein **Gefängnis** III6 una cárcel
ein **Gefühl** IV4 un sentimiento
gegen etw. sein <IV7,9> estar en contra de algo
die ländliche **Gegend** II1,PP el campo
ganz im **Gegenteil** IV4 todo lo contrario
gegenüber (von) I4B,PP enfrente de
ein **Geheimnis** III6 un secreto
gehen I4A,PP ir *(irr.)*
(weg)**gehen** I6 irse *(irr.)*
zu weit **gehen** I7B pasarse
(zu Fuß) **gehen** <IV4,MA>;IV7 andar *(irr.)*
es **geht** so I3B,4 regular
gehorsam IV2,PP sumiso,-a
ein **Geländewagen** IV3 un todoterreno
gelangweilt (sein) II2,PP (estar) aburrido,-a
gelb I6,10 amarillo,-a
das **Geld** II3 el dinero
ein **Geldschein** III8,2 un billete
gelegen (sein) III8,1 (estar) situado,-a
ein **Gemälde** II4 un cuadro
IV9 una pintura
gemäßigt *(Klima)* III8,1 templado,-a
gemein IV2 con mala idea
gemeinsam I4B junto,-a
das **Gemüse** I7A la verdura
genau IV1 cierto
IV1 exacto,-a
genau um ... Uhr I4A a la(s)... en punto
genauso (wie) I5B igual (que)
genial I4A genial
(etw.) **genießen** III7 disfrutar (de algo)
ein **Genosse**, eine **Genossin** IV5 un compañero, una compañera
genügend III6 suficiente
gerade etw. getan haben I8A acabar de hacer *(irr.)* algo
geradeaus I4B,PP todo recto
ein **Gerät** III1 un aparato
ein **Geräusch** IV4 un sonido
gerecht III6 justo,-a
ein **Gericht** II3,PP un plato
ein kleines **Gericht** II3,PP una tapa
gern <IV7> de buena voluntad
der **Geruch** IV2 el olor
der **Gesang** IV9 el canto
ein **Geschäft** I4B,PP una tienda
geschehen II2 pasar
ein **Geschenk** I7B un regalo
Geschichte *(Schulfach)* I5A,PP (la) historia
das **Geschlecht** III5 el sexo
die **Geschwister** I2A los hermanos
die **Gesellschaft** IV4 la compañía
IV4 la sociedad
gesellschaftlich III6 social
ein **Gesetz** IV8,PP una ley
die **Gesetzgebung** <IV8,8> la legislación
das **Gesicht** III1 la cara
ein **Gespräch** I2A una conversación
jdm. etw. **gestatten** IV5 autorizar (z-c) algo a alguien
gestattest du/**gestatten** Sie IV5 con tu/su permiso
gestern II7 ayer
gestern Abend IV1 anoche
die **Gesundheit** IV5 la salud
ein **Getränk** I2A una bebida
ein (Erfrischungs)**Getränk** <I9> un refresco
ein **Getränkeautomat** II5 una máquina de bebidas
die **Gewalt** III6 la violencia
eine **Gewerkschaft** IV8 un sindicato
gewinnen III3 tocar (c-qu) a alguien
ein **Gewitter** II1,8 una tormenta
es **gibt** I4B,PP hay
ein **Gipfel** <IV7> una cumbre
ein **Glas** *(Geschirr)* II3 un vaso
das **Glas** *(Material)* IV7 el vidrio
etw. **glauben**, **glauben**, dass I7A creer algo, creer que ...
Das **glaube** ich nicht! IV5 Parece mentira.
jetzt **gleich** I5B ahora mismo
gleich *(genauso)* (wie) I5B igual (que)
das **Glück** I5A la suerte
zum **Glück** I5B menos mal
II3 por suerte
das **Glück**(sgefühl) III6 la felicidad
glücklich III6 feliz
das **Gold** IV7,PP el oro
(der) **Gott** II6 (el) Dios
Mein **Gott**! II6 ¡Dios mío!
<IV5> ¡Válgame Dios!
ein **Grad** II1 un grado
... **Grad** sein II1 hacer *(irr.)* ... grados
ein **Gramm** I7A,7 un gramo
gratis <I9,PP>;<IVRE2,9> gratis
grau I6,10 gris
eine **Grenze** II8,PP una frontera
die **Grippe** IV2,12 la gripe
groß I4B grande
III2,10 gran *(delante del sust.)*
II3 enorme
(hoch) I4B alto,-a
großartig I4A,PP fenomenal
III2 gran *(delante del sust.)*
die **Großeltern** I3A,PP los abuelos
größer IV6 mayor
am **größten** IV6 mayor
die **Großmutter**, der **Großvater** I3A,PP el abuelo, la abuela
großzügig III5,PP generoso,-a
grün I5B verde
ein **Grund** III6 una razón
eine **Grundschule** I4B,PP un colegio
eine **Grünzone** I4B una zona verde
eine **Gruppe** II1 un grupo
ein **Gruß** II1 un saludo
jdn. **grüßen** <I9>;II7 saludar a alguien
jdn. (zum Abschied) von jdm. **grüßen** IV3 despedir (-i-/-i-) a alguien de alguien
ein **Guatemalteke**, eine **Guatemaltekin** III1,PP un guatemalteco, una guatemalteca
guatemaltekisch III7 guatemalteco,-a
gut I7A bueno,-a
Guten Tag. I3B Buenos días.
Guten Tag *(nachmittags)* I3B,4 Buenas tardes.
Guten Abend. **Gute** Nacht I3B,4 Buenas noches.
gut *(adv.)* I2A bien *(adv.)*
(jdm.) **gut** gehen II7 estar bien
gut sein für II3 servir (-i-/-i-) para
gut zu sehen III8,2 a la vista
gutmütig III1 bueno,-a
ein **Gymnasium** I4B,PP un instituto

H

die **Haare** I5B,PP el pelo
haben *(als Hilfsverb)* I7B haber *(irr.)*
etw. **haben** I5A tener *(irr.)* algo
ein **Hafen** III8,1 un puerto
halbe,-r,-s I7A medio,-a
eine **Halbinsel** <IVGC> una península
die Iberische **Halbinsel** <IVGC> la Península Ibérica
die **Hälfte** III5,7 la mitad
Hallo! I1,PP ¡Hola!
der **Hals** <IV2,12> la garganta
eine **Haltestelle** II4,12 una parada
der **Hammer** sein II1 ser *(irr.)* una pasada
eine **Hand** I5B una mano *(f.)*
in **Händen** von jdm. sein IV3,PP estar en manos de alguien
sich **handeln** um IV7Estr tratarse de
die **Handwerksarbeit** III8,1 la artesanía
ein **Handy** I2A un móvil
ein **Häppchen** II3,PP una tapa
hart II2 duro,-a
etw./jdn. **hassen** I4B odiar algo/a alguien
hässlich I5B,PP feo,-a
ein **Haufen** I4B un montón (de) *(col.)*
Haupt- I5B principal
das **Hauptgericht** II3,PP el segundo plato
die **Hauptstadt** II8,PP la capital
ein **Haus** I4A una casa
die **Hausaufgaben** I5A los deberes
zu **Hause** I4A en casa
zu jdm. nach **Hause** gehen I4A ir a casa de alguien
eine **Hausfrau** III1,PP un ama *(f.)* de casa
ein **Haustier** IV1 una mascota
He! II4 ¡Jo!
ein **Heer** IV8 un ejército
ein **Heft** I3A,10 un cuaderno

die Erste **Heilige** Kommunion II4 la Primera Comunión
ein **Heim** III6 el hogar
jdn. **heiraten** II7, PP casarse con alguien
heiß III8,1 cálido, -a
heißen I6 llamarse
das **heißt** <IV8,13> o sea
jdm. **helfen** (etw. zu tun) I5B ayudar a alguien (*Akk.*) (a hacer algo)
hell(blau, -grün, ...) IV7Estr (azul, verde, ...) claro
ein **Hemd** I6 una camisa
heranwachsen II8 crecer (-zco)
etw. **herausnehmen** I6 sacar (c-qu) algo
sich **herausstellen** <IV2> resultar (que)
etw. **herbringen** II3, PP traer (*irr.*) algo
der **Herbst** II9,9 el otoño
ein **Herd** IV1,5 una cocina
hereinkommen IV1 pasar
ein **Herr** I4B un señor (*abrev.* Sr.)
herrlich II6 espectacular
ein **Herrschergeschlecht** <IV GC> una dinastía
das **Herz** <IV2,12>; IV4 el corazón
heute I3B hoy
heute Nachmittag I7A esta tarde
heutzutage II8 actualmente
hey du (*umgangssprachl. Anrede*) II1 tía (*col.*)
hier I3A aquí
die **Hilfe** I2A la ayuda
Hilfe! III2 ¡socorro!
der **Himmel** IV9, PP el cielo
hinauf II3 arriba
(etw.) **hinaufgehen** II6 subir (algo)
Ich weiß, worauf du **hinaus** willst. I8A te veo venir
hinein II3 adentro
in etw. **hineinpassen** III1 caber (*irr.*) en algo
hineingehen (in) I3B entrar (en)
etw. **hineinstecken** I8B, PP meter algo en algo
die **Hinfahrt** II5, PP la ida
die **Hin- und Rückfahrt** II5, PP la ida y vuelta
hingegen IV3 en cambio
sich **hinlegen** I6, PP acostarse (-ue-)
hinter I8B, PP detrás de
der **Hintergrund** IV7Estr el fondo
die **Hintertür** <IV7> la puerta de atrás
jdm. etw. **hinüberreichen** <II10> pasar algo a alguien
hinunter II3 abajo
darauf **hinweisen**, dass IV6 advertir (-ie- / -i-) que
die **Hitze** II1 el calor
ein **Hobby** III5 una afición
Hobby- IV4 aficionado, -a
hoch (*groß*) I4B alto, -a
hoch (gelegen) III8,1 elevado, -a
hoch (*adv.*) II3 arriba
eine **Hochebene** III8,1 un altiplano
ein **Hochhaus** IV6 un rascacielos
höchste, -r, -s, Höchst- IV5 máximo, -a
eine **Hochzeit** II7, PP una boda
ein (Schul)**Hof** I5B un patio
etw. **hoffen** III2 esperar algo
die **Hoffnung** III6 la esperanza
höflich <IV4,13> cortés
die **Höhe** III8,2 la altitud
die **Höhenkrankheit** IV2,12 el soroche
der **Honig** <IV4> la miel
Hoppla! (*argentin. Ausruf*) II8 ¡Pucha!
etw. / jdn. **hören** I2A, PP escuchar algo / a alguien
etw. **hören** I6 oír (*irr.*) algo
hör mal I3A oye
eine **Hose** I6 un pantalón
ein **Hotel** II1, PP un hotel
hübsch I4B bonito, -a
I5B, PP guapo, -a
II9 lindo, -a

ein **Huhn** IV2, PP una gallina
ein **Hühnchen** IV2 un pollo
ein **Hund** I3A un perro
der **Hunger** II3 el hambre (*f.*)
Hunger haben II3 tener (*irr.*) hambre
die Iberische **Halbinsel** <IV GC> la Península Ibérica

I

ich I2B yo
eine **Idee** I2B una idea
ihm (*Dativpron.*) I8A le
ihn (*Akkusativpron.*) II3 lo
ihnen (*Dativpron.*) I8A les
ihr (*Subjektpron.*) I2B vosotros, -as
ihr (*Dativpron.*) I8A le
ihr, ihre (*sg.*) I3A su
ihre (*pl.*) I3B sus
(das) **ihre, -r, -s**; von **ihr** / von **ihnen** / von **Ihnen** III7 suyo, -a; el suyo, la suya
illegal III6 ilegal
im Jahr 19... (neunzehnhundert...) II7, PP en 19... (mil novecientos...)
im Jahr 20... (zweitausend...) II7, PP en 20... (dos mil...)
immer I1 siempre
der, die das gleiche wie **immer** I4A de siempre
immer (*+ Steigerungsform des Adj.*), **immer** mehr (*+ sust.*) III1 cada vez más (*+ adj. / sust.*)
in I1 en
(*zeitl.*) III5 dentro de
in der Nähe (von), bei I4B, PP cerca (de)
In Ordnung. / Ok. I3A Vale.
Indien <IV7> la India
die **Industrie** <IV6,9> la industria
eine **Information** III3 una información
jdn. über etw. **informieren** IV2 avisar a alguien de algo
die **Infrastruktur** IV6 las infraestructuras
ein **Ingenieur**, eine **Ingenieurin** II8 un ingeniero, una ingeniera
der **Inhalt** <IV4, MA2> el contenido
eine **Insel** II1,11 una isla
die Kanarischen **Inseln** <IV3,2>; IV7 las Islas Canarias
insgesamt I7A en total
eine **Institution** <IV8,8> una institución
ein **Instrument** IV4PP un instrumento
intelligent I6 inteligente
interessant I4B interesante
jdn. **interessieren** III6 interesar a alguien
(das) **Internet** II1 (la) Internet
eine **Invasion** IV7 una invasión
irgendeine, -r, -s II6 algún, alguno, -a
sich **irren** IV2 equivocarse (c-qu)
Ist das alles? I7A, PP ¿Es todo?
Ist gut. / In Ordnung. I7A está bien
da **ist** I4B, PP hay

J

ja I1 sí
eine **Jacke** I6,10 una cazadora
ein **Jahr** I8A un año
... **Jahre** alt sein I8A tener (*irr.*) ... años
... **Jahre** alt werden II8 cumplir ... años
eine **Jahreszeit** II9,9 una estación del año
ein **Jahrhundert** IV4 un siglo
ein 15-**Jähriger**, eine 15-**Jährige** III7 un quinceañero, una quinceañera
Januar I7B, PP enero (*m.*)
je mehr / weniger ... desto ... IV6 cuanto más / menos (*+ adj. / sust. / verbo*) ..., mejor
eine **Jeans** I6,10 unos vaqueros
jede, -r, -s I5B todos los..., todas las...
jemand II4 alguien
jene, -r, -s I7A aquél, aquélla, aquello, aquéllos, -as (*pron.*)

jetzt I3A ahora
jetzt gleich, **jetzt** sofort I5B ahora mismo
ein/e **Journalist/in** IV8 un / una periodista
jüdisch III4, PP judío, -a
die **Jugend** IV7 la juventud
eine **Jugendfreizeit** II1, PP una colonia
eine **Jugendherberge** II1, PP un albergue juvenil
ein **Jugendlicher**, eine **Jugendliche** I7A un/una joven
die **Jugendlichen** I7A los jóvenes
Juli I7B, PP julio (*m.*)
jung I5A joven (*pl.* jóvenes)
eine **junge** Frau I7A una joven
III2 una chavala
III6 una muchacha
ein **Junge** I1 un chico
III2 un chaval
III6 un muchacho
ein kleiner **Junge** I4B un niño
Juni I7B, PP junio (*m.*)
Jura II8 (el) Derecho

K

ein **Kaffee** III3 un café
ein **Kajak** II1 un kayak
Kalifornien III7 California (*f.*)
kalt sein (*Wetter*) II1 hacer (*irr.*) frío
die **Kälte** II1 el frío
eine **Kammer** (*Teil des Parlaments*) IV8 una cámara
gegen jdn. **kämpfen** III4 luchar contra alguien
ein **Kanarienvogel** IV9 un canario
die **Kanarischen** Inseln <IV3,2>; IV7 las Islas Canarias
kapitalistisch <IV5> capitalista
eine **Kappe** III1, PP una gorra
<IV7> un bonete
kaputt (sein) II1 (estar) roto, -a
die **Karibik** IV5PP el Caribe
eine **Karte** III7, PP una tarjeta
eine **Kartoffel** <IV1,9>; IV7 una patata
eine **Kartoffel** (*lat. am.*) IV7 una papa (*lat. am.*)
ein **Karton** IV5 una caja
der **Käse** I7A el queso
Katalanisch (*Sprache*) II4, PP (el) catalán
Katalonien II4 Cataluña (*f.*)
eine **Katastrophe** I1 un desastre
ein **Kater** IV1 un gato
eine **Kathedrale** III4, PP una catedral
die **Katholischen** Könige III4 los Reyes Católicos
eine **Katze** IV1 un gato
eine (weibliche) **Katze** IV1 una gata
ein **Kätzchen** <IV1,8> un gatito, una gatita
etw. **kaufen** I2A, PP comprar algo
die **Kehle** <IV2,12> la garganta
keine, -r, -s II6 ningún, ninguno, -a
Keine Ahnung. I2B Ni idea.
Keine Rede! I7A ¡Qué va!
ein **Kellner**, eine **Kellnerin** II3, PP un camarero, una camarera
(*lat.am.*) IV1 un mesero, una mesera (*lat. am.*)
etw. / jdn. **kennen, kennenlernen** I8A, PP conocer (-zco) algo / a alguien
kerngesund sein IV5 tener una salud de hierro
eine **Kerze** III7, PP una vela
ein **Kilo** I7A, PP un kilo
ein **Kilometer** II5, PP un kilómetro
... **Kilometer** entfernt sein II5 estar (*irr.*) a ... kilómetros
ein **Kind** I4B un niño, una niña
die **Kinder** I3A, PP los hijos
ein **Kindergarten**, eine **Kinderkrippe** III1, PP una guardería
Das ist kein **Kinderspiel**. I1 No es un juego.
ein **Kino** I4A, PP un cine
ein **Kiosk** III1, PP un quiosco
eine **Kirche** II4 una iglesia
eine **Kiste** IV5 una caja

kitschig III 7 kitsch
ein **Klang** IV 4 un sonido
klar I 2A claro
eine **Klasse** I 5A una clase
die erste / zweite **Klasse** der Sekundarstufe *(entspricht der 7./8. Klasse in Deutschland)* II 2 primero (1°) / segundo (2°)
klasse I 5A guay *(col.)*
ein **Klassenkamerad**, eine **Klassenkameradin** I 5B un compañero, una compañera (de clase)
eine **Klassenleiterstunde** I 5A, PP una tutoría
ein **Klassenzimmer** III 1 un aula
klassisch IV 4 clásico, -a
klatschen <I 9> aplaudir
ein **Kleid** I 6 un vestido
ein **Kleiderschrank** I 6 un armario
die **Kleidung** I 4B la ropa
klein I 4B pequeño, -a
I 5B, PP bajo, -a
ein **kleiner** Junge, ein **kleines** Mädchen I 4B un niño, una niña
ein **Kleinbus** *(Bolivien)* <IV 2> un trufi *(Bolivia)*
das **Klima** III 8, 1 el clima
Klima- <IV GC> climático, -a
der **Klimawandel** IV 6, PP el cambio climático
eine **Klingel** III 1 un timbre
klingeln I 6 sonar (-ue-)
ein **Klub** III 7 un club
eine **Kneipe** I 3A un bar
etw. **kochen** IV 1 cocinar algo
ein **Koffer** I 8A, PP una maleta
die **Kohlensäure** II 3 el gas
Kolonial-, aus der **Kolonialzeit** III 8, 1 colonial
ein **Kolumbianer**, eine **Kolumbianerin** I 5B un colombiano, una colombiana
Kolumbien II 1 Colombia *(f.)*
Christoph **Kolumbus** II 4 Cristóbal Colón
komisch *(witzig)* I 5B gracioso, -a
(seltsam) I 7B raro, -a
Komm schon! I 3B ¡Venga!
ein **Komma** IV 5, 10 una coma
kommen I 5A venir *(irr.)*
kommen aus I 1, PP ser *(irr.)* de
(an)**kommen** I 2A llegar (g-gu)
das **kommt** daher, dass... I 4A es que
kommende, -r, -s ... I 5A ... que viene
(am / im) **kommenden** *(+ Zeitangabe)* I 5A el ... que viene
ein **Kommentar** <IV 4, 2> un comentario
etw. **kommentieren** <IV 9, MA> comentar algo
die Erste Heilige **Kommunion** II 4 la Primera Comunión
kompliziert III 1 complicado, -a
komponieren <IV 4> componer *(irr.)* algo
ein **König**, eine **Königin** III 4 un rey, una reina
die Katholischen **Könige** III 4 los Reyes Católicos
ein **Königreich** IV 7 un reino
etw. tun **können** I 5B poder *(irr.)* hacer algo
(gelernt haben) I 6 saber *(irr.)* hacer algo
ein **Kontakt** III 5 un contacto
kontaktfreudig III 5, PP comunicativo, -a
ein **Kontinent** II 8, PP un continente
ein (internationaler) **Konzern** II 8 una multinacional
ein **Konzert** I 4A, PP un concierto
der **Kopf** II 5 la cabeza
sich den **Kopf** zerbrechen III 1 romperse la cabeza
ein **Kopfkissen** IV 1, 5 una almohada
ein **Körper** IV 7 un cuerpo
die **Körperteile** <IV 2, 12> las partes del cuerpo
ein **Körperbehinderter** <IV 5> un impedido físico
kosten I 7A, PP costar (-ue-)
Wie viel **kostet** das? I 7A, PP ¿Cuánto cuesta?
die **Kraft** IV 3 la fuerza
kräftig II 7 fuerte
krank II 7 enfermo, -a
krank werden II 7 caer *(irr.)* enfermo, -a
ein **Krankenhaus** II 1 un hospital
ein **Krankenpfleger**, eine **Krankenschwester** I 8A un enfermero, una enfermera
eine **Krankheit** III 8, 2 una enfermedad
ein **Kreuz** IV 7, PP una cruz
ein **Krieg** III 4 una guerra
die **Kriminalität** III 8, 4 la criminalidad
etw. / jdn. **kritisieren** IV 4 criticar (c-qu) algo / a alguien
die **Krone** <IV 8, 8> la Corona
Kuba IV 5 PP Cuba *(f.)*
ein/e **Kubaner/in** IV 5 PP un cubano, una cubana
eine **Küche** I 4A una cocina
eine **Kuh** II 8 una vaca
ein **Kühlschrank** IV 1, 5 una nevera
eine **Kultur** III 4, PP una cultura
kulturell III 8, 4 cultural
sich um jdn. **kümmern** III 1, PP cuidar a alguien
ein **Kumpel** III 2 un / una colega *(col.)*
die **Kunst** IV 1 el arte
Kunsterziehung *(Schulfach)* I 5A, PP (la) educación plástica y visual
das **Kunsthandwerk** III 8, 1 la artesanía
ein/e **Künstler/in** <IV 9, PP> un / una artista
ein **Kunstwerk** II 4, PP una obra
kurz I 5B, PP corto, -a
kurz und gut II 8 en fin
ein **Kurzfilm** III 3 un corto
ein **Kuss** *(auch Grußformel)* I 5A un beso
jdn. **küssen** IV 9 besar a alguien
eine **Küste** I 1 una costa
eine **Küste**, ein **Küstengebiet** IV 6 un litoral

L

über etw. / jdn. **lachen** III 2 reírse *(irr.)* de algo / alguien
lächerlich III 7 ridículo, -a
ein **Laden** I 4B, PP una tienda
eine **Lampe** IV 1, 5 una lámpara
ein **Land** I 8A un país
(ländliche Gegend) II 1, PP el campo
(Ländereien) II 8, PP la tierra
die **ländliche** Gegend II 1, PP el campo
die **Ländereien** II 8, PP la tierra
ein **Landhaus** <IV 6> un chalé
ländlich IV 6 rural
eine **Landschaft** III 4, PP un paisaje
eine **Landstraße** II 5, PP una carretera
die **Landwirtschaft** II 8, PP la agricultura
lang I 5B, PP largo, -a
langsam IV 4 PP lento, -a
sich bei etw. **langweilen** III 5 aburrirse con algo
langweilig II 6 aburrido, -a
ein **Lappen** III 6 un trapo
der **Lärm** II 3 el ruido
lass mal sehen I 2A a ver
jdm. etw. (über)**lassen** I 8B dejar algo a alguien
jdn. etw. tun **lassen** *(dazu bringen)* IV 2 hacer *(irr.)* (+ *inf.*)
lasst uns ... nehmen III 6 tomemos ...
ein **Lastwagen** II 2 un camión
ein/e **Lateinamerikaner/in** III 7 un latinoamericano, una latinoamericana
lateinamerikanisch <IV 3, MA> latino, -a
eine **Laufbahn** II 8 una carrera
laufen II 5 correr
laut *(entsprechend)* II 4 según
laut III 5 alto, -a
(an der Tür) **läuten** IV 2 llamar (a la puerta)
Es **läutet**. I 8B Llaman.
mit voller **Lautstärke** <IV 4, 10> a todo volumen
leben I 3A vivir
das **Leben** I 6, PP la vida
die **Lebensmittel** IV 5 PP los alimentos
die **Leber** <IV 2, 12> el hígado
lebhaft (sein) II 2, PP (estar) animado, -a
lecker I 4B rico, -a
leer (sein) I 6 (estar) vacío, -a
sich **leeren** <IV 5> vaciarse
eine **Legende** III 4 una leyenda
ein/e **Lehrer/in** I 2B un profesor, una profesora
I 5A un / una profe *(col.)*
das **Lehrerzimmer** III 1 la sala de profesores
leicht I 4B fácil
es tut mir **leid** I 5A lo siento
leider II 8 desgraciadamente
III 7 por desgracia
leise <IV 4, 13> bajo, -a
ein **Leiter**, eine **Leiterin** IV 8 un jefe / una jefa
eine **Lektion** <IV 3, 14> una lección
<IV 5, 5> una unidad
etw. **lenken** *(leiten)* <IV 8, 8> dirigir (g-j) algo
etw. **lernen** I 2A, PP estudiar algo
I 3A aprender algo
etw. **lesen** I 3A leer algo
letzte, -r, -s I 7A último, -a
(vergangen) II 7 pasado, -a
in **letzter** Zeit II 8 últimamente
letztendlich II 2 al final
die **Leute** I 4B la gente
das **Licht** I 8B la luz
lieb; liebe, -r *(auch als Anrede)* II 1 querido, -a
etw. / jdn. **lieben** IV 4 querer *(irr.)* algo / a alguien
etw. / jdn. **lieber** mögen (als etw. / jdn.); etw. **lieber** tun I 5A preferir (-ie- / -i-) algo (a algo / a alguien) / preferir hacer algo
-liebhaber IV 4 aficionado, -a
Lieblings- I 4B preferido, -a
ein **Lied** I 2A una canción
eine (Bus-, U-Bahn-)**Linie** II 4, 12 una línea
links I 4B, PP a la izquierda
eine **Liste** I 5B una lista
die **Literatur** I 5A, PP la literatura
live IV 8 en directo
ein **LKW** II 2 un camión
logisch III 6 lógico, -a
ein **Losanteil** III 3 un décimo
etw. **lösen** *(Problem, etc.)* III 6 solucionar algo
eine **Lösung** II 7 una solución
ein **Lösungsmittel** III 6 un solvente
ein **Lotterielos** III 1, PP un billete de lotería
ein **Löwe** III 1 un león
die **Luft** IV 6, PP el aire
eine **Lüge** IV 5 una mentira
ein **Lumpen** III 6 un trapo
die **Lunge** <IV 2, 12> el pulmón
Lust haben etw. zu tun III 5 tener *(irr.)* ganas de hacer algo
lustig I 4B divertido, -a
sich über jdn. **lustig** machen IV 2 hacer *(irr.)* burla de alguien

M

etw. **machen** I 3B hacer *(irr.)* algo
Das **macht** nichts. I 8A No importa.
jdn. verrückt **machen** III 1 tener *(irr.)* loco, -a a alguien
ein **Mädchen** I 1 una chica
III 6 una muchacha
ein kleines **Mädchen** I 4B una niña
der **Magen** <IV 2, 12> el estómago
Mai I 7B, PP mayo *(m.)*
der **Mais** <IV 1, 9>; IV 7 el maíz
dieses **Mal** I 7B esta vez
etw. **malen** II 4 pintar algo
ein/e **Maler/in** II 4, PP un pintor, una pintora
die **Malerei** IV 9 la pintura
die **Mama** *(auch als Anrede)* I 4A mamá
man muss I 8A hay que...
manchmal III 5 de vez en cuando
der **Mangel** an etw. III 6 la falta de algo
ein **Mann** II 6 un hombre
ein alter **Mann** III 1, PP un anciano
eine **Mannschaft** I 5A un equipo
ein (leichter) **Mantel** I 6, 10 un abrigo

ein **Mäppchen** I3A,10 un estuche
ein **Markt** I7A,PP un mercado
ein **Marokkaner**, eine **Marokkanerin** IV3 un/una marroquí (*pl.* marroquíes)
März I7B,PP marzo *(m.)*
Mathematik *(Schulfach)* I5A,PP (las) matemáticas
eine **Maus** IV2,PP un ratón
ein **Mäuschen** <IV2> un ratoncito
maximal IV5 máximo,-a
ein **Medikament** IV2,12 una medicina
mediterran <IV6,10> mediterráneo,-a
das **Meer** I2A,PP el mar
eine **Meeresfrucht** II3 un marisco
der **Meeresspiegel** IV6 el nivel del mar
eine **Meeresspinne** *(Delikatesse)* II3 un centollo
das **Mehl** I7A,7 la harina
mehr I5B más
immer **mehr** *(+ sust.)* III1 cada vez más *(+ adj./sust.)*
mehrere II8 varios,-as
die **Mehrheit** III5,7 la mayoría
mein, meine *(sg.)* I3A mi
meine *(pl.)* I3A mis
(das) **meine, -r, -s** III7 mío,-a; el mío, la mía
Mein Gott! II6 ¡Dios mío!
etw. **meinen** I7A creer algo
meinen, dass... I7B creer que...
I7B pensar (-ie-) que...
eine **Meinung** III7 una opinión
die **meisten** III5,7 la mayoría
(der, die) **meisten** IV6 mayor
die **Melodie** IV4PP la música
Mensch *(umgangssprachl. Anrede)* II1 tía *(col.)*
die **Menschenrechte** <IV7,11> los derechos humanos
menschlich <IV7,8> humano,-a
eine **Messe** III7,PP una misa
ein **Meter** II5 un metro
eine **Metzgerei** I4B,PP una charcutería
mich *(Akkusativpron.)* II3 me
mich *(Dativpronomen)* I8A me, te, le, nos, os, les
die **Miete** IV1 el alquiler
etw. **mieten** III3 alquilar algo
eine **Mikrowelle** <IV2> un microondas
militärisch IV8 militar
(eine) **Million** II9 (un) millón (*pl.* millones)
ein/e **Minister/in** III8,4 un ministro, una ministra
ein **Ministerium** <IV8,12> un ministerio
der **Ministerpräsident** IV8 el Presidente del Gobierno
eine **Minute** II4 un minuto
mir *(Dativpron.)* I8A me
mir auch I2B,PP a mí también
mir auch nicht I2B,PP a mí tampoco
mit I2A con
etw. **mitbekommen** I7B enterarse de algo
etw. **mitbringen** II3,PP traer *(irr.)* algo
Mitleid haben <IV5> condolerse (-ue-)
der **Mitmensch** <IV7> el prójimo
etw./jdn. **mitnehmen** I7B llevar algo/a alguien
ein **Mitschüler**, eine **Mitschülerin** I5B un compañero, una compañera (de clase)
(der) **Mittag** II1 (el) mediodía
das **Mittagessen** IV1 el almuerzo
mittags II1 (el) mediodía
in die **Mitte** II3 al centro
etw. **mitteilen** III6 comentar algo
ein **Mittel** <IV4> un vehículo
Mittelamerika III8,4 Centroamérica *(f.)*
mittelmäßig I3B,4 regular
Mittelmeer- <IV6,10> mediterráneo,-a
das **Mittelmeer**, der **Mittelmeerraum** IV3,PP el Mediterráneo
Mittwoch I5A,PP miércoles *(m.)*
ein **Möbelgeschäft** I4B,PP una tienda de muebles
ein **Möbelstück** I4B,PP un mueble
ein **Mobiltelefon** I2A un móvil
Ich **möchte** bitte ... I7A,PP Me pone...
Was **möchtest** du? I7A,PP ¿Qué te pongo?
modern I4B moderno,-a
möglich <IV3,10>; IV8 posible
eine **Möglichkeit** III1 una posibilidad
ein **Moment** II3 un momento
die **Monarchie** IV8,PP la monarquía
ein **Monat** I5A un mes
ein **Mönch** IV7,PP un monje
der **Mond** IV9,PP la luna
Montag I5A,PP lunes *(m.)*
Montags, Dienstags, ... I5A los (+ *Wochentage*)
morgen I3B mañana
der **Morgen** I4A la mañana
morgens I5A por la mañana
eine **Moschee** III4,PP una mezquita
ein **MP3-Player** <II10> un MP3 [emepe'tres]
eine **Mückenschutzcreme** III8,2 una crema antimosquitos
müde (sein) I6 (estar) cansado,-a
ein **Müllfahrzeug** II2 un camión de la basura
eine **Mumie** III1 una momia
der **Mund** IV1 la boca
ein **Museum** I1 un museo
die **Musik** I2A,PP la música
musikalisch, Musik- IV4 musical
ein/e **Musiker/in** IV4 un músico, una música
etw. tun **müssen** I8A,PP tener *(irr.)* que hacer algo
IV7 deber (hacer algo)
man **muss** I8A hay que...
wohl (+ *inf.*) **müssen** (*Vermutung*) IV2 deber de (+ *inf.*)
nur **Mut**! III1 ¡ánimo!
die **Mutter** I3A,PP la madre

N

na ja, **na** gut I2A bueno
Na so was! *(argentin. Ausruf)* II8 ¡Pucha!
nach I4A a
nach *(entsprechend)* II4 según
zu jdm. **nach** Hause gehen I4A ir a casa de alguien
etw. **nach** und **nach** III3 ir *(irr.)* *(+ gerundio)*
ein/e **Nachbar/in** II2 un vecino, una vecina
nachdem II4 después de *(+ inf.)*
nachhaltig IV6 sostenible
nicht **nachhaltig** <IV6> insostenible
der **Nachmittag** I4A,PP la tarde
nachmittags I4A,PP por la tarde
ein **Nachname** IV9 un apellido
eine **Nachricht** I2B un mensaje
I3B una noticia
nächste, -r, -s II5 próximo,-a
eine **Nacht** I6 una noche
Gute **Nacht** I3B,4 Buenas noches.
der **Nachtisch** II3,PP el postre
nackt (sein) IV7,PP (estar) desnudo,-a
in der **Nähe** (von) I4B,PP cerca (de)
nahe bei IV1 junto a
sich etw./jdm. **nähern** III1 acercarse (c-qu) a algo/alguien
ein **Name** I3B,PP un nombre
die **Nase** IV2 la nariz
die **Nase** von etw. voll haben IV2 estar hasta las narices de algo
nass II2 mojado,-a
die **Natur** <IV5,MA>; IV6,PP la naturaleza
natürlich *(adv.)* II8 naturalmente
Natürlich. I2A Claro.
ein **Naturschutzgebiet** III8,1 una reserva (natural)
Naturwissenschaften *(Schulfach)* I5A,PP (las) ciencias de la naturaleza
der **Nebel** II1,8 la niebla
es ist **nebelig** II1,8 hay niebla
neben I4B,PP al lado de
IV1 junto a
neben ihm/ihr I7A a su lado
der **Neffe** I3A,PP el sobrino
etw. **nehmen** I2B tomar algo
IV2 coger (g-j) algo
etw. zu sich **nehmen** I2B tomar algo
jdn. auf den Arm **nehmen** III2 tomar el pelo a alguien
lasst uns ... **nehmen** III6 tomemos ...
nein I1 no
jdn. etw. **nennen** II6 llamar algo a alguien
nervös II1 nervioso,-a
nett I4B amable
I5A simpático,-a
ein **Netz** <IV2,13> una red
neu II3 nuevo,-a
neueste, -r, -s II3 último, a
neugierig III3 curioso,-a
neunte, -r, -s II2 noveno,-a
eine **NGO** III5 una ONG
nicht (*Verneinung*) I1 no
nicht einmal III1 ni siquiera
nicht wahr? I2A ¿verdad?
die **Nichte** I3A,PP la sobrina
eine **Nichtregierungsorganisation** III5 una ONG
nichts II5 nada
Nichts da! III3 De eso nada.
niedrig I4B bajo,-a
niemals II5 nunca
niemand II5 nadie
eine **Niere** <IV2,12> un riñón
noch I2B todavía
noch ein (-e, -r, -s) I7B otro,-os, otra,-as
noch einmal I7B otra vez
Noch etwas? I7A,PP ¿Algo más?
der **Norden** II8,PP el norte
der **Nordpol** <IV6> el Polo Norte
normal I4B normal
eine **Note** IV8 una nota
notwendig III6 necesario,-a
November I7B,PP noviembre *(m.)*
eine **Nummer** I3B,PP un número
nun I4A pues
nur I3B sólo
nützen zu II3 servir (-i-/-i-) para
nützlich III5,PP útil
nützlich sein für II3 servir (-i-/-i-) para

O

ob II5 si
ein **Oberstleutnant** <IV8> un teniente coronel
das **Obst** I7A la fruta
obwohl III4 aunque
oder I3B o
(zwischen zwei Zahlen) II5 ó
offensichtlich IV5 evidente
offiziell IV7 oficial
etw. **öffnen** I3A abrir algo
ohne II1 sin
ohne Zweifel II6 sin duda
ein **Ohr** IV4 una oreja
ein **Ohrring** III2 un pendiente
Ok. I3A Vale.
ökologisch <IV5,MA>; IV6 ecológico,-a
der **Ökoturismus** <IV6> el ecoturismo
Oktober I7B,PP octubre *(m.)*
eine **Ölplattform** <IV6,9> una plataforma
die **Oma** I3A,PP la abuela
der **Onkel** I2A el tío
Onkel und Tante I2A los tíos
der **Opa** I3A,PP el abuelo
eine **Oper** <IV4,PP> una ópera
eine **Operation** IV5 una operación
optimistisch III3 optimista
orange I6,10 naranja
eine **Orange** I7A,PP una naranja
ein **Orangenbaum** <IV4> un naranjo

eine **Orangenblüte** <IV4> un azahar
ordentlich II6 como Dios manda
In **Ordnung**. I7A está bien
etw. **organisieren** III8,2 organizar (z-c) algo
der **Orient** IV7 el Oriente
orientierungslos (sein) IV4 (estar) desorientado,-a
ein **Original** III8,2 un original
ein **Ort** I4B un lugar
 I8B, PP un sitio
 ein kleiner **Ort** I1 un pueblo
der **Osten** II8, PP el este
 der **Osten** *(Orient)* IV7 el Oriente
ein **Ozean** IV7 un océano
Ozeanien III4, PP Oceanía *(f.)*

P

ein **Paar** III4 una pareja
eine **Paella** *(span. Reisgericht)* I1 una paella
ein **Paket** IV5 un paquete
ein **Palast** III4, PP un palacio
panierte Tintenfischringe I4A los calamares
ein **Panzer** IV8 un tanque
der **Papa** *(auch als Anrede)* I7B el papá
ein **Papagei** <IV7> un papagayo
ein **Papier** I3A un papel
 (Dokument) III6 un papel
eine **Paprika(schote)** I7A un pimiento
ein **Paradies** III8,2 un paraíso
ein **Parfüm** IV2 un perfume
ein **Park** I4B, PP un parque
das **Parlament** <IV8,8> el parlamento
Bezeichnung für das spanische **Parlament** <IV8,8> las Cortes Generales
parlamentarisch IV8, PP parlamentario,-a
eine **Partei** IV8, PP un partido
ein **Partner**, eine **Partnerin** III5 una pareja
eine **Party** I7B una fiesta
Pass auf! I8B ¡Ten cuidado!
ein **Passagier** IV5 un pasajero
passend III5 adecuado,-a
passieren II2 pasar
eine **Pastete** *(galizische Spezialität)* II1 una empanada
ein/e **Patient/in** IV2,12 un/una paciente
die **Pause** I5A el recreo
das **Pech** <IV1,4> la mala suerte
perfekt I5A perfecto,-a
eine **Perle** <IV7> una perla
eine **Person** I8A una persona
eine **Pesete** *(frühere spanische Währung)* III1, PP una peseta
ein **Pferd** <I9, PP>; II1 un caballo
ein **Pfiff** II5 un pitido
ein **Pilger** <IV7> un peregrino
eine **Pistole** IV1 una pistola
jdn. **plagen** IV7 castigar (g-gu) a alguien
ein **Plakat** III2 un cartel
ein **Plan** II4 un plano
 III8,2 un plan
ein **Platz** I3B, PP una plaza
 IV9 un espacio
 I8B, PP un sitio
 I4B un lugar
 (im Zug, Bus...) IV5 un asiento
ein MP3-**Player** <II10> un MP3 [emepe'tres]
ein DVD-**Player** III1 un DVD
plötzlich II9 de repente
die **Politik** <IV2,14>; IV8 la política
ein/e **Politiker/in** <IV4,7> un político, una política
politisch IV8, PP político,-a
die kasernierte **Polizei** IV8 la Guardia Civil
ein **Polizist**, eine **Polizistin** I5B un/una policía
 (der spanischen kasernierten Polizei) IV8 un guardia civil
ein **Porträt** IV9 un retrato
positiv III1 positivo,-a
ein **Poster** I7B un póster
eine **Postkarte** II1 una postal
ein **Präsident**, eine **Präsidentin** II7 un presidente, una presidenta
der **Preis** II5, PP el precio
ein **Prinz**, eine **Prinzessin** I6 un príncipe, una princesa
eine **Probe** I5B un ensayo
etw. (an)**probieren** I6 probarse (-ue-) algo
probieren I7B probar (-ue-) algo
ein **Problem** I5A un problema *(m.)*
ein **Produkt** <IV5,9>; IV7 un producto
das **Profil** <IV6> el perfil
ein **Projekt** II9 un proyecto
proklamieren IV8, PP proclamar (algo a alguien)
eine **Promenade** II4, PP un paseo
ein **Prospekt** II4 un folleto
protestieren IV5 protestar
eine **Provinz** III1 una provincia
... **Prozent** III5,7 un ... por ciento
eine **Prüfung(sarbeit)** IV8 un examen
das **Publikum** <I9> el público
ein **Pullover** I6,10 un jersey *(pl.* jerséis)
ein **Punkt** III5 un punto
pünktlich IV1 puntual
 pünktlich um ... Uhr I4A a la(s)... en punto
eine **Puppe** I8B una muñeca
ein **Putsch** IV8 un golpe de estado
etw. **putzen** I8A,6 limpiar algo
ein **Pyjama** I6, PP un pijama
die **Pyrenäen** II1 los Pirineos

Q

ein **Quadratmeter** IV1 un metro cuadrado
Qualitäts- IV6 de calidad
eine **Quelle** <IV7> una fuente

R

ein **Radiergummi** I3A,10 una goma
(das) **Radio** II9, PP la radio
eine **Rakete** <IV5> un cohete
eine **Rasse** IV7 una raza
der **Rassismus** IV4 el racismo
ein **Rat** III8,2 un consejo
rauchen III5 fumar
ein **Raum** <IV6,10>; IV9 un espacio
die **Realität** IV1 la realidad
rebellisch IV4 rebelde
(das) **Recht** II8 (el) Derecho
 Recht haben I8A tener *(irr.)* razón
rechts I4B, PP a la derecha
recyceln IV6, PP reciclar
das **Recycling** <IV6,1> el reciclado
(mit jdm.) **reden** I2A, PP hablar (con alguien)
ein **Rednerpult** <IV8> una tribuna
ein **Referendum** IV8, PP un referéndum
eine **Reform** IV8, PP una reforma
der **Refrain** IV4 PP el estribillo
ein **Regal** I8B, PP una estantería
der **Regen** II2 la lluvia
ein **Regenwald** II8, PP una selva
der **Reggaeton** *(lat. am. Musikrichtung)* III7 el reggaeton
eine **Regierung** III8,4 un gobierno
ein **Regierungschef** IV8 un presidente del gobierno
ein **Regierungssystem** <IV5,5> el sistema de gobierno
eine autonome **Region** *(entspricht etwa:* Bundesland) II1,11 una Comunidad Autónoma
 Madrid *(als autonome* ***Region****)* III1 la Comunidad de Madrid
regnen II1 llover (-ue-)
reich II7 rico,-a
ein **Reich** <IV7,7> un imperio
 ein (König-)**Reich** IV7 un reino
jdm. etw. **reichen** <II10> pasar algo a alguien
Es **reicht** jetzt! I3A ¡Ya basta!
der **Reichtum** III8,4 la riqueza
reinlich IV2, PP limpio,-a
eine **Reise** II1, PP un viaje
 IV4 una vuelta
ein **Reisebüro** <IV5,14> una agencia de viajes
ein **Reiseführer** *(Buch)* III8,2 una guía de viajes
reisen II1, PP viajar
ein **Reisender** <IV6> un viajero
ein **Reisepass** III8,2 un pasaporte
reiten II1 montar a caballo
(die) **Religion** *(Schulfach)* I5A, PP (la) religión
rennen II5 correr
etw. **reparieren** IV5 arreglar algo
ein **Repräsentant**, eine **Repräsentantin** <IV8,8> un/una representante
ein **Restaurant** I3B un restaurante
eine **Revolution** <IV5,9> una revolución
ein **Revolutionär**, eine **Revolutionärin** <IV GC> un revolucionario, una revolucionaria
der **Rhythmus** IV4 PP el ritmo
richtig II9 verdadero,-a
 IV1 cierto
die **Richtung** IV4 el sentido
 in **Richtung** von II4 hacia
(gut) **riechen** IV2, PP oler *(irr.)* (bien)
 (an) sich **riechen** <IV2> olerse *(irr.)*
riesig II3 enorme
ein **Rock** I6,10 una falda
 (lat. am.) <IV2> una pollera *(lat. am.)*
eine **Rolle** *(im Theaterstück)* I5B un papel
rosa I6 rosa
eine **Rose** II4 una rosa
rot I6 rojo,-a
eine **Route** III8,2 una ruta
der **Rücken** IV2,17 la espalda
die **Rückfahrt** II5, PP la vuelta
ein **Rucksack** III8,2 una mochila
rücksichtslos III5, PP desconsiderado,-a
jdn. **rufen** I3B llamar a alguien
ruhig I5B tranquilo,-a
eine **Ruine** III8,2 una ruina
rund IV7 redondo,-a
eine **Rundfahrt** IV4 una vuelta

S

ein **Saal** III4 una sala
eine **Sache** I4B una cosa
ein **Sachverhalt** III2 un asunto
ein **Saft** IV1 un zumo
 (lat. am.) IV1 un jugo
jdm. etw. **sagen** I5B decir *(irr.)* algo a alguien
 etw. **sagen** III6 comentar algo
 das **Sagen** haben III2 mandar
Salsa *(lat. am. Tanz)* III7 la salsa
Samstag I5A sábado *(m.)*
ein **Sandwich** I7B un sándwich, *(pl.* -es)
sanft IV7 manso,-a
 der "**sanfte** Tourismus" <IV6> el ecoturismo
ein/e **Sänger/in** IV4 PP un/una cantante
etw. **satt** haben III2 estar harto,-a de algo
sauber IV2, PP limpio,-a
Schade! I7B ¡Qué lástima!
etw. **schaffen** III6 conseguir (-i-/-i-; gu-g) algo
ein/e **Schaffner/in** II5 un revisor, una revisora
ein **Schal** I6,10 una bufanda
ein **Schälchen** II3 un cuenco
ein (Fahrkarten)**Schalter** IV5 una taquilla
sich **schämen** IV2 estar avergonzado,-a
scharf I7A picante
ein **Schatz** III4 un tesoro
etw./jdn. **schätzen** <IV5, MA>; IV7 apreciar algo/a alguien
schauen I3A mirar
schaut (mal) I5B mirad
ein **Schauspieler**, eine **Schauspielerin** <I9>; III2 un actor, una actriz
eine **Scheibe** IV7 un disco
scheinbar IV6 aparentemente
die Sonne **scheint** II1 hace sol

etw. **schenken** I 7A regalar algo
eine **Schere** III 2 unas tijeras
ein **Scherz** III 2 una broma
jdm. etw. **schicken** I 8A, PP mandar(le) algo a alguien
II 8 enviar(le) (-ío) algo a alguien
ein **Schiff** II 7 un barco
mit jdm. **schimpfen** II 5 echar una bronca a alguien
ein **Schlafanzug** I 6, PP un pijama
schlafen I 6, PP dormir (-ue- / -u-)
ein **Schlafzimmer** I 4A, 5 un dormitorio
ein **Schlag** IV 8 un golpe
etw. / jdn. **schlagen** IV 2 golpear algo / a alguien
eine (Warte-)**Schlange** IV 5 PP una cola
schlank I 5B, PP delgado, -a
schlecht I 8A malo, -a
schlechtes Wetter (sein) II 1 (hacer) mal tiempo
schlecht *(adv.)* I 3B mal
etw. **schließen** II 2 cerrar (-ie-) algo
schließlich II 2 al final
IV 7 finalmente
schlimmer II 6 peor
ein **Schloss** III 4, PP un palacio
und **Schluss** III 3 y punto
nach etw. **schmecken** IV 2 saber *(irr.)* a algo
schmelzen IV 6 derretirse (-i- / -i-)
der **Schmerz** IV 2, 12 el dolor
schmerzen IV 2 doler (-ue-)
schmutzig IV 2, PP sucio, -a
etw. (ab-)**schneiden** III 2 cortar algo
schneien II 1, 8 nevar (-ie-)
schnell *(adv.)* II 4 deprisa
I 3A rápido
schnell IV 3 rápido, -a
die **Schokolade** I 7A el chocolate
schon I 3A ya
schön I 4B bonito, -a
III 6 hermoso, -a
die **Schönheit** III 8, 1 la belleza
eine **Schöpfung** IV 1 una creación
ein (Kleider)**Schrank** I 6 un armario
schrecklich *(adv.)* II 4 fatal *(adv.)*
(adj.) I 7B terrible
ein **Schrei** IV 8 un grito
etw. / jdm. **schreiben** I 3A escribir algo / a alguien
ein **Schreibtisch** I 8B, PP un escritorio
ein **Schreibwarengeschäft** I 4B, PP una papelería
etw. **schreien** III 4 gritar algo
ein **Schriftsteller**, eine **Schriftstellerin** <IV 9, MA> un escritor, una escritora
schüchtern III 5 tímido, -a
der **Schuh** I 6, 10 un zapato
die **Schulden** III 7 las deudas
eine **Schule** III 1 un colegio
III 3 una escuela
(Kurzform) III 2 un insti
ein/e **Schüler/in** I 5B un alumno, una alumna
ein **Schüleraustausch** I 8A, PP intercambio
ein **Schulhof** I 5B un patio
ein **Schulranzen**, eine **Schultasche** I 3A, 10 una cartera
eine kleine **Schüssel** II 3 un cuenco
etw. / jdn. **schützen** IV 6, PP proteger (g-j) algo / a alguien
schwarz I 6, 10 negro, -a
ein **Schwarzes** Brett I 5B un tablón de anuncios
ein/e **Schwarzafrikaner/in** *(wörtl.: Bewohner von Ländern südlich der Sahara)* IV 3 un subsahariano, una subsahariana
schweigen IV 2 callarse
das **Schweigen** IV 8 el silencio
ein **Schwein** IV 2, PP un cerdo
der **Schweiß** IV 2 el sudor
jdm. **schwerfallen** IV 4 costar (-ue-) mucho a alguien
eine **Schwester** I 1 una hermana
schwierig I 7A difícil
eine **Schwierigkeit** III 6 una dificultad
ein **Schwimmbad** IV 6 una piscina
schwimmen I 2A, PP nadar
schwindelig IV 2, 12 (estar) mareado, -a
schwindelig werden IV 2 marearse
etw. **schwören** IV 4 jurar algo
sechste, -r, -s II 2 sexto, -a
ein **See** II 8, PP un lago
die **Seele** III 8, 1 el alma *(f.)*
etw. / jdn. **sehen** I 4A ver algo / a alguien
(lass) mal **sehen** I 2A a ver
(gut) zu **sehen** III 8, 2 a la vista
das **Sehen** III 8, 2 la vista
eine **Sehenswürdigkeit** II 1, 11 un monumento
die **Sehnsucht** <IV 4> el afán
sehr I 2B mucho *(adv.)*
I 2B muy *(adv.)*
sehr viele I 4B un montón (de)
sein I 1, PP ser *(irr.)*
(sich befinden) I 4A estar *(irr.)*
(als Hilfsverb) I 7B haber *(irr.)*
(+ Zeitraum) II 5 llevar
sein, seine *(sg.)* I 3A su
seine *(pl.)* I 3B sus
(das) seine, -r, s III 7 suyo, -a; el suyo, la suya
seit IV 2 desde
etw. schon **seit** *(+ Zeitraum)* tun III 3 llevar *(+ Zeitraum) (+ gerundio)*
eine **Seite** I 4B, PP un lado
<IV 1, 1>; IV 6 una página
selbstverständlich III 7 por supuesto
seltsam <IV 4, MA>; IV 8 extraño, -a
I 7B raro, -a
der **Senat** *(Kammer der Regionalvertreter im span. Parlament)* <IV 8, 8> el Senado
jdm. etw. **senden** I 8A, PP mandar algo a alguien
etw. **senden** *(Radio, Fernsehen)* IV 8 emitir algo
ein **Sender** II 9, PP una cadena
eine **Sendung** II 9, PP un programa
IV 8 una transmisión
ein **Senior**, eine **Seniorin** III 1, PP un anciano, una anciana
September I 7B, PP septiembre *(m.)*
etw. **setzen** I 8B, PP poner *(irr.)* algo
sich **setzen** II 3 sentarse (-ie-)
der **Sex** III 5 el sexo
sich **schämen** IV 2 avergonzarse (-üe- / z-c) de algo
sicher (sein) <II 10>; III 8, 2 (estar) seguro, -a
sicher *(adv.)* III 3 seguro *(adv.)*
die **Sicht** III 8, 2 la vista
sichtbar III 8, 2 a la vista
sie *(Subjektpron., pl.)* I 2B ellos, ellas
(Subjektpron., f. sg.) I 2B ella
sie *(Akkusativpron. f. sg.)* II 3 la
(Akkusativpron. f. pl.) II 3 las
(Akkusativpron. m. pl.) II 3 los
Sie *(Höflichkeitsform, sg. / pl.)* I 7A usted, -es
siebte, -r, -s II 2 séptimo, -a
eine **Siedlung** <IV 6> una urbanización
Simbabwe <IV 6> Zimbabue *(m.)*
etw. **singen** <IV 1, 4>; IV 4 PP cantar algo
ein **Sitz** *(im Zug, Bus…)* IV 5 un asiento
eine **Sitzbank** <IV 4> un poyete
sitzen II 5 estar *(irr.)* sentado, -a
ein **Sklave**, eine **Sklavin** IV 7, PP un esclavo, una esclava
ein **Smaragd** <IV 6, 10> una esmeralda
so I 5A así
I 8A tan
die **Socken** I 6, 10 los calcetines
ein **Sofa** IV 1 un sofá
sofort *(adv.)* II 4 enseguida *(adv.)*
jetzt **sofort** I 5B ahora mismo
sogar III 3 incluso
sogenannt IV 6 llamado, -a
der **Sohn** I 3A, PP el hijo
solch IV 7 semejante
solche, -r, -s II 1 así
solidarisch IV 4 solidario, -a
der **Sommer** I 2A el verano
sondern IV 6 sino
die **Sonne** I 2A, PP el sol
die **Sonne** scheint II 1 hace sol
sich **sonnen** I 2A, PP tomar el sol
eine **Sonnenbrille** I 2A, PP unas gafas de sol
Sonntag I 5A domingo *(m.)*
sich **Sorgen** machen II 5 preocuparse
sozial III 6 social
ein **Sozialfall** <IV 5> un caso social *(Cuba)*
sozialistisch <IV 5> socialista
eine **Spalte** <IV 1, 8> una columna
Spanien I 5A España *(f.)*
ein/e **Spanier/in** I 2B un español, una española
spanisch I 8A, PP español, -a
die **spanische** Nationalbank III 1, PP el Banco de España
Spanisch *(Sprache)* I 2A, PP (el) español
II 4, PP (el) castellano
(Schulfach, wie das Fach Deutsch in Deutschland) I 5A, PP (la) lengua y literatura
spannend III 5 emocionante
Spaß haben III 1 pasarlo bien
spät *(adv.)* II 1 tarde *(adv.)*
ein **Spaziergang** III 6 un paseo
IV 4 una vuelta
eine **Speisekarte** II 3, PP una carta
der **Speiseplan** <IV 2> el régimen *(pl.* regímenes)
spektakulär II 6 espectacular
eine **Spezialität** IV 2 una especialidad
ein **Spezialitätenrestaurant** für Meeresfrüchte II 3 una marisquería
speziell I 7B especial
ein **Spiel** I 1 un juego
(beim Sport) I 4A, PP un partido
etw. / mit jdm. **spielen** I 5B jugar (-ue-; g-gu) algo / con alguien
spielen *(Lied, Musikinstrument)* II 6 tocar (c-q) algo
ein **Spieler** I 5A un jugador
eine **Spielerbank** *(Fußball)* II 4 un banquillo
der **Sport** I 1 el deporte
Sport treiben I 2A, PP practicar (c-q) deporte
eine **Sprache** I 5A, PP una lengua
II 7 un idioma
IV 4 el lenguaje
(mit jdm.) **sprechen** I 2A, PP hablar (con alguien)
ein **Spülbecken** IV 1, 5 un fregadero
spülen *(Geschirr)* I 8A, 6 lavar los platos
ein **Staat** <IV 7, MA>; IV 8 un estado
das **Staatsoberhaupt** IV 8 el Jefe del Estado
ein **Staatsstreich** IV 8 un golpe de estado
eine **Stadt** I 4B una ciudad
ein **Stadtviertel** I 4B, PP un barrio
stammen aus I 1, PP ser *(irr.)* de
ein (Markt)**Stand** I 7A un puesto
eine **Stange** III 1, PP un barra
stark II 7 fuerte
die **Stärke** IV 3 la fuerza
staubsaugen I 8A, 6 pasar la aspiradora
etw. **stehlen** IV 4 robar algo
steigen IV 6 subir
eine **Stelle** *(Arbeit)* IV 6 un puesto de trabajo
etw. **stellen** I 8B, PP poner *(irr.)* algo
sterben II 8 morir (-ue- / -u-)
eine **Stereoanlage** I 8B, PP un equipo de música
ein **Stern** <IV 6, 8>; IV 9, PP una estrella
ein **Stil** III 8, 1 un estilo
(Musikrichtung) <IV 4> un estilo
still sein IV 2 callarse

die **Stille** IV8 el silencio
die **Stimme** IV4PP la voz
Das **stimmt**. I3A Es verdad.
Das **stimmt** nicht. I2B No es verdad.
die **Stimmung** II6 el ambiente
stinken IV2, PP oler *(irr.)* (mal)
ein **Stockwerk** I8A un piso
stolz auf etw. (sein) IV2 (estar) orgulloso, -a de algo / alguien
jdn. **stören** II3 molestar a alguien
eine **Strafanzeige** IV5 una denuncia
der **Strand** I1 la playa
eine **Straße** I3B, PP una calle
eine (Land)**Straße** II5, PP una carretera
ein **Straßenkind** III6 un niño de la calle
streiten I7B discutir
jdm. etw. **streitig** machen IV5 discutir algo a alguien
streng I5A duro, -a
eine **Strophe** <IV4, 4> una estrofa
ein/e **Student/in** III3 un / una estudiante
eine **Studienrichtung** II8 una carrera
etw. **studieren** I2A, PP estudiar algo
ein **Studio** II9 un estudio
ein **Stuhl** I8B, PP una silla
stumm IV7 mudo, - a
eine **Stunde** I4A una hora
ein **Stundenplan** I5A, PP un horario
eine **Suche** II8 una búsqueda
etw. / jdn. **suchen** I2A buscar (c-qu) algo / a alguien
der **Süden** II8, PP el sur
super III7 súper-
ein **Supermarkt** I4A un supermercado
die **Suppe** IV2 la sopa
das **Surfen** I2A, PP el surf
ein **Sweatshirt** I6, 10 un jersey (*pl.* jerséis)
ein **Swimmingpool** IV6 una piscina
sympathisch I5A simpático, -a
ein **Symptom** IV2, 12 un síntoma
ein **System** <IV8, 8> un sistema

T

eine **Tabelle** <IV1, 1> una tabla
eine **Tafel** I3A, 10 una pizarra
ein **Tag** I3B un día
eines **Tages** II7 un día
Guten **Tag**. I3B Buenos días.
Guten **Tag** *(nachmittags)* I3B, 4 Buenas tardes.
ein **Tagebuch** I7B un diario
ein **Tal** III4, PP un valle
die **Tante** I2A la tía
Tante und Onkel I2A los tíos
ein **Tanz** III7, PP un baile
tanzen I7B bailar
das **Taschengeld** III1, PP la paga
eine **Tätigkeit** I5A una actividad
tatsächlich <IV1, 8> realmente
eine **Taufe** III7, PP un bautizo
ein **Taufpate**, eine **Taufpatin** III7, PP un padrino, una madrina
tausend II5, PP mil
Tausende <IV6> miles de
ein **Team** I5A un equipo
Technik *(Schulfach)* I5A, PP (la) tecnología
eine **Technik**, eine **Technologie** III1 una tecnología
ein **Teil** I8B una parte
ein **Teil** von I8B parte de
etw. (mit jdm.) **teilen** I8A compartir algo (con alguien)
an etw. **teilnehmen** III3 participar en algo
ein **Telefon** I3B, PP un teléfono
Formel beim Abnehmen des **Telefons** (*wörtl.* Sagen Sie mir!) I4A ¡Dígame!
eine **Telefonnummer** I3B, PP un teléfono
I3B, PP un número de teléfono
eine **Telenovela** IV1 una telenovela

ein **Teller** I8A, 6 un plato
eine **Temperatur** IV6 una temperatura
(das) **Tennis** I2A, PP el tenis
ein **Teppich** IV1, 5 una alfombra
teuer II3 caro, -a
ein **Text** <IV1, PP> un texto
der (Lied-)**Text** IV4PP la letra
eine **Textsorte** <IV2, 14> un tipo de texto
ein **Theaterstück** I5A una obra de teatro
ein **Thema** <IV2, 13> un tema
ein **Thron** <IV8, MA> un trono
ein **Tier** I2B, PP un animal
eine **Tierart** IV6 una especie animal
ein **Tierpark** IV1 un zoológico
panierte **Tintenfischringe** I4A los calamares
ein **Tipp** III8, 2 un consejo
ein **Tisch** I8A, 6 una mesa
den **Tisch** decken I8A, 6 poner *(irr.)* la mesa
eine **Tischdecke** IV9 un mantel
ein **Titel** <IV2, PP> un título
die **Tochter** I3A, PP la hija
der **Todesfall** III8, 4 la muerte
der **Tod**; der **Todesfall** III8, 4 la muerte
tolerant III5 tolerante
toll I4A, PP fenomenal
I4A genial
I5A guay (*col.*)
II6 espectacular
Toll! I1 ¡Genial!
eine **Tomate** III1 un tomate
ein **Ton** <IV4, 13> un tono
eine **Torte** I7A una tarta
eine **Tortilla** (*Omelett aus Kartoffeln und Eiern*) I4A una tortilla
ein **Torwart** I5A un portero
jdn. **töten** IV7, PP matar a alguien
der **Tourismus** IV6 el turismo
ein **Tourismusbüro**, eine **Touristeninformation** II4 una oficina de turismo
ein/e **Tourist/in** II4 un / una turista
touristisch <IV2, 14> turístico, -a
eine **Tracht** III8, 4 un traje
traditionell IV3, PP tradicional
etw. **tragen** I2A, PP llevar algo
eine **Traube** II8 una uva
von etw. / jdm. **träumen** I5B soñar (-ue-) con algo / alguien
davon **träumen**, etw. zu tun I5B soñar (-ue-) hacer algo
traurig (sein) I6 (estar) triste
es ist **traurig** III6 es una lástima
ein **Trauzeuge**, eine **Trauzeugin** III7, PP un padrino, una madrina
sich **treffen** (mit) II2 encontrarse (-ue-) con
etw. / jdn. **treffen** *(erwischen)* III8, 2 pillar algo / a alguien
sich von jdm. **trennen** III2 separarse de alguien
eine **Treppe**, ein **Treppenhaus** II2 una escalera
eine **Tribüne** <IV8> una tribuna
etw. **trinken** I2B tomar algo
<I9>; II3 beber algo
ein **Trinkspruch** (auf) II3 un brindis (por)
das **Trinkwasser** III8, 4 el agua (*f.*) potable
trocken IV6, PP seco, -a
die **Trockenheit** IV6, PP la sequía
ein **Tropfen** <IV6, PP> una gota
ein **T-Shirt** I6, 10 una camiseta
etw. **tun** I3B hacer *(irr.)* algo
etw. **tun** werden I5B ir (*irr.*) a hacer algo
etw. **tun** können *(gelernt haben)* I6 saber (*irr.*) hacer algo
etw. nach und nach / immer mehr **tun** III3 ir *(irr.) (+ gerundio)*
etw. schon seit *(+ Zeitraum)* **tun** III3 llevar *(+ Zeitraum) (+ gerundio)*
etw. wieder **tun** III4 volver (-ue-) a hacer algo
eine **Tür** I3B una puerta
eine **Tüte** I8B una bolsa

ein **Typ** I5B un tipo
typisch III7 típico, -a

U

die **U-Bahn** I3A el metro
mir ist **übel** IV2, 12 (estoy) mareado, -a
übel werden IV2 marearse
etw. **üben** I2A, PP practicar (c-q) algo
über I7B sobre
(die Zeiten) **überdauern** <IV4> trascender (-ie-) (el tiempo)
ein **Überfall** IV7 una violación
jdm. etw. **überlassen** I8B dejar algo a alguien
etw. **überprüfen** <IV1, MA> controlar algo
<IV3, PP> comprobar (-ue-) algo
etw. **überqueren** I4B, PP cruzar (z-c) algo
überrascht (sein) I6 (estar) sorprendido, -a
eine **Überraschung** I7A una sorpresa
eine **Überschrift** <IV2, PP> un título
eine **Überschwemmung** IV6, PP una inundación
eine **Übertragung** IV8 una transmisión
jdn. (von etw.) **überzeugen** IV7 convencer (c-z) a alguien (de algo)
übliche, -r, -s I4A de siempre
die **Übrigen** I4B los / las demás
übrigens I5A por cierto
eine **Übung** <IV1, 2> un ejercicio
um … zu I7A para (+ *inf.*)
Um wieviel Uhr? I4A ¿A qué hora?
eine **Umarmung** II1 un abrazo
eine **Umfrage** IV4 una encuesta
jdn. (mit etw.) **umgeben** IV7 rodear algo / a alguien (de algo)
umgeben (sein) von III8, 1 (estar) rodeado, -a de
umsteigen II4, 12 cambiar de línea
II4, 12 cambiarse de tren
etw. **umwandeln** <IV1, 6> transformar algo
die **Umwelt** IV6, PP el medio ambiente
Umwelt- IV6, PP medioambiental
umweltfreundlich IV6 ecológico, -a
umweltschädlich <IV6> antiecológico, -a
der **Umweltschutz** <IVGC> la protección del medio ambiente
ein/e **Umweltschützer/in** IV6 un / una ecologista
die **Umweltverschmutzung** III8, 4 la contaminación
umziehen III1, PP mudarse
sich **umziehen** <I9>; <IV2> cambiarse (de ropa)
unabhängig III5, PP independiente
die **Unabhängigkeit** <IV7, 11> la independencia
unangepasst <IV4> inconformista
unartig III1 malo, -a
unaufgeräumt (sein) I8A (estar) desordenado, -a
unbekannt IV7 desconocido, -a
und I1 y
(vor i- oder hi-) I8A e
uneingeschränkt IV4 sin condiciones
die **Unendlichkeit** IV2 el infinito
ein **Unfall** II1 un accidente
unfreundlich sein IV1 tener *(irr.)* mal carácter
die **Ungeduld** II8 la impaciencia
ungeduldig sein III5, PP no tener *(irr.)* paciencia
ungefähr II5 unos, -as
unheimlich *(sehr)* III7 súper-
eine **Uniform** I5B un uniforme
eine **Universität** I5B una universidad
ein **Universum** IV4 el universo
unmittelbar IV4 directo, -a
unmöglich IV8 imposible
unmöglich sein I2A ser un desastre (*col.*)
unnütz IV2 inútil
unordentlich (sein) *(Raum)* I8A (estar) desordenado, -a
uns *(Dativpron.)* I8A nos
uns *(Akkusativpron.)* II3 nos
unser, unsere *(sg.)* I3B nuestro, -a
unsere *(pl.)* I3B nuestros, -as

(das) **unsere, -r, -s**; von **uns** III7 nuestro, -a; el nuestro, la nuestra
unter I8B, PP debajo de
II7 entre
<IV7, 11> bajo
etw. / jdn. **unterbrechen** IV1 interrumpir algo / a alguien
(der) **Unterricht** I5A una clase
ein **Unterrichtsfach** I5A una asignatura
eine **Unterrichtsstunde** I5A una clase
ein **Unterschied** I5B una diferencia
unterschiedlich I7A diferente
III1 distinto, -a
etw. **unterschreiben** IV9 firmar algo
etw. **unterstreichen** <IV4, 5> marcar (c-qu) algo
eine **Untersuchung** <IV6> un estudio
unterwürfig IV2, PP sumiso, -a
ein/e **Ureinwohner/in** III6 un / una indígena
(in Bolivien) <IV2> una chola
<IV2> una cholita
eine **Ursache** III6 una razón
<IV2, TA> una causa
(die) **USA** II8 (los) Estados Unidos

V

der **Vater** I3A, PP el padre
sich mit jdm. **verabreden** I4A quedar con alguien
sich von jdm. **verabschieden** II3 despedirse (-i- / -i-) de alguien
etw. **verändern** I8A cambiar algo
sich **verändern** IV6 cambiar
ein **Veranstaltungsraum** <I9, PP> un salón de actos
verantwortungsbewusst III5, PP responsable
verärgert (sein) I6 (estar) enfadado, -a
etw. **verbessern** <IV1, TA> corregir (-i- / -i-; g-j) algo
IV6 mejorar algo
der **Verbrauch** IV6 el consumo
etw. **verbrauchen** IV6 consumir algo
ein **Verbrechen** III6 un delito
verbringen I2A pasar
etw. **verdienen** II7 ganar algo
ein **Verein** III6 una asociación
III7 un club
die **Vereinigten** Staaten <IV5, 10> los EE UU
II8 (los) Estados Unidos
eine **Vereinigung** III6 una asociación
die **Verfassung** IV8, PP la Constitución
Verflixt!, Verflucht! II5 ¡Maldita sea!
vergangene, -s, -r II7 pasado, -a
etw. / jdn. **vergessen** II6 olvidar algo / a alguien
etw. (völlig) **vergessen** IV4 olvidarse de algo
eine **Vergewaltigung** IV7 una violación
ein **Vergleich** <IV2, 2> una comparación
etw. / jdn. mit etw. / jdm. **vergleichen** <IV2, PP> comparar algo / alguien con algo / alguien
verheiratet (sein) III1, PP (estar) casado, -a
etw. **verkaufen** I4B vender algo
ein **Verkäufer** I7A, PP un vendedor
der **Verkehr** III8, 4 el tráfico
ein **Verkehrsmittel** IV6 un medio de transporte
die öffentlichen **Verkehrsmittel** <IV5, MA> el transporte público
von jdm. etw. **verlangen** *(Geld)* III1, PP cobrar algo a alguien
verlassen (Raum) I4A salir (salgo)
etw. / jdn. **verlassen** III4 abandonar algo / a alguien
verliebt (sein) II2, PP (estar) enamorado, -a
etw. / jdn. **verlieren** II6 perder (-ie-) algo / a alguien
ein **Verlobter**, eine **Verlobte** II4, PP un novio, una novia
IV3 un prometido, una prometida
jdm. etw. **vermieten** III3 alquilar algo a alguien
jdn. / etw. **vermissen** II2, PP echar de menos algo / a alguien
eine **Vermutung** <IV5, PP, 2> una hipótesis
(den Bus) **verpassen** II5 perder (-ie-) (el autobús)
etw. **verpassen** III8, 2 perderse (-ie-) algo
verrückt (sein) III1 (estar) loco, -a
jdn. **verrückt** machen III1 tener *(irr.)* loco, -a a alguien
die **Verrücktheit** <IV4> la locura
verschiedene II8 varios, -as
verschmutzt *(Umwelt)* III8, 4 contaminado, -a
verschuldet sein III7 estar *(irr.)* con deudas
verschwinden III4 desaparecer (-zco)
jdn. **verspotten** IV2 hacer *(irr.)* burla de alguien
jdm. etw. **versprechen** <II10> prometer algo a alguien
verständnisvoll III5, PP comprensivo, -a
etw. **verstecken** III4 esconder algo
etw. / jdn. **verstehen** I3A comprender algo / a alguien
I5A entender (-ie-) algo / a alguien
nur Bahnhof **verstehen** III1 no entender (-ie-) ni papa
verstreut *(Adv.)* <IV6> de forma dispersa
etw. **versuchen** III1 intentar algo
etw. / jdn. **verteidigen** <IV3, 14> defender (-ie-) algo / a alguien
ein **Vertrag** IV3, PP un contrato
jdm. **vertrauen** III5 confiar (-ío) en alguien
etw. **verursachen** III8, 4 causar algo
etw. **vervollständigen** <IV1, 8> completar algo
ein **Verwalter** <IV5> un administrador
sich **verwandeln** in <IV6, 10>; IV8, PP convertirse (-ie- / -i-) en
ein **Verwandter**, eine **Verwandte** II8 un / una pariente
etw. **verwenden** III7 usar algo
verwirrt (sein) IV4 (estar) desorientado, -a
jdm. (etw.) **verzeihen** <I9> perdonar(le) (algo) a alguien
ein **Video(film)** I1 un vídeo
die **Viehzucht** II8, PP la ganadería
viel *(adv.)* I2B mucho *(adv.)*
(adj.) I5A mucho, -a
sehr **viele** I4B un montón (de)
vielleicht I3B a lo mejor
IV4 tal vez
IV7 acaso
ein **Viertel** III5, 7 un cuarto
vierte, -r, -s II2 cuarto, -a
Vietnam <IV6> Vietnam *(m.)*
ein **Vogel** IV9, PP un pájaro
ein **Vokabelnetz** <IV3, 15> una red de vocabulario
ein **Volk** <IV7, 13> un pueblo
eine **Volksabstimmung** IV8, PP un referéndum
voll (sein) I6 (estar) lleno, -a
vollendet (sein) II4, PP (estar) terminado, -a
vollständig (sein) <IV2, 4>; IV9 (estar) completo, -a
von I1, PP de
II1 desde
vor *(örtl.)* I5B delante de
vor *(zeitlich)* II7 hace *(+ Zeitangabe)*
vor allem I2B, PP sobre todo
(an etw.) **vorbeigehen** I4B pasar (por algo)
vorbeikommen *(Zug)* II5 pasar (tren)
etw. **vorbereiten** I8A, PP preparar algo
ein **Vorbild** <IV1, TA> un modelo
der **Vordergrund** IV7 Estr el primer plano
etw. **vorhaben** I5A pensar (-ie-) hacer algo
ein **Vorhang** II2 una cortina
vorher II4 antes
jdm. wie etw. **vorkommen** I8A parecer(le) (-zco) algo a alguien
ein **Vorschlag** <IV2, TA> una propuesta
jdm. etw. **vorschlagen** I8B proponer(le) *(irr.)* algo a alguien
die **Vorschriften** IV5 un reglamento
die **Vorsicht** I8B el cuidado
Vorsicht! I8B ¡Ten cuidado!
vorsichtshalber <IV2> por si acaso
die **Vorspeise** II3, PP el primer plato
etw. **vorspielen** <IV3, 11> representar algo
ein **Vorsteher** <IV5> un administrador
sich etw. **vorstellen** I8A imaginarse algo
Stell dir (nur) **vor.** I8A Imagínate.
sich (etw.) **vorstellen** III7 imaginar (algo)
etw. / jdn. jdm. **vorstellen** II4 presentar algo / alguien a alguien
sich **vorstellen** IV1 presentarse
ein **Vulkan** III8, 1 un volcán

W

wachsen II8 crecer (-zco)
ein **Wagen**, ein **Waggon** II5 un vagón
eine **Wahl** IV8, PP una elección
etw. **wählen** IV8, PP votar algo
das **Wahlpflichtfach** I5A, PP (la) optativa
der **Wahnsinn** <IV4> la locura
nicht **wahr**? I2A ¿verdad?
wahr II9 verdadero, -a
Das ist **wahr.** I3A Es verdad.
Das ist nicht **wahr.** I2B No es verdad.
Das darf doch wohl nicht **wahr** sein!
IV5 Parece mentira.
während *(+ sust.)* II6 durante *(+ sust.)*
(+ Verb) II6 mientras *(+ verbo)*
die **Wahrheit** I2A la verdad
wahrscheinlich <IV4, 9> probablemente
die **Währung** IV8, PP la moneda
ein **Wald** III8, 1 un bosque
ein (Regen)**Wald** II8, PP una selva
ein **Walzer** III7 un vals
wandern II1, PP caminar
wann? I5A ¿cuándo?
warm III8, 1 cálido, -a
die **Wärme** II1 el calor
eine **Warteliste** <IV5, PP, 2> una lista de espera
auf etw. / jdn. **warten** I2B esperar algo / a alguien
eine **Warteschlange** IV5 PP una cola
warum? I2B ¿por qué?
was…? I1 ¿qué…?
Was für…! I4B ¡Qué…!
Was ist los? I2A ¿Qué pasa?
Was darf es sein? I7A, PP ¿Qué te pongo?
sich **waschen** I6, PP lavarse
etw. **waschen** I8A, PP lavar algo
sich (etw.) **waschen** II3 limpiarse algo
eine **Waschmaschine** IV1, 5 una lavadora
das **Wasser** I7A, 7 el agua *(f.)*
ein **Wasserfall** II8, PP una catarata
ein **Wasserhahn** III8, 2 un grifo
das **Wechselgeld** III8, 2 el cambio
ein **Wecker** I6 un despertador
weder … noch II5 ni … ni
ein **Weg** I4B un camino
III8, 2 una ruta
wegen III2 por
IV2 por *(+ inf.)*
weggehen I4A salir (salgo)
I6 irse *(irr.)*
jdm. etw. **wegnehmen** I8B, PP quitar algo a alguien
etw. **wegnehmen** IV9 retirar algo
etw. **wegtun** I8B, PP quitar algo
den Abfall **wegwerfen** I8A, 6 tirar la basura
weh tun IV2 doler (-ue-)
Weihnachten, die **Weihnachtszeit** II5 (las) Navidades
(das) **Weihnachten** III3 la Navidad
weil I2B porque
III1 como *(Konj.)*
eine **Weile** I2A un rato
der **Wein** II3 el vino
weinen I7B llorar
weiß I6 blanco, -a
weit weg / entfernt (von) I4B, PP lejos (de)
zu **weit** gehen I7B pasarse

weiterhin etw. tun II3 seguir (-i- / -i-; gu-g) *(+ gerundio)*
welche, -r, -s? II4, PP ¿cuál?
die **Welt** <I9>; II6 el mundo
die Erste **Welt** III6 el Primer Mundo
ein **Weltmeer** IV7 un océano
wenig *(adj.)* I5A poco, -a
(adv.) I2B poco *(adv.)*
weniger II4 menos
wenigstens II6 al menos
(dann) **wenn** I7B cuando
Wer? I2A ¿quién?, *(pl.* ¿quienes?)
Wer ist jetzt dran? I7A, PP ¿Quién va ahora?
die **Werbung** II4 la publicidad
werden II8 ponerse *(irr.) (+ adj.)*
(Adj. +) **werden** III3 hacerse *(irr.) (+ adj.)*
werden IV4 volverse (-ue-)
werden IV6 quedar
zu etw. **werden** IV7 pasar a ser algo
IV8, PP convertirse en (-ie- / -i-)
etw. **werfen** I7A echar algo
ein (Kunst)**Werk** II4, PP una obra
eine **Werkstatt** I4A, PP un taller
der **Wert** III8, 2 el valor
wertvoll III8, 2 de valor
der **Westen** II8, PP el oeste
die **Westsahara** <IV3, 2> el Sáhara Occidental
ein/e Einwohner/in der **Westsahara** IV3 un / una saharaui
auf etw. **wetten**, darauf **wetten**, dass IV2 apostar (-ue-) (algo) a que
das **Wetter** II1 el tiempo
schlechtes **Wetter** (sein) II1 (hacer) mal tiempo
wichtig I4B importante
jdm. **wichtig** sein I8A importar(le) a alguien
die **Wichtigkeit** II2 la importancia
wie? I1, PP ¿cómo?
Wie geht's? I3B ¿Qué tal?
Wie heißt du? I1, PP ¿Cómo te llamas?
wie viel?, **wie** viele? I7A, PP cuánto, -a, -os, -as
wie I5B como
Wie blöd! *(col.)* II5 ¡Qué rollo! *(col.)*
wie es sich gehört II6 como Dios manda
Wie ...! I4B ¡Qué...!
wieder II8 de nuevo
etw. **wieder** tun III4 volver (-ue-) a hacer algo
etw. **wiederholen** II3 repetir (-i- / -i-) algo
ein **Wikinger** <IV7> un vikingo
der **Wille** <IV7> la voluntad
willkommen II6 bienvenido, -a
der **Wind** II1, 8 el viento
windig sein II1, 8 hacer *(irr.)* viento
ein **Winkel** IV1, 5 un rincón
der **Winter** II9, 9 el invierno
wir I2B nosotros, -as
wirklich I3A de verdad
in **Wirklichkeit** IV1 en realidad
eine (Aus-)**Wirkung** IV6, PP un efecto
die **Wirtschaft** <IV2, 14>; IV6 la economía
wirtschaftlich <IV5, 5> económico, -a
ein **Wischmopp** IV1, 5 una fregona
etw. **wissen** I3B saber *(irr.)* algo
Ich **weiß**, worauf du hinaus willst. I8A te veo venir
Wer **weiß**. <IV5> Cualquiera sabe.
witzig I5B gracioso, -a
wo II6 donde
wo? I3A ¿dónde?
eine **Woche** I5A, PP una semana
ein **Wochenende** II9 un fin de semana
wofür? II3 ¿para qué?
woher? I1, PP ¿de dónde?
wohin? I4A, PP ¿adónde?
wohlgeformt <IV7> (estar) bien hecho, -a
wohnen I3A vivir
eine **Wohngemeinschaft** IV1 un piso / un apartamento compartido
eine **Wohnung** I8A un piso
(lat. am.) IV1 un apartamento
ein (kleines) **Wohnzimmer** I4A una sala de estar
ein **Wolkenkratzer** IV6 un rascacielos
etw. (tun) **wollen** I5A querer *(irr.)* (hacer) algo
ein **Workshop** I4A, PP un taller
ein **Wort** II4, PP una palabra
ein **Wörterbuch** I8B un diccionario
der **Wortschatz** <IV3, 15> el vocabulario
wunderbar III6 estupendo, -a
wunderschön I7B precioso, -a
ein **Wunsch** III7 un deseo
etw. **wünschen** II3, PP desear algo
ein **Würfel** <IV3, 4> un dado
eine **Wüste** III4, PP un desierto
wütend IV2 (estar) furioso, -a

Y

Yankee *(abw.)* <IV2> gringo, -a *(abw.)*
eine **Zahl** I3B, PP un número

Z

(etw.) (be)**zahlen** I7A pagar (g-gu) (algo)
Zahlen, bitte! III1, PP ¿Me cobras?
ein **Zahn** I6, PP un diente
eine **Zahnbürste** II6 un cepillo de dientes
sich die **Zähne** putzen I6, PP lavarse los dientes
zehnte, -r, -s II2 décimo, -a
eine **Zeichnung** <IV1, 4>; IV7 Estr un dibujo
jdm. etw. **zeigen** I8A enseñar(le) algo a alguien
III8, 4 mostrar (-ue-) algo a alguien
sie **zeigen** (einen Film) I4A, PP ponen (una película)
(auf) etw. / jdn. **zeigen** IV8 apuntar (hacia) algo / alguien
eine **Zeile** <IV2, 4> una línea
die **Zeit** I5A el tiempo
eine **Zeit** IV7 una época
in letzter **Zeit** II8 últimamente
zur **Zeit** II8 actualmente
eine **Zeitschrift** II9, PP una revista
eine **Zeitung** II9, PP un periódico
ein **Zeitungsartikel** II9, PP un artículo
ein **Zelt** II1, PP una tienda de campaña
das **Zentrum** I4A el centro
sich den Kopf **zerbrechen** III1 romperse la cabeza
etw. **zerstören** IV6, PP destruir (-y-) algo
die **Zerstörung** <IV6, PP> la destrucción
ein **Ziel** <IV GC> un objetivo
zielstrebig III5, PP constante
ziemlich I4B bastante
zig *(+ sust.)* <IV6> decenas de *(+ sust.)*
ein **Zimmer** I1 una habitación
I6 un cuarto
der **Zimt** <IV7> la canela
eine **Zitrone** I7A, PP un limón
ein **Zoo** IV1 un zoológico
(hin) **zu** I4A a
zu Hause I4A en casa
zu *(+ adj.)* III1 demasiado
das Essen **zubereiten** I8A, 6 preparar la comida
der **Zucker** I7A, 7 el azúcar
das **Zuckerrohr** <IV5, PP> la caña de azúcar
zuerst I3B primero *(adv.)*
zufrieden (sein) I6 (estar) contento, -a
ein **Zug** II1, PP un tren
zugunsten von <IV8, 4> a favor de
ein **Zuhause** III6 un hogar
jdm. **zuhören** I2A, PP escuchar a alguien
die **Zukunft** II7 el futuro
die **Zunge** IV1 la lengua
jdn. **zurechtweisen** II5 echar una bronca a alguien
jdm. etw. **zurückgeben** <II10> devolver (-ue-) algo a alguien
zurückkommen, zurückkehren I5B volver (-ue-)
sich **zurückziehen** IV2 retirarse
etw. **zurückziehen** IV9 retirar algo
zusammen I4B junto, -a
alles **zusammen** I7A en total
etw. **zusammenfassen** <IV2, 1> resumir algo
eine **Zusammenfassung** <IV8, 3> un resumen
etw. **zusammenzählen** III5 sumar algo
zuviel III1 demasiado
zwecklos IV2 inútil
zweifellos II6 sin duda
zweite, -r, -s II2 segundo, -a
die **zweite** Klasse der Sekundarstufe *(entspricht der 8. Klasse in Deutschland)* II2 segundo (2°)
jdn. zu etw. **zwingen** IV7, PP obligar (g-gu) a alguien a (hacer) algo
zwischen II7 entre
in der **Zwischenzeit** II7 entretanto

Bildquellennachweis

AKG, Berlin: **78.1, 101, 106.7, 126,** (Gilles Mermet) **8.2,** (Jazz Archiv Hamburg) **55.3,** (Werner Forman) **106.5;** Alamy Images RM, Abingdon, Oxon: (Alan Gignoux) **39,** (Derrick Francis Furlong) **106.2,** (Jerónimo Alba) **133,** (Tor Eigeland) **121.5;** Avenue Images GmbH, Hamburg: (Image Source RF) **34, 136.1,** (Ozone Images) **74.4,** (Stock4B) **16.7, 20;** (StockDisc) **51.2, 51.3, 52.2;** Ayuntamiento de Pozuelo de Alarcón, Pozuelo de Alarcón: **82.1;** Bertrand Rieger/hemis.fr/laif, Successió Miró/ VG-Bildkunst, Bonn 2009: **130.4;** BigStockPhoto.com, Davis, CA: (RF / Barsik) **121.3;** Caminito S.a.s (Joaquín S. Lavado - Quino), Cesano Maderno (MI): **16.1, 27, 59.2, 135;** Club de Montañismo Cóndor, Almería: **83.1;** Corbis, Düsseldorf: (Anders Ryman) **31.5,** (Archivo Iconografico S.A.) **55.7, 106.4,** (Bettmann) **75, 137.2,** (Bettmann) Salvador Dali, Die Beständigkeit der Erinnerung/The Persistence of Memory © Salvador Dalí, Fundació Gala-Salvador Dalí/VG Bild-Kunst, Bonn 2009 **130.1,** (Colita) **137.3,** (David P. Hall) **9.1,** (Francoise de Mulder) **145.2,** (Greg Smith) **31.4,** (JB Russell) **121.1,** (Jose Fuste Raga) **111,** (Julio Donoso/CORBIS SYGMA) **102.1,** (Kimbell Art Museum) **130.2,** (Micheline Pelletier/Sygma) **108.2,** (Nik Wheeler) **77.2,** (Sonja Pacho/zefa) **12.2,** Archivo Iconografico, Düsseldorf, Succession Picasso/ VG-Bildkunst, Bonn 2009 **130.3;** Santiago Agustin Cornejo, Santa Fe, Argentina: **104;** culture-images, Köln: **106.6;** Das Fotoarchiv (RF), Essen: **12.1;** Diario EL PAÍS S.L. (Ramón), Madrid: **90.1, 90.2;** Dream Maker Software (RF), Colorado: **73.2;** Ediciones Primera Plana, S.A, Barcelona (Horacio Altuna): **59.1;** f1 online digitale Bildagentur (agefotostock), Frankfurt, **16.4;** Andrés Faro Lalanne (Faro), Vila-seca, Tarragona: **43.2;** Fotolia LLC, New York: (cleomiu) **61.5,** (Rob) **128.1,** (sparkyelli) **15;** Fotosearch Stock Photography, Waukesha, WI: (Design Pics) **61.7;** Fotos (medioimages) **121.6;** Fundación Vida Silvestre Argentina, Buenos Aires **83.5;** Geoatlas, Hendaye, **Bucheinband vorne, 69.1, 194;** Getty Images, München: (Beatriz Schiller/Time Life Pictures) **55.2,** (BRU GARCIA/AFP) **36.2,** (Carlos Alvarez) **57, 141,** (Marco Di Lauro) **36.1,** (Paul Mazurek) **49.2,** (PIERRE-PHILIPPE MARCOU/AFP) **129,** (Punchstock RM) **127;** Greenpeace España, Madrid: **82.2, 84.2, 84.3;** Greenpeace México, Mexico D.F.: **88;** Andrej Nicolás Hillebrand (Hillebrand), La Laguna, St. Cruz de Tenerife: **43.4;** imago sportfotodienst, Berlin, **13.3;** Imago Stock & People, Berlin, **13.1, 13.4, 55.5, 63, 69.2, 125.1;** Interfoto, München: (Andreu Bonet / AISA) **120.3,** (Barbarella) **137.1;** iStockphoto, Calgary, Alberta: (Adam Booth) **80.4,** (Alexander Tivanov) **77.1,** (Andrea Gingerich) **61.4,** (Anna Lisa Yoder) **110.1,** (Anton Gvozdikov) **41.1,** (apalmero2000) **73.1,** (apatrimonio) **92.8,** (appleuzr) **92.2,** (Ben Blankenburg) **87,** (Bill Noll) **117.3,** (Bob Thomas) **61.3,** (bobbieo) **136.2,** (Catharina van den Dikkenberg) **52.3,** (Dan Cooper) **35,** (Daniel Baumgartner) **145.1,** (Dave White) **119,** (David Parsons) **86,** (Diane Labombarbe) **89,** (digitalskillet) **51.1,** (Dmitry Rukhlenko) **74.3,** (edge69) **92.10,** (Eduardo Jose Bernardino) **117.6,** (Edward Grajeda) **80.1,** (Eric Hood) **74.5, 80.5,** (Fernando Fors) **80.6, 97,** (filophoto) **120.1,** (franck sudre) **73.3,** (françoise bro) **147,** (friztin) **49.1,** (Gemma Ivern) **140,** (George Burba) **103,** (graham klotz) **110.3, 110.5,** (Gunther Beck) **110.2,** (hgz) **92.6,** (Ian McDonnell) **16.6,** (ivan ribas) **131.1,** (jan middelveld) **22.4,** (jean frooms) **22.1,** (Jeroen Peys) **31.6,** (joaquin croxatto) **92,** (Juanmonino) **128.3,** (Kees de Vos) **91.1,** (Kelly Hironaka) **92.5,** (Kevin Russ) **56.2, 56.3, 56.4,** (korhan hasim isik) **12.3,** (Leeuwtje) **106.3,** (Li Kim Goh) **92.1,** (Lise Gagne) **56.1,** (Lucie Caizlova) **23.2,** (Maria Pavlova) **143.1,** (MARIA TOUTOUDAKI) **80.7,** (Mark Hayes) **61.2,** (Mark Rasmussen) **92.9,** (Martin Harrison) **8.1,** (Maurice van der Velden) **16.5,** (MHJ) **95.2,** (Miroslaw Pieprzyk) **92.3, 95.1,** (Mr_Vector) **92.7,** (Nikolay Mamluke) **61.1,** (oblong1) **22.2,** (Pali Rao) **46, 79,** (Pamela Moore) **80.2,** (Pawel Kaminski) **74.1,** (Petro Feketa) **128.2,** (Philip Dyer) **9.3,** (redmal) **100,** (René Mansi) **48,** (rest) **2.1,** (RF / naheed choudhry) **121.4,** (RF/David Mason) **106.1,** (RF/Tomaz Levstek) **64,** (Roxana Gonzalez) **80.3,** (Sam Chadwick) **110.4,** **(s-dmit) 62,** (Sebastien Cote) **110.6,** (shae cardenas) **52.1,** (Sheryl Griffin) **117.2,** (Stanislav Fadyukhin) **23.1,** (Stefan Grewatsch) **91.3,** (Stephanie Swartz) **117.4,** (Stephen Dumayne) **92.4,** (Steven Foley) **83.4,** (Steven Heap) **22.3,** (stockcam) **144,** (Tatyana Okhitina) **99,** (Thomas Lindner) **8.5,** (tillsonburg) **22.7,** (Vicente Barcelo Varona) **22.6,** (vm) **18,** (Warwick Lister-Kaye) **143.3,** (wiktor bubniak) **22.5,** (YinYang) **143.2;** ITN Source / Channel 4, London: **66.1, 66.2, 67.1, 67.2;** Marc Javierre, Barcelona: **61.6;** JupiterImages photos.com (photos.com), Tucson, AZ: **93;** Klett-Archiv, Stuttgart: (J. Neuffer, Stuttgart) **8.4, 9.4, 16.9,** (Thomas Gremmelspacher) **9.2, 36.6, 107, 134;** Kukuxumusu, Iruñea/Pamplona: **54;** laif, Köln: (Cover) **115.2, 118,** (Dermot Tatlow) **31.1,** (Doisneau/Rapho/eyedea) **132.2,** (Gisella Vola/Redux) **68.2,** (Joao Padua/Polaris) **108.3,** (Peter Gebhard) **29,** (Polaris) **145.3,** (RAPHO) **31.2,** (RENAULT Philippe / Hemispheres Images) **38,** (The NewYorkTimes/Redux) **26.2, 68.4, 84.1,** (Thorsten Futh) **36.5,** (VU) **42.2;** Mauritius Images (imagebroker), Mittenwald: **74.6;** Medialive Content S.L, Barcelona, **122/123;** MEV Verlag GmbH, Augsburg, **113.3;** Oficina de Prensa de la Casa del Rey, Madrid: **125.2;** Hesed M. Padilla-Nash, Dr. Thomas Ried (Padilla), Bethesda, MD 20892-8010: **43.3;** Picture-Alliance, Frankfurt: **31.3, 113.2, 115.1,** (A. Carrasco Ragel /EFE) **42.1,** (Bildagentur Huber) **69.4,** (dpa / Munoz) **121.2,** (dpa) **41.2,** (efe) **55.1, 55.6, 108.1, 112.1, 112.2, 112.3, 112.4, 113.1, 114, 116, 117.7, 124,** (EPA) **31.7,** (jazzarchiv) **60,** (Miguel Villagran) **13.2;** Pablo Rodríguez Jiménez-Bravo (escapula.com), Palma de Mallorca: **43.1;** Franziska Rosentreter: **195;** Yoani María Sánchez Cordero, Ciudad de La Habana: **81;** shutterstock, New York, NY: (Joel Shawn) **109,** (Juriah Mosin) **52.4,** (luxor333) **26.1,** (Monkey Business Images) **117.1, 117.5,** (Philip Lange) **91.2,** (RF / Yuri Arcurs) **Cover unten;** (Roxana Gonzalez) **74.2;** The Associated Press GmbH (ALVARO BARRIENTOS), Frankfurt am Main: **36.3;** Tornasol Films, Madrid: **70, 71, 72;** Turespana, München: **131.2;** Ullstein Bild GmbH, Berlin: (Imagebroker.net) **8.3, 69.3,** (Barbara Boensch) **85,** (Becker & Bredel) **142,** (CHROMORANGE) **68.3,** (Engelke) **55.4,** (KPA) **42.3, 68.5,** (Reuters) **45, 120.2,** (RogerViollet) **132.1,** (Rolf Schulten) **68.1, 78.2,** (Sabine Lubenow) 139.1; VISUM Foto GmbH (Bjoern Goettlicher), Hamburg: **36.4, 139.2;** WINTA / Nik (Cristian Dzwonik), Buenos Aires: **21.**

Nicht in allen Fällen war es uns möglich, den Rechteinhaber der Abbildungen ausfindig zu machen. Berechtigte Ansprüche werden selbstverständlich im Rahmen der üblichen Vereinbarungen abgegolten.

Ecuador
Islas Galápagos
I. Pinta
I. Genovesa
I. Marchena
I. San Salvador
1646
Volcan Wolf
I. Baltra
1280
Volcan Darwin
Volcan
La Cumbre
1463
I. Santa Cruz
I. San Cristóbal
I. Pinzón
I. Santa Fe
El Progreso
I. Fernandina
Ayora
Baquerizo
Moreno
1490
Volcan St-Tomás
Isla Isabela
1689
Azul
Villamil
Velasco
Ibarra
I. Santa Maria
I. Española
Tulcán
Esmeraldas
San Miguel
Ibarra
5790
Volcán Cayambe
QUITO
5704
Antisana
5263
Illinza
5897
Volcán Cotopaxi
Tena
Quevedo
Latacunga
Mvanta
Ambato
Portoviejo
Chimborazo
6310
Puyo
5319
Altar
Guaranda
Riobamba
Babahoyo
5230
Volcán Sanguay
Macas
Milagro
Guayaquil
Cañar
Méndez
Azogues
Cuenca
Isla Puná
Machala
Pasaje
Arenillas
Zamora
Loja
Macará

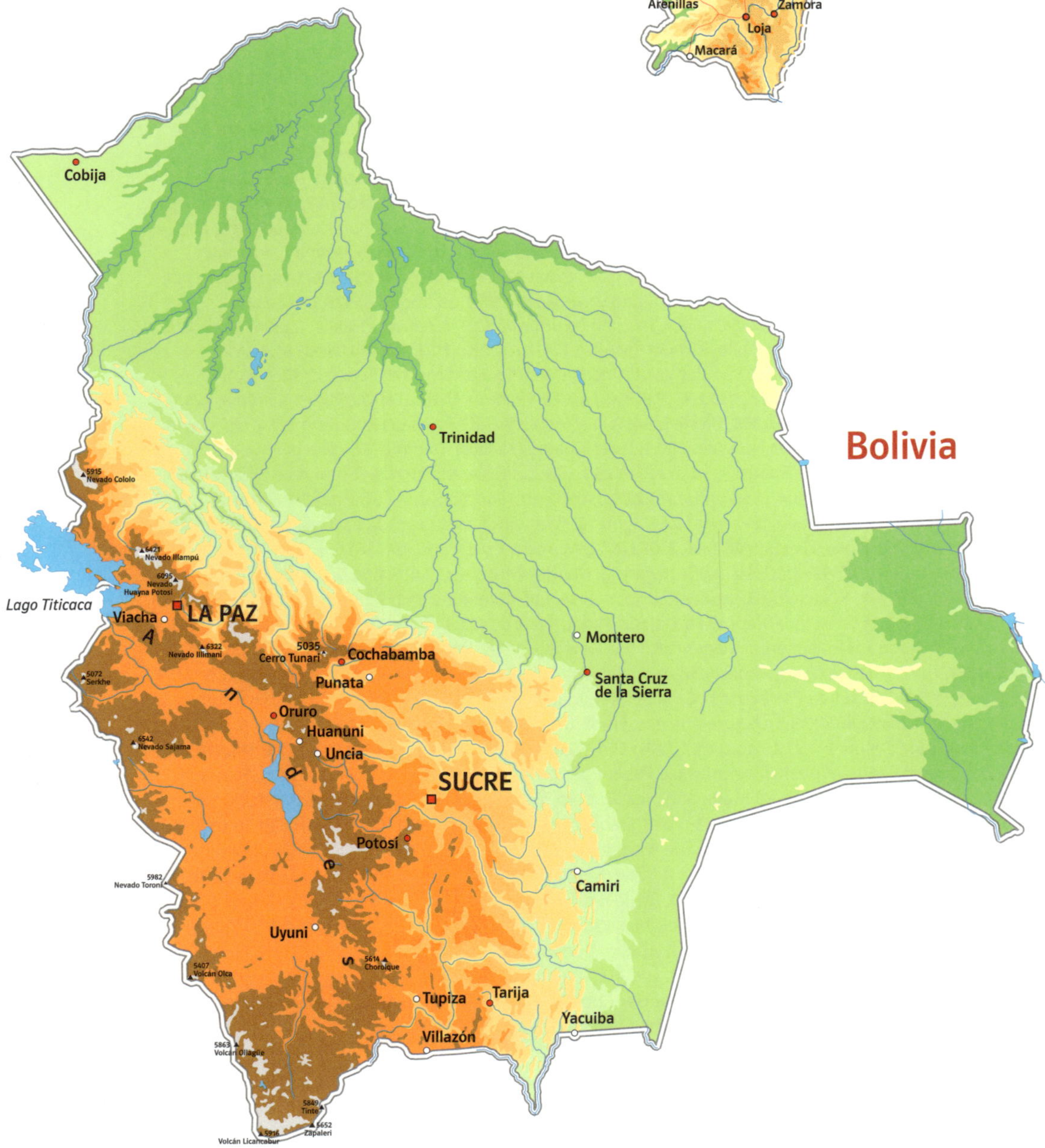

Bolivia
Cobija
Trinidad
5915
Nevado Cololo
6421
Nevado Illampú
6095
Nevado
Huayna Potosí
Lago Titicaca
Viacha
LA PAZ
A
6322
Nevado Illimani
5035
Cerro Tunari
Cochabamba
Montero
Santa Cruz
de la Sierra
5072
Serkhe
Punata
n
Oruro
Huanuni
6542
Nevado Sajama
Uncia
d
SUCRE
Potosí
e
5982
Nevado Toroni
Camiri
Uyuni
s
5614
Choroique
5407
Volcán Olca
Tupiza
Tarija
Yacuiba
Villazón
5863
Volcán Ollagüe
5849
Tinte
5652
Zapaleri
5916
Volcán Licancabur